FORMANT

500 BEAUX VOLUMES IN-OCTAVO

CHOISIS PARMI

LES MEILLEURS OUVRAGES ANCIENS ET MODERNES

PUBLIÉE

PAR NAPOLÉON CHAIX.

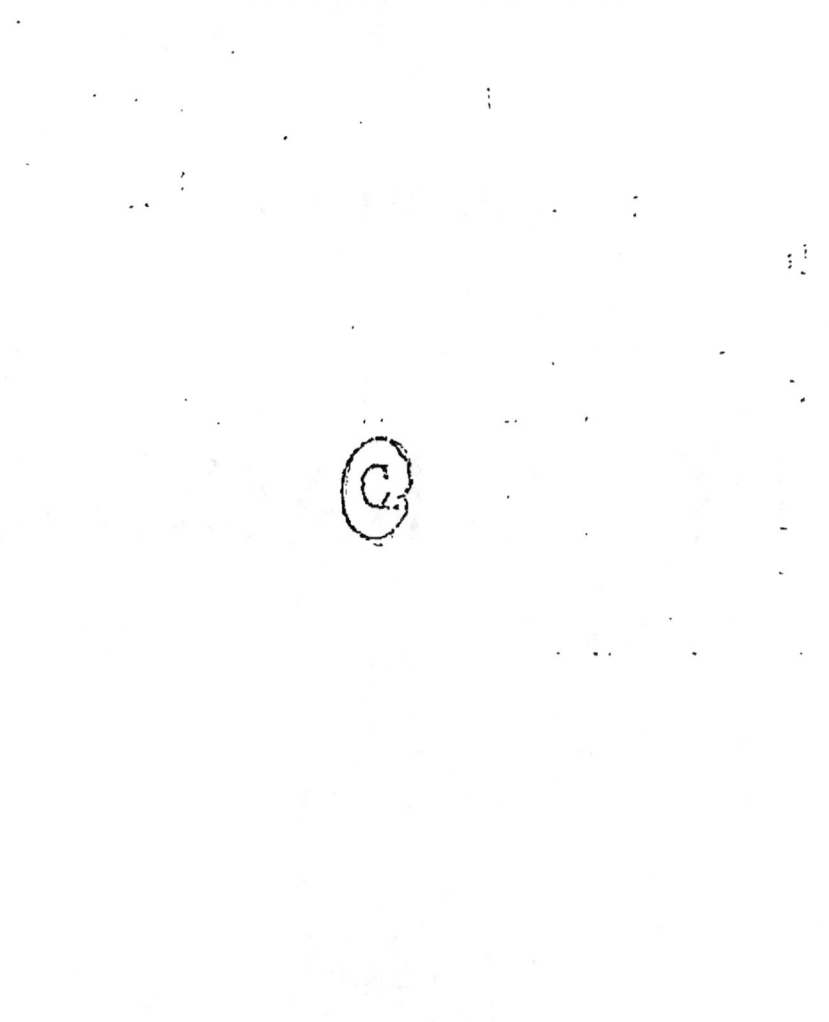

COLLECTION NAPOLÉON CHAIX.

ŒUVRES

COMPLÈTES

DE J. RACINE

TOME PREMIER.

PARIS

CHEZ NAPOLÉON CHAIX ET Cie,

IMPRIMEURS-ÉDITEURS.

1864.

MÉMOIRES

SUR

LA VIE ET LES OUVRAGES

DE JEAN RACINE,

PAR LOUIS RACINE.

Lorsque je fais connaître mon père, mieux que ne l'ont fait connaître jusqu'à présent ceux qui ont écrit sa vie, en rendant ce que je dois à sa mémoire, j'ai une double satisfaction : fils et père à la fois, je remplis un de mes devoirs envers vous, mon cher fils, puisque je mets devant vos yeux celui qui, pour la piété, pour l'amour de l'étude, et pour toutes les qualités du cœur, doit être votre modèle.

J'avais toujours approuvé la curiosité que vous aviez témoignée pour entendre lire les Mémoires dans lesquels vous saviez que j'avais rassemblé diverses particularités de sa vie; et je l'avais approuvée sans la satisfaire, parce que j'y trouvais quelque danger pour votre âge.

Je craignais aussi de paraître plus prédicateur qu'historien, quand je vous dirais qu'il n'avait eu, la moitié de sa vie, que du mépris pour le talent des vers, et pour la gloire que ce talent lui avait acquise. Mais maintenant qu'à ces Mémoires je suis en état d'ajouter un recueil de ses lettres, et qu'au lieu de vous parler de lui, je puis vous le faire parler lui-même, j'espère que cet ouvrage, que j'ai fait pour vous, produira en vous les fruits que j'en attends, par les instructions que vous y donnera celui qui doit faire sur vous une si grande impression.

Vous n'êtes pas encore en état de goûter les lettres de Cicéron, qui étaient les compagnes de tous ses voyages; mais il vous est d'autant plus aisé de goûter les siennes, que vous pouvez les regarder comme adressées à vous-même. Je parle de celles qui composent le troisième recueil.

Ne jetez les yeux sur les lettres de sa jeunesse que pour y apprendre l'éloignement que l'amour de l'étude lui donnait du monde, et les progrès qu'il avait déjà faits, puisqu'à dix-sept ou dix-huit ans il était rempli des auteurs grecs, latins, italiens, espagnols, et en même temps possédait si bien sa langue, quoiqu'il se plaigne de n'en avoir qu'*une petite teinture*, que ces lettres, écrites sans travail, sont dans un style toujours pur et naturel.

Vous ne pourrez sentir que dans quelque temps le mérite de ses lettres à Boileau, et de celles de Boileau : ne soyez donc occupé aujourd'hui que de ces dernières lettres, qui, quoique simplement écrites, sont plus capables que toute autre lecture de former votre cœur, parce qu'elles vous dévoileront le sien. C'est un père qui écrit à son fils comme à son ami. Quelle attention, sans qu'elle ait rien d'affecté, pour le rappeler à ce qu'il doit à Dieu, à sa mère et à ses sœurs ! Avec quelle douceur il fait des réprimandes, quand il est obligé d'en faire ! Avec quelle modestie il donne des avis ! Avec quelle franchise il lui parle de la médiocrité de sa fortune ! Avec quelle simplicité il lui rend compte de tout ce qui se passe dans son ménage ! Et gardez-vous bien de rougir quand vous l'entendrez répéter souvent les noms de Babet, Fanchon, Madelon, Nanette, mes sœurs : apprenez au contraire en quoi il est estimable. Quand vous l'aurez connu dans sa famille, vous le goûterez mieux lorsque vous viendrez à le connaître sur le Parnasse; vous saurez pourquoi ses vers sont toujours pleins de sentiment.

Plutarque a déjà pu vous apprendre que Caton l'Ancien préférait la gloire d'être bon mari à celle d'être grand sénateur, et qu'il quittait les affaires les plus importantes pour aller voir sa femme, remuer et emmailloter son enfant. Cette sensibilité antique n'est-elle donc plus dans nos mœurs, et trouvons-nous qu'il soit honteux d'avoir un cœur? L'humanité, toujours belle, se plaît surtout dans les belles âmes; et les choses qui paraissent des faiblesses puériles aux yeux d'un bel esprit, sont les vrais plaisirs d'un grand homme. Celui dont on vous a dit tant de fois, et trop souvent peut-être, que vous deviez ressusciter le nom, n'était jamais si content que quand, libre de quitter la cour, où il trouva dans les premières années de si grands agréments, il pouvait venir passer quelques jours avec nous. En présence même d'étrangers, il osait être père : il était de tous nos jeux ; et je me souviens (je le puis écrire, puisque c'est à vous que j'écris), je me souviens de processions dans lesquelles mes sœurs étaient le clergé, j'étais le curé, et l'auteur d'*Athalie*, chantant avec nous, portait la croix.

C'est une simplicité de mœurs si admirable, dans un homme tout sentiment et tout cœur, qui est cause qu'en copiant pour vous ses lettres, je verse à tous moments des larmes, parce qu'il me communique la tendresse dont il était rempli.

Oui, mon fils, il était né tendre, et vous l'entendrez assez dire ; mais il fut tendre pour Dieu lorsqu'il revint à lui ; et du jour qu'il revint à ceux qui, dans son enfance, lui avaient appris à le connaître, il le fut pour eux sans réserve : il le fut pour ce roi dont il avait tant de plaisir à écrire l'histoire ; il le fut toute sa vie pour ses amis ; il le fut depuis son mariage et jusqu'à la fin de ses jours pour sa femme et pour ses enfants sans prédilection ; il l'était pour moi-même, qui ne faisais guère que de naître quand il mourut, et à qui ma mémoire ne peut rappeler que ses caresses.

Attachez-vous donc uniquement à ses dernières lettres, et aux endroits de la seconde partie de ces Mémoires où il parle à un fils qu'il voulait éloigner de la passion des vers, que je n'ai que trop écoutée, parce que je n'ai pas eu les mêmes leçons. Il lui faisait bien connaître que les succès les plus heureux ne rendent pas le poëte heureux, lorsqu'il lui avouait que la plus mauvaise critique lui avait toujours causé plus de chagrin que les plus grands applaudissements ne lui avaient fait de plaisir. Retenez surtout ces paroles remarquables, qu'il lui disait dans l'épanchement d'un cœur paternel : « Ne croyez pas que ce soient mes pièces qui m'attirent les caresses des grands. Corneille fait des vers cent fois plus beaux que les miens, et cependant personne ne le regarde ; on ne l'aime que dans la bouche de ses acteurs. Au lieu que sans fatiguer les gens du monde du récit de mes ouvrages, dont je ne leur parle jamais, je les entretiens de choses qui leur plaisent. Mon talent avec eux n'est pas de leur faire sentir que j'ai de l'esprit, mais de leur apprendre qu'ils en ont. »

Vous ne connaissez pas encore le monde ; vous ne pouvez qu'y paraître quelquefois, et vous n'y avez jamais paru sans vous entendre répéter que vous portiez le nom d'un poëte fameux, qui avait été fort aimé à la cour. Qui peut mieux que ce même homme vous instruire des dangers de la poésie et de la cour? La fortune qu'il y a faite vous sera connue, et vous verrez dans ces Mémoires ses jours abrégés par un chagrin, pris à la vérité trop vivement, mais sur des raisons capables d'en donner. Vous verrez aussi que la passion des vers égara sa jeunesse, quoique nourrie de tant de principes de religion, et que la même passion éteignit pour un temps, dans ce cœur si éloigné de l'ingratitude, les sentiments de reconnaissance pour ses premiers maîtres.

Il revint à lui-même, et sentant alors combien ce qu'il avait regardé comme bonheur était frivole, il n'en chercha plus d'autre que dans les douceurs de l'amitié, et dans la satisfaction à remplir tous les devoirs de chrétien et de père de famille. Enfin ce poëte, qu'on vous a dépeint comme environné des applaudissements du monde et accablé des caresses des grands, n'a trouvé de consolation que dans les sentiments de religion dont il était pénétré. C'est en cela, mon fils, qu'il doit être votre modèle ; et c'est en l'imitant dans sa piété et dans les aimables qualités de son cœur, que vous serez l'héritier de sa véritable gloire, et que son nom que je vous ai transmis vous appartiendra.

Le désir que j'en ai m'a empêché de vous témoigner le désir que j'aurais encore de vous voir embrasser l'étude avec la même ardeur. Je vous ai montré des livres tout grecs, dont les marges sont couvertes de ses apostilles, lorsqu'il n'avait que quinze ans. Cette vue, qui vous aura peut-être effrayé, doit vous faire sentir combien il est utile de se nourrir de bonne heure d'excellentes choses. Platon, Plutarque, et les lettres de Cicéron, n'apprennent point à faire des tragédies ; mais un esprit formé par de pareilles lectures devient capable de tout.

Je m'aperçois qu'à la tête d'un Mémoire historique, je vous parle trop longtemps : le cœur m'a emporté ; et, pour vous en expliquer les sentiments, j'ai profité de la plus favorable occasion que jamais père ait trouvée.

La vie de mon père qui se trouve à la tête de la dernière édition de ses œuvres, faite à Paris en 1736, ne mérite aucune attention, parce que celui qui s'est donné la peine de la faire ne s'est pas donné celle de consulter la famille. Au lieu d'une Vie ou d'un Éloge historique, on ne trouve, dans l'Histoire de l'Académie française, qu'une lettre de M. de Valincour, qu'il appelle lui-même *un amas informe d'anecdotes cousues bout à bout et sans ordre*. Elle est fort peu exacte, parce qu'il l'écrivait à la hâte, en faisant valoir à M. l'abbé d'Olivet, qui la lui demandait, la complaisance qu'il avait d'interrompre ses occupations pour le contenter; et il appelle *corvée* ce qui pouvait être pour lui un agréable devoir de l'amitié, et même de la reconnaissance. Personne n'était plus en état que lui de faire une vie exacte d'un ami qu'il avait fréquenté si longtemps; au lieu que les autres qui en ont voulu parler ne l'ont point du tout connu. Je ne l'ai pas connu moi-même; mais je ne dirai rien que sur le rapport de mon frère aîné, ou d'anciens amis, que j'ai souvent interrogés. J'ai aussi quelquefois interrogé l'illustre compagnon de sa vie et de ses travaux, et Boileau a bien voulu m'apprendre quelques particularités. Comme ils ont dans tous les temps partagé entre eux les faveurs des muses et de la cour, où, appelés d'abord comme poëtes, ils surent se faire plus estimer encore par leurs mœurs que par les agréments de leur esprit, je ne séparerai point dans ces Mémoires deux amis que la mort seule a pu séparer. Pour ne point répéter cependant sur Boileau ce que ses commentateurs en ont dit, je ne rapporterai que ce qu'ils ont ignoré, ou ce qu'ils n'ont pas su exactement. La vie de deux hommes de lettres, et de deux hommes aussi simples dans leur conduite, ne peut fournir des faits nombreux et importants; mais comme le public est toujours curieux de connaître le caractère des auteurs dont il aime les ouvrages, et que de petits détails le font souvent connaître, je serai fidèle à rapporter les plus petites choses.

Ne pouvant me dispenser de rappeler au moins en peu de mots l'histoire des pièces de théâtre de mon père, je diviserai cet ouvrage en deux parties. Dans la première, je parlerai du poëte, en évitant, autant qu'il me sera possible, de redire ce qui se trouve déjà imprimé en plusieurs endroits. Dans la seconde, le poëte ayant renoncé aux vers, auxquels il ne retourna que sur la fin de ses jours et comme malgré lui, je n'aurai presque à parler que de la manière dont il a vécu à la cour, dans sa famille et avec ses amis. Je ne dois jamais louer le poëte ni ses ouvrages : le public en est juge. S'il m'arrive cependant de louer en lui plus que ses mœurs, et si je l'approuve en tout, j'espère que je serai moi-même approuvé ; et que quand même j'oublierais quelquefois la précision du style historique, mes fautes seront ou louées ou du moins excusées, parce que je dois être, plus justement encore que Tacite écrivant la vie de son beau-père, *professione pietatis aut laudatus aut excusatus.*

PREMIÈRE PARTIE.

Les Racine[1], originaires de la Ferté-Milon, petite ville du Valois, y sont connus depuis longtemps, comme il paraît par quelques tombes qui y subsistent encore dans la grande église, et entre autres par celle-ci :

« C'y gissent honorables personnes, Jean Racine, receveur pour le roi
» notre sire et la reine, tant du domaine et duché de Valois que des
» greniers à sel de la Ferté-Milon et Crespy en Valois, mort en 1593, et
» dame Anne Gosset, sa femme. »

Je crois pouvoir, sans soupçon de vanité, remonter jusqu'aux aïeux que me fait connaître la charge de contrôleur du petit grenier à sel de la Ferté-Milon. La charge de receveur du domaine et du duché de Valois, que possédait Jean Racine, mort en 1593, ayant été supprimée, Jean Racine, son fils, prit celle de contrôleur du grenier à sel de la Ferté-Milon, et épousa Marie Desmoulins, qui eut deux sœurs religieuses à Port-Royal des Champs. De ce mariage naquit Agnès Racine, et Jean Racine, qui posséda la même charge, et épousa, en 1638, Jeanne Sconin, fille de Pierre Sconin, procureur du roi des eaux et forêts de Villers-Cotterets. Leur union ne dura pas longtemps. La femme mourut le 24 janvier 1641, et le mari le 6 février 1643. Ils laissèrent deux enfants : Jean Racine, mon père, né le 21 décembre 1639, et une fille qui a vécu à la Ferté-Milon jusqu'à l'âge de quatre-vingt-douze ans. Ces deux jeunes orphelins furent élevés par leur grand-père

---

[1] Les Racine portaient : *d'azur au cygne d'argent, becqué et membré de sable.* — Primitivement les armoiries se composaient d'un *rat* et d'un *cygne*, et formaient ainsi des armes parlantes : *ratcygne*. L'anoblissement de cette famille remontait au bisaïeul de Jean Racine, Jehan Racine, receveur pour le roi et la reine du domaine et duché de Valois.

Sconin. Les grandes fêtes de l'année, ce bon homme traitait toute sa famille, qui était fort nombreuse, tant enfants que petits-enfants. Mon père disait qu'il était comme les autres invité à ce repas, mais qu'à peine on daignait le regarder. Après la mort de Pierre Sconin, arrivée en 1650, Marie Desmoulins, qui, étant demeurée veuve, avait vécu avec lui, se retira à Port-Royal des Champs où elle avait une fille religieuse, qui fut depuis abbesse, et qui est connue sous le nom d'*Agnès de Sainte-Thècle Racine*.

Dans les premiers troubles qui agitèrent cette abbaye, quelques-uns de ces fameux solitaires, qui furent obligés d'en sortir pour un temps, se retirèrent à la chartreuse de Bourg-Fontaine, voisine de la Ferté-Milon : ce qui donna lieu à plusieurs personnes de la Ferté-Milon de les connaître, et de leur entendre parler de la vie qu'on menait à Port-Royal. Voilà quelle fut la cause que les deux sœurs et la fille de Marie Desmoulins s'y firent religieuses, qu'elle-même y passa les dernières années de sa vie, et que mon père y passa les premières années de la sienne.

Il fut d'abord envoyé pour apprendre le latin dans la ville de Beauvais, dont le collége était sous la direction de quelques ecclésiastiques de mérite et de savoir : il y apprit les premiers principes du latin. Ce fut alors que la guerre civile s'alluma à Paris, et se répandit dans toutes les provinces. Les écoliers s'en mêlèrent aussi, et prirent parti chacun suivant son inclination. Mon père fut obligé de se battre comme les autres, et reçut au front un coup de pierre, dont il a toujours porté la cicatrice au-dessus de l'œil gauche. Il disait que le principal de ce collége le montrait à tout le monde comme un brave ; ce qu'il racontait en plaisantant. On verra dans une de ses lettres, écrite de l'armée à Boileau, qu'il ne vantait pas sa bravoure.

Il sortit de ce collége le 1er octobre 1655, et fut mis à Port-Royal, où il ne resta que trois ans, puisque je trouve qu'au mois d'octobre 1658 il fut envoyé à Paris pour faire sa philosophie au collége d'Harcourt, n'ayant encore que quatorze ans. On a peine à comprendre comment en trois ans il a pu faire à Port-Royal un progrès si rapide dans ses études. Je juge de ces progrès par les extraits qu'il faisait des auteurs grecs et latins qu'il lisait.

J'ai ces extraits écrits de sa main. Ses facultés, qui étaient fort médiocres, ne lui permettant pas d'acheter les belles éditions des auteurs grecs, il les lisait dans les éditions faites à Bâle sans traduction latine. J'ai hérité de son Platon et de son Plutarque, dont les marges, chargées de ses apostilles, sont la preuve de l'attention avec laquelle il les lisait; et ces mêmes livres font connaître l'extrême attention qu'on avait à Port-Royal pour la pureté des mœurs, puisque dans ces éditions mêmes, quoique toutes grecques, les endroits un peu libres, ou pour mieux dire trop naïfs, qui se trouvent dans les narrations de Plutarque, historien d'ailleurs si grave, sont effacés avec un grand soin. On ne confiait pas à un jeune homme un livre tout grec sans précaution.

M. le Maistre, qui trouva dans mon père une grande vivacité d'esprit avec une étonnante facilité pour apprendre, voulut conduire ses études, dans l'intention de le rendre capable d'être un jour avocat. Il le prit dans sa chambre, et avait tant de tendresse pour lui, qu'il ne l'appelait que son fils, comme on verra par ce billet, dont l'adresse est : *Au Petit Racine*, et que je rapporte, quoique fort simple, à cause de sa simplicité même. M. le Maistre l'écrivit de Bourg-Fontaine, où il avait été obligé de se retirer :

« Mon fils, je vous prie de m'envoyer au plus tôt *l'Apologie*
» *des SS. PP.*, qui est à moi, et qui est de la première impres-
» sion. Elle est reliée en veau marbré, in-4°. J'ai reçu les cinq
» volumes de mes *Conciles*, que vous aviez fort bien empaque-
» tés. Je vous en remercie. Mandez-moi si tous mes livres sont
» bien arrangés sur des tablettes, et si mes onze volumes de saint
» Jean Chrysostôme y sont; et voyez-les de temps en temps pour
» les nettoyer. Il faudrait mettre de l'eau dans des écuelles de
» terre où ils sont, afin que les souris ne les rongent pas. Faites
» mes recommandations à votre bonne tante, et suivez bien ses
» conseils en tout. La jeunesse doit toujours se laisser conduire,
» et tâcher de ne point s'émanciper. Peut-être que Dieu nous fera
» revenir où vous êtes. Cependant il faut tâcher de profiter de cet
» événement, et faire en sorte qu'il nous serve à nous déta-
» cher du monde, qui nous paraît si ennemi de la piété. Bonjour,
» mon cher fils; aimez toujours votre papa comme il vous aime;
» écrivez-moi de temps en temps. Envoyez-moi aussi mon Tacite
» in-folio. »

M. le Maistre ne fut pas longtemps absent, il eut la permission de revenir; mais en arrivant il tomba dans la maladie dont il mourut, et, après sa mort, M. Hamon prit soin des études de mon père. Entre les connaissances qu'il fit à Port-Royal, je ne dois point oublier celle de M. le duc de Chevreuse, qui a toujours conservé pour lui une amitié très-vive, et qui, par les soins assidus qu'il lui rendit dans sa dernière maladie, a bien vérifié ce que dit Quintilien, que les amitiés qui commencent dans l'enfance, et que des études communes font naître, ne finissent qu'avec la vie.

On appliquait mon père, quoique très-jeune, à des études fort sérieuses. Il traduisit le commencement du *Banquet de Platon*, fit des extraits tout grecs de quelques traités de saint Basile, et quelques remarques sur Pindare et sur Homère. Au milieu de ses occupations, son génie l'entraînait tout entier du côté de la poésie, et son plus grand plaisir était de s'aller enfoncer dans les bois de l'abbaye avec Sophocle et Euripide, qu'il savait presque par cœur. Il avait une mémoire surprenante. Il trouva par hasard le roman grec des *Amours de Théagène et de Chariclée*. Il le dévorait, lorsque le sacristain Claude Lancelot, qui le surprit dans cette lecture, lui arracha le livre et le jeta au feu. Il trouva le moyen d'en avoir un autre exemplaire qui eut le même sort, ce qui l'engagea à en acheter un troisième; et pour n'en plus craindre la proscription, il l'apprit par cœur, et le porta au sacristain, en lui disant : « Vous pouvez brûler encore celui-ci comme les autres. »

Il fit connaître à Port-Royal sa passion plutôt que son talent pour les vers, par sept odes qu'il composa sur les beautés champêtres de sa solitude, sur les bâtiments de ce monastère, sur le paysage, les prairies, les bois, l'étang, etc. Le hasard m'a fait trouver ces odes, qui n'ont rien d'intéressant, même pour les personnes curieuses de tout ce qui est sorti de la plume des écrivains devenus fameux; elles font seulement voir qu'on ne doit pas juger du talent d'un jeune homme par ses premiers ouvrages. Ceux qui lurent alors ces odes ne purent pas soupçonner que l'auteur deviendrait dans peu l'auteur d'*Andromaque*.

Il était, à cet âge, plus heureux dans la versification latine que dans la française; il composa quelques pièces en vers latins, qui sont pleines de feu et d'harmonie. Je ne rapporterai pas une élégie sur la mort d'un gros chien qui gardait la cour de Port-Royal, à la fin de laquelle il promet par ses vers l'immortalité à ce chien, qu'il nomme Rabotin :

> Semper honor, Rabotine, tuus, laudesque manebunt;
> Carminibus vives tempus in omne meis.

On jugera mieux de ses vers latins par la pièce suivante, que je ne donne pas entière, quoique dans l'ouvrage d'un poëte de quatorze ans tout soit excusable.

AD CHRISTUM [1].

« O qui perpetuo moderaris sidera motu,
» Fulmine qui terras imperioque regis,
» Summe Deus, magnum rebus solamen in arctis,
» Una salus famulis præsidiumque tuis, »
Sancte parens, facilem præbe implorantibus aurem,
Atque humiles placida suscipe mente preces;
« Huc adsis tantum, et propius res aspice nostras,
» Leniaque afflictis lumina mitte locis. »
Hanc tutare domum, quæ per discrimina mille,
Mille per insidias vix superesse potest.
Aspice ut infandis jacet objectata periclis,
Ut timet hostiles irrequieta manus.
Nulla dies terrore caret, finemque timoris
Innovat infenso major ab hoste metus.
Undique crudelem conspiravere ruinam,
Et miseranda parant vertere tecta solo.
Tu spes sola, Deus, miseræ. Tibi vota precesque
Fundit in immensis nocte dieque malis.
« Quem dabis æterno finem, rex magne, labori?
» Quis dabitur bellis invidiæque modus?
» Nullane post longos requies speranda tumultus?
» Gaudia sedato nulla dolore manent?
» Sicne adeo pietas vitiis vexatur inultis?
» Debita virtuti præmia crimen habet. »

[1] Nous plaçons des guillemets en regard des vers que Louis Racine avait supprimés.

Aspice virgineum castis penetralibus agmen,
 Aspice devotos, sponse benigne, choros.
Hic sacra illæsi servantes jura pudoris,
 Te veniente die, te fugiente vocant.
Cœlestem liceat sponsum superare precando :
 Fas sentire tui numina magna patris.
Huc quoque nos quondam tot tempestatibus actos
 Abripuit flammis gratia sancta suis.
Ast eadem insequitur mœstis fortuna periclis :
 Ast ipso in portu sæva procella furit.
Pacem, summe Deus, pacem te poscimus omnes;
 Succedant longis paxque quiesque malis.
Te duce disruptas pertransiit Israel undas :
 Hos habitet portus, te duce, vera salus.
« Hic nemora, hic nullis quondam loca cognita muris,
 » Hic horrenda tuis laudibus antra sonant.
» Huc tua dilectas deduxit gratia turmas,
 » Hinc ne unquam Stygii moverit ira noti. »

En parlant des ouvrages de sa première jeunesse, qu'on peut appeler son enfance, je ne dois pas oublier sa traduction des hymnes des féries du Bréviaire romain. Boileau disait qu'il l'avait faite à Port-Royal, et que M. de Sacy, qui avait traduit celles des dimanches et de toutes les fêtes pour les Heures de Port-Royal, en fut jaloux; et voulant le détourner de faire des vers, lui représenta que la poésie n'était point son talent. Ce que disait Boileau demande une explication. Les hymnes des féries imprimées dans le Bréviaire romain, traduit par M. le Tourneux, ne sont pas certainement l'ouvrage d'un jeune homme; et celui qui faisait les odes sur les bois, l'étang, et le paysage de Port-Royal, n'était pas encore capable de faire de pareils vers. Je ne doute pas cependant qu'il ne soit auteur de la traduction de ces hymnes; mais il faut qu'il les ait traduites dans un âge avancé, ou qu'il les ait depuis retouchées avec tant de soin, qu'il en ait fait un nouvel ouvrage. On lit, en effet, dans les *Hommes illustres* de M. Perrault, que, longtemps après les avoir composées, il leur donna la dernière perfection. La traduction du Bréviaire romain fut condamnée par l'archevêque de Paris, pour des raisons qui n'avaient aucun rapport à la traduction de ces hymnes. Cette condamnation donna lieu dans la suite à un mot que rapportent plusieurs personnes, et que je ne garantis pas. Le roi, dit-on, exhortait mon père à faire quelques vers de piété : « J'en ai voulu faire, répondit-il, on les a condamnés. »

Il ne fut que trois ans à Port-Royal ; et ceux qui savent combien il était avancé dans les lettres grecques et latines n'en sont point étonnés, quand ils font réflexion qu'un génie aussi vif que le sien, animé par une grande passion pour l'étude, et conduit par d'excellents maîtres, marchait rapidement. Au sortir de Port-Royal, il vint à Paris, et fit sa logique au collége d'Harcourt, d'où il écrivit à un de ses amis :

>Lisez cette pièce ignorante,
>Où ma plume si peu coulante
>Ne fait voir que trop clairement,
>Pour vous parler sincèrement,
>Que je ne suis pas un grand maître.
>Hélas ! comment pourrais-je l'être ?
>Je ne respire qu'arguments ;
>Ma tête est pleine à tous moments
>De majeures et de mineures, etc.

En 1660, le mariage du roi ouvrit à tous les poëtes une carrière dans laquelle ils signalèrent à l'envi leur zèle et leurs talents. Mon père, très-inconnu encore, entra comme les autres dans la carrière, et composa l'ode intitulée *la Nymphe de la Seine*. Il pria M. Vitart, son oncle, de la porter à Chapelain, qui présidait alors sur tout le Parnasse, et par sa grande réputation poétique, qu'il n'avait point encore perdue, et par la confiance qu'avait en lui M. Colbert pour ce qui regardait les lettres. Chapelain découvrit un poëte naissant dans cette ode, qu'il loue beaucoup ; et parmi quelques fautes qu'il y remarqua, il releva la bévue du jeune homme, qui avait mis des tritons dans la Seine. L'auteur, honoré des critiques de Chapelain, corrigea son ode ; et la nécessité de changer une stance pour réparer sa bévue le mit en très-mauvaise humeur contre les tritons, comme il paraît par une de ses lettres. Chapelain le prit en amitié, lui offrit ses avis et ses services, et, non content de les lui offrir, parla de lui et de son oncle si avantageusement à M. Colbert, que ce ministre lui envoya 100 louis de la part du roi, et peu après le fit mettre sur l'état pour une pension de 600 livres en qualité d'homme de lettres. Les honneurs soutiennent les arts. Quel sujet d'émulation pour un jeune homme, très-inconnu au public et à la cour, de recevoir de la part du roi et de son ministre une bourse de 100 louis! Et quelle gloire pour le ministre qui sait découvrir les talents qui ne commencent qu'à naître, et qui ne connaît pas encore celui même qui les possède!

Il composa en même temps un sonnet qui, quoique fort innocent, lui attira, aussi bien que son ode, de vives réprimandes de Port-Royal, où l'on craignait beaucoup pour lui sa passion démesurée pour les vers. On eût mieux aimé qu'il se fût appliqué à l'étude de la jurisprudence, pour se rendre capable d'être avocat, ou que du moins il eût voulu consentir à accepter quelqu'un de ces emplois qui, sans conduire à la fortune, procurent une aisance de la vie capable de consoler de l'ennui de cette espèce de travail, et de la dépendance, plus ennuyeuse encore que le travail. Il ne voulait point entendre parler d'occupations contraires au génie des muses; il n'aimait que les vers, et craignait en même temps les réprimandes de Port-Royal. Cette crainte était cause qu'il n'osait montrer ses vers à personne, et qu'il écrivait à un ami : « Ne pouvant vous consulter, j'étais prêt à consulter, comme » Malherbe, une vieille servante qui est chez nous, si je ne m'étais » aperçu qu'elle est janséniste comme son maître, et qu'elle pour- » rait me déceler, ce qui serait ma ruine entière, vu que je » reçois tous les jours lettres sur lettres, ou plutôt excommunica- » tions sur excommunications, à cause de mon triste sonnet. » Voici ce triste sonnet; il le fit pour célébrer la naissance d'un enfant de Mme Vitart, sa tante :

> Il est temps que la nuit termine sa carrière :
> Un astre tout nouveau vient de naître en ces lieux ;
> Déjà tout l'horizon s'aperçoit de ses feux,
> Il échauffe déjà dans sa pointe première.
>
> Et toi, fille du jour, qui nais devant ton père,
> Belle Aurore, rougis, ou te cache à nos yeux :
> Cette nuit un soleil est descendu des cieux,
> Dont le nouvel éclat efface ta lumière.

Toi qui dans ton matin parais déjà si grand,
Bel astre, puisses-tu n'avoir point de couchant !
Sois toujours en beautés une aurore naissante.

A ceux de qui tu sors puisses-tu ressembler !
Sois digne de Daphnis et digne d'Amaranthe :
Pour être sans égal, il les faut égaler.

Ce sonnet, dont il était sans doute très-content à cause de la chute, et à cause de ce vers, *Fille du jour, qui nais devant ton père*, prouve, ainsi que les strophes des odes que j'ai rapportées, qu'il aimait alors ces faux brillants dont il a été depuis si grand ennemi. Les principes du bon goût qu'il avait pris dans la lecture des anciens et dans les leçons de Port-Royal, ne l'empêchaient pas, dans le feu de sa première jeunesse, de s'écarter de la nature, dont il s'écarte encore dans plusieurs vers de *la Thébaïde*. Boileau sut l'y ramener.

Il fut obligé d'aller passer quelque temps à Chevreuse, où M. Vitart, intendant de cette maison, et chargé de faire faire quelques réparations au château, l'envoya en lui donnant le soin de ces réparations. Il s'ennuya si fort de cette occupation et de ce séjour, qui lui parut une captivité, qu'il datait les lettres qu'il en écrivait *de Babylone*. On en trouvera deux parmi celles de sa jeunesse.

On songea enfin sérieusement à lui faire prendre un parti ; et l'espérance d'un bénéfice le fit résoudre à aller en Languedoc, où il était à la fin de 1661, comme il paraît par la lettre qu'il écrivit à la Fontaine, et par celle-ci, datée du 17 janvier 1662, dans laquelle il écrit à M. Vitart : « Je passe mon temps avec
» mon oncle, saint Thomas et Virgile. Je fais force extraits de
» théologie, et quelques-uns de poésie. Mon oncle a de bons des-
» seins pour moi, il m'a fait habiller de noir depuis les pieds
» jusqu'à la tête : il espère me procurer quelque chose. Ce sera
» alors que je tâcherai de payer mes dettes. Je n'oublie point les
» obligations que je vous ai : j'en rougis en vous écrivant : *Eru-*
» *buit puer, salva res est*. Mais cette sentence est bien fausse ; mes
» affaires n'en vont pas mieux. »

Pour être au fait de cette lettre et de celles qu'on trouvera à la suite de ces Mémoires il faut savoir qu'il avait été appelé en Languedoc par un oncle maternel, nommé le père Sconin chanoine régulier de Sainte-Geneviève, homme fort estimé dans cette congrégation, dont il avait été général, et qui avait beaucoup d'esprit. Comme il était inquiet et remuant, dès que le temps de son généralat fut expiré, pour s'en défaire on l'envoya à Uzès, où l'on avait joint pour lui le prieuré de Saint-Maximin à un canonicat de la cathédrale : il était, outre cela, official et grand vicaire. Ce bon homme était tout disposé à résigner son bénéfice à son neveu ; mais il fallait être régulier ; et le neveu, qui aurait fort aimé le bénéfice, n'aimait point cette condition, laquelle cependant la nécessité l'aurait fait consentir, si tous les obstacles qui survinrent ne lui eussent fait connaître qu'il n'était pas destiné à l'état ecclésiastique.

Par complaisance pour son oncle, il étudiait la théologie ; et, en lisant saint Thomas, il lisait aussi l'Arioste, qu'il cite souvent, avec tous les autres poëtes, dans ses premières lettres adressées à un jeune abbé le Vasseur, qui n'avait pas plus de vocation que lui pour l'état ecclésiastique, dont il quitta l'habit dans la suite. Dans ces lettres, écrites en toute liberté, il rend compte à son ami de ses occupations et de ses sentiments, et ne fait paraître de passion que pour l'étude et les vers. Sa mauvaise humeur contre les habitants d'Uzès, qu'il pousse un peu trop loin, semble venir de ce qu'il est dans un pays où il craint d'oublier la langue française, qu'il avait une extrême envie de bien posséder. Je juge de l'étude particulière qu'il en faisait par des remarques écrites de sa main sur celles de Vaugelas, sur la traduction de Quinte-Curce et sur quelques traductions de d'Ablancourt. On voit encore par ces lettres qu'il fuyait toute compagnie, et surtout celle des femmes, aimant mieux la compagnie des poëtes grecs. Son goût pour la tragédie lui en fit commencer une dont le sujet était *Théagène et Chariclée*. Il avait conçu dans son enfance une passion extraordinaire pour Héliodore : il admirait son style et l'artifice merveilleux avec lequel sa fable est conduite. Il abandonna enfin cette tragédie dont il n'a rien laissé, ne trouvant pas vraisemblablement que des aventures romanesques méritassent d'être mises sur la scène tragique [1]. Il

---

[1] Il présenta cette tragédie à Molière, alors directeur du théâtre du Palais-Royal, et qui avait la réputation de bien accueillir les jeunes auteurs.

retourna à Euripide, et y prit le sujet de *la Thébaïde*, qu'il avança beaucoup, en même temps qu'il s'appliquait à la théologie.

Quoique alors la plus petite chapelle lui parût une fortune, las enfin des incertitudes de son oncle, et des obstacles que faisait renaître continuellement un moine nommé dom Cosme, dont il se plaint beaucoup dans ses lettres, il revint à Paris, où il fit connaissance avec Molière, et acheva *la Thébaïde*.

Il donna d'abord son ode intitulée *la Renommée aux Muses*, et la porta à la cour, où il fallait qu'il eût quelques protecteurs, puisqu'il dit dans une de ses lettres : « *La Renommée* a été assez » heureuse ; M. le comte de Saint-Aignan la trouve fort belle : » je ne l'ai pas trouvé au lever du roi, mais j'y ai trouvé Molière, » à qui le roi a donné assez de louanges. J'en ai été bien aise » pour lui, et il a été bien aise aussi que j'y fusse présent. » On peut juger par ces paroles que le jeune roi aimait déjà à voir les poëtes à sa cour. Il fit payer à mon père une gratification de 600 livres, pour lui donner le moyen de continuer son application aux belles-lettres, comme il est dit dans l'ordre signé par M. Colbert, le 26 août 1664.

La Thébaïde fut jouée la même année ; et comme je ne trouve rien qui m'apprenne de quelle manière elle fut reçue, je n'en dirai rien davantage. Je ne dois parler ici qu'historiquement de ses tragédies, et presque tout ce que j'en puis dire d'historique se trouve ailleurs. Je laisse aux auteurs de l'histoire du théâtre français le soin de recueillir ces particularités, dont plusieurs sont peu curieuses, et toutes fort incertaines, parce qu'il n'en a rien raconté dans sa famille ; et je ne suis pas mieux instruit qu'un autre de ce temps de sa vie, dont il ne parlait jamais.

Le jeune Despréaux, qui n'avait que trois ans plus que lui, était connu de l'abbé le Vasseur, qui lui porta l'ode de *la Renommée*, sur laquelle Despréaux fit des remarques qu'il mit par écrit. Le poëte critiqué trouva les remarques très-judicieuses, et eut une extrême envie de connaître son critique. L'ami commun lui en

---

Molière entrevit sans doute dans cette production, toute faible qu'elle était, le germe d'un heureux talent ; il encouragea le jeune homme, loua ses dispositions ; on assure même qu'il le secourut de sa bourse, et lui prêta 100 louis, l'excitant à traiter le sujet de la Thébaïde, comme plus théâtral.

procura la connaissance, et forma les premiers nœuds de cette union si constante et si étroite, qu'il est comme impossible de faire la vie de l'un sans faire la vie de l'autre. J'ai déjà prévenu que je rapporterais de celle de Boileau les particularités que ses commentateurs n'apprennent point, ou n'apprennent qu'imparfaitement, parce qu'ils n'étaient pas mieux instruits.

Il n'était point né à Paris, comme on l'a toujours écrit, mais à Crône, petit village près Villeneuve-Saint-Georges : son père y avait une maison, où il passait tout le temps des vacances du palais, et ce fut le 1er novembre 1636 que ce onzième enfant y vint au monde. Pour le distinguer de ses frères, on le surnomma *Despréaux*, à cause d'un petit pré qui était au bout du jardin. Quelque temps après, une partie du village fut brûlée, et les registres de l'église ayant été consumés dans cet incendie, lorsque Boileau, dans le temps qu'on recherchait les usurpateurs de la noblesse, en vertu de la déclaration du 4 septembre 1696, fut injustement attaqué, il ne put, faute d'extrait baptistaire, prouver sa naissance que par le registre de son père. Il eut à souffrir dans son enfance l'opération de la taille, qui fut mal faite, et dont il lui resta pour toute sa vie une très-grande incommodité. On lui donna pour logement dans la maison paternelle une guérite au-dessus du grenier, et quelque temps après on l'en fit descendre parce qu'on trouva moyen de lui construire un petit cabinet dans ce grenier, ce qui lui faisait dire qu'il avait commencé sa fortune par descendre au grenier; et il ajoutait, dans sa vieillesse, qu'il n'accepterait pas une nouvelle vie s'il fallait la commencer par une jeunesse aussi pénible. La simplicité de sa physionomie et de son caractère faisait dire à son père, en le comparant à ses autres enfants : « Pour Colin, ce sera un bon garçon qui ne dira mal de personne. »

Après ses premières études, il voulut s'appliquer à la jurisprudence; il suivit le barreau, et même plaida une cause dont il se tira fort mal. Comme il était près de la commencer, le procureur s'approcha de lui pour lui dire : « N'oubliez pas de demander que la partie soit interrogée sur faits et articles. — Et pourquoi, lui répondit Boileau, la chose n'est-elle pas déjà faite ? Si tout n'est pas prêt, il ne faut donc pas me faire plaider. » Le procureur fit un éclat de rire, et dit à ses confrères : « Voilà un jeune avocat qui ira loin; il a de grandes dispositions. » Il n'eut pas l'ambition d'aller plus loin : il quitta le palais, et alla en Sorbonne; mais il la quitta bientôt par le même dégoût. Il crut, comme dit M. de Boze dans son *Éloge historique,* y trouver encore la chicane sous un autre habit. Prenant le parti de *dormir chez un greffier la grasse matinée,* il se livra tout entier à son génie qui l'emportait vers la poésie; et lorsqu'on lui représenta que, s'il s'attachait à la satire, il se ferait des ennemis qui auraient toujours les yeux sur lui et ne chercheraient qu'à le décrier : « Eh bien, répondit-il, je serai honnête homme, et je ne les craindrai point. »

Il prit d'abord Juvénal pour son modèle, persuadé que notre langue était plus propre à imiter la force de ce style que l'élégante simplicité du style d'Horace. Il changea bientôt de sentiment. Sa première satire fut celle-ci : *Damon, ce grand auteur,* etc. Il la fit tout entière dans le goût de Juvénal; et, pour en imiter le ton de déclamation, il la finissait par la description des embarras de Paris. Il s'aperçut que la pièce était trop longue, et devenait languissante; il en retrancha cette description, dont il fit une satire à part. Son second ouvrage fut la satire qui est aujourd'hui la septième dans le recueil de ses œuvres : *Muses, changeons de style,* etc. Après celle-ci il en adressa une à Molière, et fit son Discours au roi. Ensuite il entreprit la satire du *Festin* et celle sur la *Noblesse,* travaillant à toutes les deux en même temps, et imitant Juvénal dans l'une et Horace dans l'autre. Ses ennemis débitèrent que, dans la satire sur la *Noblesse,* il avait eu dessein de railler M. de Dangeau. Il n'en eut jamais la pensée. Il l'adressait d'abord à M. de la Rochefoucauld; mais trouvant que ce nom, qui devait revenir plusieurs fois, n'avait pas de grâce en vers, il prit le parti d'adresser l'ouvrage à M. de Dangeau, le seul homme de la cour, avec M. de la Rochefoucauld, qu'il connût alors.

La satire du *Festin* eut pour fondement un repas qu'on lui donna à Château-Thierry, où il était allé se promener avec la Fontaine, qui ne fut point du repas, pendant lequel le lieutenant général de la ville lâcha ces phrases : « Pour moi, j'aime le beau français.... Le Corneille est quelquefois joli. » Ces deux phrases donnèrent au poëte, mécontent peut-être de la chère, l'idée de la description d'un repas également ennuyeux par l'ordonnance et par la conversation des convives. Il composa ensuite la satire à M. le Vayer, et celle qu'il adresse à son esprit. Celle-ci fut très-mal reçue lorsqu'il en fit les premières lectures. Il la lut chez M. de Brancas, en présence de M*me* Scarron, depuis M*me* de Maintenon, et de M*me* de la Sablière. La pièce fut si peu goûtée qu'il n'eut pas le courage d'en finir la lecture. Pour se consoler de cette disgrâce il fit la satire *Sur l'homme,* qui eut autant de succès que l'autre en avait eu peu.

Comme il ne voulait pas faire imprimer ses satires, tout le monde le recherchait pour les lui entendre réciter. Un autre talent que celui de faire des vers le faisait encore rechercher : il savait contrefaire ceux qu'il voyait, jusqu'à rendre parfaitement leur démarche, leurs gestes et leur ton de voix. Il m'a raconté qu'ayant entrepris de contrefaire un homme qui venait d'exécuter une danse fort difficile, il exécuta avec la même justesse la même danse, quoiqu'il n'eût jamais appris à danser. Il amusa un jour le roi en contrefaisant devant lui tous les comédiens. Le roi voulut qu'il contrefît aussi Molière, qui était présent, et demanda ensuite à Molière s'il s'était reconnu. « Nous ne pouvons, répondit Molière, juger de notre ressemblance ; mais la mienne est parfaite, s'il m'a aussi bien imité qu'il a imité les autres. » Quoique ce talent, qui le faisait rechercher dans les parties de plaisir, lui procurât des connaissances agréables pour un jeune homme, il m'a avoué qu'enfin il en eut honte, et qu'ayant fait réflexion que c'était faire un personnage de baladin, il y renonça, et n'alla plus aux repas où on ne l'invitait que pour réciter ses ouvrages, qui le rendirent bientôt très-fameux.

Il se fit un devoir de n'y nommer personne, même dans les traits de railleries qui avaient pour fondement des faits très-connus. Son Alidor, *qui veut rendre à Dieu ce qu'il a pris au monde,* était si connu alors, qu'au lieu de dire la maison de l'Institution, on disait souvent par plaisanterie la maison de la Restitution. Il ne nommait pas d'abord Chapelain : il avait mis *Patelin ;* et ce fut la seule chose qui fâcha Chapelain. *Pourquoi,* disait-il, *défigurer mon nom ?* Chapelain était fort bon homme, et, content du bien que le satirique disait de ses mœurs, lui pardonnait le mal qu'il disait de ses vers. Gilles Boileau, ami de Chapelain et de Cotin, ne fut pas si doux : il traita avec beaucoup de hauteur son cadet, lui disant qu'il était bien hardi d'oser attaquer ses amis. Cette réprimande ne fit qu'animer davantage Despréaux contre ces deux poëtes. Ce Gilles Boileau, de l'Académie française, avait aussi, comme l'on sait, du talent pour les vers. Tous ses frères avaient de l'esprit. L'abbé Boileau, depuis docteur de Sorbonne, s'est fait connaître par des ouvrages remarquables par les sujets et par le style. M. Pui-Morin, qui fut contrôleur des Menus, était très-aimable dans la société ; mais l'amour du plaisir le détourna de toute étude. Ce fut lui qui, étant invité à un grand repas par deux juifs fort riches, alla à midi chercher son frère Despréaux et le pria de l'accompagner, l'assurant que ces messieurs seraient charmés de le connaître. Despréaux, qui avait quelques affaires, lui répondit qu'il n'était pas en humeur de s'aller réjouir. Pui-Morin le pressa avec tant de vivacité, que son frère, perdant patience, lui dit d'un ton de colère : « Je ne veux pas aller manger chez des coquins qui ont crucifié Notre-Seigneur. — Ah! mon frère, s'écria Pui-Morin en frappant du pied contre terre, pourquoi m'en faites-vous souvenir lorsque le dîner est prêt, et que ces pauvres gens m'attendent ? » Il s'avisa un jour, devant Chapelain, de parler mal de *la Pucelle :* « C'est bien à vous à en juger, lui dit Chapelain, vous qui ne savez pas lire. » Pui-Morin lui répondit : « Je ne sais que trop lire depuis que vous faites imprimer », et fut si content de sa réponse, qu'il voulut la mettre en vers. Mais comme il ne put en venir à bout, il eut recours à son frère et à mon père, qui tournèrent ainsi cette réponse en épigramme :

>Froid, sec, dur, rude auteur, digne objet de satire,
>De ne savoir pas lire oses-tu me blâmer ?
>Hélas ! pour mes péchés, je n'ai su que trop lire
>   Depuis que tu fais imprimer.

Mon père représenta que le premier hémistiche du second vers rimant avec le vers précédent et avec l'avant-dernier vers, il valait mieux dire *de mon peu de lecture.* Molière décida qu'il fallait conserver la première façon : « Elle est, lui dit-il, la plus naturelle, et il faut sacrifier toute régularité à la justesse de l'expression : c'est l'art même qui doit nous apprendre à nous affranchir des règles de l'art. »

Molière était alors de leur société, dont étaient encore la Fontaine et Chapelle, et tous faisaient de continuelles réprimandes à Chapelle sur sa passion pour le vin. Boileau, le rencontrant un jour dans la rue, lui en voulut parler. Chapelle lui répondit : « J'ai résolu de m'en corriger, je sens la vérité de vos raisons ; pour achever de me persuader, entrons ici, vous me parlerez plus à votre aise. » Il le fit entrer dans un cabaret, et demanda une bouteille, qui fut suivie d'une autre. Boileau, en s'animant dans son discours contre la passion du vin, buvait avec lui, jusqu'à ce qu'enfin le prédicateur et le nouveau converti s'enivrèrent.

Je reviens à l'histoire des tragédies de mon père, qui, après avoir achevé celle d'*Alexandre*, la voulut montrer à Corneille, pour recevoir les avis du maître du théâtre. M. de Valincour rapporte ce fait dans sa lettre à M. l'abbé d'Olivet, et m'a assuré qu'il le tenait de mon père même. Corneille, après avoir entendu la lecture de la pièce, dit à l'auteur qu'il avait un grand talent pour la poésie, mais qu'il n'en avait point pour la tragédie, et lui conseilla de s'appliquer à un autre genre. Ce jugement, très-sincère sans doute, fait voir qu'on peut avoir de grands talents, et être un mauvais juge des talents.

Il y avait alors deux troupes de comédiens : celle de Molière et celle de l'hôtel de Bourgogne. L'*Alexandre* fut joué d'abord par la troupe de Molière ; mais l'auteur, mécontent des acteurs, leur retira sa pièce, et la donna aux comédiens de l'hôtel de Bourgogne : il fut cause en même temps que la meilleure actrice de Molière le quitta pour passer sur le théâtre de Bourgogne ; ce qui mortifia Molière, et causa entre eux un refroidissment qui dura toujours, quoiqu'ils se rendissent mutuellement justice sur leurs ouvrages. On verra bientôt de quelle manière Molière parla de la comédie des *Plaideurs ;* et le lendemain de la première représentation du *Misanthrope*, qui fut très-malheureuse, un homme, qui crut faire plaisir à mon père, courut lui annoncer cette nouvelle en lui disant : « La pièce est tombée : rien n'est si froid ; vous pouvez m'en croire, j'y étais. — Vous y étiez, reprit mon père, et je n'y étais pas ; et cependant je n'en croirai rien, parce qu'il est impossible que Molière ait fait une mauvaise pièce. Retournez-y, et examinez-la mieux. »

Alexandre eut beaucoup de partisans et de censeurs, puisque

Boileau, qui composa, cette même année 1665, sa troisième satire, y fait dire à son campagnard :

> Je ne sais pas pourquoi l'on vante l'*Alexandre*.

La lecture de cette tragédie fit écrire à Saint-Évremond « que la vieillesse de Corneille ne l'alarmait plus, et qu'il n'avait plus à craindre de voir finir avec lui la tragédie ; » et cet aveu de Saint-Évremond dut consoler le poëte de la critique que le même écrivain, dont les jugements avaient alors un grand crédit, fit de cette même tragédie. Il est vrai qu'elle avait plusieurs défauts, et que le jeune auteur s'y livrait encore à sa prodigieuse facilité de rimer. Boileau sut la modérer par ses conseils, et s'est toujours vanté de lui avoir appris à rimer difficilement.

Ce fut enfin l'année suivante que les satires de Boileau parurent imprimées. On lit dans le *Bolœana* par quelle raison on fut près de révoquer le privilége que le libraire avait obtenu par adresse, et l'indifférence de Boileau sur cet événement. Jamais poëte n'eut tant de répugnance à donner ses ouvrages au public. Il s'y vit forcé, lorsqu'on lui en montra une édition faite furtivement, et remplie de fautes. A cette vue, il consentit à remettre son manuscrit, et ne voulut recevoir aucun profit du libraire. Il donna en 1674, avec la même générosité, ses *Épîtres*, son *Art poétique*, le *Lutrin*, et le *Traité du Sublime*. Quoique fort économe de son revenu, il était plein de noblesse dans les sentiments : il m'a assuré que jamais libraire ne lui avait payé un seul de ses ouvrages ; ce qui l'avait rendu hardi à railler dans son *Art poétique*, chant IV, les auteurs qui *mettent leur Apollon aux gages d'un libraire*, et qu'il n'avait fait les deux vers qui précèdent,

> Je sais qu'un noble esprit peut sans honte et sans crime
> Tirer de son travail un tribut légitime,

que pour consoler mon père, qui avait retiré quelque profit de l'impression de ses tragédies. Le profit qu'il en tira fut très-modique ; et il donna dans la suite *Esther* et *Athalie* au libraire, de la manière dont Boileau avait donné tous ses ouvrages.

Andromaque, qui parut en 1667, fit connaître que le jeune poëte à qui Boileau avait appris à rimer difficilement avait en peu de temps fait de grands progrès. Mais je suis obligé d'interrompre l'histoire de ses tragédies pour raconter celle de deux ouvrages d'une nature bien différente.

Le public ne les attendait ni d'un jeune homme occupé de tragédies, ni d'un élève de Port-Royal. La vivacité du poëte, qui se crut offensé dans son talent, ce qu'il avait de plus cher, lui fit oublier ce qu'il devait à ses premiers maîtres, et l'engagea à entrer, sans réflexion, dans une querelle qui ne le regardait pas.

Desmarets de Saint-Sorlin, que le mauvais succès de son *Clovis* avait rebuté, las d'être poëte, voulut être prophète, et prétendit avoir la clef de l'Apocalypse. Il annonça une armée de cent quarante-quatre mille victimes, qui rétablirait, sous la conduite du roi, la vraie religion. Par tous les termes mystiques qu'inventait son imagination échauffée, il en avait échauffé plusieurs autres. Il eut l'honneur d'être foudroyé par M. Nicole, qui écrivit contre lui les lettres qu'il intitula *Visionnaires*, parce qu'il les écrivait contre un grand visionnaire, auteur de la comédie des *Visionnaires*. Il fit remarquer, dans la première de ces lettres, que ce prétendu illuminé ne s'était d'abord fait connaître dans le monde que par des romans et des comédies : « qualités, ajouta-t-il, qui ne sont
» pas fort honorables au jugement des honnêtes gens, et qui sont
» horribles, considérées suivant les principes de la religion chré-
» tienne. Un faiseur de romans et un poëte de théâtre est un em-
» poisonneur public, non des corps, mais des âmes. Il doit se re-
» garder comme coupable d'une infinité d'homicides spirituels,
» ou qu'il a causés en effet, ou qu'il a pu causer. »

Mon père, à qui sa conscience reprochait des occupations qu'on regardait à Port-Royal comme très-criminelles, se persuada que ces paroles n'avaient été écrites que contre lui, et qu'il était celui qu'on appelait un empoisonneur public. Il se croyait d'autant mieux fondé dans cette persuasion, qu'à cause de sa liaison avec les comédiens il avait été comme exclu de Port-Royal par une lettre de la mère Racine, sa tante, qui est si bien écrite, qu'on ne sera pas fâché de la lire.

GLOIRE A JÉSUS-CHRIST ET AU TRÈS-SAINT SACREMENT.

« Ayant appris que vous aviez dessein de faire ici un voyage,
» j'avais demandé permission à notre mère de vous voir, parce
» que quelques personnes nous avaient assurées que vous étiez
» dans la pensée de songer sérieusement à vous; et j'aurais été
» bien aise de l'apprendre par vous-même, afin de vous témoigner
» la joie que j'aurais, s'il plaisait à Dieu de vous toucher; mais
» j'ai appris depuis peu de jours une nouvelle qui m'a touchée
» sensiblement. Je vous écris dans l'amertume de mon cœur,
» et en versant des larmes que je voudrais pouvoir répandre en assez
» grande abondance devant Dieu pour obtenir de lui votre salut, qui
» est la chose du monde que je souhaite avec le plus d'ardeur.
» J'ai donc appris avec douleur que vous fréquentiez plus que
» jamais des gens dont le nom est abominable à toutes les per-
» sonnes qui ont tant soit peu de piété, et avec raison, puis-
» qu'on leur interdit l'entrée de l'église et la communion des fi-
» dèles, même à la mort, à moins qu'ils ne se reconnaissent.
» Jugez donc, mon cher neveu, dans quel état je puis être, puis-
» que vous n'ignorez pas la tendresse que j'ai toujours eue pour
» vous, et que je n'ai jamais rien désiré sinon que vous fussiez
» tout à Dieu dans quelque emploi honnête. Je vous conjure donc,
» mon cher neveu, d'avoir pitié de votre âme, et de rentrer dans
» votre cœur pour y considérer sérieusement dans quel abîme
» vous vous êtes jeté. Je souhaite que ce qu'on m'a dit ne soit
» pas vrai; mais si vous êtes assez malheureux pour n'avoir
» pas rompu un commerce qui vous déshonore devant Dieu et
» devant les hommes, vous ne devez pas penser à nous venir
» voir; car vous savez bien que je ne pourrais pas vous par-
» ler, vous sachant dans un état si déplorable, et si contraire
» au christianisme. Cependant je ne cesserai point de prier Dieu
» qu'il vous fasse miséricorde, et à moi en vous la faisant, puis-
» que votre salut m'est si cher. »

Voilà une de ces lettres que son neveu, dans sa ferveur pour
les théâtres, appelait des excommunications. Il crut donc que

M. Nicole, en parlant contre les poëtes, avait eu dessein de l'humilier; il prit la plume contre lui et contre tout Port-Royal, et il fit une lettre pleine de traits piquants, qui, pour les agréments du style, fut goûtée de tout le monde. « Je ne sais, » dit l'auteur de la continuation de l'*Histoire de l'Académie française*, « si nous avons » rien de mieux écrit ni de plus ingénieux en notre langue. » Les ennemis de Port-Royal encouragèrent le jeune écrivain à continuer, et même, à ce qu'on prétend, lui firent espérer un bénéfice. Tandis que M. Nicole et les autres solitaires de Port-Royal gardaient le silence, il parut deux réponses, dont la première, fort solide, et qui fut d'abord attribuée à M. de Sacy, était de M. du Bois; la seconde, fort inférieure, était de M. Barbier-d'Aucour. Mon père connut bien au style qu'elles ne venaient pas de Port-Royal, et il les méprisa. Mais peu après, ces deux mêmes réponses parurent dans une édition des *Visionnaires*, faite en Hollande, en deux volumes, et il était écrit dans l'avertissement, à la tête de cette édition, qu'on avait inséré « dans ce recueil les » deux réponses faites à un jeune homme qui, s'étant chargé de » l'intérêt commun de tout le théâtre, avait conté des histoires » faites à plaisir, parce que ces deux réponses feraient plaisir, » ayant pour leur bonté partagé les juges, dont les uns estimaient » plus la première, tandis que les autres se déclaraient hautement » pour la seconde. »

Mon père, moins piqué de ces deux réponses que du soin que messieurs de Port-Royal prenaient de les faire imprimer dans leurs ouvrages avec un pareil avertissement, fit contre eux la seconde lettre, et mit à la tête une préface qui n'a jamais été imprimée, et qu'il assaisonna des mêmes railleries qui règnent dans les deux lettres. Après avoir dit qu'il n'y a point de plaisir à rire avec des gens délicats qui se plaignent qu'on les déchire dès qu'on les nomme, et qui, aussi sensibles que les gens du monde, ne souffrent volontiers que les mortifications qu'ils s'imposent à eux-mêmes, il s'adressait ainsi à M. Nicole directement : « Je demande à ce vé- » nérable théologien en quoi j'ai erré, si c'est dans le droit ou » dans le fait. J'ai avancé que la comédie était innocente : le Port- » Royal dit qu'elle est criminelle; mais je ne crois pas qu'on puisse » taxer ma proposition d'hérésie; c'est bien assez de la taxer de » témérité. Pour le fait, ils n'ont nié que celui des capucins; en-

» core ne l'ont-ils pas nié tout entier. Toute la grâce que je lui
» demande est qu'il ne m'oblige pas non plus à croire un fait
» qu'il avance, lorsqu'il dit que le monde fut partagé entre les
» deux réponses qu'on fit à ma lettre, et qu'on disputa longtemps
» laquelle des deux était la plus belle : il n'y eut pas la moindre
» dispute là-dessus, et d'une commune voix elles furent jugées
» aussi froides l'une que l'autre. Mais tout ce qu'on fait pour ces
» messieurs a un caractère de bonté que tout le monde ne
» connaît pas.

» Il est aisé de connaître, ajoutait-il, par le soin qu'ils ont pris
» d'immortaliser ces réponses, qu'ils y avaient plus de part qu'ils
» ne disaient. A la vérité, ce n'est pas leur coutume de laisser
» rien imprimer pour eux qu'ils n'y mettent quelque chose du
» leur. Ils portent aux docteurs leurs approbations toutes dressées.
» Les avis de l'imprimeur sont ordinairement des éloges qu'ils
» se donnent à eux-mêmes ; et l'on scellerait à la chancellerie
» des priviléges fort éloquents, si leurs livres s'imprimaient avec
» priviléges. »

Content de cette préface et de sa seconde lettre, il alla montrer ces nouvelles productions à Boileau, qui, toujours amateur de la vérité, quoiqu'il n'eût encore aucune liaison avec Port-Royal, lui représenta que cet ouvrage ferait honneur à son esprit, mais n'en ferait pas à son cœur, parce qu'il attaquait des hommes fort estimés, et le plus doux de tous, auquel il avait lui-même, comme aux autres, de grandes obligations. « Eh bien, répondit mon père, pénétré de ce reproche, le public ne verra jamais cette seconde lettre. » Il retira tous les exemplaires qu'il put trouver de la première ; et elle était devenue fort rare, lorsqu'elle parut dans des journaux. Brossette, qui la fit imprimer dans son édition de Boileau, quoiqu'elle n'eût aucun rapport aux ouvrages de cet auteur, joignit en note que le Port-Royal, « alarmé d'une lettre qui » le menaçait d'un écrivain aussi redoutable que Pascal, trouva » le moyen d'apaiser et de regagner le jeune Racine. » Brossette était fort mal instruit. Le Port-Royal garda toujours le silence, et ne fit aucune démarche pour la réconciliation. Mon père fit lui seul, dans la suite, toutes les démarches que je dirai. On n'ignore pas le repentir qu'il a témoigné ; et un jour il fit une réponse si humble à un de ses confrères, qui l'attaqua dans l'Académie par une plaisanterie au sujet de ce démêlé, que personne dans la suite n'osa plus le railler sur le même sujet. Lorsque Brossette fit imprimer la première lettre, il ne connaissait pas la seconde, qui n'était connue de personne, ni de nous-mêmes. Elle fut trouvée, je ne sais par quel hasard, dans les papiers de M. l'abbé Dupin, et ceux qui en furent les maîtres après sa mort la firent imprimer.

Je reprends l'histoire des pièces de théâtre, et je viens à *Andromaque*. Elle fut représentée en 1667, et fit, au rapport de M. Perrault, à peu près le même bruit que *le Cid* avait fait dans les premières représentations. On voit, par l'épître dédicatoire, que l'auteur avait eu auparavant l'honneur de la lire à Madame : il remercie Son Altesse Royale des conseils qu'elle a bien voulu lui donner. Cette pièce coûta la vie à Montfleuri, célèbre acteur : il y représenta le rôle d'Oreste avec tant de force, qu'il s'épuisa entièrement ; ce qui fit dire à l'auteur du *Parnasse réformé* que « tout poëte désormais voudra avoir l'honneur de faire crever un comédien. »

La tragédie d'*Andromaque* eut trop d'admirateurs pour n'avoir pas d'ennemis. Saint-Évremond ne fut ni du nombre des ennemis ni du nombre des admirateurs, puisqu'il n'en fit que cet éloge : « Elle a bien l'air des belles choses ; il ne s'en faut presque rien qu'il n'y ait du grand. »

Un comédien, nommé Subligny, se signala par une critique en forme de comédie. Elle ne fut pas inutile à l'auteur critiqué, qui corrigea, dans la seconde édition d'*Andromaque*, quelques négligences de style, et laissa néanmoins subsister certains tours nouveaux, que Subligny mettait au nombre des fautes de style, et qui, ayant été approuvés depuis comme tours heureux, sont devenus familiers à notre langue. Les critiques les plus sérieuses contre cette pièce tombèrent sur le personnage de Pyrrhus, qui parut au grand Condé trop violent et trop emporté, et que d'autres accusèrent d'être un malhonnête homme, parce qu'il manque de parole à Hermione. L'auteur, au lieu de répondre à une critique si peu solide, entreprit de faire dans sa tragédie suivante le portrait d'un parfaitement honnête homme. C'est ce que Boileau donne à penser quand il dit à son ami, en lui représentant l'avantage qu'on retire des critiques :

Au *Cid* persécuté *Cinna* doit sa naissance ;
Et ta plume peut-être aux censeurs de Pyrrhus
Doit les plus nobles traits dont tu peignis Burrhus.

La comédie des *Plaideurs* précéda *Britannicus*, et parut en 1668. En voici l'origine :

Mon père avait enfin obtenu un bénéfice, puisque le privilége de la première édition d'*Andromaque*, qui est du 28 décembre 1667, est accordé au sieur Racine, prieur de l'Épinay : titre qui ne lui est plus donné dans un autre privilége accordé quelques mois après, parce qu'il n'était déjà plus prieur. Boileau le fut huit ou neuf ans ; mais quand il reconnut qu'il n'avait point de dispositions pour l'état ecclésiastique, il se fit un devoir de remettre le bénéfice entre les mains du collateur ; et pour remplir un autre devoir encore plus difficile, après avoir calculé ce que le prieuré lui avait rapporté pendant le temps qu'il l'avait possédé, il fit distribuer cette somme aux pauvres, et principalement aux pauvres du lieu : rare exemple donné par un poëte accusé d'aimer l'argent.

Son ami eût imité une si belle action, s'il eût eu à restituer des biens d'Église ; mais sa vertu ne fut jamais à une pareille épreuve. A peine eut-il obtenu son bénéfice, qu'un régulier vint le lui disputer, prétendant que ce prieuré ne pouvait être possédé que par un régulier : il fallut plaider ; et voilà ce procès « que ni ses juges ni lui n'entendirent », comme il le dit dans la préface des *Plaideurs*. C'était ainsi que la Providence lui opposait toujours de nouveaux obstacles pour entrer dans l'état ecclésiastique, où il ne voulait entrer que par des vues d'intérêt. Fatigué enfin du procès, las de voir des avocats et de solliciter des juges, il abandonna le bénéfice, et se consola de cette perte par une comédie contre les juges et les avocats.

Il faisait alors de fréquents repas chez un fameux traiteur où se rassemblaient Boileau, Chapelle, Furetière et quelques autres. D'ingénieuses plaisanteries égayaient ces repas, où les fautes étaient sévèrement punies. Le poëme de *la Pucelle*, de Chapelain, était sur une table, et on réglait le nombre de vers que devait lire un coupable sur la qualité de sa faute. Elle était fort grave quand il était condamné à en lire vingt vers ; et l'arrêt qui condamnait à lire la page entière était l'arrêt de mort. Plusieurs traits de la comédie des *Plaideurs* furent le fruit de ces repas : chacun s'empressait d'en fournir à l'auteur. M. de Brilhac, conseiller au parlement de Paris, lui apprenait les termes de palais. Boileau lui fournit l'idée de la dispute entre Chicaneau et la comtesse ; il avait été témoin de cette scène, qui s'était passée chez son frère le greffier, entre un homme très-connu alors et une comtesse, que l'actrice qui joua ce personnage contrefit jusqu'à paraître sur le théâtre avec les mêmes habillements, comme il est rapporté dans le Commentaire sur la seconde satire de Boileau[1]. Plusieurs autres traits de cette comédie avaient également rapport à des personnes alors très-connues; et par l'Intimé, qui, dans la cause du chapon, commence, comme Cicéron, *Pro Quintio: Quæ res duæ plurimum possunt... gratia et eloquentia*, etc., on désignait

---

[1] L'original de cette comtesse, dit un commentateur de Racine, était la comtesse de Crissé, plaideuse de profession, et qui avait dissipé en mauvais procès une fortune considérable. Le Parlement, d'après les demandes de la famille, lui fit défense d'intenter à l'avenir aucun procès sans avoir pris d'abord l'avis par écrit de deux avocats qui lui furent nommés par la Cour. Cette interdiction de plaider la rendit furieuse, et elle passait ses jours à tourmenter ses juges et ses avocats. Un jour qu'elle avait été porter ses plaintes chez le greffier Jérôme Boileau, frère de Despréaux, elle y rencontra un cousin issu de germain de celui-ci, ancien président à la Cour des monnaies, qui, ayant perdu tout son bien par mauvaise conduite, cherchait les occasions de se rendre nécessaire. C'était le même homme qui, dans la satire III de Boileau, se trouve dépeint

Avec sa mine étique,
Son rabat jadis blanc, et sa perruque antique.

Il s'avisa de vouloir donner des conseils à l'obstinée plaideuse, qui les écouta d'abord avec avidité, et les reçut avec quelque soumission ; mais un malentendu qui survint entre eux, dans la chaleur de la conversation, fit croire à la comtesse que le donneur d'avis avait voulu l'insulter ; elle changea aussitôt de ton, et l'accabla d'injures. Boileau, témoin de cette scène, ne laissa pas passer l'occasion de la faire mettre sur le théâtre. Dans le portrait de la femme de Dandin, qui

Eût du buvetier emporté les serviettes,
Plutôt que de rentrer au logis les mains nettes,

on eut en vue la femme du lieutenant criminel Tardieu, si connue par son avarice sordide, sa rapacité scandaleuse, et sa fin tragique, arrivée en 1665.

un avocat qui s'était servi du même exorde dans la cause d'un pâtissier contre un boulanger. Soit que ces plaisanteries eussent attiré des ennemis à cette pièce, soit que le parterre ne fût pas d'abord sensible au sel attique dont elle est remplie, elle fut mal reçue ; et les comédiens, dégoûtés de la seconde représentation, n'osèrent hasarder la troisième. Molière, qui était présent à cette seconde représentation, quoique alors brouillé avec l'auteur, ne se laissa séduire ni par aucun intérêt particulier, ni par le jugement du public : il dit tout haut, en sortant, que cette comédie était excellente, et que ceux qui s'en moquaient méritaient qu'on se moquât d'eux. Un mois après, les comédiens, représentant à la cour une tragédie, osèrent donner à la suite cette malheureuse pièce. Le roi en fut frappé, et ne crut pas déshonorer sa gravité ni son goût par des éclats de rire si grands, que la cour en fut étonnée.

Louis XIV jugea de la pièce comme Molière en avait jugé. Les comédiens, charmés d'un succès qu'ils n'avaient pas espéré, pour l'annoncer plus promptement à l'auteur revinrent toute la nuit à Paris, et allèrent le réveiller. Trois carrosses, pendant la nuit, dans une rue où l'on n'était pas accoutumé d'en voir pendant le jour, réveillèrent le voisinage[1] : on se mit aux fenêtres ; et comme on savait qu'un conseiller des requêtes avait fait un grand bruit contre la comédie des *Plaideurs*, on ne douta point de la punition du poëte qui avait osé railler les juges en plein théâtre. Le lendemain tout Paris le croyait en prison, tandis qu'il se félicitait de l'approbation que la cour avait donnée à sa pièce, dont le mérite fut enfin reconnu à Paris.

L'année suivante, 1669, il reçut une gratification de 1,200 livres, sur un ordre particulier de M. Colbert[2].

---

[1] Racine logeait alors à l'hôtel des Ursins, dans la Cité. Depuis il changea plusieurs fois de logement, comme on le verra dans une note sur sa lettre à Boileau du 21 mai 1692. Nous nous contenterons de remarquer ici qu'il habitait la rue des Maçons-Sorbonne, lorsqu'il composa *Athalie*, imprimée en 1691, et la rue des Marais-Saint-Germain, lorsqu'il mourut en 1699. Son dernier appartement a été successivement occupé par Mlle Lecouvreur et Mlle Clairon.

[2] En voici la copie : « Maître Charles le Bègue, conseiller du roi, tréso-
» rier général de ses bâtiments, nous vous mandons que des deniers de

Britannicus, qui parut en 1669, eut aussi beaucoup de contradictions à essuyer, et l'auteur avoue dans sa préface qu'il craignit quelque temps que sa tragédie n'eût une destinée malheureuse. Je ne connais cependant aucune critique imprimée dans le temps contre *Britannicus*. Ces sortes de critiques, à la vérité, tombent peu après dans l'oubli; mais il se trouve toujours dans la suite quelque faiseur de recueil qui veut les en tirer. Tout est bon pour ceux qui, moins curieux de la reconnaissance du public que de la rétribution du libraire, n'ont d'autre ambition que celle de faire imprimer un livre nouveau; et dans le recueil des pièces fugitives faites sur les tragédies de nos deux poëtes fameux, qu'en 1740 Gissey imprima en deux volumes, je ne trouve rien sur *Britannicus*.

On sait l'impression que firent sur Louis XIV quelques vers de cette pièce. Lorsque Narcisse rapporte à Néron les discours qu'on tient contre lui, il lui fait entendre qu'on raille son ardeur à briller par des talents qui ne doivent point être les talents d'un empereur :

> Il excelle à conduire un char dans la carrière,
> A disputer des prix indignes de ses mains,
> A se donner lui-même en spectacle aux Romains,
> A venir prodiguer sa voix sur un théâtre.....

Ces vers frappèrent le jeune monarque, qui avait quelquefois dansé dans les ballets; et quoiqu'il dansât avec beaucoup de noblesse, il ne voulut plus paraître dans aucun ballet, reconnais-

---

» votre charge de la présente année, même de ceux destinés par Sa Ma-
» jesté pour les pensions et gratifications des gens de lettres, tant français
» qu'étrangers, qui excellent en toutes sortes de sciences, vous payiez
» comptant au sieur Racine la somme de 1,200 livres, que nous lui
» avons ordonnée pour la pension et gratification que Sa Majesté lui a
» accordée, en considération de son application aux belles-lettres, et des
» pièces de théâtre qu'il donne au public. Rapportant la présente, et
» quittance sur ce suffisante, ladite somme de 1,200 livres sera pas-
» sée et allouée en la dépense de vos comptes, par messieurs des Comptes
» à Paris; lesquels nous prions ainsi le faire sans difficulté. Fait à Paris,
» le dernier jour de décembre 1668. COLBERT. LA MOTTE COQUART. »
(L. R.)

sant qu'un roi ne doit point se donner en spectacle. On trouvera ce que je dis ici confirmé par une des lettres de Boileau.

Ceux qui ajoutent foi en tout au *Bolœana* croient que Boileau, qui trouvait les vers de *Bajazet* trop négligés, trouvait aussi le dénoûment de *Britannicus* puéril, et reprochait à l'auteur d'avoir fait Britannicus trop petit devant Néron. Il y a grande apparence que M. de Monchenay, mal servi par sa mémoire lorsqu'il composa ce recueil, s'est trompé en cet endroit. Je n'ai jamais entendu dire que Boileau eût fait de pareilles critiques; je sais seulement qu'il engagea mon père à supprimer une scène entière de cette pièce avant que de la donner aux comédiens; et par cette raison cette scène n'est encore connue de personne. Ces deux amis avaient un égal empressement à se communiquer leurs ouvrages avant que de les montrer au public, égale sévérité de critique l'un pour l'autre, et égale docilité. Voici cette scène que Boileau avait conservée, et qu'il nous a remise : elle était la première du troisième acte.

BURRHUS, NARCISSE.

BURRHUS.

Quoi! Narcisse, au palais obsédant l'empereur,
Laisse Britannicus en proie à sa fureur!
Narcisse, qui devrait d'une amitié sincère
Sacrifier au fils tout ce qu'il tient du père;
Qui devrait, en plaignant avec lui son malheur,
Loin des yeux de César détourner sa douleur!
Voulez-vous qu'accablé d'horreur, d'inquiétude,
Pressé du désespoir qui suit la solitude,
Il avance sa perte en voulant l'éloigner,
Et force l'empereur à ne plus l'épargner?
Lorsque de Claudius l'impuissante vieillesse
Laissa de tout l'empire Agrippine maîtresse,
Qu'instruit du successeur que lui gardaient les dieux,
Il vit déjà son nom écrit dans tous les yeux;
Ce prince, à ses bienfaits mesurant votre zèle,
Crut laisser à son fils un gouverneur fidèle,
Et qui, sans s'ébranler, verrait passer un jour
Du côté de Néron la fortune et la cour.
Cependant aujourd'hui sur la moindre menace
Qui de Britannicus présage la disgrâce,

Narcisse, qui devait le quitter le dernier,
Semble dans le malheur le plonger le premier.
César vous voit partout attendre son passage.

NARCISSE.

Avec tout l'univers je viens lui rendre hommage,
Seigneur : c'est le dessein qui m'amène en ces lieux.

BURRHUS.

Près de Britannicus vous le servirez mieux.
Craignez-vous que César n'accuse votre absence ?
Sa grandeur lui répond de votre obéissance.
C'est à Britannicus qu'il faut justifier
Un soin dont ses malheurs se doivent défier.
Vous pouvez sans péril respecter sa misère ;
Néron n'a point juré la perte de son frère ;
Quelque froideur qui semble altérer leurs esprits,
Votre maître n'est point au nombre des proscrits.
Néron même en son cœur, touché de votre zèle,
Vous en tiendrait peut-être un compte plus fidèle
Que de tous ces respects vainement assidus,
Oubliés dans la foule aussitôt que rendus.

NARCISSE.

Ce langage, seigneur, est facile à comprendre ;
Avec quelque bonté César daigne m'entendre :
Mes soins trop bien reçus pourraient vous irriter...
A l'avenir, seigneur, je saurai l'éviter.

BURRHUS.

Narcisse, vous réglez mes desseins sur les vôtres :
Ce que vous avez fait, vous l'imputez aux autres.
Ainsi lorsque inutile au reste des humains,
Claude laissait gémir l'empire entre vos mains,
Le reproche éternel de votre conscience
Condamnait devant lui Rome entière au silence.
Vous lui laissiez à peine écouter vos flatteurs,
Le reste vous semblait autant d'accusateurs
Qui, prêts à s'élever contre votre conduite,
Allaient de nos malheurs développer la suite ;
Et, lui portant les cris du peuple et du sénat,
Lui demander justice au nom de tout l'État.
Toutefois pour César je crains votre présence :
Je crains, puisqu'il vous faut parler sans complaisance,
Tous ceux qui, comme vous, flattant tous ses désirs,

Sont toujours dans son cœur du parti des plaisirs.
Jadis à nos conseils l'empereur plus docile
Affectait pour son frère une bonté facile,
Et de son rang pour lui modérant la splendeur,
De sa chute à ses yeux cachait la profondeur.
Quel soupçon aujourd'hui, quel désir de vengeance
Rompt du sang des Césars l'heureuse intelligence ?
Junie est enlevée, Agrippine frémit ;
Jaloux et sans espoir Britannicus gémit :
Du cœur de l'empereur son épouse bannie,
D'un divorce à toute heure attend l'ignominie
Elle pleure ; et voilà ce que leur a coûté
L'entretien d'un flatteur qui veut être écouté

NARCISSE.

Seigneur, c'est un peu loin pousser la violence ;
Vous pouvez tout : j'écoute, et garde le silence.
Mes actions un jour pourront vous repartir :
Jusque-là...

BURRHUS.

Puissiez-vous bientôt me démentir !
Plût aux dieux qu'en effet ce reproche vous touche !
Je vous aiderai même à me fermer la bouche.
Sénèque, dont les soins devraient me soulager,
Occupé loin de Rome, ignore ce danger.
Réparons, vous et moi, cette absence funeste :
Du sang de nos Césars réunissons le reste.
Rapprochons-les, Narcisse, au plus tôt, dès ce jour,
Tandis qu'ils ne sont point séparés sans retour.

On ne trouve rien dans cette scène qui ne réponde au reste de la versification ; mais son ami craignit qu'elle ne produisît un mauvais effet sur les spectateurs : « Vous les indisposerez, lui dit-il, en leur montrant ces deux hommes ensemble. Pleins d'admiration pour l'un, et d'horreur pour l'autre, ils souffriront pendant leur entretien. Convient-il au gouverneur de l'empereur, à cet homme si respectable par son rang et sa probité, de s'abaisser à parler à un misérable affranchi, le plus scélérat de tous les hommes ? Il le doit trop mépriser pour avoir avec lui quelque éclaircissement. Et d'ailleurs quel fruit espère-t-il de ses remontrances ? Est-il assez simple pour croire qu'elles feront naître quelques remords dans le cœur de Narcisse ? Lorsqu'il lui fait connaître l'intérêt qu'il prend à Britannicus, il découvre son secret à un traître ; et au lieu de servir Britannicus, il en précipite la perte. » Ces réflexions parurent justes, et la scène fut supprimée.

Cette pièce fit connaître que l'auteur n'était pas seulement rempli des poëtes grecs, et qu'il savait également imiter les fameux écrivains de l'antiquité. Que de vers heureux, et combien d'expressions énergiques prises dans Tacite ! Tout ce que Burrhus dit à Néron quand il se jette à ses pieds, et qu'il tâche de l'attendrir en faveur de Britannicus, est un extrait de ce que Sénèque a écrit de plus beau dans son *Traité sur la Clémence*, adressé à ce même Néron. Ce passage du panégyrique de Trajan par Pline, *Insulas quas modo senatorum, jam delatorum turba compleverat*, etc., a fourni ces deux beaux vers :

> Les déserts, autrefois peuplés de sénateurs,
> Ne sont plus habités que par leurs délateurs.

M. de Fontenelle, dans la *Vie de Corneille*, son oncle, nous dit que *Bérénice* fut un duel. En effet ce vers de Virgile :

> Infelix puer atque impar congressus Achilli,

fut appliqué alors par quelques personnes au jeune combattant, à qui cependant la victoire demeura. Elle ne fut pas même disputée ; la partie n'était pas égale. Corneille n'était plus le Corneille du *Cid* et des *Horaces*; il était devenu l'auteur d'*Agésilas*. Une princesse[1], fameuse par son esprit et par son amour pour la poésie, avait engagé les deux rivaux à traiter ce même sujet. Ils lui donnèrent en cette occasion une grande preuve de leur obéissance, et les deux *Bérénice* parurent en même temps, en 1670[2].

L'abbé de Villars voulut faire briller son esprit aux dépens de l'une et de l'autre pièce ; ses plaisanteries furent trouvées très-fades,

---

[1] Henriette-Anne d'Angleterre. (L. R.)

[2] C'est par l'entremise du marquis de Dangeau que cette auguste princesse avait déterminé Corneille à traiter le même sujet ; mais elle ne put jouir du plaisir de voir la lutte des deux rivaux ; la cour pleurait encore sa mort prématurée, lorsque les deux pièces furent représentées pour la première fois.

et ses critiques parurent outrées à Subligny lui-même, qui, prenant alors la défense du même poëte dont il avait critiqué l'*Andromaque*, fit voir que l'écrivain ingénieux du *Peuple élémentaire* n'entendait pas les manières poétiques. Tout sert aux auteurs sages. L'abbé de Villars avait vivement relevé cette exclamation, *Dieux!* échappée à Bérénice. L'auteur, en reconnaissant sa faute, en corrigea deux autres de la même nature, dont son critique ne s'était pas aperçu. Bérénice disait à la fin du premier acte :

> Rome entière, en ce même moment,
> Fait des vœux pour Titus, et, par des sacrifices,
> De son règne naissant consacre les prémices.
> Je prétends quelque part à des souhaits si doux :
> Phénice, allons nous joindre aux vœux qu'on fait pour nous.

Et dans l'acte suivant Bérénice disait à Titus :

> Pourquoi des immortels attester la puissance?

Dans la seconde édition, l'auteur changea ces expressions, qu'il avait mises dans la bouche de Bérénice sans faire attention qu'elle était juive.

Sa tragédie, quoique honorée du suffrage du grand Condé par l'heureuse application qu'il avait faite de ces deux vers :

> Depuis trois ans entiers chaque jour je la vois,
> Et crois toujours la voir pour la première fois,

fut très-peu respectée sur le théâtre Italien. Il assista à cette parodie bouffonne, et y parut rire comme les autres; mais il avouait à ses amis qu'il n'avait ri qu'extérieurement. La rime indécente qu'Arlequin mettait à la suite de *la reine Bérénice* le chagrinait au point de lui faire oublier le concours du public à sa pièce, les larmes des spectateurs, et les éloges de la cour. C'était dans de pareils moments qu'il se dégoûtait du métier de poëte, et qu'il faisait résolution d'y renoncer : il reconnaissait la faiblesse de l'homme, et la vanité de notre amour-propre, que si peu de chose humilie. Il fut encore frappé d'un mot de Chapelle, qui fit plus d'impression sur lui que toutes les critiques de l'abbé de Villars, qu'il avait su mépriser. Ses meilleurs amis vantaient l'art avec lequel il avait traité un sujet si simple, en ajoutant que le sujet n'avait pas été bien choisi. Il ne l'avait pas choisi ; la princesse que j'ai nommée lui avait fait promettre qu'il le traiterait : et comme courtisan il s'était engagé. « Si je m'y étais trouvé, disait Boileau, je l'aurais bien empêché de donner sa parole. » Chapelle, sans louer ni critiquer, gardait le silence. Mon père enfin le pressa vivement de se déclarer : « Avouez-moi en ami, lui dit-il, votre sentiment. Que pensez-vous de *Bérénice?* — Ce que j'en pense? répondit Chapelle : Marion pleure, Marion crie, Marion veut qu'on la marie. » Ce mot, qui fut bientôt répandu, a été depuis attribué mal à propos à d'autres.

La parodie bouffonne faite sur le théâtre Italien, les railleries de Saint-Évremond, et le mot de Chapelle, ne consolaient pas Corneille, qui voyait la *Bérénice*, rivale de la sienne, raillée et suivie, tandis que la sienne était entièrement abandonnée.

Il avait depuis longtemps de véritables inquiétudes, et n'en avait point fait mystère à son ami Saint-Évremond, lorsque, le remerciant des éloges qu'il avait reçus de lui dans sa *Dissertation* sur l'*Alexandre*, il lui avait écrit : « Vous m'honorez de votre estime
» dans un temps où il semble qu'il y ait un parti fait pour ne m'en
» laisser aucune. C'est un merveilleux avantage pour moi, qui
» ne peux douter que la postérité ne s'en rapporte à vous. Aussi
» je vous avoue que je pense avoir quelques droits de traiter de
» ridicules ces vains trophées qu'on établit sur les anciens héros
» refondus à notre mode. »

Cette critique injuste a ébloui quelques personnes, surtout depuis qu'un écrivain célèbre l'a renouvelée. « Pourquoi, dit-il, ces héros
» ne nous font-ils pas rire? c'est que nous ne sommes pas savants ;
» nous ignorons les mœurs des Grecs et des Romains. Il faudrait,
» pour en rire, des gens éclairés. La chose est assez risible ; mais
» il manque *des rieurs*. » Quand le parterre serait rempli de gens instruits des mœurs grecques et romaines, les rieurs manqueraient encore, puisque ceux qui ont formé leur goût dans les lettres grecques et romaines, connaissent encore mieux que les autres le mérite de ces tragédies, qui paraissaient *risibles* à M. de Fontenelle. Le souvenir d'une ancienne épigramme peut-il rester si longtemps sur le cœur?

Corneille était excusable, quand il cherchait quelques prétextes pour se consoler. Il avait des chagrins, et ces chagrins lui avaient fait prendre en mauvaise part une plaisanterie de la comédie des *Plaideurs,* où ce vers du *Cid,*

> Ses rides sur son front ont gravé ses exploits,

est appliqué à un vieux sergent. « Ne tient-il donc, disait-il, qu'à un jeune homme de venir ainsi tourner en ridicule les vers des gens? » L'offense n'était pas grave, mais il n'était pas de bonne humeur.

Segrais rapporte qu'étant auprès de lui à la représentation de *Bajazet,* qui fut joué en 1672, Corneille lui fit observer que tous les personnages de cette pièce avaient, sous des habits turcs, des sentiments français. « Je ne le dis qu'à vous, ajouta-t-il : d'autres croiraient que la jalousie me fait parler. » Eh! pourquoi s'imaginer que les Turcs ne savent pas exprimer comme nous les sentiments de la nature? Si Corneille eût voulu jeter les yeux sur tant de lauriers et sur tant d'années dont il était chargé, il n'aurait point compromis une gloire qui ne pouvait plus croître. Tantôt il se flattait que ses rivaux attendaient sa mort avec impatience, ce qui lui faisait dire :

> Si mes quinze lustres
> Font encore quelque peine aux modernes illustres,
> S'il en est de fâcheux jusqu'à s'en chagriner,
> Je n'aurai pas longtemps à les importuner.

Tantôt, s'imaginant que les pièces qu'on préférait aux siennes ne devaient leur succès qu'aux brigues, il disait :

> Pour me faire admirer je ne fais point de ligues;
> J'ai peu de voix pour moi, mais je les ai sans brigues;
> Et mon ambition, pour faire plus de bruit,
> Ne les va point quêter de réduit en réduit.....
> Je ne dois qu'à moi seul toute ma renommée.....

Son malheur venait de sa tendresse inconcevable pour les enfants de sa vieillesse, qu'il croyait que tout le monde devait admirer comme il les admirait. Cependant il était obligé d'avoir recours à la troupe des comédiens du Marais, parce que celle de l'hôtel de Bourgogne, occupée des pièces de son rival, refusait les siennes. Les pièces du grand Corneille refusées par les comédiens!

O vieillesse ennemie ! A quelle humiliation est exposé un poëte qui veut l'être trop longtemps !

Si Corneille avait ses chagrins, son rival avait aussi les siens. Il entendait dire souvent que les beautés de ses tragédies étaient des beautés de mode, qui ne dureraient pas. Mme de Sévigné, comme beaucoup d'autres, se faisait une vertu de rester fidèle à ce qu'elle appelait *ses vieilles admirations*. Voici quelques endroits de ses lettres qui feront connaître les différents discours qu'on tenait alors ; et ces endroits, quoique pleins de jugements précipités, plairont à cause de ce style qu'on admire dans une dame, et qui fait lire tant de lettres qui n'apprennent presque rien. C'est ainsi qu'elle parle de *Bajazet* avant que de l'avoir vu. « Racine » a fait une tragédie qui s'appelle *Bajazet*, et qui lève la paille. » Vraiment elle ne va pas en *empirando* comme les autres. M. de » Tallard dit qu'elle est autant au-dessus des pièces de Corneille » que celles de Corneille sont au-dessus de celles de Boyer : voilà » ce qui s'appelle louer. Il ne faut point tenir les vérités captives, » nous en jugerons par nos yeux et par nos oreilles.

Du bruit de Bajazet mon âme importunée

» fait que je veux aller à la Comédie ; enfin nous en jugerons.. »

Après avoir vu la pièce, elle l'envoie à sa chère fille, en lui disant : « Voilà *Bajazet* : si je pouvais vous envoyer la Champmêlé, vous » trouveriez la pièce bonne, mais sans elle, elle perd la moitié de » son prix. Je suis folle de Corneille !... Vous avez jugé très- » juste et très-bien de *Bajazet*, et vous aurez vu que je suis de » votre avis. Je voulais vous envoyer la Champmêlé pour vous » réchauffer la pièce : le personnage de Bajazet est glacé ; les » mœurs des Turcs y sont mal observées : ils ne font point tant » de façons pour se marier : le dénoûment n'est point bien pré- » paré : on n'entre point dans les raisons de cette grande tuerie. » Il y a pourtant des choses agréables, mais rien de parfaitement » beau, rien qui enlève, point de ces tirades de Corneille qui font » frissonner. Ma fille, gardons-nous bien de lui comparer Racine ; » sentons-en toujours la différence : les pièces de ce dernier ont » des endroits froids et faibles, et jamais il n'ira plus loin qu'*An-* » *dromaque*. *Bajazet* est au dessous, au sentiment de bien des » gens, et au mien, si j'ose me citer. Racine fait des comédies

» pour la Champmêlé; ce n'est pas pour les siècles à venir : si
» jamais il n'est plus jeune, et qu'il cesse d'être amoureux [1], ce
» ne sera plus la même chose. Vive donc notre vieil ami Corneille !
» Pardonnons-lui de méchants vers en faveur des divines et
» sublimes beautés qui nous transportent. Ce sont des traits de
» maître qui sont inimitables. Despréaux en dit encore plus que
» moi, et en un mot, c'est le bon goût : tenez-vous-y [2]. »

Ces prophéties se sont trouvées fausses. L'auteur de *Britannicus* fit voir qu'il pouvait aller encore plus loin, et qu'il travaillait pour l'avenir. Je dirai bientôt pourquoi on lui reprochait de travailler pour la Champmêlé, et je détruirai cette accusation. Personne ne croira que Boileau ait jamais pensé comme Mme de Sévigné le fait ici penser, puisqu'on est au contraire porté à croire qu'il louait trop son ami. Le P. Tournemine, dans une lettre imprimée [3], avance qu'il ne décria l'*Agésilas* et l'*Attila* « que pour immoler les dernières pièces de Corneille à Racine, son idole. » Ce n'était pas certainement lui immoler de grandes victimes, et Boileau ne pensa jamais à élever son idole (pour répéter le terme du P. Tournemine) au-dessus de Corneille : il savait rendre justice à l'un et à l'autre; il les admirait tous deux, sans décider sur la préférence.

Le parti de Corneille s'affaiblit beaucoup plus l'année suivante, quand *Mithridate* paraissant avec toute sa haine pour Rome, sa

---

[1] Il avait déjà été plus loin qu'*Andromaque*, puisqu'il avait fait *Britannicus*. Pouvait-elle dire que *Britannicus* ne fut que l'ouvrage d'un jeune amoureux ? (L. R.)

[2] Nous avons cru devoir rétablir, d'après le texte des meilleures éditions, les passages cités des lettres de Mme de Sévigné. Ces passages sont altérés dans les Mémoires de Louis Racine, et l'on n'y trouve point le suivant : « La pièce de Racine m'a paru belle; nous y avons été. Baja-
» zet est beau; j'y trouve quelque embarras sur la fin : mais il y a bien
» de la passion, et de la passion moins folle que celle de Bérénice. Je
» trouve pourtant, à mon petit sens, qu'elle ne surpasse pas *Androma-*
» *que*; et pour les belles comédies de Corneille, elles sont autant au des-
» sus, que votre idée était au dessus de...; appliquez, et ressouvenez-vous
» de cette folie; et croyez que jamais rien n'approchera, je ne dis pas
» surpassera, je dis que rien n'approchera des divins endroits de Cor-
» neille. »

[3] Cette lettre est à la tête des Œuvres posthumes de Corneille, imprimées en 1738. (L. R.)

dissimulation et sa jalousie cruelle, fit voir que le poëte savait donner aux anciens héros toute leur ressemblance.

Je ne trouve point que cette tragédie ait essuyé d'autres contradictions que d'être confondue, comme les autres, dans la misérable satire intitulée : *Apollon vendeur de mithridate;* ouvrage qui, rempli des jeux de mots les plus insipides, ne fit aucun honneur à Barbier-d'Aucour.

En cette même année, mon père fut reçu à l'Académie française, et sa réception ne fut pas remarquable comme l'avait été celle de Corneille, par un remercîment ampoulé. Corneille, dans une pareille occasion, se nomma « un indigne mignon de la Fortune », et, ne pouvant exprimer sa joie, l'appela « un épanouissement du cœur, une liquéfaction intérieure, qui relâche toutes les puissances de l'âme ; » de sorte que Corneille, qui savait si bien faire parler les autres, se perdit en parlant pour lui-même. Le remercîment de mon père fut fort simple et fort court, et il le prononça d'une voix si basse, que M. Colbert, qui était venu pour l'entendre, n'en entendit rien, et que ses voisins même en entendirent à peine quelques mots. Il n'a jamais paru dans les *Recueils de l'Académie*, et ne s'est point trouvé dans ses papiers après sa mort. L'auteur apparemment n'en fut pas content, quoique, suivant quelques personnes éclairées, il fût né autant orateur que poëte. Ces personnes en jugent par les deux discours académiques dont je parlerai bientôt, et par une harangue au roi, dont elles disent qu'il fut l'auteur : elle fut prononcée par une autre bouche que la sienne, en 1685, et se trouve dans les *Mémoires du clergé*.

Un de ses confrères dans l'Académie se déclara son rival, en traitant comme lui le sujet d'*Iphigénie*. Les deux tragédies parurent en 1675 : celle de le Clerc n'est plus connue que par l'épigramme faite sur sa chute, et la gloire de l'autre fut célébrée par Boileau :

> Jamais Iphigénie, en Aulide immolée,
> N'a coûté tant de pleurs à la Grèce assemblée, etc.

C'était en 1677 que Boileau parlait ainsi : et comme il avait acquis une grande autorité sur le Parnasse, depuis qu'en 1674 il avait donné son *Art poétique* et ses quatre Épîtres, il était bien capable de rassurer son ami attaqué par tant de critiques. A la fin de l'Épître qu'il lui adresse, il souhaite, pour le bonheur de leurs ouvrages,

> Qu'à Chantilly Condé les lise quelquefois,

parce qu'ils étaient tous deux fort aimés du grand Condé, qui rassemblait souvent à Chantilly les gens de lettres, et se plaisait à s'entretenir avec eux de leurs ouvrages, dont il était bon juge. Lorsque, dans ses conversations littéraires, il soutenait une bonne cause, il parlait avec beaucoup de grâce et de douceur; mais quand il en soutenait une mauvaise, il ne fallait pas le contredire : sa vivacité devenait si grande qu'on voyait bien qu'il était dangereux de lui disputer la victoire. Le feu de ses yeux étonna une fois si fort Boileau dans une dispute de cette nature, qu'il céda par prudence, et dit tout bas à son voisin : « Dorénavant je serai toujours de l'avis de M. le Prince, quand il aura tort[1]. »

J'ignore en quel temps Boileau et son ami travaillèrent ensemble à un opéra, par ordre du roi, à la sollicitation de Mme de Montespan. Cette particularité serait fort inconnue, si Boileau, qui aurait bien pu se dispenser de faire imprimer dans la suite son prologue, ne l'avait racontée dans l'avertissement qui le précède. Je ne crois pas qu'on ait jamais vu un seul vers de mon père en ce genre d'ouvrage, qu'il essayait à contre-cœur. Les poëtes n'ont que leur génie à suivre, et ne doivent jamais travailler par ordre. Le public ne leur sait aucun gré de leur obéissance.

Un rival aussi peu à craindre que le Clerc se rendit bien plus redoutable que lui quand la *Phèdre* parut en 1677. Il en suspendit quelque temps le succès, par la tragédie qu'il avait composée sur le même sujet, et qui fut représentée en même temps. La curiosité de chercher la cause de la première fortune de la *Phèdre* de Pradon, est le seul motif qui puisse la faire lire aujourd'hui. La véritable raison de cette fortune fut le crédit d'une puissante cabale dont les chefs s'assemblaient à l'hôtel de Bouillon. Ils s'avisèrent d'une nouvelle ruse qui leur coûta, disait Boileau, 15,000 livres[2] : ils retinrent les premières loges pour

---

[1] L'auteur du *Bolœana* rapporte ce mot d'une manière à faire croire qu'il ne l'a pas compris. Il en a de même défiguré plusieurs autres. (L. R.)

[2] En calculant la valeur de cette somme par le poids de l'argent qu'elle contenait, elle équivaut à 28,000 francs de la monnaie d'aujourd'hui.

les six premières représentations de l'une et de l'autre pièce, et par conséquent ces loges étaient vides ou remplies quand ils voulaient.

Les six premières représentations furent si favorables à la *Phèdre* de Pradon, et si contraires à celle de mon père, qu'il était près de craindre pour elle une véritable chute, dont les bons ouvrages sont quelquefois menacés, quoiqu'ils ne tombent jamais. La bonne tragédie rappela enfin les spectateurs, et l'on méprisa le sonnet qui avait ébloui d'abord :

<blockquote>Dans un fauteuil doré Phèdre mourante et blême, etc.</blockquote>

Ce sonnet avait été fait par Mme Deshoulières, qui protégeait Pradon, non par admiration pour lui, mais parce qu'elle était amie de tous les poëtes qu'elle ne regardait pas comme capables de lui disputer le grand talent qu'elle croyait avoir pour la poésie. On ne s'avisa pas de soupçonner Mme Deshoulières du sonnet : on se persuada fort mal à propos que l'auteur était M. le duc de Nevers, parce qu'il faisait des vers et qu'il était du parti de l'hôtel de Bouillon. On répondit à ce sonnet par une parodie sur les mêmes rimes ; et on ne respecta dans cette parodie ni le duc de Nevers, ni sa sœur la duchesse de Mazarin, retirée en Angleterre. Quand les auteurs de la parodie n'eussent fait que plaisanter M. le duc de Nevers sur sa passion pour rimer, ils avaient tort, puisqu'ils attaquaient un homme qui n'avait cherché querelle à personne ; mais dans leurs plaisanteries ils passaient les bornes d'une querelle littéraire, en quoi ils n'étaient pas excusables. Je ne rapporte ni leur parodie, ni le sonnet : on trouve ces pièces dans les longs commentateurs de Boileau, et dans plusieurs recueils. On ne douta point d'abord que cette parodie ne fût l'ouvrage du poëte offensé, et que son ami Boileau n'y eût part. Le soupçon était naturel. Le duc, irrité, annonça une vengeance éclatante. Ils désavouèrent la parodie, dont en effet ils n'étaient point les auteurs, et M. le duc Henri-Jules les prit tous deux sous sa protection, en leur offrant l'hôtel de Condé pour retraite. « Si vous êtes innocents, leur dit-il, venez-y ; et si vous êtes coupables, venez-y encore. » La querelle fut apaisée quand on sut que quelques jeunes seigneurs très-distingués avaient fait dans un repas la parodie du sonnet.

La *Phèdre* resta victorieuse de tant d'ennemis, et Boileau, pour relever le courage de son ami, lui adressa sa septième Épître sur l'utilité qu'on retire de la jalousie des envieux. L'auteur de *Phèdre* était flatté du succès de sa tragédie, moins pour lui que pour l'intérêt du théâtre. Il se félicitait d'y avoir fait goûter une pièce où la vertu avait été mise dans tout son jour, où la seule pensée du crime était regardée avec autant d'horreur que le crime même; et il espérait par cette pièce réconcilier la tragédie « avec quantité de personnes célèbres par leur piété et par leur doctrine. » L'envie de se rapprocher de ses premiers maîtres le faisait ainsi parler dans sa préface, et d'ailleurs il était persuadé que l'amour, à moins qu'il ne soit entièrement tragique, ne doit point entrer dans les tragédies.

On se trompe beaucoup quand on croit qu'il remplissait les siennes de cette passion parce qu'il en était lui-même rempli. Les poëtes se conforment au goût de leur siècle. Un jeune auteur qui cherche à plaire à la cour d'un jeune roi où l'on respire l'amour et la galanterie, fait respirer le même air à ses héros et héroïnes. Cette raison et la nécessité de suivre une route différente de Corneille en marchant dans la même carrière, lui fit traiter ses sujets dans un goût différent, et lorsque la tendresse qui règne dans ses tragédies est attribuée par M. de Valincour à un caractère plein de passion, il parle lui-même suivant ce préjugé naturel, qu'un auteur se peint dans ses ouvrages; mais M. de Valincour ne pouvait ignorer que son ami, quoique né si tendre, n'avait jamais été esclave de l'amour, que peut-être, à cause de la tendresse même de son cœur, il regardait comme plus dangereux encore pour lui que pour un autre. Il en était un habile peintre, parce qu'étant né poëte, il était habile imitateur : il a su peindre parfaitement la fierté et l'ambition dans le personnage d'Agrippine, quoiqu'il fût bien éloigné d'être fier et ambitieux. Mme de Sévigné, dans un endroit de ses lettres que j'ai rapporté, fait entendre qu'il était très-amoureux de la Champmêlé, et que même il faisait ses tragédies conformément au goût de la déclamation de cette actrice. Dans sa Vie imprimée à la tête de la dernière édition de ses Œuvres, on lit qu'il en avait un fils naturel, et que l'infidélité de cette comédienne, qui lui préféra le comte de Tonnerre, fut cause qu'il renonça à cette actrice et aux pièces de théâtre.

Puisque de pareils discours, faussement répandus dans le temps, subsistent encore aujourd'hui à la tête de ses Œuvres, c'est à moi à les détruire; mais, quoique certain de leur fausseté, c'est à regret que je parle de choses dont je voudrais que la mémoire fût effacée. Ce prétendu fils naturel n'a jamais existé[1]; et même, selon toutes les apparences, mon père n'a jamais eu pour la Champmêlé cette passion qu'on a conjecturée de ses assiduités auprès d'elle, sur lesquelles je garderais le silence, si je n'étais obligé d'en dire la véritable raison.

Cette femme n'était point née actrice. La nature ne lui avait donné que la beauté, la voix et la mémoire : du reste, elle avait si peu d'esprit, qu'il fallait lui faire entendre les vers qu'elle avait à dire, et lui en donner le ton. Tout le monde sait le talent que mon père avait pour la déclamation, dont il donna le vrai goût aux comédiens capables de le prendre. Ceux qui s'imaginent que la déclamation qu'il avait introduite sur le théâtre était enflée et chantante sont, je crois, dans l'erreur. Ils en jugent par la Duclos, élève de la Champmêlé, et ne font pas attention que la Champmêlé, quand elle eut perdu son maître, ne fut plus la même, et que, venue sur l'âge, elle poussait de grands éclats de voix qui donnèrent un faux goût aux comédiens. Lorsque Baron, après vingt ans de retraite, eut la faiblesse de remonter sur le théâtre, il ne jouait plus avec la même vivacité qu'autrefois, au rapport de ceux qui l'avaient vu dans sa jeunesse : c'était le vieux Baron; cependant il répétait encore tous les mêmes tons que mon père lui avait appris. Comme il avait formé Baron, il avait formé la Champmêlé, mais avec beaucoup plus de peine. Il lui faisait d'abord comprendre les vers qu'elle avait à dire, lui montrait les gestes et lui dictait les tons, que même il notait. L'écolière, fidèle à ses leçons, quoique actrice par art, sur le théâtre paraissait inspirée par la nature; et comme par cette raison elle jouait beaucoup mieux dans les pièces de son maître que dans les autres, on disait qu'elles étaient faites pour elle, et on en concluait l'amour de l'auteur pour l'actrice.

Je ne prétends pas soutenir qu'il ait toujours été exempt de

---

[1] Ce conte est d'autant plus ridiculement inventé, que la Champmêlé était mariée. (L. R.)

faiblesse, quoique je n'en aie entendu raconter aucune ; mais (et ma piété pour lui ne me permet pas d'être infidèle à la vérité) j'ose soutenir qu'il n'a jamais connu par expérience ces troubles et ces transports qu'il a si bien dépeints. Ceux qui veulent croire qu'il était fort amoureux doivent croire aussi que les lettres tendres et les petites pièces galantes n'étaient pas pour lui un travail. Les vers d'amour lui auraient-ils coûté ? Ces petites pièces, qui passent bientôt de main en main, ne s'anéantissent pas lorsqu'elles sont faites par un auteur connu. Dans le Recueil des pièces fugitives de Corneille, imprimé en 1738, plusieurs petites pièces galantes ont trouvé place, parce qu'elles sont de Corneille, c'est-à-dire du poëte qu'on a surnommé *le Sublime*. Pourquoi n'en trouve-t-on pas de celui qu'on a surnommé *le Tendre*, et pourquoi ses plus anciens amis n'ont-ils jamais dit qu'ils en eussent vu une seule ? De tous ceux qui l'ont fréquenté dans le temps qu'il travaillait pour le théâtre, et que j'ai connus depuis, aucun ne m'a nommé une personne qui ait eu sur lui le moindre empire ; et je suis certain que, depuis son mariage jusqu'à sa mort, la tendresse conjugale a régné seule dans son cœur, quoiqu'il ait été bien reçu dans une cour aimable qui le trouvait aimable lui-même et par la conversation et par la figure.

Il n'était point de ces poëtes qui ont un Apollon refrogné ; il avait au contraire une physionomie belle et ouverte : ce qu'il m'est permis de dire, puisque Louis XIV la cita un jour comme une des plus heureuses, en parlant des belles physionomies qu'il voyait à sa cour. A ces grâces extérieures il joignait celles de la conversation, dans laquelle jamais distrait, jamais poëte, ni auteur, il songeait moins à faire paraître son esprit que l'esprit des personnes qu'il entretenait. Il ne parlait jamais de ses ouvrages, et répondait modestement à ceux qui lui en parlaient. Doux, tendre, insinuant, et possédant le langage du cœur, il n'est pas étonnant qu'on se persuade qu'il l'ait parlé quelquefois. Son caractère l'y portait, mais, suivant la maxime qu'il fait dire à Burrhus, « on n'aime point, si l'on ne veut aimer ; » il ne le voulait point par raison, avant même que la religion vînt à son secours. Il vécut dans la société des femmes comme Boileau, avec une politesse toujours respectueuse, sans être leur fade adulateur : ni l'un ni l'autre n'eurent besoin d'elles pour faire prôner leur mérite et leurs ouvrages.

Une chanson tendre que Boileau a faite ne lui fut point inspirée par l'amour, qu'il n'a jamais connu : il la fit pour montrer qu'un poëte peut chanter *une Iris en l'air*. Dans la dernière édition de ses Œuvres, achevée à Paris depuis deux mois, on lui attribue trois épigrammes qu'il n'a jamais faites, quoiqu'il ne soit pas nécessaire de lui en chercher : il en a assez donné lui-même. J'ai été surtout surpris d'en trouver une qui a pour titre : *A une demoiselle que l'auteur avait dessein d'épouser*. Tous ceux qui l'ont connu un peu familièrement savent qu'il n'a jamais songé au mariage, et n'en ignorent pas la raison. Il avait, comme son ami, les mœurs fort douces ; mais son caractère n'était pas tout à fait si liant. Il n'avait pas la même répugnance à se prêter aux conversations qui roulaient sur des matières poétiques ; il aimait au contraire qu'on parlât vers, et ne haïssait point qu'on lui parlât des siens. On trouvait aisément en lui le poëte, et dans mon père on le cherchait.

Après *Phèdre*, il avait encore formé quelques projets de tragédies, dont il n'est resté dans ses papiers aucun vestige, si ce n'est le plan du premier acte d'une *Iphigénie en Tauride*. Quoique ce plan n'ait rien de curieux, je le joindrai à ses lettres, pour faire connaître de quelle manière, quand il entreprenait une tragédie, il disposait chaque acte en prose. Quand il avait ainsi lié toutes les scènes entre elles, il disait : « ma tragédie est faite », comptant le reste pour rien.

Il avait encore eu le dessein de traiter le sujet d'Alceste, et M. de Longepierre m'a assuré qu'il lui en avait entendu réciter quelques morceaux ; c'est tout ce que j'en sais. Quelques personnes prétendent qu'il voulait aussi traiter le sujet d'Œdipe : ce que je ne puis croire, puisqu'il a dit souvent qu'il avait osé jouter contre Euripide, mais qu'il ne serait jamais assez hardi pour jouter contre Sophocle. L'eût-il osé, surtout dans la pièce qui est le chef-d'œuvre de l'antiquité ? Il est vrai que le sujet d'Œdipe, où l'amour ne doit jamais trouver place sans avilir la grandeur du sujet, et même sans choquer la vraisemblance, convenait au dessein qu'il avait de ramener la tragédie des anciens, et de faire voir qu'elle pouvait être parmi nous, comme chez les Grecs, exempte d'amour. Il voulait purifier entièrement notre théâtre ; mais ayant fait réflexion qu'il avait un meilleur parti à prendre, il prit le parti d'y renoncer pour toujours, quoiqu'il fût encore dans toute sa force, n'ayant qu'environ trente-huit ans, et quoique Boileau le félicitât de ce qu'il était seul capable de consoler Paris de la vieillesse de Corneille. Beaucoup plus sensible, comme il l'a avoué lui-même, aux mauvaises critiques qu'essuyaient ses ouvrages qu'aux louanges qu'il en recevait, ces amertumes salutaires que Dieu répandait sur son travail le dégoûtèrent peu à peu du métier de poëte. Par sa retraite, Pradon resta maître du champ de bataille, ce qui fit dire à Boileau :

> Et la scène française est en proie à Pradon.

Comme j'ai parlé de l'union qui régna d'abord entre Molière, Chapelle, Boileau et mon père, il semble que la jeunesse de ces poëtes aurait dû me fournir plusieurs traits amusants, pour égayer la première partie de ces Mémoires. Quelque curieux que j'aie été d'en apprendre, je n'ai rien trouvé de certain en ce genre que ce que Grimaretz rapporte, dans la vie de Molière, d'un souper fait à Auteuil, où Molière rassemblait quelquefois ses amis dans une petite maison qu'il avait louée. Ce fameux souper, quoique peu croyable, est très-véritable.

Mon père heureusement n'en était pas : le sage Boileau, qui en était, y perdit la raison comme les autres. Le vin ayant jeté tous les convives dans la morale la plus sérieuse, leurs réflexions sur les misères de la vie, et sur cette maxime des anciens, « que le premier bonheur est de ne point naître, et le second de mourir promptement », leur fit prendre l'héroïque résolution d'aller sur-le-champ se jeter dans la rivière. Ils y allaient, et elle n'était pas loin. Molière leur représenta qu'une si belle action ne devait pas être ensevelie dans les ténèbres de la nuit, et qu'elle méritait d'être faite en plein jour. Ils s'arrêtèrent, et se dirent en se regardant les uns les autres : « Il a raison ; » à quoi Chapelle ajouta : « Oui, Messieurs, ne nous noyons que demain matin, et en attendant allons boire le vin qui nous reste. » Le jour suivant changea leurs idées ; et ils jugèrent à propos de supporter encore les misères de la vie. Boileau a raconté plus d'une fois cette folie de sa jeunesse.

J'ai parlé, dans mes réflexions sur la poésie, d'un autre souper fait chez Molière, pendant lequel la Fontaine fut accablé des railleries de ses meilleurs amis, au nombre desquels était mon père. Ils ne l'appelaient que *le Bonhomme* : c'était le surnom qu'ils lui donnaient à cause de sa simplicité. La Fontaine essuya leurs railleries avec tant de douceur, que Molière, qui en eut enfin pitié, dit tout bas à son voisin : « Ne nous moquons pas du Bonhomme ; il vivra peut-être plus que nous tous. »

La société entre Molière et mon père ne dura pas longtemps. J'en ai dit la raison. Boileau resta uni à Molière, qui venait le voir souvent, et faisait grand cas de ses avis. Dans la suite, Boileau lui conseilla de quitter le théâtre, du moins comme acteur : « Votre santé, lui dit-il, dépérit, parce que le métier de comédien vous épuise : que n'y renoncez-vous ? — Hélas ! lui répondit Molière en soupirant, c'est le point d'honneur qui me retient. — Et quel point d'honneur ? répondit Boileau. Quoi ! vous barbouiller le visage d'une moustache de Sganarelle, pour venir sur un théâtre recevoir des coups de bâton ? Voilà un beau point d'honneur pour un philosophe comme vous ! »

Il regarda toujours Molière comme un génie unique ; et le roi lui demandant un jour quel était le plus rare des grands écrivains qui avaient honoré la France pendant son règne, il lui nomma Molière. « Je ne le croyais pas, répondit le roi, mais vous vous y connaissez mieux que moi. »

Boileau se vanta toute sa vie d'avoir appris à mon père à rimer difficilement : à quoi il ajoutait que des vers aisés n'étaient pas des vers aisément faits. Il ne faisait pas aisément les siens, et il a eu raison de dire : « Si j'écris quatre mots, j'en effacerai trois. » Un de ses amis le trouvant dans sa chambre fort agité, lui demanda ce qui l'occupait : « Une rime, répondit-il, je la cherche depuis trois heures. — Voulez-vous, lui dit cet ami, que j'aille vous chercher un dictionnaire de rimes ? il pourra vous être de quelque secours. — Non, non, reprit Boileau, cherchez-moi plutôt le dictionnaire de la raison. »

Il ne s'est jamais vanté, comme il est dit dans le *Bolœana*, d'avoir le premier parlé en vers de notre artillerie ; et son dernier commentateur prend une peine fort inutile en rappelant plusieurs vers d'anciens poëtes pour prouver le contraire. La gloire d'avoir parlé le premier du fusil et du canon n'est pas grande. Il se vantait d'en avoir le premier parlé poétiquement, et par de nobles périphrases.

Il composa la fable du *Bûcheron* dans sa plus grande force, et, suivant ses termes, dans son bon temps. Il trouvait cette fable languissante dans la Fontaine. Il voulut essayer s'il ne pourrait pas mieux faire, sans imiter le style de Marot, désapprouvant ceux qui écrivaient dans ce style. « Pourquoi, disait-il, emprunter une autre langue que celle de son siècle? »

L'épitaphe, bonne ou mauvaise, qui se trouve parmi ses épigrammes, et sur laquelle ses commentateurs n'ont rien dit parce qu'ils n'ont pu l'entendre, fut faite sur M. de Gourville; elle commence par ce vers:

Ci-gît, justement regretté, etc.

Quoiqu'il ait été accusé d'aimer l'argent, accusation fondée sur ce qu'il paraissait le dépenser avec peine, il avait les sentiments nobles et désintéressés. La fierté dans les manières était, selon lui, le vice des sots, et la fierté du cœur la vertu des honnêtes gens. J'ai fait connaître la générosité avec laquelle il donna tous ses ouvrages aux libraires, et le scrupule qui lui fit rendre aux pauvres tout le revenu de son bénéfice. Comme il avait eu quelque part à l'opéra de *Bellérophon*, Lulli, soit pour le récompenser, soit pour le réconcilier avec l'Opéra, lui offrit un présent considérable, qu'il refusa. On sait ses libéralités pour Patru et Cassandre, et la manière dont il fit rétablir la pension du grand Corneille, en offrant le sacrifice de la sienne : action très-véritable, que m'a racontée un témoin encore vivant, et qu'on a eu tort de révoquer en doute[1], puisque Boursault, qui ne devait pas être disposé à le louer, la rapporte dans ses lettres aussi bien que celle qui regarde Cassandre, en ajoutant ces paroles remarquables : « J'ai été ennemi de M. Despréaux, et, quand je le serais encore, je ne pourrais m'empêcher d'en bien parler... Quoique rien ne soit plus beau que ses poésies, je trouve les actions que je viens de dire encore plus belles. » La bourse

---

[1] Dans les Mémoires de Trévoux, et dans la lettre du P. Tournemine imprimée à la tête des Œuvres diverses de Corneille, 1738. (L. R.)

de Boileau, comme il est dit dans son *Éloge historique* par M. de Boze, fut ouverte à beaucoup d'autres gens de lettres, et même à Linière, qui souvent, avec l'argent qu'il venait d'en recevoir, allait boire au premier cabaret, et y faisait une chanson contre son bienfaiteur.

Boileau aimait la société, et était très-exact à tous les rendez-vous : « Je ne me fais jamais attendre, disait-il, parce que j'ai remarqué que les défauts d'un homme se présentent toujours aux yeux de celui qui l'attend. » Loin d'aimer à choquer ceux à qui il parlait, il tâchait de ne leur rien dire que d'agréable, quand même il ne pensait pas comme eux, quoiqu'il ne fût nullement flatteur. Dans une compagnie où il était, une demoiselle dansa, chanta, et joua du clavecin pour faire briller tous ses talents. Comme il trouva qu'elle n'excellait ni dans le clavecin, ni dans le chant, ni dans la danse, il lui dit : « On vous a tout appris, Mademoiselle, hormis à plaire; c'est pourtant ce que vous savez le mieux. »

Il mortifia cependant, sans le vouloir, Barbin le libraire, qui s'était fait une maison de campagne très-petite, mais très-ornée, dont il faisait ses délices. Après le dîner, il le mène admirer son jardin, qui était très-peigné, mais fort petit, comme la maison. Boileau, après en avoir fait le tour, appelle son cocher, et lui ordonne de mettre ses chevaux. « Eh! pourquoi donc, lui dit Barbin, voulez-vous vous en retourner si promptement? — C'est, répondit Boileau, pour aller à Paris prendre l'air. »

Il pouvait dire de lui-même comme Horace :

Irasci celerem, tamen ut placabilis essem.

Il eut un jour une dispute fort vive avec son frère le chanoine, qui lui donna un démenti d'une manière assez dure. Les amis communs voulurent mettre la paix, et l'exhortèrent à pardonner à son frère : « De tout mon cœur, répondit-il, parce que je me suis possédé ; je ne lui ai dit aucune sottise; s'il m'en était échappé une, je ne lui pardonnerais de ma vie. »

Il avait l'esprit trop solide, pour être un homme à bons mots; mais il a fait souvent des réponses pleines de sens. Elles sont presque toutes mal rendues et défigurées dans le *Bolœana*. J'en rapporterai quelques-unes dans la suite de ces Mémoires, quand l'occasion s'en présentera, et je ne rapporterai que celles dont je me croirai bien instruit.

Quoiqu'il ait respecté dans tous les temps de sa vie la sainteté de la religion, il n'en était pas encore assez pénétré, lorsque mon père se détermina à ne plus faire de tragédies profanes, pour croire qu'elle l'obligeât à ce sacrifice. Édifié cependant du motif qui faisait prendre à son ami une si grande résolution, il ne songea jamais à l'en détourner, et resta toujours également uni avec lui, malgré la vie différente qu'il embrassa, et dont je vais rendre compte.

SECONDE PARTIE.

J'arrive enfin à l'heureux moment où les grands sentiments de religion dont mon père avait été rempli dans son enfance, et qui avaient été longtemps comme assoupis dans son cœur, sans s'y éteindre, se réveillèrent tout à coup. Il avoua que les auteurs de pièces de théâtre étaient des empoisonneurs publics, et il reconnut qu'il était peut-être le plus dangereux de ces empoisonneurs. Il résolut non-seulement de ne plus faire de tragédies, et même de ne plus faire de vers, il résolut encore de réparer ceux qu'il avait faits par une rigoureuse pénitence.

La vivacité de ses remords lui inspira le dessein de se faire chartreux. Un saint prêtre de sa paroisse, docteur de Sorbonne, qu'il prit pour confesseur, trouva ce parti trop violent. Il représenta à son pénitent qu'un caractère tel que le sien ne soutiendrait pas longtemps la solitude, qu'il ferait plus prudemment de rester dans le monde, et d'en éviter les dangers en se mariant à une personne remplie de piété; que la société d'une épouse sage l'obligerait à rompre avec toutes les pernicieuses sociétés où l'amour du théâtre l'avait entraîné. Il lui fit espérer en même temps que les soins du ménage l'arracheraient malgré lui à la passion qu'il avait le plus à craindre, qui était celle des vers. Nous savons cette particularité, parce que, dans la suite de sa vie, lorsque des inquiétudes domestiques, comme les maladies de ses enfants, l'agitaient, il s'écriait quelquefois : « Pourquoi m'y suis-je exposé? Pourquoi m'a-t-on détourné de me faire chartreux? je serais bien plus tranquille. »

Lorsqu'il eut pris la résolution de se marier, l'amour ni l'intérêt n'eurent aucune part à son choix; il ne consulta que la raison pour une affaire si sérieuse; et l'envie de s'unir à une personne très-vertueuse, que de sages amis lui proposèrent, lui fit épouser, le 1ᵉʳ juin 1677, Catherine de Romanet, fille d'un trésorier de France du bureau des finances d'Amiens.

Suivant l'état du bien énoncé dans le contrat de mariage, il paraît que les pièces de théâtre n'étaient pas alors fort lucratives pour les auteurs, et que le produit, soit des représentations, soit de l'impression des tragédies de mon père, ne lui avait procuré que de quoi vivre, payer ses dettes, acheter quelques meubles, dont le plus considérable était sa bibliothèque, estimée 1,500 livres, et ménager une somme de 6,000 livres, qu'il employa aux frais de son mariage.

La gratification de 600 livres que le roi lui avait fait payer en 1664, ayant été continuée tous les ans sous le titre de pension d'homme de lettres, fut portée dans la suite à 1,500 livres, et enfin à 2,000 livres. M. Colbert le fit, outre cela, favoriser d'une charge de trésorier de France au bureau des finances de Moulins, qui était tombée aux parties casuelles. La demoiselle qu'il épousa lui apporta un revenu pareil au sien. Lorsqu'il eut l'honneur d'accompagner le roi dans ses campagnes, il reçut de temps en temps des gratifications sur la cassette, par les mains du premier valet de chambre. J'ignore si Boileau en recevait de pareilles. Voici celles que reçut mon père suivant ses registres de recette et de dépense, qu'il tint avec une grande exactitude depuis son mariage. Je rapporte cet état pour faire connaître les bontés de Louis XIV. C'est un hommage que doit ma reconnaissance à la mémoire d'un prince si généreux.

Le 12 avril 1678, reçu sur la cassette.	500 louis.
Le 22 octobre 1679.	400
Le 2 juin 1681.	500
Le 28 février 1683.	500
Le 8 avril 1684.	500
Le 10 mai 1685.	500
Le 24 avril 1688.	1,000
	3,900 louis.

Ces différentes gratifications (les louis valaient alors 11 livres) faisaient la somme de 42,900 livres. Il fut gratifié d'une charge de gentilhomme ordinaire de Sa Majesté le 12 décembre 1690, à condition de payer 10,000 livres à la veuve de celui dont on lui donnait la charge; et il eut enfin, comme historiographe, une pension de 4,000 livres. Voilà sa fortune, qui n'a pu augmenter que par ses épargnes, autant que peut épargner un homme obligé de faire des voyages continuels à la cour et à l'armée, et qui se trouve chargé de sept enfants.

Sa plus grande fortune fut le caractère de la personne qu'il avait épousée. L'auteur d'un roman assez connu[1] a cru faire une peinture admirable de cette union, en disant « qu'on doit à sa » tendresse conjugale tous les beaux sentiments d'amour répan- » dus dans ses tragédies, parce que quand il avait de pareils sen- » timents à exprimer, il allait passer une heure dans l'appar- » tement de sa femme, et, tout rempli d'elle, remontait dans » son cabinet pour faire des vers. » Comme il n'a composé aucune tragédie profane depuis son mariage, le merveilleux de cet endroit du roman est très-romanesque; mais je le puis remplacer par un autre très-véritable, et beaucoup plus merveilleux.

Il trouva dans la tendresse conjugale un avantage bien plus solide que celui de faire de bons vers. Sa compagne sut, par son attachement à tous les devoirs de femme et de mère, et par son admirable piété, le captiver entièrement, faire la douceur du reste de sa vie, et lui tenir lieu de toutes les sociétés auxquelles il venait de renoncer. Je ferais connaître la confiance avec laquelle il lui communiquait ses pensées les plus secrètes, si j'avais retrouvé les lettres qu'il lui écrivait, et que sans doute, pour lui obéir, elle ne conservait pas. Je sais que les termes tendres répandus dans de pareilles lettres ne prouvent pas toujours que la tendresse soit dans le cœur, et que Cicéron, à qui sa femme, lorsqu'il était en exil, paraissait sa lumière, sa vie, sa passion, sa très-fidèle épouse, *mea lux.... mea vita.... mea desideria.... fidelissima et optima conjux*, répudia quelque temps après sa chère Térentia pour épouser une jeune fille fort riche : mais je parle de deux époux que la religion avait unis, quoiqu'aux yeux du monde ils ne parussent pas faits l'un pour l'autre. L'un n'avait jamais eu de passion

---

[1] *Mémoires d'un homme de qualité.* (L. R.)

plus vive que celle de la poésie, l'autre porta l'indifférence pour la poésie jusqu'à ignorer toute sa vie ce que c'était qu'un vers ; et, m'ayant entendu parler, il y a quelques années, de rimes masculines et féminines, elle m'en demanda la différence : à quoi je répondis qu'elle avait vécu avec un meilleur maître que moi. Elle ne connut ni par les représentations, ni par la lecture, les tragédies auxquelles elle devait s'intéresser; elle en apprit seulement les titres par la conversation. Son indifférence pour la fortune parut un jour inconcevable à Boileau. Je rapporte ce fait, après avoir prévenu que la vie d'un homme de lettres ne fournit pas des faits bien importants. Mon père rapportait de Versailles la bourse de 1,000 louis dont j'ai parlé, et trouva ma mère qui l'attendait dans la maison de Boileau à Auteuil. Il courut à elle, et l'embrassant : « Félicitez-moi, lui dit-il, voici une bourse de 1,000 louis que le roi m'a donnée. » Elle lui porta aussitôt des plaintes contre un de ses enfants qui depuis deux jours ne voulait point étudier. « Une autre fois, reprit-il, nous en parlerons : livrons-nous aujourd'hui à notre joie. » Elle lui représenta qu'il devait en arrivant faire des réprimandes à cet enfant, et continuait ses plaintes, lorsque Boileau, qui, dans son étonnement, se promenait à grands pas, perdit patience, et s'écria : « Quelle insensibilité ! Peut-on ne pas songer à une bourse de 1,000 louis ! »

On peut comprendre qu'un homme, quoique passionné pour les amusements de l'esprit, préfère à une femme enchantée de ces mêmes amusements et éclairée sur ces matières, une compagne uniquement occupée du ménage, ne lisant de livres que ses livres de piété, ayant d'ailleurs un jugement excellent, et étant d'un très-bon conseil en toutes occasions. On avouera cependant que la religion a dû être le lien d'une si parfaite union entre deux caractères si opposés : la vivacité de l'un lui faisant prendre tous les événements avec trop de sensibilité, et la tranquillité de l'autre la faisant paraître presque insensible aux mêmes événements. L'on pourrait faire la même réflexion sur la liaison des deux fidèles amis. A la vérité, leur manière de penser des ouvrages d'esprit étant la même, ils avaient le plaisir de s'en entretenir souvent; mais comme ils avaient tous deux un différent caractère, leur union constante a dû avoir pour lien la probité, puisque, comme dit Cicéron[1], il ne peut y avoir de véritable amitié qu'entre les gens de bien.

Un des premiers soins de mon père, après son mariage, fut de se réconcilier avec messieurs de Port-Royal. Il ne lui fut pas difficile de faire sa paix avec M. Nicole, qui ne savait ce que c'était que la guerre, et qui le reçut à bras ouverts, lorsqu'il le vint voir accompagné de M. l'abbé Dupin. Il ne lui était pas si aisé de se réconcilier avec M. Arnauld, qui avait toujours sur le cœur les plaisanteries écrites sur la mère Angélique, sa sœur, plaisanteries fondées, par faute d'examen, sur des faits qui n'étaient pas exactement vrais. Boileau, chargé de la négociation, avait toujours trouvé M. Arnauld intraitable. Un jour, il s'avisa de lui porter un exemplaire de la tragédie de *Phèdre*, de la part de l'auteur. M. Arnauld demeurait alors dans le faubourg Saint-Jacques. Boileau, en allant le voir, prend la résolution de lui prouver qu'une tragédie peut être innocente aux yeux des casuistes les plus sévères; et ruminant sa thèse en chemin : « Cet homme, disait-il, aura-t-il toujours raison, et ne pourrai-je parvenir à lui faire avoir tort? Je suis bien sûr qu'aujourd'hui j'ai raison : s'il n'est pas de mon avis, il aura tort. » Plein de cette pensée, il entre chez M. Arnauld, où il trouve une nombreuse compagnie. Il lui présente la tragédie, et lui lit en même temps l'endroit de la préface où l'auteur témoigne tant d'envie de voir la tragédie réconciliée avec les personnes de piété. Ensuite, déclarant qu'il abandonnait acteurs, actrices, et théâtre, sans prétendre les soutenir en aucune façon, il élève sa voix en prédicateur, pour soutenir que si la tragédie était dangereuse, c'était la faute des poëtes, qui en cela même allaient directement contre les règles de leur art; mais que la tragédie de *Phèdre*, conforme à ces règles, n'avait rien que d'utile. L'auditoire, composé de jeunes théologiens, l'écoutait en souriant, et regardait tout ce qu'il avançait comme les paradoxes d'un poëte peu instruit de la bonne morale. Cet auditoire fut bien surpris, lorsque M. Arnauld prit ainsi la parole : « Si les choses sont comme il le dit, il a raison, et la tragédie est innocente. » Boileau rapportait qu'il ne s'était jamais senti de sa vie si content. Il pria M. Arnauld de vouloir

---

[1] « Hoc sentio nisi in bonis amicitiam esse non posse. » (*De Amicit.*)

bien jeter les yeux sur la pièce qu'il lui laissait, pour lui en dire son sentiment. Il revint quelques jours après le demander, et M. Arnauld lui donna ainsi sa décision : « Il n'y a rien à reprendre au caractère de Phèdre, puisqu'il nous donne cette grande leçon que, lorsqu'en punition de fautes précédentes Dieu nous abandonne à nous-mêmes et à la perversité de notre cœur, il n'est point d'excès où nous ne puissions nous porter même en les détestant. Mais pourquoi a-t-il fait Hippolyte amoureux? » Cette critique est la seule qu'on puisse faire contre cette tragédie, et l'auteur, qui se l'était faite à lui-même, se justifiait en disant : « Qu'auraient pensé les petits-maîtres d'un Hippolyte ennemi de toutes les femmes? Quelles mauvaises plaisanteries n'auraient-ils point faites! » Boileau, charmé d'avoir si bien conduit sa négociation, demanda à M. Arnauld la permission de lui amener l'auteur de la tragédie. Ils vinrent chez lui le lendemain, et, quoiqu'il fût encore en nombreuse compagnie, le coupable, entrant avec l'humilité et la confusion peintes sur le visage, se jeta à ses pieds : M. Arnauld se jeta aux siens; tous deux s'embrassèrent. M. Arnauld lui promit d'oublier le passé, et d'être toujours son ami : promesse fidèlement exécutée.

En 1674, l'Université projetait une requête qu'elle devait présenter au Parlement, pour demander que la philosophie de Descartes ne fût point enseignée. On en parlait chez M. le premier président de Lamoignon, qui dit qu'on ne pourrait se dispenser de rendre un arrêt conforme à cette requête. Boileau, présent à cette conversation, imagina l'arrêt burlesque qu'il composa avec mon père, et Bernier, le fameux voyageur, leur ami commun. M. Dongois, neveu de Boileau, y mit le style du palais; et quand l'arrêt fut en état, il le joignit à plusieurs expéditions qu'il devait porter à signer à M. le président, avec qui il était fort familier. M. de Lamoignon ne se laissa pas surprendre : à peine eut-il jeté les yeux sur l'arrêt : « Voilà, dit-il, un tour de Despréaux. » Cet arrêt burlesque eut un succès que n'eût peut-être point eu une pièce sérieuse; il sauva l'honneur des magistrats. L'Université ne songea plus à présenter sa requête.

Quoique Boileau et mon père n'eussent encore aucun titre qui les appelât à la cour, ils y étaient fort bien reçus tous les deux. M. Colbert les aimait beaucoup. Étant un jour enfermé avec eux dans sa maison de Sceaux, on vint lui annoncer l'arrivée d'un évêque; il répondit avec colère : « Qu'on lui fasse tout voir, excepté moi. »

Les inscriptions mises au bas des tableaux sur les victoires du roi, peintes par M. Lebrun dans la galerie de Versailles, étaient pleines d'emphase, parce que M. Charpentier, qui les avait faites, croyait qu'on devait mettre de l'esprit partout. Ces pompeuses déclamations déplurent avec raison à M. de Louvois, qui, par ordre du roi, les fit effacer, pour mettre à la place des inscriptions simples que Boileau et mon père lui fournirent. Mon père a donné, dans quelques occasions, des devises qui, dans leur simplicité, ont été trouvées fort heureuses, comme celle dont le corps était une orangerie, et l'âme, *conjuratos ridet aquilones*. Elle fut approuvée, parce qu'elle avait également rapport à l'orangerie de Versailles, bâtie depuis peu, et à la ligue qui se formait contre la France. Je n'en rapporte pas quelques autres qu'il donna dans la petite Académie, parce que l'honneur de pareilles choses doit être partagé entre tous ceux qui composent la même compagnie.

C'était lui-même qui avait donné l'idée de rassembler cette compagnie. Il fut par là comme le fondateur de l'Académie des médailles, qu'on nomma d'abord *la petite Académie*, et qui, devenue beaucoup plus nombreuse, prit sous une autre forme le nom d'*Académie des belles-lettres*. Elle ne fut composée dans son origine que d'un très-petit nombre de personnes, qu'on choisit pour exécuter le projet d'une histoire en médailles des principaux événements du règne de Louis XIV. On devait, au bas de chaque médaille gravée, mettre en peu de mots le récit de l'événement qui avait donné lieu à la médaille; mais on trouva que des récits fort courts n'apprendraient les choses qu'imparfaitement, et qu'une histoire suivie du règne entier serait beaucoup plus utile. Ce projet fut agité et résolu chez Mme de Montespan. C'était elle qui l'avait imaginé, « et, quoique la
» flatterie en fût l'objet, comme l'écrivait depuis Mme la com-
» tesse de Caylus, on conviendra que ce projet n'était pas
» celui d'une femme commune, ni d'une maîtresse ordinaire. »
Lorsqu'on eut pris ce parti, Mme de Maintenon proposa au roi de charger du soin d'écrire cette histoire Boileau et mon père.

Le roi, qui les en jugea capables, les nomma ses historiographes en 1677.

Mon père, toujours attentif à son salut, regarda le choix de Sa Majesté comme une grâce de Dieu, qui lui procurait cette importante occupation pour le détacher entièrement de la poésie. Boileau lui-même parut aussi s'en détacher. Il est certain qu'il passa douze ou treize ans sans donner d'autres ouvrages en vers que les deux derniers chants du *Lutrin*, parce qu'il voulut finir l'action de ce poëme.

Les deux poëtes, résolus de ne plus l'être, ne songèrent qu'à devenir historiens; et pour s'en rendre capables, ils passèrent d'abord beaucoup de temps à se mettre au fait et de l'histoire générale de France, et de l'histoire particulière du règne qu'ils avaient à écrire. Mon père, pour se mettre ses devoirs devant les yeux, fit une espèce d'extrait du *Traité de Lucien* sur la manière d'écrire l'histoire. Il remarqua dans cet excellent Traité des traits qui avaient rapport à la circonstance dans laquelle il se trouvait, et il les rassembla dans l'écrit qui se trouvera à la suite de ses lettres. Il fit ensuite des extraits de Mézerai et de Vittorio Siri, et se mit à lire les mémoires, lettres, instructions et autres pièces de cette nature dont le roi avait ordonné qu'on lui donnât la communication.

Dans la campagne de cette année 1677, les villes que le roi assiégea tombèrent quand il parut; et lorsque, de retour de ses rapides conquêtes, il vit à Versailles ses deux historiens, il leur demanda pourquoi ils n'avaient pas eu la curiosité de voir un siége : « Le voyage, leur dit-il, n'était pas long. — Il est vrai, reprit mon père, mais nos tailleurs furent trop lents. Nous leur avions commandé des habits de campagne : lorsqu'ils nous les apportèrent, les villes que Votre Majesté assiégeait étaient prises. » Cette réponse fut bien reçue du roi, qui leur dit de prendre leurs mesures de bonne heure, parce que dorénavant ils le suivraient dans toutes ses campagnes, pour être témoins des choses qu'ils devaient écrire.

La faible santé de Boileau ne lui permit que de faire une campagne, qui fut celle de Gand, l'année suivante. Mon père, qui les fit toutes, avait soin de rendre compte à son associé dans l'emploi d'écrire l'histoire, de tout ce qui se passait à l'armée, et une partie de ces lettres se trouvera à la suite de ces Mémoires. Ce fut dans leur première campagne que Boileau, apprenant que le roi s'était si fort exposé qu'un boulet de canon avait passé à sept pas de Sa Majesté, alla à lui et lui dit : « Je vous prie, Sire, en qualité de votre historien, de ne pas me faire finir sitôt mon histoire[1]. »

Lorsqu'ils partirent en 1678, on vit pour la première fois deux poëtes suivre une armée pour être témoins de siéges et de combats : ce qui donna lieu à des plaisanteries dont on amusait le roi. On prétendait les surprendre en plusieurs occasions dans l'ignorance des choses militaires, et même des choses les plus communes. Leurs meilleurs amis étaient ceux qui leur tendaient des piéges. S'ils n'y tombaient pas, on faisait accroire qu'ils y étaient tombés. Tout ce qu'on dit de leur simplicité n'est peut-être pas exactement vrai. Je rapporterai cependant ce que j'ai entendu dire à d'anciens seigneurs de la cour.

La veille de leur départ pour la première campagne, M. de Cavoye s'avisa, dit-on, de demander à mon père s'il avait eu l'attention de faire ferrer ses chevaux à forfait. Mon père, qui n'entend rien à cette question, lui en demande l'explication. « Croyez-vous donc, lui dit M. de Cavoye, que, quand une armée est en marche, elle trouve partout des maréchaux? Avant de partir, on fait un forfait avec un maréchal de Paris, qui vous garantit que les fers qu'il met aux pieds de votre cheval y resteront six mois. » Mon père répond (ou plutôt on lui fait répondre) : « C'est ce que j'ignorais; Boileau ne m'en a rien dit, mais je n'en suis pas étonné, il ne songe à rien. » Il va trouver Boileau pour lui reprocher sa négligence. Boileau avoue son ignorance, et lui dit qu'il faut promptement s'informer du maréchal le plus fameux pour ces sortes de forfaits. Ils n'eurent pas le temps de le chercher. Dès le soir même, M. de Cavoye raconta au roi le succès de sa plaisanterie. Un fait pareil, quand il serait véritable, ne ferait aucun tort à leur réputation.

Puisque les plus petits faits, quand on parle de certains

[1] Boileau se trouvait à l'armée dans la campagne suivante. Un jour, après une bataille, le roi lui demanda s'il s'était tenu loin du canon. « Sire, j'en étais à cent pas. — N'aviez-vous pas peur? — Oui, Sire; je tremblais beaucoup pour Votre Majesté, et encore plus pour moi. »

hommes, intéressent toujours, j'en rapporterai encore un de la même nature. Un jour, après une marche fort longue, Boileau, très-fatigué, se jeta sur un lit en arrivant, sans vouloir souper. M. de Cavoye, qui le sut, alla le voir après le souper du roi, et lui dit avec un air consterné qu'il avait à lui apprendre une fâcheuse nouvelle : « Le roi, ajouta-t-il, n'est point content de vous; il a remarqué aujourd'hui une chose qui vous fait un grand tort. — Eh quoi donc? s'écria Boileau tout alarmé. — Je ne puis, continua M. de Cavoye, me résoudre à vous la dire; je ne saurais affliger mes amis. » Enfin, après l'avoir laissé quelque temps dans l'agitation, il lui dit : « Puisqu'il faut vous l'avouer, le roi a remarqué que vous étiez tout de travers à cheval. — Si ce n'est que cela, répondit Boileau, laissez-moi dormir. »

Quoique mon père fût son confrère dans l'honorable emploi d'écrire l'histoire du roi, et dans la petite Académie, il ne l'avait point encore pour confrère dans l'Académie française; et comme il souhaitait de le voir dans cette compagnie, il l'avait sans doute en vue, lorsqu'il fit valoir l'empressement de l'Académie à chercher des sujets, dans le discours qu'il prononça le 30 octobre de cette même année 1678, à la réception de M. l'abbé Colbert, depuis archevêque de Rouen. « Oui, Monsieur, lui disait-il, l'Académie vous a choisi; car nous voulons bien qu'on le sache, ce n'est point la brigue, ce ne sont point les sollicitations qui ouvrent les portes de l'Académie; elle va elle-même au-devant du mérite, elle lui épargne l'embarras de se venir offrir, elle cherche les sujets qui lui sont propres, etc. »

J'ignore si l'Académie était alors dans l'usage, comme le disait son directeur, de choisir et de chercher elle-même ses sujets. Je sais seulement que tous les académiciens ne songeaient pas à chercher Boileau, et il y en avait plusieurs qu'il ne songeait pas non plus à solliciter. Le roi lui demanda un jour pendant son souper s'il était de l'Académie; Boileau répondit avec un air fort modeste qu'il n'était pas digne d'en être. « Je veux que vous en soyez », répondit le roi. Quelque temps après une place vaqua, et la Fontaine, qui la voulait solliciter, alla lui demander s'il serait son concurrent. Boileau l'assura que non, et ne fit aucune démarche. Il eut cependant quelques voix; mais la pluralité fut pour la Fontaine; et lorsque, suivant l'usage, on alla demander au roi son agrément pour cette nomination, le roi répondit seulement : « Je verrai. » De manière que la Fontaine, quoique nommé, ne fut point reçu, et resta très-longtemps, ainsi que l'Académie, dans l'incertitude. Enfin, une nouvelle place vaqua, et l'Académie aussitôt nomma Boileau. Le roi, lorsqu'on lui demanda son agrément, l'accorda en ajoutant : « Maintenant vous pouvez recevoir la Fontaine. » Boileau fut reçu le 3 juillet 1684. L'assemblée fut nombreuse le jour de sa réception. On était curieux d'entendre son discours. Il était obligé de louer et de s'humilier. Il recevait une grâce inespérée, et il n'était pas homme à faire un remercîment à genoux. Il se tira habilement de ce pas difficile. Il loua sans flatterie, il s'humilia noblement ; et en disant que l'entrée de l'Académie lui devait être fermée *par tant de raisons*, il fit songer à *tant d'académiciens* dont les noms étaient dans ses satires.

A la fin de cette même année, Corneille mourut ; et mon père, qui, le lendemain de cette mort, entrait dans les fonctions de directeur, prétendait que c'était à lui à faire faire, pour l'académicien qui venait de mourir, un service suivant la coutume. Mais Corneille était mort pendant la nuit ; et l'académicien qui était encore directeur la veille, prétendit que comme il n'était sorti de place que le lendemain matin, il était encore dans ses fonctions au moment de la mort de Corneille, et que par conséquent c'était à lui à faire faire le service. Cette dispute n'avait pour motif qu'une généreuse émulation : tous deux voulaient avoir l'honneur de rendre les devoirs funèbres à un mort si illustre. Cette contestation, glorieuse pour les deux parties, fut décidée par l'Académie en faveur de l'ancien directeur : ce qui donna lieu à ce mot fameux que Benserade dit à mon père : « Nul autre que vous ne pouvait prétendre à enterrer Corneille ; cependant vous n'avez pu y parvenir. »

La place de Corneille à l'Académie fut remplie par Thomas Corneille son frère, qui fut reçu avec M. Bergeret. Mon père, qui présidait à cette réception en qualité de directeur, répondit à leurs remercîments par un discours qui fut très-applaudi ; et il le prononça avec tant de grâce, qu'il répara entièrement le discours de sa réception. La matière de celui-ci lui avait plu davantage. L'admiration sincère qu'il avait pour Corneille le lui avait

inspiré. Bayle, en rapportant que Sophocle, lorsqu'il apprit la mort d'Euripide, parut sur le théâtre en habit de deuil, et ordonna à ses acteurs d'ôter leurs couronnes, ajoute : « Ce que fit
» alors Sophocle était une preuve très-équivoque de son regret,
» parce que deux grands hommes qui aspirent à la même gloire,
» qui veulent s'exclure l'un l'autre du premier rang, s'entr'es-
» timent intérieurement plus qu'ils ne voudraient, mais ne s'en-
» tr'aiment pas. L'un d'eux vient-il à mourir, le survivant courra
» lui jeter de l'eau bénite, et en fera l'éloge de bon cœur : il est
» délivré des épines de la concurrence. » Par cette même raison, Corneille avait fait dire à Cornélie, sur la douleur de César à la mort de Pompée :

> O soupirs! ô regrets! Oh! qu'il est doux de plaindre
> Le sort d'un ennemi quand il n'est plus à craindre!

Quiconque eût pensé la même chose en cette occasion, eût été très-injuste. Les deux rivaux depuis longtemps ne combattaient plus, et, tous deux retirés de la carrière, n'avaient plus rien à se disputer : c'était au public à décider. Il n'a point encore décidé; on s'est toujours contenté de les comparer entre eux. Le parallèle a souvent été fait, et presque toujours avec plus d'antithèse que de justesse. M. de Fontenelle, qui, malgré la douceur de son caractère, témoigne dans la *Vie de Corneille* un peu de passion contre le rival de Corneille, règle ainsi les places (je parle de cette Vie imprimée dans la dernière édition de ses Œuvres : celle qui se trouve dans l'*Histoire de l'Académie française* ne contient pas les mêmes paroles) : « Corneille a la première place, Racine la
» seconde. On fera à son gré l'intervalle entre ces deux places,
» un peu plus ou moins grand. C'est là ce qui se trouve en ne
» comparant que les ouvrages de part et d'autre. Mais si on com-
» pare ces deux hommes, l'inégalité est plus grande. Il peut être
» incertain que Racine eût été, si Corneille n'eût pas été avant
» lui : il est certain que Corneille a été par lui-même. » M. de Fontenelle, qui a toujours été applaudi quand il a écrit sur les matières qui font l'objet des travaux de l'Académie des sciences, a souvent rendu sur le Parnasse des décisions qui ont eu peu de partisans : ce qui me fait espérer que celle-ci sera du nombre.

Pour revenir au discours prononcé à la réception de Thomas

Corneille, je ferai remarquer qu'il n'est pas étonnant que mon père, qui n'avait pas été heureux dans le discours sur sa propre réception, l'ait été dans celui-ci, qui lui fournissait pour sujet l'éloge de Corneille. Il le faisait dans l'effusion de son cœur, parce qu'il était intérieurement persuadé que Corneille valait beaucoup mieux que lui : et en cela seulement il pensait comme M. de Fontenelle. Quelque crainte qu'il eût de parler de vers à mon frère, quand il le vit en âge de pouvoir discerner le bon du mauvais, il lui fit apprendre par cœur des endroits de *Cinna;* et lorsqu'il lui entendait réciter ce beau vers :

Et, monté sur le faîte, il aspire à descendre,

« Remarquez bien cette expression, lui disait-il avec enthousiasme. On dit aspirer à monter ; mais il faut connaître le cœur humain aussi bien que Corneille l'a connu, pour avoir su dire de l'ambitieux qu'il aspire à descendre. » On ne croira point qu'il ait affecté la modestie lorsqu'il parlait ainsi en particulier à son fils : il lui disait ce qu'il pensait.

Tout l'endroit de son discours dans l'Académie, qui contenait l'éloge de Corneille, fut extrêmement goûté ; et comme il avait réussi parce qu'il louait ce qu'il admirait, il réussit également dans l'éloge de Louis XIV, lorsque, s'adressant à M. Bergeret, premier commis du secrétaire d'État des affaires étrangères, il fit voir combien les négociations étaient faciles sous un roi dont les ministres n'avaient tout au plus que l'embarras de faire entendre « avec dignité aux cours étrangères ce qu'il leur dictait avec sagesse. » Là il dépeignit le roi, la veille du jour qu'il partit pour se mettre à la tête de ses armées, écrivant dans son cabinet six lignes, pour les envoyer à son ambassadeur : et les puissances étrangères « ne pouvant s'écarter d'un seul pas du cercle étroit qui leur était tracé par ces six lignes », paroles qui représentaient toutes ces puissances sous l'image du roi Antiochus, étonné, quoiqu'à la tête de ses armées, du cercle que l'ambassadeur romain traça autour de lui, et obligé de rendre sa réponse avant que d'en sortir.

Louis XIV, informé du succès de ce discours, voulut l'entendre. L'auteur eut l'honneur de lui en faire la lecture, après laquelle le roi lui dit : « Je suis très-content [1] : je vous louerais davantage si vous m'aviez moins loué. » Ce mot fut bientôt répandu partout, et attira à mon père une lettre que je vais rapporter, parce que, ayant été écrite par un homme qui était alors dans la disgrâce, et qui écrivait à un ami dans toute la sincérité de son cœur et la confiance du secret, elle fait voir de quelle manière pensaient de Louis XIV ceux même qui croyaient avoir quelque sujet de s'en plaindre :

« J'ai à vous remercier, Monsieur, du discours qui m'a été
» envoyé de votre part. Rien n'est assurément si éloquent, et le
» héros que vous y louez est d'autant plus digne de vos louanges,
» qu'il y a trouvé de l'excès. Il est bien difficile qu'il n'y en ait
» toujours un peu : les plus grands hommes sont hommes, et se
» sentent toujours par quelque endroit de l'infirmité humaine. Je
» vous dirais bien des choses sur cela si j'avais le plaisir de
» vous voir, mais il faudrait avoir dissipé un nuage que j'ose
» dire être une tache dans ce soleil. Ce ne serait pas une chose
» difficile, si ceux qui le pourraient faire avaient assez de géné-
» rosité pour l'entreprendre. Je vous assure que les pensées que
» j'ai sur cela ne sont pas intéressées, et que ce qui peut me re-
» garder me touche fort peu. Si j'ai quelque peine, c'est d'être
» privé de la consolation de voir mes amis. Un tête-à-tête avec
» vous et avec votre compagnon me ferait bien du plaisir ; mais
» je n'achèterais pas ce plaisir par la moindre lâcheté. Vous sa-
» vez ce que cela veut dire : ainsi je demeure en paix, et j'at-
» tends avec patience que Dieu fasse connaître à ce prince si
» accompli qu'il n'a point dans son royaume de sujet plus fidèle,
» plus passionné pour sa véritable gloire, et, si j'ose le dire, qui
» l'aime d'un amour plus pur et plus dégagé de tout intérêt. Je
» pourrais ajouter que je suis naturellement si sincère, que si je
» ne sentais dans mon cœur la vérité de ce que je dis, rien au
» monde ne serait capable de me le faire dire. C'est pourquoi
» aussi je ne pourrais me résoudre à faire un pas pour avoir la
» liberté de voir mes amis, à moins que ce fût à mon prince
» seul que j'en fusse redevable.

» Je suis, etc. »

[1] Il a dit une autre fois le même mot à Boileau, si ce que Brossette rapporte dans son commentaire est exact. (L. R.)

Boileau, nouvel académicien, fut longtemps assez exact aux assemblées, dans lesquelles il avait souvent des contradictions à essuyer. Il parle, dans une lettre écrite à mon père, de ses disputes avec M. Charpentier. Dans ces disputes littéraires, il ne trouvait pas ordinairement le grand nombre pour lui, parce qu'il était environné de confrères peu disposés à être de son avis. Un jour cependant il fut victorieux, et quand il racontait cette victoire, il ajoutait en élevant la voix : « Tout le monde fut de mon avis : ce qui m'étonna; car j'avais raison, et c'était moi. »

Lorsqu'il fut question de recevoir à l'Académie M. le marquis de Saint-Aulaire, il s'y opposa vivement, et répondit à ceux qui lui représentaient qu'il fallait avoir des égards pour un homme de cette condition : « Je ne lui dispute pas ses titres de noblesse, mais je lui dispute ses titres du Parnasse. » Un des académiciens ayant répliqué que M. de Saint-Aulaire avait aussi ses titres du Parnasse, puisqu'il avait fait de fort jolis vers : « Eh bien, Monsieur, lui dit Boileau, puisque vous estimez ses vers, faites-moi l'honneur de mépriser les miens. »

En 1685, M. le marquis de Seignelay, devant donner dans sa maison de Sceaux une fête au roi, demanda des vers à mon père, qui, malgré la résolution qu'il avait prise de n'en plus faire, n'en put refuser, dans une pareille occasion, à un ministre auquel il était fort attaché, fils de son bienfaiteur. J'ai plus d'une fois entendu dire à M. le chancelier que l'antiquité (et qui la connaît mieux que lui?) ne nous offrait rien, dans un pareil genre, de si parfait que cette *Idylle sur la paix*. Il admire comment le poëte, en faisant parler des bergers, a su réunir aux sentiments tendres et aux peintures riantes les grandes et terribles images, dans un style toujours naturel, et sans sortir du ton de l'idylle. Puisqu'il m'est permis de rapporter historiquement les sentiments des autres, et que je rapporte ceux d'un grand juge, j'ajouterai que je l'ai entendu, à ce sujet, faire remarquer l'heureuse disposition du même auteur à écrire dans tous les genres différents. Est-il orateur, est-il historien : il excelle. Est-il poëte : s'il fait une comédie, il sait y faire rire et le parterre et ceux qui n'aiment que la fine plaisanterie ; dans ses tragédies, il change de style suivant les sujets: la versification d'*Andromaque* n'est pas celle de *Britannicus* : celle de *Phèdre* n'est pas celle d'*Athalie*.

Compose-t-il des chœurs et des cantiques : il a le lyrique le plus sublime. Fait-il des épigrammes : il les assaisonne du meilleur sel. Entreprend-il une idylle : il l'invente dans un goût nouveau. Quelques personnes prétendent que Lulli, chargé de la mettre en musique, trouva dans la force des vers un travail que les vers de Quinault ne lui avaient pas fait connaître. Il est pourtant certain que Lulli est aussi grand musicien dans cette idylle que dans ses opéras, et a parfaitement rendu le poëte : j'avouerai seulement qu'à ces deux vers,

> Retrancher de nos ans
> Pour ajouter à ses années,

la chute, à cause de la prononciation de la dernière syllabe, ne satisfait pas l'oreille, et que ce n'est pas la faute du musicien, mais celle du poëte, qui n'avait pas pour le musicien cette même attention qu'avait Quinault.

Lorsque M. le comte de Toulouse fut sorti de l'enfance, Mme de Montespan consulta mon père sur le choix de celui à qui l'on confierait l'éducation du jeune prince. Elle demandait un homme d'un mérite distingué et d'un nom connu. Mon père, voulant en cette occasion obliger M. du Trousset, qu'il estimait beaucoup, dit à Mme de Montespan : « Je vous propose sans crainte un homme dont le nom n'est pas connu ; mais il mérite de l'être : ses ouvrages, qu'il n'a point donnés au public sous son nom, en ont été bien reçus. » Ces ouvrages étaient la *Critique de la princesse de Clèves*, la *Vie du duc de Guise*, et quelques petites pièces de vers fort ingénieuses. M. du Trousset, connu depuis sous le nom de Valincour, fut agréé. On lui confia l'éducation du prince. Il fut dans la suite secrétaire général de la marine, et, par l'estime qu'il acquit à la cour, justifia le choix de Mme de Montespan, et le témoignage de celui qui le lui avait fait connaître.

Je n'ai jamais pu lire sans une surprise extrême ce qu'il dit dans sa lettre à M. l'abbé d'Olivet, en parlant de l'histoire du roi[1] : « Despréaux et Racine, après avoir longtemps essayé ce travail, sentirent qu'il était tout à fait opposé à leur génie. »

---

[1] *Histoire de l'Académie française*, tome II.

M. de Valincour, associé pour ce travail à Boileau, après la mort de mon père, et chargé seul de la continuation de cette histoire après la mort de Boileau, suivant toute apparence n'a jamais rien composé sur cette matière. Il pouvait avoir, aussi bien que ses prédécesseurs, le style historique ; mais pourquoi a-t-il voulu faire entendre que, regardant ce travail comme opposé à leur génie, ils ne s'en occupaient pas, lui qui a su mieux qu'un autre combien ils s'en étaient occupés, et qui a été dépositaire, après leur mort, de ce qu'ils en avaient écrit ? Le fatal incendie qui consuma, en 1726, la maison qu'il avait à Saint-Cloud, fut si prompt, qu'on ne put sauver les papiers les plus importants de l'amirauté, et que les morceaux de l'histoire du roi périrent avec plusieurs autres papiers précieux à la littérature. Le Recueil des lettres de Boileau et de mon père fera connaître l'application continuelle qu'ils donnaient à l'histoire dont ils étaient chargés. Quand ils avaient écrit quelque morceau intéressant, ils allaient le lire au roi.

Ces lectures se faisaient chez Mme de Montespan. Tous deux avaient leur entrée chez elle, aux heures que le roi y venait jouer, et Mme de Maintenon était ordinairement présente à la lecture. Elle avait, au rapport de Boileau, plus de goût pour mon père que pour lui ; et Mme de Montespan avait au contraire plus de goût pour Boileau que pour mon père ; mais ils faisaient toujours ensemble leur cour, sans aucune jalousie entre eux. Lorsque le roi arrivait chez Mme de Montespan, ils lui lisaient quelque chose de son histoire, ensuite le jeu commençait ; et lorsqu'il échappait à Mme de Montespan, pendant le jeu, des paroles un peu aigres, ils remarquèrent, quoique fort peu clairvoyants, que le roi, sans lui répondre, regardait en souriant Mme de Maintenon, qui était assise vis-à-vis lui sur un tabouret, et qui enfin disparut tout à coup de ces assemblées. Ils la rencontrèrent dans la galerie, et lui demandèrent pourquoi elle ne venait plus écouter leur lecture. Elle leur répondit fort froidement : « Je ne suis plus admise à ces mystères. » Comme ils lui trouvaient beaucoup d'esprit, ils en furent mortifiés et étonnés. Leur étonnement fut bien plus grand, lorsque le roi, obligé de garder le lit, les fit appeler avec ordre d'apporter ce qu'ils avaient écrit de nouveau sur son histoire, et qu'ils virent, en entrant, Mme de Maintenon assise dans un fauteuil près du chevet du roi, s'entretenant familièrement avec Sa Majesté. Ils allaient commencer leur lecture, lorsque Mme de Montespan, qui n'était point attendue, entra, et après quelques compliments au roi, en fit de si longs à Mme de Maintenon, que, pour les interrompre, le roi lui dit de s'asseoir, « n'étant pas juste, ajouta-t-il, qu'on lise sans vous un ouvrage que vous avez vous-même commandé. » Son premier mouvement fut de prendre une bougie pour éclairer le lecteur: elle fit ensuite réflexion qu'il était plus convenable de s'asseoir, et de faire tous ses efforts pour paraître attentive à la lecture. Depuis ce jour, le crédit de Mme de Maintenon alla en augmentant d'une manière si visible, que les deux historiens lui firent leur cour autant qu'ils la savaient faire.

Mon père, dont elle goûtait la conversation, était beaucoup mieux reçu que son ami, qu'il menait toujours avec lui. Ils s'entretenaient un jour avec elle de la poésie, et Boileau, déclamant contre le goût de la poésie burlesque, qui avait régné autrefois, dit dans sa colère: « Heureusement ce misérable goût est passé, et on ne lit plus Scarron, même dans les provinces. » Son ami chercha promptement un autre sujet de conversation, et lui dit, quand il fut seul avec lui: « Pourquoi parlez-vous devant elle de Scarron? Ignorez-vous l'intérêt qu'elle y prend? — Hélas! non, reprit-il; mais c'est toujours la première chose que j'oublie quand je la vois. »

Malgré la remontrance de son ami, il eut encore la même distraction au lever du roi. On y parlait de la mort du comédien Poisson. « C'est une perte, dit le roi, il était bon comédien... — Oui, répondit Boileau, pour faire un D. Japhet: il ne brillait que dans ces misérables pièces de Scarron. » Mon père lui fit signe de se taire, et lui dit en particulier: « Je ne puis donc paraître avec vous à la cour, si vous êtes toujours si imprudent.— J'en suis honteux, répondit Boileau, mais quel est l'homme à qui il n'échappe une sottise? »

Incapable de trahir jamais sa pensée, il n'avait pas toujours assez de présence d'esprit pour la taire. Il avouait que la franchise était une vertu souvent dangereuse; mais il se consolait de ses imprudences par la conformité de caractère qu'il prétendait avoir avec M. Arnauld, dont, pour se justifier, il racontait le fait suivant, qui peut trouver place dans un ouvrage où je rassemble plusieurs traits de simplicité d'hommes connus. M. Arnauld, obligé de se cacher, trouva une retraite à l'hôtel de Longueville, à condition qu'il n'y paraîtrait qu'avec un habit séculier, une grande perruque sur la tête, et l'épée au côté. Il y fut attaqué de la fièvre; et Mme de Longueville, ayant fait venir le médecin Brayer, lui recommanda d'avoir grand soin d'un gentilhomme qu'elle protégeait particulièrement, et à qui elle avait donné depuis peu une chambre dans son hôtel. Brayer monte chez le malade, qui, après l'avoir entretenu de sa fièvre, lui demande des nouvelles. « On parle, lui dit Brayer, d'un livre nouveau de Port-Royal, qu'on attribue à M. Arnauld ou à M. de Sacy; mais je ne le crois pas de M. de Sacy: il n'écrit pas si bien. » A ce mot, M. Arnauld, oubliant son habit gris et sa perruque, lui répondit vivement : « Que voulez-vous dire? Mon neveu écrit mieux que moi. » Brayer envisage son malade, se met à rire, descend chez Mme de Longueville, et lui dit : « La maladie de votre gentilhomme n'est pas considérable; je vous conseille cependant de faire en sorte qu'il ne voie personne. Il ne faut pas le laisser parler. » Mme de Longueville, étonnée des réponses indiscrètes qui échappaient souvent à M. Arnauld et à M. Nicole, disait qu'elle aimerait mieux confier son secret à un libertin.

Boileau ne savait ni dissimuler, ni flatter. Il eut cependant par hasard quelques saillies assez heureuses. Lorsque le roi lui demanda son âge, il répondit : « Je suis venu au monde un an avant Votre Majesté, pour annoncer les merveilles de son règne. »

Dans le temps que l'affectation de substituer le mot de *gros* à celui de *grand* régnait à Paris comme en quelques provinces, où l'on dit un gros chagrin pour un grand chagrin, le roi lui demanda ce qu'il pensait de cet usage. « Je le condamne, répondit-il, parce qu'il y a bien de la différence entre Louis le Gros et Louis le Grand. »

Malgré quelques réponses de cette nature, il n'avait pas la réputation d'être courtisan; et mon père passait pour plus habile que lui dans cette science, quoiqu'il n'y fût pas regardé non plus comme bien expert par les fins courtisans, et par le roi même, qui dit, en le voyant un jour à la promenade avec M. de Cavoye : « Voilà deux hommes que je vois souvent ensemble ; j'en devine la raison : Cavoye avec Racine se croit bel esprit ; Racine avec Cavoye se croit courtisan. » Si l'on entend par courtisan un homme qui ne cherche qu'à mériter l'estime de son maître, il l'était ; si l'on entend un homme qui, pour arriver à ses vues, est savant dans l'art de la dissimulation et de la flatterie, il ne l'était point, et le roi n'en avait pas pour lui moins d'estime.

Il lui en donna des preuves en l'attirant souvent à sa cour, où il voulut bien lui accorder un appartement dans le château, et même les entrées. Il aimait à l'entendre lire, et lui trouvait un talent singulier pour faire sentir la beauté des ouvrages qu'il lisait. Dans une indisposition qu'il eut, il lui demanda de lui chercher quelque livre propre à l'amuser : mon père proposa une des Vies de Plutarque. « C'est du gaulois », répondit le roi. Mon père répliqua qu'il tâcherait, en lisant, de changer les tours de phrase trop anciens, et de substituer les mots en usage aux mots vieillis depuis Amyot. Le roi consentit à cette lecture ; et celui qui eut l'honneur de la faire devant lui sut si bien changer, en lisant, tout ce qui pouvait, à cause du vieux langage, choquer l'oreille de son auditeur, que le roi écouta avec plaisir, et parut goûter toutes les beautés de Plutarque ; mais l'honneur que recevait ce lecteur sans titre fit murmurer contre lui les lecteurs en charge.

Quelque agrément qu'il pût trouver à la cour il y mena toujours une vie retirée, partageant son temps entre peu d'amis et ses livres. Sa plus grande satisfaction était de revenir passer quelques jours dans sa famille ; et lorsqu'il se retrouvait à sa table avec sa femme et ses enfants, il disait qu'il faisait meilleure chère qu'aux tables des grands.

Il revenait un jour de Versailles pour goûter ce plaisir, lorsqu'un écuyer de M. le Duc vint lui dire qu'on l'attendait à dîner à l'hôtel de Condé. « Je n'aurai point l'honneur d'y aller, lui répondit-il ; il y a plus de huit jours que je n'ai vu ma femme et mes enfants, qui se font une fête de manger aujourd'hui avec moi une très-belle carpe ; je ne puis me dispenser de dîner avec eux. » L'écuyer lui représenta qu'une compagnie nombreuse, invitée au repas de M. le Duc, se faisait aussi une fête de l'avoir, et que le prince serait mortifié s'il ne venait pas. Une personne de la cour, qui m'a raconté la chose, m'a assuré que mon père fit apporter la carpe, qui était d'environ un écu, et que, la montrant à l'écuyer, il lui dit : « Jugez vous-même si je puis me dispenser de dîner avec ces pauvres enfants, qui ont voulu me régaler aujourd'hui, et n'auraient plus de plaisir s'ils mangeaient ce plat sans moi. Je vous prie de faire valoir cette raison à Son Altesse Sérénissime. » L'écuyer la rapporta fidèlement, et l'éloge qu'il fit de la carpe devint l'éloge de la bonté du père, qui se croyait obligé de la manger en famille. Quand un homme a mérité qu'on admire son caractère dans ces petites choses, il est permis de les rapporter, en disant de lui ce que dit Tacite de son beau-père : *Bonum virum facile crederes, magnum libenter.*

Ce caractère n'est pas celui d'un homme ardent à saisir toutes les occasions de faire sa cour. Il ne les cherchait jamais, et souvent sa piété l'empêchait de profiter de celles qui se présentaient. On lui dit qu'il ferait plaisir au roi d'aller donner quelques leçons de déclamation à une princesse qui est aujourd'hui dans un rang très-élevé. Il y alla; et quand il vit qu'il s'agissait de faire répéter quelques endroits d'*Andromaque,* qu'on avait fait apprendre par cœur à la jeune princesse, il se retira, et demanda en grâce qu'on n'exigeât point de lui de pareilles leçons.

M. de Fontenelle nous apprend que Corneille, agité de quelques inquiétudes au sujet de ses pièces dramatiques, eut besoin d'être rassuré par des casuistes, qui lui firent toujours grâce en faveur de la pureté qu'il avait établie sur le théâtre. Mon père, qui fut son casuiste à lui-même, ne se fit aucune grâce; et comme il ne rougissait point d'avouer ses remords, il ne laissa ignorer à personne qu'il eût voulu pouvoir anéantir ses tragédies profanes, dont on ne lui parlait point à la cour, parce qu'on savait qu'il n'aimait point à en entendre parler.

On peut reprocher aux éditeurs la négligence des dernières éditions de ses Œuvres[1]. Il n'est point étonnant néanmoins qu'elles n'aient point été exactes depuis sa mort, puisqu'elles ne l'étaient pas de son vivant. Il ne présida qu'aux premières; et dans la suite ce fut Boileau qui, sans lui en parler, examina les épreuves. Le libraire obtint enfin de l'auteur même d'en revoir un exem-

---

[1] C'est celui de nos poëtes qui a été imprimé avec le moins de soin. Non-seulement la dernière édition contient une Vie faite par un homme peu instruit, et des lettres pitoyables sur ses tragédies, mais on a remis dans le texte des vers que l'auteur avait changés. (L. R.)

plaire, et il ne put s'empêcher d'y faire plusieurs corrections: mais avant que de mourir, il fit brûler cet exemplaire, comme je l'ai dit ailleurs; et mon frère, qui fut le ministre de ce sacrifice, n'eut pas la liberté d'examiner de quelle nature étaient les corrections; il vit seulement qu'elles étaient plus nombreuses dans le premier volume que dans le second.

Toute sa crainte était d'avoir un fils qui eût envie de faire des tragédies. « Je ne vous dissimulerai point, disait-il à mon frère, que dans la chaleur de la composition on ne soit quelquefois content de soi; mais, et vous pouvez m'en croire, lorsqu'on jette le lendemain les yeux sur son ouvrage, on est tout étonné de ne plus rien trouver de bon dans ce qu'on admirait la veille; et quand on vient considérer, quelque bien qu'on ait fait, qu'on aurait pu mieux faire, et combien on est éloigné de la perfection, on est souvent découragé. Outre cela, quoique les applaudissements que j'ai reçus m'aient beaucoup flatté, la moindre critique, quelque mauvaise qu'elle ait été, m'a toujours causé plus de chagrin que toutes les louanges ne m'ont fait de plaisir. »

Il comptait au nombre des choses chagrinantes les louanges des ignorants; et lorsqu'il se mettait en bonne humeur, il rapportait le compliment d'un vieux magistrat qui, n'ayant jamais été à la comédie, s'y laissa entraîner par une compagnie, à cause de l'assurance qu'elle lui donna qu'il verrait jouer l'*Andromaque* de Racine. Il fut très-attentif au spectacle, qui finissait par *les Plaideurs*. En sortant, il trouva l'auteur, et lui dit : « Je suis, Monsieur, très-content de votre *Andromaque*; c'est une jolie pièce : je suis seulement étonné qu'elle finisse si gaiement. J'avais d'abord eu quelque envie de pleurer, mais la vue des petits chiens m'a fait rire. » Le bonhomme s'était imaginé que tout ce qu'il avait vu représenter sur le théâtre était *Andromaque*.

Boileau racontait aussi qu'un de ses parents, à qui il avait fait présent de ses Œuvres, lui dit, après les avoir lues : « Pourquoi, mon cousin, tout n'est-il pas de vous dans vos ouvrages? J'y ai trouvé deux lettres à M. de Vivonne, dont l'une est de Balzac, et l'autre de Voiture. »

Un homme qui vivait à la cour, et qui depuis a été dans une grande place, lui demanda par quelle raison il avait fait un traité sur le *Sublime*. Il n'avait fait qu'ouvrir le volume de ses Œuvres, dont Boileau lui avait fait présent, et ayant lu *sublimé* pour *sublime*, il ne pouvait comprendre qu'un poëte eût écrit sur un tel sujet.

Boileau, allant toucher sa pension au trésor royal, remit son ordonnance à un commis, qui, y lisant ces paroles : « la pension que nous avons accordée à Boileau à cause de la satisfaction que ces ouvrages nous ont donnée », lui demanda de quelle espèce étaient ses ouvrages. « De maçonnerie, lui répondit-il : je suis un architecte. »

Les poëtes qui s'imaginent être connus et admirés de tout le monde, trouvent souvent des occasions qui les humilient. Ils doivent s'attendre encore que leurs ouvrages essuieront les discours les plus bizarres, et seront exposés tantôt aux critiques injustes des envieux, tantôt aux louanges stupides des ignorants, et tantôt aux fausses décisions de ceux qui se croient des juges. Un poëte, après avoir excité la terreur dans ses tragédies, peut s'entendre comparer à *une petite colombe gémissante*, comme je l'ai dit autre part; et, tous ces discours, quoique méprisables, révoltent toujours l'amour-propre d'un auteur qui croit que tout le monde lui doit rendre justice.

Mon père, pour dégoûter encore mon frère de vers, et dans la crainte qu'il n'attribuât à ses tragédies les caresses dont quelques grands seigneurs l'accablaient, lui disait : « Ne croyez pas que ce soient mes vers qui m'attirent toutes ces caresses. Corneille fait des vers cent fois plus beaux que les miens, et cependant personne ne le regarde. On ne l'aime que dans la bouche de ses acteurs; au lieu que, sans fatiguer les gens du monde du récit de mes ouvrages, dont je ne leur parle jamais, je me contente de leur tenir des propos amusants, et de les entretenir de choses qui leur plaisent. Mon talent avec eux n'est pas de leur faire sentir que j'ai de l'esprit, mais de leur apprendre qu'ils en ont. Ainsi, quand vous voyez M. le Duc passer souvent des heures entières avec moi, vous seriez étonné, si vous étiez présent, de voir que souvent il en sort sans que j'aie dit quatre paroles; mais peu à peu je le mets en humeur de causer, et il sort de chez moi encore plus satisfait de lui que de moi. »

Le premier précepte qu'il lui donna quand il le fit entrer dans le monde, fut celui-ci : « Ne prenez jamais feu sur le mal que vous entendrez dire de moi. On ne peut plaire à tout le monde, et je ne suis pas exempt de fautes plus qu'un autre. Quand vous trouverez des personnes qui ne vous paraîtront pas estimer mes tragédies, et qui même les attaqueront par des critiques injustes, pour toute réponse, contentez-vous de les assurer que j'ai fait tout ce que j'ai pu pour plaire au public, et que j'aurais voulu pouvoir mieux faire. »

Il avait eu dans sa jeunesse une passion démesurée pour la gloire. La religion l'avait entièrement changé. Il reprochait souvent à Boileau l'amour qu'il conservait toujours pour ses vers, jusqu'à vouloir donner au public les moindres épigrammes faites dans sa jeunesse, et vider, comme il le disait, son portefeuille entre les mains d'un libraire. Loin d'être si libéral du sien, il ne nous l'a même pas laissé.

Il eût pu exceller dans l'épigramme. Je ne rapporterai point ici celles qu'il a faites. On connaît les meilleures, savoir : celles sur l'*Aspar*, sur l'*Iphigénie* de le Clerc, et sur la *Judith* de Boyer. Cette dernière est regardée comme une épigramme parfaite. M. de Valincour remarque qu'il avait l'esprit porté à la raillerie, et même à une raillerie amère; ce qui était cause qu'il disait quelquefois des choses un peu piquantes, sans avoir intention de fâcher les personnes à qui il les disait. Lorsque, après la capitulation du château de Namur, le prince de Barbançon, qui en était gouverneur, en sortait, il lui dit : « Voilà un mauvais temps pour déménager; » ce qu'il ne lui disait qu'à cause des pluies continuelles. Le prince, qui crut qu'il voulait le railler, répondit avec douceur : « Quand on déménage comme je fais, le plus mauvais temps est trop beau; » et cette réponse plut fort au roi.

Il est vrai, comme il est rapporté dans le *Bolœana*, que mon père dit à quelqu'un qui s'étonnait de ce que la *Judith* de Boyer n'était point sifflée : « Les sifflets sont à Versailles, aux sermons de l'abbé Boileau. » Il estimait infiniment l'abbé Boileau, et ne fit cette réponse que pour faire remarquer certaine bizarrerie d'un goût passager, qui est cause qu'un bon prédicateur n'est pas goûté, tandis qu'un mauvais poëte est applaudi.

La piété, qui avait éteint en lui la passion des vers, sut aussi modérer son penchant à la raillerie; et il n'avait plus depuis longtemps qu'une plaisanterie agréable avec ses amis; comme lorsqu'il cria à M. de Valincour, qui entrait dans la galerie de Versailles : « Eh! Monsieur, où est le feu? » parce que M. de Valincour, avec un air empressé, marchait toujours à grands pas, ou plutôt courait comme un homme qui va annoncer que le feu est quelque part.

Boileau avait contribué à faire sentir à mon père le danger de la raillerie, même entre amis. S'il recevait de lui des conseils, il lui en donnait à son tour : c'est le caractère de la véritable amitié, comme dit Cicéron : *Moneri et monere proprium est veræ amicitiæ.* Dans une dispute qu'ils eurent sur quelque point de littérature, Boileau, accablé de ses railleries, lui dit d'un grand sang-froid, quand la dispute fut finie : « Avez-vous eu envie de me fâcher? — Dieu m'en garde! répond son ami. — Eh bien! répond Boileau, vous avez donc tort, car vous m'avez fâché. »

Dans une autre dispute de même nature, Boileau, pressé par de bonnes raisons, mais dites avec chaleur et raillerie, perdit patience et s'écria : « Eh bien! oui, j'ai tort; mais j'aime mieux avoir tort que d'avoir orgueilleusement raison. »

Il ne pouvait assez admirer comment son ami, que la vivacité de son esprit et de son tempérament portait à plusieurs passions dangereuses dans la société, pour soi-même et pour les autres, avait toujours pu en modérer la violence : ce qu'il attribuait aux sentiments de religion qu'il avait eus gravés dans le cœur dès l'enfance, et qui le retinrent contre ses penchants dans les temps même les plus impétueux de sa jeunesse. Sur quoi il disait : « La raison conduit ordinairement les autres à la foi; c'est la foi qui a conduit M. Racine à la raison. »

Boileau avait reçu de la nature un caractère plus propre à la tranquillité et au bonheur. Exempt de toutes passions, il n'eut jamais à combattre contre lui-même. Il n'était point satirique dans sa conversation; ce qui faisait dire à Mme de Sévigné « qu'il n'était cruel qu'en vers. » Sans être ce qu'on appelle dévot, il fut exact, dans tous les temps de sa vie, à remplir les principaux devoirs de la religion. Se trouvant, à Pâques, dans la terre d'un ami, il alla à confesse au curé, qui ne le connaissait pas, et qui était un homme fort simple. Avant que d'entendre sa confession, il lui demanda quelles étaient ses occupations ordinaires. « De faire des vers, répondit Boileau. — Tant pis! dit le curé. Et quels vers? — Des satires, ajouta le pénitent. — Encore pis! répondit le confesseur. Et contre qui? — Contre ceux, dit Boileau, qui font mal des vers, contre les vices du temps, contre les ouvrages pernicieux, contre les romans, contre les opéras. — Ah! dit le curé, il n'y a donc pas de mal, et je n'ai plus rien à vous dire. »

On peut bien assurer que ces deux poëtes n'ont jamais rougi de l'Évangile. Mon père, chef de famille, se croyait obligé à une plus grande régularité. Il n'allait jamais aux spectacles, et ne parlait devant ses enfants ni de comédie ni de tragédie profane. A la prière qu'il faisait tous les soirs au milieu d'eux et de ses domestiques, quand il était à Paris, il ajoutait la lecture de l'Évangile du jour, que souvent il expliquait lui-même par une courte exhortation proportionnée à la portée de ses auditeurs, et prononcée avec cette âme qu'il donnait à tout ce qu'il disait.

Pour occuper de lectures pieuses M. de Seignelay, malade, il allait lui lire les Psaumes. Cette lecture le mettait dans une espèce d'enthousiasme, dans lequel il faisait sur-le-champ une paraphrase du psaume. J'ai entendu dire à M. l'abbé Renaudot, qui était un des auditeurs, que cette paraphrase leur faisait sentir toute la beauté du psaume, et les enlevait.

Un autre exemple de cet enthousiasme qui le saisissait dans la lecture des choses qu'il admirait, est rapporté par M. de Valincour. Il était avec lui à Auteuil, chez Boileau, avec M. Nicole et quelques autres amis distingués. On vint à parler de Sophocle, dont il était si grand admirateur, qu'il n'avait jamais osé prendre un de ses sujets de tragédie. Plein de cette pensée il prend un Sophocle grec, et lit la tragédie d'*OEdipe*, en la traduisant sur-le-champ. Il s'émut à tel point, dit M. de Valincour, que tous les auditeurs éprouvèrent les sentiments de terreur et de pitié dont cette pièce est pleine. « J'ai vu, ajoute-t-il, nos meilleures pièces représen-
» tées par nos meilleurs acteurs : rien n'a jamais approché du trouble
» où me jeta ce récit; et, au moment que j'écris, je m'imagine voir
» encore Racine le livre à la main, et nous tous consternés au-
» tour de lui. » Voilà sans doute ce qui a fait croire qu'il avait dessein de composer un *OEdipe*.

Un morceau d'éloquence qui le mettait dans l'enthousiasme, était la prière à Dieu qui termine le livre contre M. Mallet. Il aimait à la lire; et lorsqu'il se trouvait avec des personnes disposées à l'entendre, il les attendrissait, suivant ce que m'a raconté M. Rollin, qui avait été présent à une de ces lectures.

Dans l'écrit intitulé le *Nouvel Absalon*, etc., qui fut imprimé par ordre de Louis XIV, il reconnaissait l'éloquence de Démosthènes contre Philippe; et l'on sait quelle admiration il avait pour Démosthènes. « Ce bourreau fera tant qu'il lui donnera de l'esprit », dit-il un jour, en entendant M. de Toureil qui proposait différentes manières d'en traduire une phrase. Boileau avait la même admiration pour Démosthènes. « Toutes les fois, disait-il, que je relis l'*Oraison pour la Couronne*, je me repens d'avoir écrit. »

M. de Valincour rapporte encore que quand mon père avait un ouvrage à composer, il allait se promener; qu'alors, se livrant à son enthousiasme, il récitait ses vers à haute voix; et que travaillant ainsi à la tragédie de *Mithridate* dans les Tuileries, où il se croyait seul, il fut fort surpris de se voir entouré d'un grand nombre d'ouvriers, qui, occupés au jardin, avaient quitté leur ouvrage pour venir à lui. Il ne se crut pas un Orphée, dont les chants attiraient ces ouvriers pour les entendre, puisqu'au contraire, au rapport de Valincour, ils l'entouraient, craignant que ce ne fut un homme au désespoir prêt à se jeter dans le bassin. M. de Valincour eût pu ajouter qu'au milieu même de cet enthousiasme, sitôt qu'il était abordé par quelqu'un, il revenait à lui, n'avait plus rien de poëte, et était tout entier à ce qu'on lui disait.

Segrais, qui admirait avec raison Corneille, mais qui n'avait pas raison de le louer aux dépens de Boileau et de mon père, avance, dans ses Mémoires, que cette maxime de la Rochefoucauld : « C'est une grande pauvreté de n'avoir qu'une sorte d'esprit », fut écrite à leur occasion, « parce que, dit Segrais, tout leur entretien roule sur la poésie : ôtez-les de là, ils ne savent plus rien. » Ce reproche injuste, à l'égard de Boileau même, l'est encore plus à l'égard de mon père. Un homme qui n'eût été que poëte, et qui n'eût parlé que vers, n'eût pas longtemps réussi à la cour. Il évitait toujours, comme je l'ai déjà dit, de parler de ses ouvrages; et lorsque quelques auteurs venaient pour lui montrer les leurs, il les renvoyait à Boileau en leur disant que pour lui il ne se mêlait plus de vers. Quand il en parlait, c'était avec modestie, et lorsqu'il se trouvait avec ce petit nombre de gens de lettres dont, ainsi que Boileau, il cultivait la société. Ceux qu'il voyait le plus souvent étaient les PP. Bourdaloue, Bouhours, et Rapin; MM. Nicole, Valincour, la Bruyère la Fontaine, et Bernier. Ils perdirent ce dernier en 1588. Sa mort eut pour cause une plaisanterie qu'il essuya de la part de M. le président de Harlay, étant à sa table. Ce philosophe, que ses voyages et les principes de Gassendi avaient mis au-dessus de beaucoup d'opinions communes, n'eut pas la fermeté de soutenir une raillerie assez froide. Comme il était d'un commerce fort doux, sa mort fut très-sensible à Boileau et à mon père.

Leurs amis étaient communs comme leurs sentiments. Tous deux respectaient autant qu'ils le devaient le révérend P. Bourdaloue. Les grands hommes s'estiment mutuellement, et quoique leurs talents soient différents. Boileau a publié combien l'estime du P. Bourdaloue était honorable pour lui, quand il a dit :

> Ma franchise surtout gagna sa bienveillance :
> Enfin après Arnauld, ce fut l'illustre en France
> Que j'admirai le plus, et qui m'aima le mieux.

En parlant de sa franchise, il en donne un exemple dans ces vers mêmes. Il eut, au rapport de Mme de Sévigné, à un dîner chez M. de Lamoignon, une dispute fort vive avec le compagnon du P. Bourdaloue, en présence de ce père, de deux évêques et de Corbinelli. Voici l'histoire de cette dispute, écrite par Mme de Sévigné[1] :

> « On parla des ouvrages des anciens et des modernes. Des-
> » préaux soutint les anciens, à la réserve d'un seul moderne,
> » qui surpasse, à son goût, et les vieux et les nouveaux. Le
> » compagnon du P. Bourdaloue, qui faisait l'entendu, lui de-
> » manda quel était donc ce livre si distingué dans son esprit; il
> » ne voulut pas le nommer. Corbinelli lui dit : « Monsieur, je
> » vous conjure de me le dire, afin que je le lise toute la nuit. »
> » Despréaux lui répondit en riant : « Ah! Monsieur, vous l'avez
> » lu plus d'une fois, j'en suis assuré. » Le jésuite reprend, et
> » presse Despréaux de nommer cet auteur si merveilleux, avec
> » un air dédaigneux, un *cotal riso amaro*. Despréaux lui dit :

[1] Lettre du 15 janvier 1690. (L. R.)

» Mon père, ne me pressez point. » Le père continue. Enfin Des-
» préaux le prend par le bras, et le serrant bien fort, il lui dit :
» Mon père, vous le voulez : eh bien! c'est Pascal, morbleu! —
» Pascal! dit le père tout étonné; Pascal est beau autant que le
» faux le peut être. — Le faux! dit Despréaux, le faux! Sachez
» qu'il est aussi vrai qu'il est inimitable : on vient de le traduire
» en trois langues. » Le père répond : « Il n'en est pas plus
» vrai pour cela. » Despréaux entame une autre dispute : le père
» s'échauffe de son côté; et après quelques discours fort vifs de
» part et d'autre, Despréaux prend Corbinelli par le bras, s'en-
» fuit au bout de la chambre : puis revenant et courant comme
» un forcené, il ne voulut jamais se rapprocher du père, et alla
» rejoindre la compagnie. » Ici finit l'histoire, le rideau tombe.
J'ignore si Mme de Sévigné n'a point orné son récit; mais je
sais que le P. Bouhours, s'entretenant avec Boileau sur la difficulté de bien écrire en français, lui nommait ceux de nos écrivains qu'il regardait comme ses modèles, pour la pureté de la
langue. Boileau rejetait tous ceux qu'il nommait, comme mauvais modèles. « Quel est donc, selon vous, lui dit le P. Bouhours,
l'écrivain parfait? Que lirons-nous? — Mon père, reprit Boileau,
lisons les *Lettres provinciales*, et, croyez-moi, ne lisons pas d'autre
livre. »

Le même père, en se plaignant à lui de quelques critiques imprimées contre sa traduction du *Nouveau Testament,* lui disait :
« Je sais d'où elles partent; je connais mes ennemis, je saurai
me venger d'eux. — Gardez-vous-en bien, reprit Boileau; ce serait
alors qu'ils auraient raison de dire que vous n'avez pas entendu
votre original, qui ne prêche que le pardon des ennemis. »

Mon père avait plus d'attention que Boileau à ne rien dire aux
personnes à qui il parlait qui fût contraire à leur manière de
penser. D'ailleurs il était moins souvent que lui dans le monde.
Lorsqu'il pouvait s'échapper de Versailles, il venait s'enfermer
dans son cabinet, où il employait son temps à travailler à l'histoire du roi, qu'il ne perdait jamais de vue, ou à lire l'Écriture
sainte, qui lui inspirait des réflexions pieuses, qu'il mettait quelquefois par écrit. Il lisait avec admiration les ouvrages de M. Bossuet, et n'avait pas, à beaucoup près, le même respect pour ceux
de M. Huet. Il n'approuvait pas l'usage que ce savant écrivain

voulait faire, en faveur de la religion, de son érudition profane. Il appliquait au livre de la *Démonstration évangélique* ce vers de Térence :

> Te cum tua
> Monstratione magnus perdat Jupiter.

Il désapprouvait surtout le livre du même auteur intitulé *Quæstiones Alnetanæ*, dont il a fait un extrait.

Quoiqu'il se fût fait depuis plusieurs années un devoir de religion de ne plus penser à la poésie, il s'y vit cependant rappelé par un devoir de religion auquel il ne s'attendait pas. Mme de Maintenon, attentive à tout ce qui pouvait procurer aux jeunes demoiselles de Saint-Cyr une éducation convenable à leur naissance, se plaignit du danger qu'on trouvait à leur apprendre à chanter et à réciter des vers, à cause de la nature de nos meilleurs vers et de nos plus beaux airs. Elle communiqua sa peine à mon père, et lui demanda s'il ne serait pas possible de réconcilier la poésie et la musique avec la piété. Le projet l'édifia et l'alarma. Il souhaita que tout autre que lui fût chargé de l'exécution. Ce n'était point le reproche de sa conscience qu'il craignait dans ce travail; il craignait pour sa gloire. Il avait une réputation acquise, et il pouvait la perdre, puisqu'il avait perdu l'habitude de faire des vers, et qu'il n'était plus dans la vigueur de l'âge. Que diraient ses ennemis, et que se dirait-il à lui-même, si, après avoir brillé sur le théâtre profane, il allait échouer sur un théâtre consacré à la piété? Je vais rapporter ce qu'une plume meilleure que la mienne a écrit sur ses craintes, sur l'origine de la tragédie d'*Esther* et sur celle d'*Athalie*.

Une aimable élève de Saint-Cyr, quoique sortie depuis peu de cette maison, et mariée à M. le comte de Caylus, exécuta le prologue de la Piété, fait pour elle, et plusieurs fois le rôle d'Esther. Par les charmes de sa personne et de sa déclamation, elle contribua au succès de cette pièce, dont elle a parlé dans le recueil qu'elle fit un an avant sa mort, et qu'elle intitula *Mes Souvenirs*, parce qu'elle y rassembla ce que lui rappela la mémoire de plusieurs événements arrivés de son temps à la cour. C'est de ces *Souvenirs*, recueil si estimé des personnes qui en ont connaissance, qu'est tiré le morceau suivant, et un autre que je donnerai encore[1] :

« Mme de Brinon, première supérieure de Saint-Cyr, aimait les
» vers et la comédie; et au défaut des pièces de Corneille et de
» Racine, qu'elle n'osait faire jouer, elle en composait de détes-
» tables, à la vérité; mais c'est cependant à elle et à son goût pour
» le théâtre que l'on doit les deux belles pièces que Racine a faites
» pour Saint-Cyr. Mme de Brinon avait de l'esprit, et une facilité
» incroyable d'écrire et de parler; car elle faisait aussi des espèces
» de sermons fort éloquents; et tous les dimanches, après la messe,
» elle expliquait l'Évangile comme aurait pu faire M. le Tour-
» neux.

» Mais je reviens à l'origine de la tragédie de Saint-Cyr. Mme de
» Maintenon voulut voir une des pièces de Mme de Brinon. Elle la
» trouva telle qu'elle était, c'est-à-dire si mauvaise, qu'elle la pria
» de n'en plus faire jouer de semblables et de prendre plutôt
» quelque belle pièce de Corneille ou de Racine, choisissant seu-
» lement celles où il y aurait le moins d'amour. Ces petites filles
» représentèrent *Cinna* assez passablement pour des enfants qui
» n'avaient été formées au théâtre que par une vieille religieuse.
» Elles jouèrent aussi *Andromaque* : et soit que les actrices en fus-
» sent mieux choisies, ou qu'elles commençassent à prendre des
» airs de la cour, dont elles ne laissaient pas de voir de temps en
» temps ce qu'il y avait de meilleur, cette pièce ne fut que trop
» bien représentée au gré de Mme de Maintenon, et lui fit appréhen-
» der que cet amusement ne leur insinuât des sentiments opposés à
» ceux qu'elle voulait leur inspirer. Cependant, comme elle était
» persuadée que ces sortes d'amusements sont bons à la jeunesse,
» qu'ils donnent de la grâce, apprennent à mieux prononcer, et
» cultivent la mémoire (car elle n'oubliait rien de tout ce qui pou-
» vait contribuer à l'éducation de ces demoiselles, dont elle se
» croyait avec raison particulièrement chargée), elle écrivit à M. Ra-
» cine, après la représentation d'*Andromaque :* « Nos petites filles
» viennent de jouer votre *Andromaque*, et l'ont si bien jouée,
» qu'elles ne la joueront de leur vie, ni aucune autre de vos

---

[1] Le style de Mme la comtesse de Caylus rend ces deux morceaux précieux : je les dois à M. le comte de Caylus, son fils. (L. R.)

» pièces. » Elle le pria, dans cette même lettre, de lui faire dans
» ses moments de loisirs quelque espèce de poëme, moral ou his-
» torique, dont l'amour fût entièrement banni, et dans lequel il ne
» crût pas que sa réputation fût intéressée, parce que la pièce res-
» terait ensevelie à Saint-Cyr, ajoutant qu'il lui importait peu que
» cet ouvrage fût contre les règles, pourvu qu'il contribuât aux
» vues qu'elle avait de divertir les demoiselles de Saint-Cyr en les
» instruisant. Cette lettre jeta Racine dans une grande agitation. Il
» voulait plaire à Mme de Maintenon; le refus était impossible à un
» courtisan, et la commission délicate pour un homme qui comme
» lui avait une grande réputation à soutenir, et qui, s'il avait re-
» noncé à travailler pour les comédiens, ne voulait pas du moins
» détruire l'opinion que ses ouvrages avaient donnée de lui. Des-
» préaux, qu'il alla consulter, décida brusquement pour la néga-
» tive. Ce n'était pas le compte de Racine. Enfin, après un peu de
» réflexion, il trouva dans le sujet d'*Esther* tout ce qu'il fallait
» pour plaire à la cour. Despréaux lui-même en fut enchanté, et
» l'exhorta à travailler avec autant de zèle qu'il en avait eu pour
» l'en détourner.

» Racine ne fut pas longtemps sans porter à Mme de Main-
» tenon, non-seulement le plan de sa pièce (car il avait accou-
» tumé de les faire en prose, scène par scène, avant que d'en
» faire les vers), il porta le premier acte tout fait. Mme de
» Maintenon en fut charmée, et sa modestie ne put l'empêcher
» de trouver dans le caractère d'Esther, et dans quelques circons-
» tances de ce sujet, des choses flatteuses pour elle. La Vasthy
» avait ses applications, Aman des traits de ressemblance; et,
» indépendamment de ces idées, l'histoire d'Esther convenait
» parfaitement à Saint-Cyr. Les chœurs, que Racine, à l'imitation
» des Grecs, avait toujours en vue de remettre sur la scène, se
» trouvaient placés naturellement dans *Esther*; et il était ravi
» d'avoir eu cette occasion de les faire connaître et d'en donner
» le goût. Enfin, je crois que, si l'on fait attention au lieu, au
» temps et aux circonstances, on trouvera que Racine n'a pas
» moins marqué d'esprit en cette occasion que dans d'autres
» ouvrages plus beaux en eux-mêmes.

» *Esther* fut représentée un an après la résolution que Mme de
» Maintenon avait prise de ne plus laisser jouer de pièces pro-

» fanes à Saint-Cyr. Elle eut un si grand succès, que le souvenir
» n'en est pas encore effacé.

» Jusque-là il n'avait point été question de moi, et on n'ima-
» ginait pas que je dusse y représenter un rôle[1]; mais, me trou-
» vant présente aux récits que M. Racine venait faire à Mme de
» Maintenon de chaque scène, à mesure qu'il les composait,
» j'en retenais des vers; et comme j'en récitai un jour à M. Ra-
» cine, il en fut si content, qu'il demanda en grâce à Mme de
» Maintenon de m'ordonner de faire un personnage : ce qu'elle
» fit. Mais je ne voulus point de ceux qu'on avait déjà destinés :
» ce qui l'obligea de faire pour moi le prologue de sa pièce.
» Cependant ayant appris, à force de les entendre, tous les autres
» rôles, je les jouai successivement, à mesure qu'une des actrices
» se trouvait incommodée : car on représenta *Esther* tout l'hiver ;
» et cette pièce, qui devait être renfermée dans Saint-Cyr, fut
» vue plusieurs fois du roi et de toute la cour, toujours avec le
» même applaudissement. »

Esther fut représentée en 1689. Les demoiselles avaient été formées à la déclamation par l'auteur même, qui en fit d'excellentes actrices[2]. Pour cette raison, il était tous les jours, par ordre de Mme de Maintenon, dans la maison de Saint-Cyr; et la mémoire qu'il y a laissée lui fait tant d'honneur, qu'il m'est permis d'en parler. J'ose dire qu'elle y est chérie et respectée, à cause de l'admiration qu'eurent toutes ces dames pour la douceur et la simplicité de ses mœurs. J'eus l'honneur d'entretenir, il y a deux mois, quelques-unes de celles qui le virent

---

[1] Elle était mariée depuis deux ans, quoique à peine dans sa seizième année, lorsqu'elle joua Esther.

[2] Le rôle d'Esther fut donné à Mlle de Veillanne, la plus remarquable de toutes par sa figure et ses grâces. Mlle de Glapion, depuis supérieure de la maison de Saint-Cyr, fut chargée de celui de Mardochée ; Mlle d'Abancourt, de celui d'Aman ; et Mlle de Lalie, qui, quelques années après, fit profession à Saint-Cyr, représentait Assuérus. Ce dernier rôle fut ensuite rempli par Mme de Caylus. Racine avait distingué Mlle de Glapion parmi les jeunes demoiselles de Saint-Cyr ; il écrivait à Mme de Maintenon : « J'ai trouvé un Mardochée dont la voix va droit au cœur. » Il disait d'elle, en la voyant en scène avec Mme de Caylus, qui avait un très-joli visage : « Quelle actrice ! si je pouvais mettre ce visage-là sur ses épaules ! »

alors; elles m'en parlèrent avec une espèce d'enthousiasme, et toutes me dirent d'une commune voix : « Vous êtes fils d'un homme qui avait un grand génie et une grande simplicité. » Elles ont eu la bonté de chercher parmi les lettres de Mme de Maintenon celles où il était fait mention de lui, et m'en ont communiqué quatre, que je joins au recueil des lettres.

Des applications particulières contribuèrent encore au succès de la tragédie d'*Esther* : *Ces jeunes et tendres fleurs, transplantées*, étaient représentées par les demoiselles de Saint-Cyr. La Vasthy, comme dit Mme de Caylus, avait quelque ressemblance. Cette Esther, qui *a puisé ses jours* dans la race proscrite par Aman, avait aussi sa ressemblance; quelques paroles échappées à un ministre avaient, dit-on, donné lieu à ces vers :

Il sait qu'il me doit tout, etc.

On prétendait aussi expliquer ces *ténèbres jetées sur les yeux les plus saints,* dont il est parlé dans le prologue; en sorte que l'auteur avait suivi l'exemple des anciens, dont les tragédies ont souvent rapport aux événements de leur temps.

Mme de Sévigné parle dans ses lettres des applaudissements que reçut cette tragédie : « Le roi et toute la cour sont, dit-elle, » charmés d'*Esther*. M. le Prince y a pleuré; Mme de Main- » tenon et huit jésuites, dont était le P. Gaillard, ont honoré de » leur présence la dernière représentation. Enfin c'est un chef- » d'œuvre de Racine. » Elle dit encore dans un autre endroit : « Racine s'est surpassé; il aime Dieu comme il aimait ses maî- » tresses; il est pour les choses saintes comme il était pour les » profanes. La sainte Écriture est suivie exactement. Tout est » beau, tout est grand, tout est écrit avec dignité. »

Les grandes leçons que contient cette tragédie pour les rois que leurs ministres trompent souvent, pour les ministres qu'aveugle leur fortune, et pour les innocents, qui, prêts à périr, voient le ciel prendre leur défense; les applaudissements réitérés de la cour, et surtout ceux du roi, qui honora plusieurs fois cette pièce de sa présence, devaient fermer la bouche aux critiques. Cependant elle fut vivement attaquée. Plusieurs même de ceux qui avaient répété si souvent dans leurs épîtres dédicatoires, ou dans leurs discours académiques, que le roi était au-dessus des autres hommes autant par la justesse de son esprit que par la grandeur de son rang, ne regardèrent pas, dans cette occasion, sa décision comme une loi pour eux. Je juge de la manière dont cette tragédie fut critiquée par une apologie qui en fut faite dans ce temps, et que j'ai trouvée par hasard.

L'auteur de cette apologie manuscrite, après avoir avoué que le jugement du public n'est pas favorable à la pièce, et qu'il est même déjà un peu tard pour en appeler, entreprend de montrer qu'elle a été jugée sans examen, et que tout son mérite n'est pas connu. Après l'avoir relevée par la grandeur du sujet, par les caractères et la régularité de la conduite, il s'arrête à faire observer, ce que les connaisseurs y remarquèrent d'abord, cette manière admirable et nouvelle de faire parler d'amour, en conservant à un sujet saint toute sa sainteté, et en conservant à Assuérus toute la majesté d'un roi de Perse. L'amour s'accorde difficilement avec la fierté, encore plus difficilement avec la sagesse; cependant ce roi idolâtre parle d'amour de manière que rien n'est si pur ni si chaste, parce que devant Esther il est comme amoureux de la vertu même.

L'auteur de cette pièce fit, cette même année, pour la maison de Saint-Cyr, quatre cantiques tirés de l'Écriture sainte, qui auraient été plus utiles aux demoiselles de cette maison, si la musique avait répondu aux paroles; mais le musicien à qui ils furent donnés, et qui avait déjà mis en chant les chœurs d'*Esther*, n'avait pas le talent de Lulli[1].

Le roi fit exécuter plusieurs fois ces cantiques devant lui; et la première fois qu'il entendit chanter ces paroles :

> Mon Dieu, quelle guerre cruelle !
> Je trouve deux hommes en moi :
> L'un veut que, plein d'amour pour toi,
> Mon cœur te soit toujours fidèle ;
> L'autre, à tes volontés rebelle,
> Me révolte contre ta loi,

il se tourna vers Mme de Maintenon en lui disant : « Madame, voilà deux hommes que je connais bien. »

---

[1] Ce musicien s'appelait Moreau.

La lettre suivante fut écrite, au sujet de ces cantiques, par un homme très-connu alors par son esprit et sa piété [1] :

« Que ces cantiques sont beaux ! qu'ils sont admirables, tendres,
» naturels, plein d'onction ! Ils élèvent l'âme, et la portent où
» l'auteur l'a voulu porter, jusqu'au ciel, jusqu'à Dieu. J'augure
» un grand bien de ces cantiques autorisés par l'approbation du
» monarque, et de son goût, qui sera le goût de tout le monde. Je
» regarde l'auteur comme l'apôtre des Muses et le prédicateur du
» Parnasse, dont il semble n'avoir appris le langage que pour leur
» prêcher en leur langue l'Évangile, et leur annoncer le Dieu in-
» connu. Je prie Dieu qu'il bénisse sa mission, et qu'il daigne le
» remplir de plus en plus des vérités qu'il fait passer si agréable-
» ment dans les esprits des gens du monde. »

Le même homme écrivit encore une lettre fort belle lorsqu'il apprit qu'une de mes sœurs se faisait religieuse, et l'heureuse application qu'il y fait de quelques vers de ces cantiques m'engage à la rapporter ici.

Du 14 février 1697.

« Je prends, en vérité, beaucoup de part à la douleur et à la
» joie de l'illustre ami. Car il y a en cette occasion obligation
» d'unir ce que saint Paul sépare, *flere cum flentibus, gaudere cum*
» *gaudentibus*. La nature s'afflige, et la foi se réjouit dans le
» même cœur. Mais je m'assure que la foi l'emportera bientôt,
» et que sa joie, se répandant sur la nature, en noiera tous les
» sentiments humains. Il est impossible qu'une telle séparation
» n'ait fait d'abord une grande plaie dans un cœur paternel :
» mais le remède est dans la plaie ; et cette affliction est la source
» de consolations infinies pour l'avenir, et dès à présent. Je ne
» doute point qu'il ne conçoive combien il a d'obligation à la
» bonté de Dieu, d'avoir daigné choisir dans son petit troupeau
» une victime qui lui sera consacrée et immolée toute sa vie en
» un holocauste d'amour et d'adoration, et de l'avoir cachée dans
» le secret de sa face, pour y mettre à couvert de la corruption
» du siècle toutes les bonnes qualités qui ne lui ont été données

---

[1] Fénelon.

» que pour Dieu. Au bout du compte, il s'en doit prendre un
» peu à lui-même. La bonne éducation qu'il lui a donnée et les
» sentiments de religion qu'il lui a inspirés l'ont conduite à l'au-
» tel du sacrifice. Elle a cru ce qu'il lui a dit, que de ces deux
» hommes qui sont en nous,

> L'un, tout esprit et tout céleste,
> Veut qu'au ciel sans cesse attaché,
> Et des biens éternels touché,
> On compte pour rien tout le reste.

» Elle l'a de bonne foi compté pour rien sur sa parole, et plus
» encore sur celle de Dieu, et s'est résolue d'être sans cesse atta-
» chée au ciel et aux biens éternels. Il n'y a donc qu'à louer et
» à bénir Dieu, et à profiter de cet exemple de détachement des
» choses du monde que Dieu nous met à tous devant les yeux
» dans cette généreuse retraite.

» Je vous prie d'assurer cet heureux père que j'ai offert sa vic-
» time à l'autel, et que je suis, avec beaucoup de respect, tout à
» lui. »

Ce père si tendre fut présent au sacrifice de sa fille, et pleurait encore quand il en écrivit le récit dans une lettre qu'on trouvera la dernière de toutes ses lettres. Il n'est pas étonnant qu'une victime qui était de son troupeau lui ait coûté beaucoup de larmes, puisqu'il n'assistait jamais à une pareille cérémonie sans pleurer, quoique la victime lui fût indifférente : c'est ce qu'on apprendra par une des lettres de Mme de Maintenon, qui écrivait à Saint-Cyr pour demander le jour de la profession d'une jeune personne, où elle voulait assister. « Racine, qui veut pleurer, dit-elle, viendra à la profession de la sœur Lalie. » La tendresse de son caractère paraissait en toute occasion. Dans une représentation d'*Esther* devant le roi, la jeune actrice qui faisait le rôle d'Élise manqua de mémoire : « Ah! mademoiselle, s'écria-t-il, quel tort vous faites à ma pièce! » La demoiselle, consternée de la réprimande, se mit à pleurer. Aussitôt il courut à elle, prit son mouchoir, essuya ses pleurs et en répandit lui-même. Je ne crains point d'écrire de si petites choses, parce que cette facilité à verser des larmes fait connaître la bonté d'un caractère, suivant cette maxime des anciens : ἄνατοι δ' ἀριδάκρυες ἄνδρες.

Les applaudissements que sa tragédie avait reçus ne l'empêchaient pas de reconnaître qu'elle n'était pas dans toute la grandeur du poëme dramatique. L'unité de lieu n'y était pas observée, et elle n'était qu'en trois actes : c'est mal à propos que dans quelques éditions on l'a partagée en cinq. Il avait trouvé l'art d'y lier, comme les anciens, les chœurs avec l'action ; mais il terminait l'action par un chœur : chose inconnue aux anciens, et contraire à la nature du poëme dramatique, qui ne doit pas finir par des chants.

Il entreprit de traiter un autre sujet de l'Écriture sainte, et de faire une tragédie plus parfaite. Mme de Sévigné doutait qu'il y pût réussir, et disait dans une de ses lettres : « Il aura de la peine » à faire mieux qu'*Esther* ; il n'y a plus d'histoire comme celle-là. » C'était un hasard, et un assortiment de toutes choses ; car Judith, » Booz, et Ruth, ne sauraient rien faire de beau. Racine a pourtant » bien de l'esprit ; il faut espérer. » Elle n'avait point tort de penser ainsi. Elle ne s'attendait pas que, dans un chapitre du quatrième livre des Rois, il dût trouver le plus grand sujet qu'un poëte eût encore traité, et en faire une tragédie, qui, sans amour, sans épisodes, sans confidents, intéresserait toujours, dans laquelle le trouble irait croissant de scène en scène jusqu'au dernier moment, et qui serait dans toute l'exactitude des règles.

Le mérite cependant de cette tragédie fut longtemps ignoré. Elle n'eut point le secours des représentations, qui font pour un temps la fortune des pièces médiocres. On avait fait un scrupule à Mme de Maintenon des représentations d'*Esther*, en lui disant que ces spectacles, où de jeunes demoiselles, parées magnifiquement, paraissaient devant toute la cour, étaient dangereux pour les spectateurs et pour les actrices mêmes. On ne songeait point à faire exécuter *Athalie* sur le théâtre des comédiens ; l'auteur y avait mis ordre, en faisant insérer dans le privilége [1] d'*Esther* la défense aux

---

[1] Le privilége, daté du 3 février 1689, est accordé aux dames de Saint-Cyr, et non pas à l'auteur ; et il y est dit : « Ayant vu nous-même plu-» sieurs représentations dudit ouvrage, dont nous avons été satisfait, nous » avons donné par ces présentes aux dames de Saint-Cyr, avec défense à » tous acteurs et autres montant sur les théâtres publics, d'y représenter » ni chanter ledit ouvrage, etc. » (L. R.)

comédiens de représenter une tragédie faite pour Saint-Cyr. De pareils sujets ne conviennent point à de pareils acteurs : il fallait, comme dit Mme de Sévigné, lettre 533, « des personnes innocentes » pour chanter les malheurs de Sion ; la Champmêlé nous eût » fait mal au cœur. »

Mme la comtesse de Caylus a pensé de même ; et on lira avec plaisir ce qu'elle écrit sur *Athalie*, dans ses *Souvenirs*, recueil dont j'ai parlé :

« Le grand succès d'*Esther* mit Racine en goût : il voulut com-
» poser une autre pièce ; et le sujet d'Athalie (c'est-à-dire de la
» mort de cette reine, et la reconnaissance de Joas) lui parut le
» plus beau de tous ceux qu'il pouvait tirer de l'Écriture sainte. Il
» y travailla sans perdre de temps ; et l'hiver suivant, cette nou-
» velle pièce se trouva en état d'être représentée ; mais Mme de
» Maintenon reçut de tous côtés tant d'avis et tant de représenta-
» tions des dévots, qui agissaient en cela de bonne foi, et de la
» part des poëtes jaloux de Racine, qui, non contents de faire par-
» ler les gens de bien, écrivirent plusieurs lettres anonymes, qu'ils
» empêchèrent enfin *Athalie* d'être représentée sur le théâtre de
» Saint-Cyr. On disait à Mme de Maintenon qu'il était honteux
» à elle de faire monter sur un théâtre des demoiselles rassemblées
» de toutes les parties du royaume pour recevoir une éducation
» chrétienne, et que c'était mal répondre à l'idée que l'établisse-
» ment de Saint-Cyr avait fait concevoir. J'avais part aussi à ces
» discours, et on trouvait encore qu'il était indécent à elle de me
» faire voir à toute la cour sur un théâtre.

» Le lieu, le sujet des pièces, et la manière dont les spectateurs
» s'étaient introduits à Saint-Cyr, devaient justifier Mme de Main-
» tenon, et elle aurait pu ne pas s'embarrasser de discours qui n'é-
» taient fondés que sur l'envie et la malignité ; mais elle pensa
» différemment, et arrêta ces spectacles dans le temps que tout
» était prêt pour jouer *Athalie*. Elle fit seulement venir à Versailles,
» une fois ou deux les actrices pour jouer dans sa chambre
» devant le roi, avec leurs habits ordinaires. Cette pièce est si belle
» que l'action n'en parut pas refroidie ; il me semble même qu'elle
» produisit alors plus d'effet qu'elle n'en a produit sur le théâtre
» de Paris. Oui, je crois que M. Racine aurait été fâché de la voir

» aussi défigurée qu'elle m'a paru l'être par une Josabeth fardée,
» par une Athalie outrée[1], et par un grand-prêtre plus capable
» d'imiter les capucinades du petit P. Honoré que la majesté d'un
» prophète divin. Il faut ajouter encore que les chœurs, qui man-
» quaient aux représentations faites à Paris, ajoutaient une grande
» beauté à la pièce, et que les spectateurs, mêlés et confondus avec
» les acteurs, refroidissent infiniment l'action; mais, malgré ces
» défauts et ces inconvénients, elle a été admirée, et le sera tou-
» jours.

» On fit après, à l'envi de M. Racine, plusieurs pièces pour Saint-
» Cyr, mais elles y sont ensevelies. La *Judith,* pièce que M. l'abbé
» Testu fit faire par Boyer, à laquelle il travailla lui-même, fut
» jouée ensuite sur le théâtre de Paris avec le succès marqué dans
» l'épigramme :

A sa Judith Boyer, par aventure, etc.

Athalie fut exécutée deux fois devant Louis XIV et devant Mme de Maintenon, dans une chambre sans théâtre, par les demoiselles de Saint-Cyr, vêtues de ces habits modestes et uniformes qu'elles portent dans la maison. De pareilles représentations étaient bien différentes de celles d'*Esther,* qui se faisaient avec une grande dépense pour les habits, les décorations et la musique.

Mme de Caylus fait peut-être une prédiction véritable, lorsqu'elle dit qu'*Athalie* sera toujours admirée; mais elle ne le fut pas d'abord du public : et lorsqu'elle parut imprimée en 1691, elle fut très-peu recherchée. On avait entendu dire qu'elle avait été faite pour Saint-Cyr, et qu'un enfant y faisait un principal personnage : on se persuada que c'était une pièce qui n'était que pour des enfants, et les gens du monde furent peu empressés de la lire. Ceux qui la lurent parurent froids d'abord; et M. Arnauld, en la trouvant fort belle, la mettait au-dessous d'*Esther*. Un docteur de Sorbonne peut aisément se tromper en jugeant des tragédies; mais la manière dont il avait parlé de *Phèdre* faisait voir qu'en ces matières même il n'avait pas coutume de se tromper. Voici la lettre qu'il écrivit à ce sujet :

[1] Elle parle de la Duclos, de la Démare et de Beaubourg. Le vieux Baron fit après lui le rôle du grand-prêtre bien différemment. (L. R.)

« J'ai reçu *Athalie*, et l'ai lue aussitôt deux ou trois fois avec
» une grande satisfaction. Si j'avais plus de loisir, je vous marque-
» rais plus au long ce qui me la fait admirer. Le sujet y est traité
» avec un art merveilleux, les caractères bien soutenus, les vers
» nobles et naturels. Ce qu'on y fait dire aux gens de bien inspire
» du respect pour la religion et pour la vertu ; et ce qu'on fait dire
» aux méchants n'empêche point qu'on n'ait horreur de leur ma-
» lice ; en quoi je trouve que beaucoup de poëtes sont blâmables,
» mettant tout leur esprit à faire parler leurs personnages d'une
» manière qui peut rendre leur cause si bonne, qu'on est plus porté
» à approuver ou à excuser les plus méchantes actions qu'à en
» avoir de la haine. Mais comme il est bien difficile que deux en-
» fants du même père soient si également parfaits qu'il n'ait pas
» plus d'inclination pour l'un que pour l'autre, je voudrais bien
» savoir laquelle de ces deux pièces il aime davantage. Pour moi,
» je vous dirai franchement que les charmes de la cadette n'ont pu
» m'empêcher de donner la préférence à l'aînée. J'en ai beaucoup
» de raisons, dont la principale est que j'y trouve beaucoup plus de
» choses très-édifiantes, et très-capables d'inspirer de la piété. »

Un pareil jugement, quelque flatteur qu'il soit, ne satisfait point un auteur, toujours plus content, suivant la coutume, de son dernier ouvrage que des autres, surtout lorsqu'il en a de si justes raisons. Étonné de voir que sa pièce, loin de faire dans le public l'éclat qu'il s'en était promis, restait presque dans l'obscurité, il s'imagina qu'il avait manqué son sujet ; et il l'avouait sincèrement à Boileau, qui lui soutenait au contraire qu'*Athalie* était son chef-d'œuvre : « Je m'y connais, lui disait-il, et le public y reviendra. » Sur ces espérances, l'auteur se rassurait : il a cependant été toujours convaincu que, s'il avait fait quelque chose de parfait, c'était *Phèdre*; et sa prédilection pour cette pièce était fondée sur des raisons très-fortes. Car, quoique l'action d'*Athalie* soit bien plus grande, le caractère de Phèdre est, comme celui d'Œdipe, un de ces sujets rares, qui ne sont pas l'ouvrage des poëtes, et qu'il faut que la fable ou l'histoire leur fournissent.

Tout le monde sait que la principale qualité qu'Aristote, ou plutôt que la tragédie demande dans son héros, est qu'il ne soit ni tout à fait vicieux ni tout à fait vertueux, parce qu'un scélérat, quelque malheur qui lui arrive, ne fait jamais pitié, et qu'un homme tout à fait exempt de faiblesse, et qui ne s'est attiré son malheur par aucune faute, cause plus de chagrin que de pitié; au lieu que le malheureux qui mérite de l'être, et qui en même temps mérite d'être plaint, intéresse toujours; et c'est ce qui se trouve admirablement dans Phèdre, qui, dévorée par une infâme passion, est toute la première à se prendre en horreur. Je ne sais même si par là son caractère n'est pas beaucoup plus tragique que celui d'Œdipe, qui dans le fond n'est qu'un homme fort ordinaire, à qui le hasard a fait commettre de grands crimes, sans qu'il en ait eu l'intention, et chez qui l'on ne peut voir cette *douleur vertueuse* qui fait la beauté du caractère de Phèdre. Mais on peut dire aussi que ce caractère est le seul qui soit dans cette tragédie : au lieu que dans *Athalie*, où se trouvent à la fois plusieurs grands caractères, l'action est plus grande, plus intéressante, et conduite avec plus d'art; en sorte qu'on pourrait, à mon avis, concilier les deux sentiments, en disant que le personnage de Phèdre est le plus parfait des personnages tragiques, et qu'*Athalie* est la plus parfaite des tragédies.

On en reconnut enfin le mérite; mais la prédiction de Boileau n'eut son accomplissement que fort tard, et longtemps après la mort de l'auteur[1]. Les vrais connaisseurs vantèrent le mérite de cette

---

[1] Racine, dit un commentateur, était mort depuis deux ans quand le public commença à ouvrir les yeux sur le mérite d'*Athalie*. On explique cette révolution d'opinion par une anecdote singulière, que Voltaire et la Harpe ont adoptée, mais qui n'est garantie par aucune autorité; la voici : Dans une campagne près de Paris, où étaient réunies plusieurs personnes de distinction, la compagnie s'amusait un soir à ces petits jeux de société où l'on établit des pénitences. Un jeune homme ayant failli, quelqu'un proposa de lui imposer pour punition d'aller lire dans un cabinet un acte entier d'*Athalie*. On applaudit à cette idée, et le coupable fut obligé de se soumettre à une peine qui lui semblait fort dure. Au bout de quelque temps, la compagnie fut très-surprise de ne le pas voir reparaître. Nouvelle matière à plaisanterie : on prétendit qu'il n'avait pu résister au froid et à l'ennui de la pièce, et que, pour le moins, il était tombé dans un profond assoupissement. On entre dans le cabinet, et on trouve le jeune homme tellement attaché à sa lecture, qu'il avait oublié tout le reste. Il avait lu la pièce entière, et il la recommençait. Il en parla avec tant d'enthousiasme, qu'il persuada à la société d'en entendre elle-même la lecture, et il n'eut pas de peine à faire partager à tous le plaisir et l'admiration qu'il avait éprouvés. Le bruit de cette aventure se répandit, et tout le monde se mit à lire *Athalie*.

pièce. M. le duc d'Orléans, régent du royaume, voulait connaître quel effet elle produirait sur le théâtre; et malgré la clause insérée dans le privilége, ordonna aux comédiens de l'exécuter. Le succès fut étonnant; et les premières représentations faites à la cour donnèrent un nouveau prix à cette pièce, parce que le roi, étant à peu près de l'âge de Joas, on ne pouvait, sans s'attendrir sur lui, entendre quelques vers comme ceux-ci :

> Voilà donc votre roi, votre unique espérance.
> J'ai pris soin jusqu'ici de vous le conserver....
> Du fidèle David c'est le précieux reste....
> Songez qu'en cet enfant tout Israël réside....

Voilà quel fut le sort de cette fameuse tragédie, qui, du côté de l'intérêt, n'ayant rien produit à l'auteur ni à sa famille, a été si utile depuis aux libraires et aux comédiens; et du côté de la gloire, en a acquis une si éloignée du temps de l'auteur, qu'il n'a jamais pu la prévoir. Il était heureusement détaché depuis longtemps de l'amour de la gloire humaine : il en devait connaître mieux qu'un autre la vanité. *Bérénice,* dans sa naissance, fit plus de bruit qu'*Athalie.*

S'il ne fut pas récompensé de ses deux tragédies saintes par les éloges du public, il en fut récompensé par la satisfaction que Louis XIV témoigna en avoir reçue, et il en eut pour preuve, au mois de décembre 1690, l'agrément d'une charge de gentilhomme ordinaire de Sa Majesté. Il eut encore l'avantage de contenter Mme de Maintenon, la seule protection qu'il ait cultivée. Enfin il acquit l'estime des dames de Saint-Cyr, qui, dans le voyage dont j'ai parlé plus haut, m'en parlèrent avec tant de zèle, que leurs discours m'ont plus appris à l'admirer que ses ouvrages ne me l'avaient encore fait admirer. Une des lettres de Mme de Maintenon, que je donne à la suite de ces Mémoires, apprend qu'il revit avec Boileau les constitutions de cette maison, pour corriger les fautes de style.

Dégoûté plus que jamais de la poésie par le malheureux succès d'*Athalie,* et résolu de ne plus s'occuper de vers, il fit la campagne de Namur, où il suivit de près toutes les opérations du siége. Ses lettres, écrites à Boileau du camp devant Namur, font bien connaître qu'il ne songeait plus qu'à être historien.

Boileau était alors occupé de la poésie, et il y était retourné à peu près dans le même temps que son ami. Des raisons l'y avaient rappelé. Perrault, après avoir lu à l'Académie son poëme du *Siècle de Louis le Grand*, fit imprimer les *Parallèles des anciens et des modernes*. Les amateurs du bon goût furent indignés de voir les anciens traités avec tant de mépris par un homme qui les connaissait si peu. On animait Boileau à lui répondre. « S'il ne lui répond pas, dit M. le prince de Conti à mon père, vous pouvez l'assurer que j'irai à l'Académie écrire sur son fauteuil : *Tu dors, Brutus*.» Il se réveilla, et composa son ode sur la prise de Namur, pour donner une idée de l'enthousiasme de Pindare, maltraité par M. Perrault. Il acheva la satire contre les femmes, ouvrage projeté et abandonné plusieurs années auparavant; il donna contre M. Perrault les *Réflexions sur Longin*, et composa ensuite sa onzième satire et ses trois dernières épîtres.

En se réveillant, il réveilla ses ennemis. L'ode sur Namur ne produisit pas l'effet qu'il avait en vue, qui était de faire admirer Pindare. La satire contre les femmes, qu'on imprima séparément, fut si prodigieusement vendue et critiquée, que, tandis que le libraire était content, l'auteur se désespérait. « Rassurez-vous, lui disait mon père : vous avez attaqué un corps très-nombreux, et qui n'est que langues; l'orage passera.» Il fut long, quoique Boileau, en attaquant les femmes, eût mis pour lui Mme de Maintenon, par ces vers :

> J'en sais une, chérie et du monde et de Dieu, etc.

M. Arnauld, qui, à l'occasion de cette satire, écrivit en 1694 à M. Perrault la lettre que Boileau appela son apologie, ne fut pas son apologiste en tout, puisque après avoir lu les *Réflexions sur Longin*, il écrivit la lettre suivante, qui n'a jamais été imprimée, à ce que je crois, et qui mérite d'être connue :

« Je n'eus pas plus tôt reçu les *OEuvres diverses*, que je me mis
» à lire ce qu'il y a de nouveau. J'en ai été merveilleusement satis-
» fait, et je doute que le bon Homère ait jamais eu un plus exact et
» plus judicieux apologiste. C'est tout le remercîment que je vous
» supplie de faire de ma part à l'auteur, et d'y ajouter seulement
» que j'estime trop votre amitié pour la mettre au nombre de ces

» amitiés vulgaires qui ont besoin de compliments pour s'entrete-
» nir. Je passe encore plus loin, et j'ose m'assurer qu'il ne trouvera
» pas mauvais que je lui remarque ce que j'ai trouvé dans ses *Ré-*
» *flexions critiques* que je souhaiterais qui n'y fût pas, et ce qui
» n'aurait pas dû y être, s'il avait fait plus d'attention à cette belle
» règle qu'il a donnée dans sa neuvième épître :

> Rien n'est beau que le vrai : le vrai seul est aimable ;
> Il doit régner partout, et même dans la fable.
> De toute fiction l'adroite fausseté
> Ne tend qu'à faire aux yeux briller la vérité.

» Ce que je souhaiterais qui ne fût pas dans les *Réflexions* est ce
» que j'y ai trouvé de M. Perrault le médecin. On dit, sur la foi
» d'un célèbre architecte, que la façade du Louvre n'est pas de
» lui, mais du sieur Le Vau, et que ni l'Arc de triomphe, ni
» l'Observatoire, ne sont pas l'ouvrage d'un médecin de la Faculté.
» Cela ne me paraît avoir aucune vraisemblance, bien loin d'être
» vrai. Comment donc pourra-t-il plaire, s'il n'y a que la vérité
» qui plaise ? Je ne crois pas de plus qu'il soit permis d'ôter à
» un homme de mérite, sur un ouï-dire, l'honneur d'avoir fait
» ces ouvrages. Les règles qu'on a établies dans le premier cha-
» pitre du dernier livre contre M. Malet, ne pourraient pas ser-
» vir à autoriser cet endroit des *Réflexions*. Je souhaiterais aussi
» qu'il fût disposé à déclarer que ce qu'il a dit du médecin de
» Florence n'est qu'une exagération poétique, que les poëtes ont
» accoutumé d'employer contre tous les médecins, qu'ils savent
» bien qu'on ne prendra pas pour leur vrai sentiment ; et qu'après
» tout, il reconnaît que M. Perrault le médecin a passé parmi ses
» confrères pour un médecin habile. »

Boileau avait sans doute vu cette lettre quand il écrivit son remercîment à M. Arnauld, à la fin duquel il lui dit : « Puisque
» vous prenez un si grand intérêt à la mémoire de feu M. Perrault
» le médecin, à la première édition de mon livre il y aura dans la
» préface un article exprès en faveur de ce médecin, qui sûre-
» ment n'a point fait la façade du Louvre, ni l'Observatoire, ni
» l'Arc de triomphe, comme on le prouvera démonstrativement,
» mais qui au fond était un homme de beaucoup de mérite, grand

» physicien, et, ce que j'estime encore plus que tout cela, qui avait
» l'honneur d'être votre ami. »

M. Arnauld mourut peu après avoir écrit la lettre que je viens de donner, et son cœur fut apporté à Port-Royal à la fin de 1694. Mon père crut qu'à cette cérémonie, où quelques parents invités ne vinrent pas, il pouvait d'autant moins se dispenser d'assister, que la mère Racine y présidait en qualité d'abbesse. Il y alla donc, et composa deux petites pièces de vers : l'une qui commence ainsi :

> Sublime en ses écrits, etc.,

et qui se trouve dans la dernière édition de ses œuvres; l'autre, qui, dans le *Nécrologe* de Port-Royal, est attribuée par erreur à M. l'abbé Regnier, et dont voici les deux premiers vers :

> Haï des uns, chéri des autres,
> Estimé de tout l'univers, etc.

Tout le monde sait les beaux vers que fit Santeuil sur ce cœur rapporté à Port-Royal :

> Ad sanctas rediit sedes, ejectus et exul, etc.,

et l'épitaphe faite depuis par Boileau :

> Au pied de cet autel de structure grossière, etc.

Un de nos savants, à l'imitation des anciens, qui, dans les inscriptions sur leurs tombeaux, demandaient que leurs corps ne fussent point chargés d'une terre trop pesante, demanda, par une épigramme, que ses os ne fussent point chargés de mauvais vers :

> Sint modo carminibus non onerata malis.

Ce malheur n'arriva pas à M. Arnauld, célébré après sa mort par Santeuil, Boileau et mon père.

De ces trois poëtes, Santeuil fut le seul qui, effrayé de ce qu'il avait fait, rendit ses craintes si publiques, qu'elles donnèrent lieu à la pièce en vers latins intitulée *Santolius pœnitens*. Cette pièce, composée par M. Rollin, fut bientôt traduite en vers français; et les vers de cette traduction, étant bien faits, furent attribués à mon père. M. Boivin le jeune, qui en était l'auteur, fut charmé de cette méprise, et adressa à mon père une petite pièce de vers fort ingénieuse, par laquelle il le priait de laisser quelque temps le public dans l'erreur.

Mon père, bien éloigné des frayeurs de Santeuil, fut chargé de lire au roi les trois dernières épîtres de Boileau, qui avait coutume de lire lui-même tous ses ouvrages à Sa Majesté, mais qui ne venait plus à la cour à cause de ses infirmités. Mon père fut charmé de faire valoir les vers de son ami; et lorsqu'en les lisant il vint à celui-ci :

> Arnauld, le grand Arnauld, fit mon apologie,

il fit sentir, par le ton qu'il prit, qu'il le lisait avec satisfaction.

Louis XIV ne parut jamais désapprouver en lui cet attachement que la reconnaissance lui inspirait pour ses anciens maîtres, et pour la maison dans laquelle il avait été élevé. Il y allait souvent; et tous les ans, le jour de la fête du Saint-Sacrement, il y menait sa famille pour assister à la procession. L'humilité avec laquelle il pratiquait tous les exercices de la religion, jusqu'à être exact aux plus petites choses, faisait voir qu'il en connaissait la grandeur.

Il n'était pas homme à se mêler de questions de doctrine; mais quand il s'agissait de rendre aux religieuses de Port-Royal quelque service dans leurs affaires temporelles, il était prêt; et ce bon cœur qu'il avait pour tous ses amis l'emportait chez le P. de la Chaise, dont il fut toujours très-bien reçu. Quoiqu'il ne fût plus permis à ce monastère de recevoir des pensionnaires, il obtint une permission particulière pour y mettre pour quelque temps deux de mes sœurs.

J'ai déjà dit qu'il était lié avec le P. Bouhours; et ce père donna une preuve de son zèle pour lui lorsqu'il fut vivement attaqué, au collége de Louis le Grand, dans un discours public prononcé par un jeune régent. Ce fut particulièrement contre ses tragédies que cet orateur, dont il est inutile de rapporter le nom, déclama d'une manière si passionnée, que le P. Bouhours, en l'absence de mon père, qui était à Versailles, alla trouver Boileau, et l'assura que non-seulement il désapprouvait ce régent, mais qu'il avait porté ses plaintes au père recteur, demandant qu'on fît satisfaction à mon père. Boileau, édifié de la vivacité du P. Bouhours, en rendit compte à mon père, et en eut cette réponse, que je copie avec une grande satisfaction, parce qu'on y voit le chrétien ne pas faire attention aux offenses que reçoit le poëte.

A Versailles, le 4 avril 1696.

« Je suis très-obligé au P. Bouhours de toutes les honnêtetés
» qu'il vous a prié de me faire de sa part, et de la part de sa com-
» pagnie. Je n'avais point encore entendu parler de la harangue
» de leur régent : et comme ma conscience ne me reprochait rien
» à l'égard des jésuites, je vous avoue que j'ai été un peu surpris
» que l'on m'eût déclaré la guerre chez eux. Vraisemblablement
» ce bon régent est du nombre de ceux qui m'ont très-faussement
» attribué la traduction du *Santolius pœnitens* ; et il s'est cru en-
» gagé d'honneur à me rendre injure pour injure. Si j'étais capable
» de lui vouloir quelque mal, et de me réjouir de la forte répri-
» mande que le P. Bouhours dit qu'on lui a faite, ce serait sans doute
» pour m'avoir soupçonné d'être l'auteur d'un pareil ouvrage : car
» pour mes tragédies je les abandonne volontiers à sa critique. Il y
» a longtemps que Dieu m'a fait la grâce d'être assez peu sensible
» au bien et au mal qu'on en peut dire, et de ne me mettre en
» peine que du compte que j'aurai à lui en rendre quelque jour.

» Ainsi, Monsieur, vous pouvez assurer le P. Bouhours et tous
» les jésuites de votre connaissance que, bien loin d'être fâché
» contre le régent qui a tant déclamé contre mes pièces de théâtre,
» peu s'en faut que je ne le remercie, et d'avoir prêché une si
» bonne morale dans leur collége, et d'avoir donné lieu à sa
» compagnie de marquer tant de chaleur pour mes intérêts ; et
» qu'enfin, quand l'offense qu'il m'a voulu faire serait plus grande,
» je l'oublierais avec la même facilité, en considération de tant
» d'autres pères dont j'honore le mérite, et surtout en considération
» du R. P. de la Chaise, qui me témoigne tous les jours mille
» bontés, et à qui je sacrifierais bien d'autres injures. Je suis, etc. »

La liaison des faits m'a empêché de parler de la perte que Boileau et mon père firent, l'année précédente, de leur ami commun la Fontaine. Leurs sages instructions avaient beaucoup contribué à faire peu à peu naître en lui les grands sentiments de pénitence dont il fut pénétré les deux dernières années de sa vie. J'ai rapporté ailleurs[1] de quelle manière la femme qui le gardait malade reçut ces deux amis, qui allaient le voir dans le dessein de lui parler de Dieu. Autant il était aimable par la douceur du caractère, autant il l'était peu par les agréments de la société. Il n'y mettait jamais rien du sien, et mes sœurs, qui dans leur jeunesse l'ont souvent vu à table chez mon père, n'ont conservé de lui d'autre idée que celle d'un homme fort malpropre et fort ennuyeux. Il ne parlait point, ou voulait toujours parler de Platon, dont il avait fait une étude particulière dans la traduction latine. Il cherchait à connaître les anciens par la conversation, et mettait à profit celle de mon père, qui lui faisait lire quelquefois des morceaux d'Homère dans la traduction latine. Il n'était pas nécessaire de lui en faire sentir les beautés, il les saisissait : tout ce qui était beau le frappait. Mon père le mena un jour à ténèbres; et, s'apercevant que l'office lui paraissait long, il lui donna, pour l'occuper, un volume de la Bible qui contenait les Petits Prophètes. Il tombe sur la prière des Juifs dans Baruch; et, ne pouvant se lasser de l'admirer, il disait à mon père : « C'était un beau génie que Baruch : qui était-il? » Le lendemain, et plusieurs jours suivants, lorsqu'il rencontrait dans la rue quelque personne de sa connaissance, après les compliments ordinaires, il élevait sa voix pour dire : « Avez-vous lu Baruch? » C'était un beau génie. »

Après avoir mangé son bien, il conserva toujours son caractère de désintéressement. Il entrait à l'Académie, et la barre étant tirée au bas des noms, il ne devait pas, suivant l'usage, avoir part aux jetons de cette séance. Les académiciens, qui l'aimaient tous, dirent d'un commun accord qu'il fallait, en sa faveur, faire une exception à la règle : « Non, Messieurs, leur dit-il, cela ne serait pas juste. Je suis venu trop tard, c'est ma faute. » Ce qui fut d'autant mieux remarqué, qu'un moment auparavant un académicien extrêmement riche, et qui, logé au Louvre, n'avait que la peine de descendre de son appartement pour venir à l'Académie, en avait entr'ouvert la porte, et ayant vu qu'il arrivait trop tard, avait refermé la porte, et était remonté chez lui. Une autre fois,

---

[1] Dans ses *Réflexions sur la Poésie*.

la Fontaine alla de trop bonne heure à l'Académie par une raison différente. Étant à table chez M. le Verrier, il s'ennuie de la conversation, et se lève. On lui demande où il va; il répond : « A l'Académie. » On lui représente qu'il n'est encore que deux heures : « Je le sais bien, dit-il ; aussi je prendrai le plus long. »

Si je voulais rapporter plusieurs traits de son inconcevable simplicité, je m'écarterais dans une digression qui ne serait pas ennuyeuse, mais qui deviendrait trop longue. Je n'en rapporterai que deux.

Le fait de M. Poignan, que M. l'abbé d'Olivet raconte dans son *Histoire de l'Académie française*, est très-véritable. Ce M. Poignan, ancien capitaine de dragons, était de la Ferté-Milon, et, ami de mon père dès l'enfance, le fit son héritier en partant pour sa première campagne. Il lui laissait, par son testament, un petit bien qu'il avait à la Ferté-Milon. Il mourut après avoir mangé ce bien, et mon père paya les frais de sa maladie et de son enterrement par reconnaissance pour le testament. Voici comme j'ai entendu raconter l'affaire singulière qu'eut avec lui la Fontaine. Quelqu'un s'avise de lui demander pourquoi il souffre que M. Poignan aille chez lui tous les jours : « Eh ! pourquoi, dit la Fontaine, n'y viendrait-il pas ? C'est mon meilleur ami. — Ce n'est pas, répond-on, ce que dit le public : on prétend qu'il ne va chez toi que pour Mme de la Fontaine. — Le public a tort, reprend-il ; mais que faut-il que je fasse à cela ? » On lui fait entendre qu'il faut demander satisfaction, l'épée à la main, à celui qui nous déshonore : « Eh bien, dit la Fontaine, je la demanderai. » Il va le lendemain, à quatre heures du matin, chez M. Poignan, et le trouve au lit : « Lève-toi, dit-il, et sortons ensemble. » Son ami lui demande en quoi il a besoin de lui, et quelle affaire pressée l'a rendu si matineux : « Je t'en instruirai, répond la Fontaine, quand nous serons sortis. » Poignan se lève, s'habille, sort avec lui et le suit jusqu'aux Chartreux, en lui demandant toujours où il le mène : « Tu vas le savoir », répondit la Fontaine, qui lui dit enfin, quand ils furent derrière les Chartreux : « Mon ami, il faut nous battre. » Poignan, surpris, lui demande en quoi il l'a offensé, et lui représente que la partie n'est pas égale : « Je suis un homme de guerre, lui dit-il, et toi tu n'as jamais tiré l'épée. — N'importe, dit la Fontaine, le public veut que je me batte avec toi. » Poignan, après avoir résisté inutilement, tire son épée par complaisance, se rend aisément le maître de celle de la Fontaine, et lui demande de quoi il s'agit : « Le public prétend, lui dit la Fontaine, que ce n'est pas pour moi que tu viens tous les jours chez moi, mais pour ma femme. — Eh! mon ami, répond Poignan, je ne t'aurais pas soupçonné d'une pareille inquiétude, et je proteste que je ne mettrai plus les pieds chez toi. — Au contraire, reprend la Fontaine en lui serrant la main, j'ai fait ce que le public voulait : maintenant je veux que tu viennes chez moi tous les jours, sans quoi je me battrai encore avec toi. »

Lorsque Mme de la Fontaine, ennuyée de vivre avec son mari, se fut retirée à Château-Thierry, Boileau et mon père dirent à la Fontaine que cette séparation ne lui faisait pas honneur, et l'engagèrent à faire un voyage à Château-Thierry, pour s'aller réconcilier avec sa femme. Il part dans la voiture publique, arrive chez lui et la demande. Le domestique, qui ne le connaissait pas, répond que madame est au salut. La Fontaine va ensuite chez un ami, qui lui donne à souper et à coucher, et le régale pendant deux jours. La voiture publique retourne à Paris; il s'y met, et ne songe plus à sa femme. Quand ses amis de Paris le revoient, ils lui demandent s'il est réconcilié avec elle : « J'ai été pour la voir, leur dit-il, mais je ne l'ai point trouvée; elle était au salut. »

Mon père, de retour de l'armée, allait souvent se délasser de ses fatigues dans le Tibur de son cher Horace. Boileau, né sans fortune, comme il nous l'apprend dans ses vers, et comme son frère l'avocat le dit dans cette épigramme sur un père qui laisse à ses enfants

    Beaucoup d'honneur, peu d'héritage,
    Dont son fils l'avocat enrage,

Boileau, par les bienfaits du roi, ménagés avec beaucoup d'économie, était devenu un poëte opulent. Il fit, pour environ 8,000 livres, l'acquisition d'une maison de campagne à Auteuil; et ce lieu de retraite, dont il fut enchanté, le jeta les premières années dans la dépense. Il l'embellit, fit son plaisir d'y rassembler quelquefois ses amis, et y tint table. On juge aisément que ce qui faisait rechercher ses repas, c'était moins la chère, quoiqu'elle y fût bonne, que les entretiens. Ils roulaient toujours sur des matières agréables. Les conviés étaient charmés d'entendre les décisions de Boileau, qui n'étaient pas infaillibles quand il parlait de la peinture et de la musique, quoiqu'il prétendît s'y connaître. Il n'avait ni pour la peinture des yeux savants, ni pour l'harmonie de la musique les mêmes oreilles que pour l'harmonie des vers; au lieu qu'il avait un jugement exquis pour juger des ouvrages d'esprit : non qu'il ne fût capable, comme un autre, de se tromper; mais il se trompait moins souvent qu'un autre. Il fut parmi nous comme le créateur du bon goût; ce fut lui, avec Molière, qui fit tomber tous les bureaux du faux bel esprit. La protection de l'hôtel de Rambouillet fut inutile à l'abbé Cotin, qui ne se releva jamais du dernier coup que Molière lui avait porté.

On n'osait louer devant Boileau les ouvrages de Saint-Évremond, qui alors séduisaient encore plusieurs admirateurs : de pareils ouvrages, selon lui, ne devaient pas vivre longtemps. Il ne parlait qu'avec éloge de ceux de la Bruyère, quoiqu'il le trouvât quelquefois obscur, et disait qu'il s'était épargné le plus difficile d'un ouvrage en s'épargnant les transitions. Il assurait que Chapelle avait acquis à bon marché sa réputation, et qu'excepté son *Petit Voyage,* qui était excellent, le reste de ses ouvrages était médiocre.

La *Pompe funèbre de Voiture,* par Sarrasin, lui paraissait le modèle d'un ingénieux badinage. Il prétendait que la *Conspiration de Valstein,* par le même auteur, était un pur ouvrage d'imagination; que Sarrasin, qui n'avait eu aucun mémoire, n'avait voulu qu'imiter Salluste dans son *Histoire de la Conjuration de Catilina,* à qui personne n'avait moins ressemblé que Valstein, qui était fort honnête homme, et qui, après avoir servi fidèlement l'empereur, périt par les artifices de quelques ennemis, qui firent croire à l'empereur, dont ils gouvernaient l'esprit, que Valstein avait voulu se faire roi de Bohême : ce qu'on n'a jamais pu prouver.

Boileau ne faisait nul cas des Césars de Julien, non qu'il ne trouvât de l'esprit dans cette satire, mais il n'y trouvait point de plaisanterie; et la fine plaisanterie était, selon lui, l'âme de ces sortes d'ouvrages. Par la même raison, il condamnait des Dialogues de morts où le sérieux lui paraissait régner : « Lucien, disait-il, plaisante toujours. »

Il détestait la basse plaisanterie. J'ai déjà assez fait connaître son animosité contre Scarron. « Votre père, me dit-il un jour, avait la faiblesse de lire quelquefois le *Virgile travesti*, et de rire; mais il se cachait bien de moi. »

Il était ami de M. Dacier, ce qui ne l'empêchait pas d'en critiquer les traductions : « Il fuit les Grâces, disait-il, et les Grâces le fuient. » Et mon père, en parlant des ouvrages que M. et Mme Dacier donnaient au public comme ouvrages communs, faits par eux deux, disait « que, dans leurs productions d'esprit, Mme Dacier était le père. »

Rien ne montre mieux le cas que les auteurs faisaient du suffrage de Boileau que la deux cent dix-septième lettre de Bayle, dans laquelle il écrivit à un ami : « Vous m'apprenez que
» mon Dictionnaire n'a point déplu à M. Despréaux; c'est un
» bien si grand, c'est une gloire si relevée, que je n'avais garde
» de l'espérer. Il y a longtemps que j'applique à ce grand
» homme un éloge plus étendu que celui que Phèdre donne à
» Ésope : *Naris emunctæ, natura nunquam cui potuit verba dare.*
» Il me semble aussi que l'industrie la plus artificieuse des au-
» teurs ne peut le tromper : à plus forte raison ai-je dû voir que
» je ne surprendrai pas son suffrage, en compilant bonnement
» et à l'allemande, et sans me gêner beaucoup sur le choix, une
» grande quantité de choses. Mon Dictionnaire me paraît, à son
» égard, un vrai voyage de caravane, où l'on fait 20 ou 30 lieues
» sans trouver un arbre fruitier ou une fontaine. » Personne n'a mieux jugé de ce Dictionnaire que Bayle lui même.

Boileau lisait parfaitement ses vers, et était attentif, en les lisant, à la contenance de ses auditeurs, pour apprendre dans leurs yeux les endroits qui les frappaient davantage. Il eut un jour dans M. le premier président de Harlay un auditeur immobile, qui, après la lecture de la pièce, dit froidement : *Voilà de beaux vers.* La critique la plus vive l'eût moins irrité que cet éloge. Il s'en vengea en mettant dans sa onzième satire ce portrait, qu'il commençait toujours, quand il le lisait, par cet hémistiche :

> En vain ce faux Caton, etc.

Mon père ayant obtenu pour mon frère aîné la survivance de la charge de gentilhomme ordinaire de Sa Majesté, le produisit à la cour, et eut dessein de l'attacher à la connaissance des affaires étrangères, sous la protection de M. de Torcy. Mon frère fut chargé de porter à M. de Bonrepaux, ambassadeur de France en Hollande, les dépêches de la cour, et recommandé particulièrement par M. de Torcy à cet ambassadeur. Après son départ, la maison fut comme celle de Tobie après le départ du fils. Ce n'étaient qu'inquiétudes sur la santé du voyageur et sur sa conduite. Ces alarmes paternelles remplissent les lettres que je donne dans le troisième recueil. Toutes ces lettres, ainsi que celles de Boileau, font mieux connaître ces deux hommes que tout autre portrait, parce qu'elles sont écrites à la hâte, de même que celles de Cicéron font connaître quel était son cœur, au lieu que les lettres de Pline, travaillées avec soin, et recueillies par lui-même, ne nous peuvent faire juger que de son esprit.

Tandis que mon père espérait, par les protections qu'il avait à la cour, y faire avancer son fils aîné, et lui abréger les premières peines de la carrière, il était près de finir la sienne. Boileau a conduit fort loin une santé toujours infirme : son ami, plus jeune et beaucoup plus robuste, a beaucoup moins vécu. Au reste, sa vie a suffi pour sa gloire, comme dit Tacite[1] de celle de son beau-père, puisqu'il était rempli des véritables biens, qui sont ceux de la vertu.

Il y a grande apparence que sa trop grande sensibilité abrégea ses jours. La connaissance qu'il avait des hommes et le long usage de la cour ne lui avaient point appris à déguiser ses sentiments. Il est des hommes dont le cœur veut toujours être libre comme leur génie. Peut-être ne connaissait-il pas assez la timide circonspection et la défiance :

> Mais cette défiance
> Fut toujours d'un grand cœur la dernière science.

Il était d'ailleurs naturellement mélancolique, et s'entretenait plus longtemps des sujets capables de le chagriner que des sujets

---

[1] « Quantum ad gloriam, longissimum ævum peregit, quippe et vera » bona quæ in virtutibus sita sunt, impleverat. »

propres à le réjouir. Il avait ce caractère que se donne Cicéron dans une de ses lettres, plus porté à craindre les événements malheureux qu'à espérer d'heureux succès : *Semper magis adversos rerum exitus metuens quam sperans secundos.* L'événement que je vais rapporter le frappa trop vivement, et lui fit voir comme présent un malheur qui était fort éloigné. Les marques d'attention de la part du roi, dont il fut honoré pendant sa dernière maladie, durent bien le convaincre qu'il avait toujours le bonheur de plaire à ce prince. Il s'était cependant persuadé que tout était changé pour lui, et n'eut pour le croire d'autre sujet que ce qu'on va lire.

Mme de Maintenon, qui avait pour lui une estime particulière, ne pouvait le voir trop souvent, et se plaisait à l'entendre parler de différentes matières, parce qu'il était propre à parler de tout. Elle l'entretenait un jour de la misère du peuple : il répondit qu'elle était une suite ordinaire des longues guerres; mais qu'elle pourrait être soulagée par ceux qui étaient dans les premières places, si on avait soin de la leur faire connaître. Il s'anima sur cette réflexion; et comme dans les sujets qui l'animaient il entrait dans cet enthousiasme dont j'ai parlé, qui lui inspirait une éloquence agréable, il charma Mme de Maintenon, qui lui dit que puisqu'il faisait des observations si justes sur-le-champ, il devait les méditer encore, et les lui donner par écrit, bien assuré que l'écrit ne sortirait pas de ses mains. Il accepta malheureusement la proposition, non par une complaisance de courtisan, mais parce qu'il conçut l'espérance d'être utile au public. Il remit à Mme de Maintenon un mémoire aussi solidement raisonné que bien écrit. Elle le lisait, lorsque le roi entrant chez elle le prit, et, après en avoir parcouru quelques lignes, lui demanda avec vivacité quel en était l'auteur. Elle répondit qu'elle avait promis le secret. Elle fit une résistance inutile : le roi expliqua sa volonté en termes si précis, qu'il fallut obéir. L'auteur fut nommé.

Le roi, en louant son zèle, parut désapprouver qu'un homme de lettres se mêlât de choses qui ne le regardaient pas. Il ajouta même, non sans quelque air de mécontentement : « Parce qu'il sait faire parfaitement des vers, croit-il tout savoir? et parce qu'il est grand poëte, veut-il être ministre? » Si le roi eût pu prévoir l'impression que firent ces paroles, il ne les eût point dites. On n'ignore pas combien il était bon pour tous ceux qui l'environnaient : il n'eut jamais intention de chagriner personne; mais il ne pouvait soupçonner que ces paroles tomberaient sur un cœur si sensible.

Mme de Maintenon, qui fit instruire l'auteur du Mémoire de ce qui s'était passé, lui fit dire en même temps de ne la pas venir voir jusqu'à nouvel ordre. Cette nouvelle le frappa vivement. Il craignit d'avoir déplu à un prince dont il avait reçu tant de marques de bonté. Il ne s'occupa plus que d'idées tristes; et quelque temps après il fut attaqué d'une fièvre assez violente, que les médecins firent passer à force de quinquina. Il se croyait guéri lorsqu'il lui perça, à la région du foie, une espèce d'abcès qui jetait de temps en temps quelque matière : les médecins lui dirent que ce n'était rien. Il y fit moins d'attention, et retourna à Versailles, qui ne lui parut plus le même séjour, parce qu'il n'avait plus la liberté d'y voir Mme de Maintenon.

Dans ce même temps, les charges de secrétaire du roi furent taxées; et comme il s'était incommodé pour achever le paiement de la sienne, il se trouvait fort embarrassé d'en payer encore la taxe. Il espéra que le roi l'en dispenserait; et il avait lieu de l'espérer, parce que, lorsqu'en 1685 il eut contribué à une somme de 100,000 livres que le bureau des finances de Moulins avait payée, en conséquence de la déclaration du 28 avril 1684, il avait obtenu du roi une ordonnance sur le trésor royal, pour y aller reprendre sa part, qui montait environ à 4,000 livres. Pour obtenir la même grâce, il fit un placet; et, n'osant le présenter lui-même, il eut recours à des amis puissants, qui voulurent bien le présenter. *Cela ne se peut,* répondit d'abord le roi, qui ajouta un moment après : « S'il se trouve dans la suite quelque occasion de le dédommager, j'en serai fort aise. » Ces dernières paroles devaient le consoler entièrement. Il ne fit attention qu'aux premières; et, ne doutant plus que l'esprit du roi ne fût changé à son égard, il n'en pouvait trouver la raison. Le Mémoire que l'amour du bien public lui avait inspiré, et qu'il avait écrit par obéissance, et confié sous la promesse du secret, ne lui paraissait pas un crime. Ce n'est point à moi à examiner s'il se trompait ou non; je ne suis qu'historien. Trop souvent occupé de son malheur, il cherchait toujours en lui-même quel était son crime, et, ne pouvant soupçonner le véritable, il s'en fit un dans son imagination. Il s'imagina qu'on avait rendu suspecte sa liaison avec Port-Royal. Pour justifier une liaison si naturelle avec une maison où il avait été élevé, et où il avait une tante, il écrivit à Mme de Maintenon la lettre suivante, que je ne rapporte pas entière, parce qu'elle est un peu longue :

A Marly, le 4 mars 1698.

« Madame,

» J'avais pris le parti de vous écrire au sujet de la taxe qui a si
» fort dérangé mes petites affaires. Mais n'étant pas content de ma
» lettre, j'avais dressé un Mémoire que M. le maréchal de......
» s'offrit généreusement de vous remettre entre les mains.... Voilà
» tout naturellement comme je me suis conduit dans cette affaire;
» mais j'apprends que j'en ai une autre bien plus terrible sur les
» bras....

» Je vous avoue que lorsque je faisais tant chanter dans *Esther*:
» *Rois, chassez la calomnie*, je ne m'attendais pas que je serais moi-
» même un jour attaqué par la calomnie... Ayez la bonté de vous
» souvenir, Madame, combien de fois vous avez dit que la meilleure
» qualité que vous trouviez en moi c'était une soumision d'enfant
» pour tout ce que l'Église croit et ordonne, même dans les plus pe-
» tites choses. J'ai fait par votre ordre plus de trois mille vers sur
» des sujets de piété. J'y ai parlé assurément de l'abondance de
» mon cœur, et j'y ai mis tous les sentiments dont j'étais rempli.
» Vous est-il jamais revenu qu'on ait trouvé un seul endroit qui
» approchât de l'erreur?...

» Pour la cabale, qui est-ce qui n'en peut point être accusé,
» si on en accuse un homme aussi dévoué au roi que je le suis,
» un homme qui passe sa vie à penser au roi, à s'informer des
» grandes actions du roi, et à inspirer aux autres les sentiments
» d'amour et d'admiration qu'il a pour le roi? J'ose dire que les
» grands seigneurs m'ont bien plus recherché que je ne les recher-
» chais moi-même; mais dans quelque compagnie que je me sois
» trouvé, Dieu m'a fait la grâce de ne rougir jamais ni du roi ni de
» l'Évangile. Il y a des témoins encore vivants qui pourraient
» vous dire avec quel zèle on m'a vu souvent combattre de
» petits chagrins qui naissent quelquefois dans l'esprit des gens
» que le roi a le plus comblés de ses grâces. Hé quoi! Madame, avec
» quelle conscience pourrai-je déposer à la postérité que ce grand

» prince n'admettait point les faux rapports contre les personnes qui
» lui étaient le plus inconnues, s'il faut que je fasse moi-même
» une si grande expérience du contraire? Mais je sais ce qui a pu
» donner lieu à cette accusation. J'ai une tante qui est supérieure
» de Port-Royal, et à laquelle je crois avoir des obligations infinies.
» C'est elle qui m'apprit à connaître Dieu dans mon enfance, et
» c'est elle aussi dont Dieu s'est servi pour me retirer de l'éga-
» rement et des misères où j'ai été engagé pendant quinze an-
» nées... Elle m'a demandé, dans quelque occasion, mes services.
» Pouvais-je, sans être le dernier des hommes, lui refuser mes
» petits secours? Mais à qui est-ce, Madame, que je m'adressai
» pour la secourir? J'allai trouver le P. de la Chaise, qui parut
» très-content de ma franchise, et m'assura, en m'embrassant,
» qu'il serait toute sa vie mon serviteur et mon ami...

» Du reste, je puis vous protester devant Dieu que je ne connais
» ni ne fréquente aucun homme qui soit suspect de la moindre
» nouveauté. Je passe ma vie le plus retiré que je puis dans
» ma famille, et ne suis, pour ainsi dire, dans le monde que
» lorsque je suis à Marly. Je vous assure, Madame, que l'état où
» je me trouve est très-digne de la compassion que je vous ai tou-
» jours vue pour les malheureux. Je suis privé de l'honneur de
» vous voir. Je n'ose presque plus compter sur votre protection,
» qui est pourtant la seule que j'aie tâché de mériter. Je cherchais
» du moins ma consolation dans mon travail; mais jugez quelle
» amertume doit jeter sur ce travail la pensée que ce même grand
» prince dont je suis continuellement occupé, me regarde peut-
» être comme un homme plus digne de sa colère que de ses
» bontés!

» Je suis avec un profond respect, etc. »

Cette lettre, quoique bien écrite, ne fut point approuvée de tous ses amis. Quelques-uns lui représentèrent qu'il y annonçait des frayeurs qu'il ne devait point avoir, et qu'il se justifiait lorsqu'il n'était pas même soupçonné. Et de quoi soupçonner en effet un homme qui marche par des voies si unies?

Il avait à la vérité essuyé quelques railleries faites innocemment. Comme il était bon, et empressé à rendre service, les paysans des environs de Port-Royal qui l'y voyaient venir, et entendaient dire qu'il demeurait à Versailles, allaient, à cause du voisinage, l'y chercher pour lui recommander leurs affaires. Ces bonnes gens le croyaient un homme très-puissant à la cour, et allaient implorer sa protection, les uns pour quelques procès, les autres pour quelque diminution de tailles. S'ils n'en étaient pas toujours secourus, ils étaient toujours bien reçus. Ces fréquentes visites lui attirèrent quelques plaisanteries: Mme de Maintenon en faisait elle-même; on le verra par un endroit de ses lettres que je rapporte. On y verra aussi ce qu'elle y dit de sa mort toute chrétienne, et combien elle en fut édifiée. Elle le plaisantait parce qu'elle connaissait sa droiture, et qu'elle a toujours dit de lui que dans la religion il était un enfant.

Boileau, par cette même raison, le plaisantait aussi. Ni l'un ni l'autre, comme je l'ai déjà remarqué, n'étaient fins courtisans; et tous deux, en fréquentant la cour, pouvaient se dire l'un à l'autre:

> Quel séjour étranger, et pour vous et pour moi!

Boileau, qui y portait sa franchise étonnante, ne retenait rien de ce qu'il pensait. Le roi lui disait un jour: « Quel est un prédicateur qu'on nomme le Tourneux? On dit que tout le monde y court: est-il si habile? — Sire, reprit Boileau, Votre Majesté sait qu'on court toujours à la nouveauté : c'est un prédicateur qui prêche l'Évangile. » Le roi lui demanda son sentiment. Il répondit : « Quand il monte en chaire, il fait si peur par sa laideur qu'on voudrait l'en voir sortir ; et quand il a commencé à parler, on craint qu'il n'en sorte. » On disait devant lui, à la cour, que le roi faisait chercher M. Arnauld pour le faire arrêter: « Le roi, dit-il, est trop heureux pour le trouver. » Une autre fois on lui disait que le roi allait traiter fort durement les religieuses de Port-Royal; il répondit: « Et comment fera-t-il pour les traiter plus durement qu'elles ne se traitent elles-mêmes? »

« Vous avez, lui disait un jour mon père, un privilége que je n'ai point : vous dites des choses que je ne dis jamais. Vous avez plus d'une fois loué dans vos vers des personnes dont les miens ne disent rien. Tout le monde devine aisément votre rime à l'Ostracisme. C'est vous qu'on doit accuser, et cependant c'est moi qu'on accuse. Quelle en peut être la raison? — Elle est toute naturelle, répondit Boileau : vous allez à la messe tous les jours, et moi je n'y vais que les fêtes et les dimanches. » C'était ainsi que ses meilleurs amis le plaisantaient sur ses inquiétudes mal fondées, qui augmentèrent cependant par le chagrin de ne plus voir Mme de Maintenon, à laquelle il était sincèrement attaché.

Elle avait aussi une grande envie de lui parler; mais, comme il ne lui était plus permis de le recevoir chez elle, l'ayant aperçu un jour dans le jardin de Versailles, elle s'écarta dans une allée, pour qu'il pût l'y joindre. Sitôt qu'il fut près d'elle, elle lui dit : « Que craignez-vous? C'est moi qui suis cause de votre malheur, il est de mon intérêt et de mon honneur de réparer ce que j'ai fait. Votre fortune devient la mienne. Laissez passer ce nuage : je ramènerai le beau temps. — Non, non, Madame, lui répondit-il, vous ne le ramènerez jamais pour moi. — Et pourquoi, reprit-elle, avez-vous une pareille pensée? Doutez-vous de mon cœur, ou de mon crédit? » Il lui répondit : « Je sais, Madame, quel est votre crédit, et je sais quelles bontés vous avez pour moi; mais j'ai une tante qui m'aime d'une façon bien différente. Cette sainte fille demande tous les jours à Dieu pour moi des disgrâces, des humiliations, des sujets de pénitence; et elle aura plus de crédit que vous. » Dans le moment qu'il parlait, on entendit le bruit d'une calèche : « C'est le roi qui se promène, s'écria Mme de Maintenon, cachez-vous. » Il se sauva dans un bosquet.

Il fit trop de réflexions sur le changement de son état à la cour : et, quoique pénétré de joie, comme chrétien, de ce que Dieu lui envoyait des humiliations, l'homme est homme, et dans un cœur trop sensible le chagrin a bientôt porté son coup mortel. Sa santé s'altéra tous les jours, et il s'aperçut que le petit abcès qu'il avait près du foie était refermé[1] : il craignit des suites fâcheuses, et aurait pris sur-le-champ le parti de se retirer pour toujours de la cour, sans la considération de sa famille, qui, n'étant pas riche, avait un très-grand besoin de lui. Dans le bas âge où j'étais, j'en avais plus besoin qu'un autre. Il projetait de s'occuper dans sa

---

[1] « Il s'écria, dit M. de Valincour, qu'il était un homme mort, descendit dans sa chambre et se mit au lit. » Il eut raison de s'effrayer; mais, quand on n'a encore ni fièvre ni aucun mal, on ne se met point au lit, on n'y reste pas. Tout cet endroit de la lettre de M. de Valincour montre qu'il était fort distrait quand il l'écrivit. (L. R.)

retraite de mon éducation : et quel précepteur j'aurais eu! Mais il pensait en même temps qu'il me deviendrait inutile dans la suite, s'il cessait de cultiver les protecteurs qu'il avait à la cour : c'était cette seule raison qui depuis un an l'y faisait rester. Il y retourna encore plusieurs fois, et il avait toujours l'honneur d'approcher de Sa Majesté. Mais on verra, dans ses dernières lettres, le peu d'empressement qu'il avait de se montrer à la cour, parce qu'il n'y paraissait plus avec cet air de contentement qu'il avait toujours eu. Il ne savait pas l'affecter; et, pour déguiser son visage, il n'avait point cet art qu'il avait lui-même recommandé aux courtisans, dans *Esther* :

> Quiconque ne sait pas dévorer un affront,
> Ni de fausses couleurs se déguiser le front,
> Loin de l'aspect des rois, qu'il s'écarte, qu'il fuie :
> Il est des contre-temps qu'il faut qu'un sage essuie.

Il n'avait plus d'autre plaisir que celui de mener une vie retirée dans son ménage, et de s'y dissiper avec ses enfants.

Enfin, un matin, étant à travailler dans son cabinet, il se sentit accablé d'un grand mal de tête; et, voyant qu'il ferait mieux de se coucher que de continuer à lire, il descendit dans sa chambre. J'y étais, et je me souviens qu'il nous dit, pour ne nous point effrayer : « Mes enfants, je crois que j'ai un peu de fièvre; mais ce n'est rien, je vais pour quelque temps me mettre au lit. » Il s'y mit, et n'en sortit plus : sa maladie fut longue. On n'en soupçonna pas la cause, quoiqu'il se plaignît toujours d'une douleur au côté droit, et qu'il eût souvent dans sa chambre les médecins de la cour, qui le venaient voir par amitié. Il fut honoré aussi des visites de plusieurs grands seigneurs qui l'assuraient que le roi leur demandait souvent de ses nouvelles. Ils ne disaient rien que de vrai. Louis XIV eut même la bonté de lui faire connaître l'intérêt qu'il prenait à sa santé, et je ne fais ici que copier M. Perrault dans ses *Hommes illustres* : « Sa Majesté envoya très-souvent savoir de ses nouvelles » pendant sa maladie, et témoigna du déplaisir de sa mort, qui fut » regrettée de toute la cour et de toute la ville. »

Ses douleurs commençant à devenir très-aiguës, il les reçut de la main de Dieu avec autant de douceur que de soumission : et l'on ne doit point croire ce que le père Niceron a copié d'après M. de

Valincour, et ce que je contredis, parce que je m'en suis exactement informé. Il n'est point vrai qu'il ait jamais demandé s'il n'était pas permis de faire cesser sa maladie et sa vie par quelques remèdes. J'ai toujours trouvé dans M. de Valincour un ami fort vif pour moi, et je lui ai eu dans ma jeunesse plusieurs obligations. Il a des droits sur mon cœur; mais la vérité en a davantage : je suis obligé, en pareille occasion, de dire qu'il s'est trompé. Tous ceux qui venaient consoler le malade étaient d'autant plus édifiés de sa patience, qu'ils connaissaient la vivacité de son caractère. Tourmenté pendant trois semaines d'une cruelle sécheresse de langue et de gosier, il se contentait de dire : « J'offre à Dieu cette peine : puisse-t-elle expier le plaisir que j'ai trouvé souvent aux tables des grands! » Un prêtre de Saint-André des Arcs, son confesseur depuis longtemps, le soutenait par ses exhortations; et M. l'abbé Boileau, chanoine de Saint-Honoré, y venait joindre les siennes.

J'étais souvent dans la chambre d'un malade si cher; et ma mémoire me rappelle les fréquentes lectures de piété qu'il me faisait faire auprès de son lit, dans les livres à ma portée. Il pria M. Rollin de veiller sur mon éducation, quand je serais en âge de profiter de ses leçons; et M. Rollin a eu dans la suite cette bonté.

Lorsqu'il fut persuadé que sa maladie finirait par la mort, il chargea mon frère d'écrire une lettre à M. de Cavoye pour le prier de solliciter le paiement de ce qui lui était dû de sa pension, afin de laisser quelque argent comptant à sa famille. Mon frère fit la lettre, et vint la lui lire : « Pourquoi, lui dit-il, ne demandez-vous pas aussi le paiement de la pension de Boileau? Il ne faut point nous séparer. Recommencez votre lettre; et faites connaître à Boileau que j'ai été son ami jusqu'à la mort. » Lorsqu'il lui fit son dernier adieu, il se leva sur son lit, autant que pouvait lui permettre le peu de forces qu'il avait, et lui dit, en l'embrassant : « Je regarde comme un bonheur pour moi de mourir avant vous. »

On s'était enfin aperçu que cette maladie était causée par un abcès au foie; et quoiqu'il ne fût plus temps d'y apporter remède, on résolut de lui faire l'opération. Il s'y prépara avec une grande fermeté, et en même temps il se prépara à la mort. Mon frère s'étant approché pour lui dire qu'il espérait que l'opération lui rendrait la vie : « Et vous aussi mon fils, lui répondit-il, voulez-vous faire comme les médecins, et m'amuser? Dieu est le maître de me rendre la vie; mais les frais de la mort sont faits. »

Il en avait eu toute sa vie d'extrêmes frayeurs, que la religion dissipa entièrement dans sa dernière maladie : il s'occupa toujours de son dernier moment, qu'il vit arriver avec une tranquillité qui surprit et édifia tous ceux qui savaient combien il l'avait appréhendé.

L'opération fut faite trop tard; et, trois jours après, il mourut, le 21 avril 1699, âgé de cinquante-neuf ans, après avoir reçu ses sacrements avec de grands sentiments de piété, et après avoir recommandé à ses enfants beaucoup d'union entre eux et de respect pour leur mère.

Il avait depuis longtemps écrit ses dernières dispositions dans cette lettre, datée du 28 octobre 1685.

« Comme je suis incertain de l'heure à laquelle il plaira à Dieu
» de m'appeler, et que je puis mourir sans avoir le temps de dé-
» clarer mes dernières intentions, j'ai cru que je ferais bien de
» prier ici ma femme de plusieurs petites choses, auxquelles j'espère
» qu'elle ne voudra pas manquer.

» Premièrement, de continuer à une bonne vieille nourrice que
» j'ai à la Ferté-Milon, jusqu'à sa mort, 4 francs ou cent sous par
» mois, que je lui donne depuis quelque temps pour lui aider à
» vivre.

» 2° Je donne une somme de 300 livres aux pauvres de la pa-
» roisse de Saint-André [1].

» 3° Pareille somme à ma sœur Rivière, pour distribuer à de
» pauvres parents que j'ai à la Ferté-Milon.

» 4° De donner 300 livres aux pauvres de la paroisse de Gri-
» viller.

» Ces sommes prises sur ce que je pourrai laisser de bien.

» Je la prie de remettre entre les mains de M. Despréaux tout

---

[1] Le mot *Saint-André* est effacé. Racine a mis en renvoi : *Saint-Séverin, ce 12 novembre 1686.* Depuis, il a effacé *Saint-Séverin*, et mis au-dessus *Saint-Sulpice*. Ce sont les trois paroisses dans l'arrondissement desquelles il a successivement demeuré.

» ce qu'elle me trouvera de papiers concernant l'histoire du roi.
» Fait dans mon cabinet, ce 29 octobre 1685[1].

» Racine. »

Avec cette lettre on trouva un testament que je rapporte, quoique déjà inséré dans son éloge par M. Perrault :

« AU NOM DU PÈRE ET DU FILS ET DU SAINT-ESPRIT.

» Je désire qu'après ma mort mon corps soit porté à Port-Royal
» des Champs, et qu'il y soit inhumé dans le cimetière, au pied de
» la fosse de M. Hamon. Je supplie très-humblement la mère ab-
» besse et les religieuses de vouloir bien m'accorder cet honneur,
» quoique je m'en reconnaisse très-indigne, et par les scandales
» de ma vie passée, et par le peu d'usage que j'ai fait de l'excel-
» lente éducation que j'ai reçue autrefois dans cette maison, et des
» grands exemples de piété et de pénitence que j'y ai vus, et dont
» je n'ai été qu'un stérile admirateur. Mais plus j'ai offensé Dieu,
» plus j'ai besoin des prières d'une si sainte communauté pour atti-
» rer sa miséricorde sur moi. Je prie aussi la mère abbesse et les
» religieuses de vouloir accepter une somme de 800 livres.

» Fait à Paris, dans mon cabinet, le 10 octobre 1698.

» Racine. »

Comme M. Hamon avait pris soin de ses études après la mort de M. le Maistre, et avait été comme son précepteur, il avait conservé un grand respect pour sa mémoire. Ce fut par cette raison, et parce que d'ailleurs il voulait être dans le cimetière du dehors, qu'il demanda d'être enterré à ses pieds.

En exécution de ce testament, son corps, qui fut d'abord porté à Saint-Sulpice, sa paroisse, et mis en dépôt pendant la nuit dans le chœur de cette église, fut transporté le jour suivant à Port-Royal, où les deux prêtres de Saint-Sulpice qui l'accompagnèrent le présentèrent avec les cérémonies et les compliments ordinaires. Quelques personnes de la cour s'entretenant du lieu où il avait voulu

---

[1] Nous avons cru devoir rétablir ici dans son entier cette pièce touchante, dont Racine le fils ne rapporte que les premières lignes. Le manuscrit original est à la Bibliothèque impériale.

être enterré : « C'est ce qu'il n'eût point fait de son vivant », dit un seigneur connu par des réflexions de cette nature.

Louis XIV parut sensible à la nouvelle de sa mort : et, ayant appris qu'il laissait à une famille composée de sept enfants plus de gloire que de richesses, il eut la bonté d'accorder une pension de 2,000 livres, qui serait partagée entre la veuve et les enfants jusqu'au dernier survivant.

Ma mère, après avoir été faire les remercîments de cette grâce, résolue à vivre en veuve vraiment veuve, ne fut point obligée, pour exécuter le précepte de saint Paul, de rien changer à sa façon de vivre ; elle fut encore pendant trente-trois ans uniquement occupée du soin de ses enfants et des pauvres, vit avec sa tranquillité ordinaire périr en partie, dans les temps du Système[1], le peu de bien qu'elle avait tâché, pour l'amour de nous, d'augmenter par ses épargnes ; et la mort, qui, sans s'être annoncée par aucune infirmité, vint à elle tout à coup, le 15 novembre 1732, la trouva prête dès longtemps.

La mère Sainte-Thècle Racine ne survécut que peu de mois à son cher neveu. Elle mourut âgée de soixante-quatorze ans, dont, pendant l'espace de plus de vingt-six, soit comme prieure, soit comme abbesse, elle avait gouverné le monastère, où elle était entrée à l'âge de neuf ans, ayant quitté le monde avant que de le connaître.

Quelques jours après la mort de mon père, Boileau, qui depuis longtemps ne paraissait plus à la cour, y retourna pour recevoir les ordres de Sa Majesté par rapport à son histoire, dont il se trouvait seul chargé ; et comme il lui parlait de l'intrépidité chrétienne avec laquelle mon père avait vu la mort s'approcher : « Je le sais, répondit le roi, et j'en ai été étonné ; il la craignait beaucoup, et je me souviens qu'au siége de Gand, vous étiez le plus brave des deux. » Lui ayant fait ensuite regarder sa montre, qu'il tenait par hasard : « Souvenez-vous, ajouta-t-il, que j'ai toujours une heure par semaine à vous donner, quand vous voudrez venir. » Ce fut pourtant la dernière fois que Boileau parut devant un prince qui recevait si favorablement les grands poëtes. Il ne retourna jamais à la cour ; et lorsque ses amis l'exhortaient à s'y montrer, du moins de

---

[1] Le système de Law.

temps en temps : « Qu'irai-je y faire? leur disait-il, je ne sais plus louer. »

J'ai parlé jusqu'à présent de tous les ouvrages de mon père, excepté de celui que Boileau, suivant le Supplément de Moréri, regardait comme le plus parfait morceau d'histoire que nous eussions dans notre langue, et que M. l'abbé d'Olivet, dans l'*Histoire de l'Académie française,* juge lui devoir donner, parmi ceux de nos auteurs qui ont le mieux écrit en prose, le même rang qu'il tient parmi nos poëtes. J'espère qu'il aurait ce rang si les grands morceaux qu'il avait composés sur l'histoire du roi subsistaient encore ; mais pour revenir à cette histoire particulière, dont il n'a jamais parlé dans sa famille, voici ce que nous en avons appris par Boileau.

Les religieuses de Port-Royal ayant été obligées de présenter un Mémoire à M. l'archevêque de Paris, au sujet du partage de leurs biens avec la maison de Port-Royal de Paris, mon père, toujours disposé à leur rendre service dans leurs affaires temporelles (comme je l'ai dit), fit pour elles ce Mémoire ; et quoiqu'il ne contînt qu'une explication en peu de mots de leur recette et de leur dépense, les premières copies de ce Mémoire, écrites de sa main, m'ont fait juger par les ratures dont elles sont remplies, que ces sortes d'écrits, où il faut éviter tout ornement d'esprit, en se bornant à un style précis et pur, lui coûtaient plus de peine que d'autres. C'est dans ce même style qu'il a composé en prose l'épitaphe de Mlle de Vertus, dont la longue pénitence l'avait pénétré d'admiration. M. l'archevêque de Paris ayant apparemment goûté le style de ce Mémoire, et voyant quelquefois mon père à la cour, lui dit que puisqu'il avait été élevé à Port-Royal, personne ne pouvait mieux que lui le mettre au fait d'une maison dont il entendait parler de plusieurs manières très-différentes, et qu'il lui demandait un Mémoire historique qui l'instruisît de ce qui s'y était passé.

Tous ceux qui ont eu quelque liaison avec mon père ont toujours reconnu la même simplicité dans ses mœurs que dans sa foi, et ont en même temps admiré le zèle avec lequel il se portait à servir ses amis. Lorsque M. de Cavoye, tombé dans une espèce de disgrace, vint lui confier ce qui avait indisposé contre lui Sa Majesté, il lui conseilla de se justifier par une lettre qu'il offrit de faire lui-même ;

et nous fûmes témoins de l'agitation dans laquelle il passa les deux jours qu'il employa à composer cette lettre, dans laquelle il mit tout l'art que son esprit put lui fournir pour faire paraître innocent un seigneur malheureux. Avec ce même zèle, il écrivit l'*Histoire de Port-Royal*, dans l'espérance de rendre favorables à ses religieuses les sentiments de leur archevêque, et sans intention, selon les apparences, de la rendre publique. Il remit cette histoire la veille de sa mort à un ami. J'ai eu plus d'une fois la curiosité d'en demander des nouvelles aux personnes capables de m'en donner : leurs réponses m'avaient fait croire qu'elle ne subsistait plus, et je croyais l'ouvrage anéanti, lorsque j'appris, en 1742, qu'on en avait imprimé la première partie. J'ai cherché inutilement de quelles ténèbres sortait cette première partie, et par quelles mains elle en avait été retirée quarante ans après la mort de l'auteur. Les personnes curieuses de savoir s'il a achevé cette histoire, c'est-à-dire s'il l'a conduite, comme on le prétend, jusqu'à la paix de Clément IX, n'en trouveront aucun éclaircissement dans la famille.

Pour finir ces Mémoires communs à deux hommes étroitement unis depuis l'âge de dix-sept ou dix-huit ans, il me reste à écrire quelques particularités de la vie de Boileau. Les onze années qu'il survécut furent onze années d'infirmités et de retraite. Il les passa tantôt à Paris, tantôt à Auteuil, où il ne recevait plus les visites que d'un très-petit nombre d'amis. Il voulait bien y recevoir quelquefois la mienne, et s'amusait même à jouer avec moi aux quilles : il excellait à ce jeu, et je l'ai vu souvent abattre toutes les neuf d'un seul coup de boule : « Il faut avouer, disait-il à ce sujet, que j'ai deux grands talents, aussi utiles l'un que l'autre à la société et à un État : l'un de bien jouer aux quilles, l'autre de bien faire des vers. » La bonté qu'il avait de se prêter à ma conversation flattait infiniment mon amour-propre, qui fut cependant fort humilié dans une de ces visites que je lui rendis malgré moi.

J'étais en philosophie, au collége de Beauvais, et j'avais fait une pièce de douze vers français, pour déplorer la destinée d'un chien qui avait servi de victime aux leçons d'anatomie qu'on nous donnait. Ma mère, qui avait souvent entendu parler du danger de la passion des vers, et qui la craignait pour moi, après avoir porté cette pièce à Boileau, et lui avoir représenté ce qu'il devait à la mémoire de son ami, m'ordonna de l'aller voir. J'obéis;

j'allai chez lui en tremblant, et j'entrai comme un criminel. Il prit un air sévère ; et après m'avoir dit que la pièce qu'on lui avait montrée était trop peu de chose pour lui faire connaître si j'avais quelque génie : « Il faut, ajouta-t-il, que vous soyez bien hardi pour oser faire des vers avec le nom que vous portez. Ce n'est pas que je regarde comme impossible que vous deveniez un jour capable d'en faire de bons ; mais je me méfie de tout ce qui est sans exemple : et depuis que le monde est monde, on n'a point vu de grand poëte fils d'un grand poëte. Le cadet de Corneille n'était point tout à fait sans génie ; il ne sera jamais cependant que le très-petit Corneille. Prenez bien garde qu'il ne vous en arrive autant. Pourrez-vous d'ailleurs vous dispenser de vous attacher à quelque occupation lucrative, et croyez-vous que celle des lettres en soit une ? Vous êtes le fils d'un homme qui a été le plus grand poëte de son siècle, et d'un siècle où le prince et les ministres allaient au-devant du mérite pour le récompenser : vous devez savoir mieux qu'un autre à quelle fortune conduisent les vers. » La sincérité qui a régné dans cet ouvrage m'a fait rappeler ce sermon, dont j'ai fort mal profité.

L'auteur du *Bolæana* n'était pas lié assez particulièrement avec lui pour bien faire le recueil qu'il a voulu faire. Il avait donné au public quelques satires dont Boileau n'avait pas parlé avec admiration, ce qui avait jeté beaucoup de froideur entre eux deux. « Il me vient voir rarement, disait Boileau, parce que quand il est avec moi, il est toujours embarrassé de son mérite et du mien. » Le P. Malebranche s'entretenait avec lui de sa dispute avec M. Arnauld sur les idées, et prétendait que M. Arnauld ne l'avait jamais entendu : « Eh ! qui donc, mon père, reprit Boileau, voulez-vous qui vous entende ? »

Lorsqu'il avait donné au public un nouvel ouvrage, et qu'on venait lui dire que les critiques en parlaient fort mal : « Tant mieux, répondait-il, les mauvais ouvrages sont ceux dont on ne parle pas. » La manière dont on critique encore aujourd'hui les siens fait assez voir qu'on en parle toujours.

Ce grand poëte, qui, de son vivant, triompha de l'envie sur un amas prodigieux d'éditions qui se renouvelaient tous les ans, certain du contentement du public, s'est presque vu dans sa postérité. Il est pourtant le seul de nos poëtes qui par sa mort n'ait pas fait taire l'envie, dont il triomphe encore par les éditions de ses ouvrages, qui se renouvellent sans cesse parmi nous ou dans les pays étrangers. Jamais poëte n'a été plus imprimé, traduit, commenté et critiqué ; et il y a apparence qu'il vivra toujours, parce que, comme il réunit le vrai de la pensée à la justesse de l'expression, ses vers restent aisément dans la mémoire ; en sorte que ceux même qui ne l'admirent pas, le savent par cœur.

L'écrivain qui a fait de lui l'éloge qui se trouve dans le Supplément au Nécrologe de Port-Royal, « le loue d'avoir asservi aux » lois de la pudeur la plus scrupuleuse un genre de poésie qui » jusques à lui n'avait emprunté presque tous ses agréments que » des charmes dangereux que la licence et le libertinage offrent » aux cœurs corrompus. » Il est dit encore dans cet éloge « que » l'équité, la droiture et la bonne foi présidèrent à toutes ses » actions », et on en donne pour exemple la restitution des revenus du bénéfice dont j'ai parlé au commencement de ces Mémoires : restitution qu'il fit sans consulter personne. « Ne prenant avis que » de la crainte de Dieu, qui fut toujours présent à son cœur, il se » démit du bénéfice entre les mains de M. de Buzanval, qui en était » le collateur, ne voulant pas même charger sa conscience du choix » de son successeur. »

Boursault, dans ses lettres, rapporte sa conversation sur les bénéfices avec un abbé qui en avait plusieurs, et qui lui disait : « Cela est bien bon pour vivre. — Je n'en doute point, lui répondit Boileau ; mais pour mourir, monsieur l'abbé, pour mourir ? »

Interrogé dans sa vieillesse s'il n'avait point changé d'avis sur le Tasse, il assura que, loin de se repentir de ce qu'il en avait dit, il n'en avait point assez dit, et en donna les raisons que rapporte M. l'abbé d'Olivet dans l'*Histoire de l'Académie française*.

La réponse d'Antoine, son jardinier d'Auteuil, au P. Bouhours, fut telle que Brossette la rapporte dans son Commentaire. Antoine condamnait le second mot de l'épître qui lui était adressée, prétendant qu'un jardinier n'était pas un valet. C'était le seul mot qu'il trouvait à critiquer dans les ouvrages de son maître.

Quoique Boileau aimât toujours sa maison d'Auteuil et n'eût aucun besoin d'argent, M. le Verrier lui persuada de la lui vendre, en l'assurant qu'il y serait toujours également le maître, et lui faisant promettre qu'il s'y conserverait une chambre qu'il viendrait souvent occuper. Quinze jours après la vente, il y retourne, entre dans le jardin, et n'y trouvant plus un berceau sous lequel il avait coutume d'aller rêver, appelle Antoine et lui demande ce qu'est devenu son berceau. Antoine lui répond qu'il a été détruit par ordre de M. le Verrier. Boileau, après avoir rêvé un moment, remonte dans son carrosse, en disant : « Puisque je ne suis plus le maître ici, qu'est-ce que j'y viens faire ? » Il n'y revint plus.

On sait que, dans ses dernières années, il s'occupa de sa satire sur l'Équivoque, pour laquelle il eut cette tendresse que les auteurs ont ordinairement pour les productions de leur vieillesse. Il la lisait à ses amis, mais il ne voulait plus que leurs applaudissements ; ce n'était plus ce poëte qui autrefois demandait des critiques, et qui disait aux autres :

Écoutez tout le monde, assidu consultant.

Il redevint même amoureux de plusieurs vers qu'il avait retranchés de ses ouvrages par le conseil de mon père : il les y fit rentrer lorsqu'il donna sa dernière édition.

Il la revit avec soin, et dit à un ami qui le trouva attaché à ce travail : « Il est bien honteux de m'occuper encore de rimes et de toutes ces niaiseries du Parnasse, quand je ne devrais songer qu'au compte que je suis près d'aller rendre à Dieu. » On a toujours vu en lui le poëte et le chrétien.

M. le duc d'Orléans l'invita à dîner : c'était un jour maigre, et on n'avait que du gras sur la table. On s'aperçut qu'il ne touchait qu'à son pain : « Il faut bien, lui dit le prince, que vous mangiez gras comme les autres. » Boileau lui répondit : « Vous n'avez qu'à frapper du pied, Monseigneur, et les poissons sortiront de terre. » Cette allusion au mot de Pompée fit plaisir à la compagnie, et sa constance à ne point vouloir toucher au gras lui fit honneur.

Il se félicitait avec raison de la pureté de ses ouvrages : « C'est une grande consolation, disait-il, pour un poëte qui va mourir, de n'avoir jamais offensé les mœurs. » A quoi on pourrait ajouter : de n'avoir jamais offensé personne.

M. le Noir, chanoine de Notre-Dame, son confesseur ordinaire, l'assista à la mort, à laquelle il se prépara en très-sincère chrétien :

il conserva en même temps jusqu'au dernier moment le caractère de poëte. M. le Verrier crut l'amuser par la lecture d'une tragédie qui, dans sa nouveauté, faisait beaucoup de bruit. Après la lecture du premier acte, il dit à M. le Verrier : « Eh! mon ami, ne mourrai-je pas assez promptement? Les Pradons dont nous nous sommes moqués dans notre jeunesse étaient des soleils auprès de ceux-ci. » Comme la tragédie qui l'irritait se soutient encore aujourd'hui avec honneur, on doit attribuer sa mauvaise humeur contre elle à l'état où il se trouvait : il mourut deux jours après.

Lorsqu'on lui demandait ce qu'il pensait de son état, il répondait par ce vers de Malherbe :

> Je suis vaincu du temps, je cède à ses outrages.

Un moment avant sa mort, il vit entrer M. Coutard, et lui dit en lui serrant la main : « Bonjour et adieu; l'adieu sera bien long. » Il mourut d'une hydropisie de poitrine, le 13 mars 1711, et laissa par son testament presque tout son bien aux pauvres.

La compagnie qui suivit son convoi, et dans laquelle j'étais, fut fort nombreuse, ce qui étonna une femme du peuple, à qui j'entendis dire : « Il a bien des amis : on assure cependant qu'il disait du mal de tout le monde. »

Il fut enterré dans la chapelle basse de la Sainte-Chapelle[1], immédiatement au-dessous de la place qui, dans la chapelle haute, est devenue fameuse par le Lutrin qu'il a chanté.

Cette même année nous obtînmes, après la destruction de Port-Royal, la permission de faire exhumer le corps de mon père, qui fut apporté à Paris le 2 décembre 1711, dans l'église de Saint-Étienne du Mont, notre paroisse alors, et placé derrière le maître-autel, en face de la chapelle de la Vierge, auprès de la tombe de M. Pascal. L'épitaphe latine que Boileau avait faite, et qui avait été placée dans le cimetière de Port-Royal, ne subsistant plus[2], je

---

[1] Et non pas Saint-Jean le Rond, sa paroisse, comme il est dit dans le Supplément au Nécrologe de Port-Royal. (L. R.)

[2] La pierre sur laquelle était gravée l'épitaphe, et que l'on croyait perdue, a été retrouvée dans l'église de Magny-Lessart, et transportée à Paris, à Saint-Étienne du Mont, le 21 avril 1818. Elle est placée vis-à-vis celle de Pascal, dans la chapelle de la Vierge, au fond de l'église.

la vais rapporter avec la traduction française faite par le même Boileau : la traduction que ses commentateurs ont mise dans ses Œuvres n'est point la véritable ; ce qu'on reconnaîtra aisément par la différence du style.

D. O. M.

Hic jacet vir nobilis Joannes Racine, Franciæ thesauris præfectus, regi a secretis atque a cubiculo, nec non unus e quadraginta Gallicanæ Academiæ viris, qui, postquam profana tragœdiarum argumenta diu cum ingenti hominum admiratione tractasset, musas tandem suas uni Deo consecravit omnemque ingenii vim in eo laudando contulit, qui solus laude dignus est. Cum eum vitæ negotiorumque rationes multis nominibus aulæ tenerent addictum, tamen in frequenti hominum commercio omnia pietatis ac religionis officia coluit. A Christiano rege Ludovico Magno selectus una cum familiari ipsius amico fuerat, qui res eo regnante præclare ac mirabiliter gesta præscriberet. Huic intentus operi, repente in gravem æque ac diuturnum morbum implicitus est, tandemque ab hac sede miseriarum in melius domicilium translatus anno ætatis suæ LIX. Qui mortem longo adhuc intervallo remotam valde horruerat, ejusdem præsentis aspectum placida fronte sustinuit ; obiitque spe multo magis, et pia in Deum fiducia expletus, quam fractus metu. Ea jactura omnes illius amicos, quorum nonnulli inter regni primores eminebant, acerbissimo dolore perculit. Manavit etiam ad ipsum regem tanti viri desiderium. Fecit modestia ejus singularis, et præcipua in hanc Portus-Regii domum benevolentia, ut in ea sepeliri voluerit, ideoque testamento cavit, ut corpus suum, juxta piorum hominum qui hic sunt corpora, humaretur. Tu vero quicumque es, quem in hanc domum pietas adducit, tuæ ipse mortalitatis ad hunc aspectum recordare, et clarissimam tanti viri memoriam precibus potius quam elogiis prosequere.

D. O. M.

Ici reposé le corps de messire Jean Racine, trésorier de France, secrétaire du roi, gentilhomme ordinaire de sa chambre, et l'un des quarante de l'Académie française, qui, après avoir longtemps charmé la France par ses excellentes poésies profanes, consacra ses muses à Dieu, et les employa uniquement à louer le seul objet digne de louange. Les raisons indispensables qui l'attachaient à la cour l'empêchèrent de quitter le monde, mais elles ne l'empêchèrent pas de s'acquitter, au milieu du monde, de tous les devoirs de la piété et de la religion. Il fut choisi avec un de ses amis par le roi Louis le Grand, pour rassembler en un corps d'histoire les merveilles de son règne, et il était occupé à ce grand ouvrage, lorsque tout à coup il fut attaqué d'une longue et cruelle maladie, qui à la fin l'enleva de ce séjour de misères, en sa cinquante-neuvième année. Bien qu'il eût extrêmement redouté la mort lorsqu'elle était encore loin de lui, il la vit de près sans s'en étonner, et mourut beaucoup plus rempli d'espérance que de crainte, dans une entière résignation à la volonté de Dieu. Sa perte toucha sensiblement ses amis, entre lesquels il pouvait compter les premières personnes du royaume, et il fut regretté du roi même. Son humilité et l'affection particulière qu'il eut toujours pour cette maison de Port-Royal des Champs, lui firent souhaiter d'être enterré sans aucune pompe dans ce cimetière avec les humbles serviteurs de Dieu qui y reposent, et auprès desquels il a été mis, selon qu'il l'avait ordonné par son testament. O toi! qui que tu sois, que la piété attire en ce saint lieu, plains dans un si excellent homme la triste destinée de tous les mortels; et quelque grande idée que puisse te donner de lui sa réputation, souviens-toi que ce sont des prières, et non pas de vains éloges qu'il te demande.

FIN DES MÉMOIRES.

LA THÉBAÏDE

ou

LES FRÈRES ENNEMIS.

TRAGÉDIE.

1664.

A MONSEIGNEUR

LE DUC DE SAINT-AIGNAN [1]

PAIR DE FRANCE.

MONSEIGNEUR,

Je vous présente un ouvrage qui n'a peut-être rien de considérable que l'honneur de vous avoir plu. Mais véritablement cet honneur est quelque chose de si grand pour moi, que quand ma pièce ne m'aurait produit que cet avantage, je pourrais dire que son succès aurait passé mes espérances. Et que pouvais-je espérer de plus glorieux que l'approbation d'une personne qui sait donner aux choses un si juste prix, et qui est lui-même l'admiration de tout le monde ? Aussi, Monseigneur, si la *Thébaïde* a reçu quelques applaudissements, c'est sans doute qu'on n'a pas osé démentir le jugement que vous avez donné en sa faveur ; et il semble que vous lui ayez communiqué ce don de plaire qui accompagne toutes vos actions.

---

[1] François de Beauvilliers, duc de Saint-Aignan, l'un des quarante de l'Académie française.

J'espère qu'étant dépouillée des ornements du théâtre, vous ne laisserez pas de la regarder encore favorablement. Si cela est, quelques ennemis qu'elle puisse avoir, je n'appréhende rien pour elle, puisqu'elle sera assurée d'un protecteur que le nombre des ennemis n'a pas accoutumé d'ébranler. On sait, Monseigneur, que si vous avez une parfaite connaissance des belles choses, vous n'entreprenez pas les grandes avec un courage moins élevé, et que vous avez réuni en vous ces deux excellentes qualités qui ont fait séparément tant de grands hommes. Mais je dois craindre que mes louanges ne vous soient aussi importunes que les vôtres m'ont été avantageuses : aussi bien, je ne vous dirais que des choses qui sont connues de tout le monde, et que vous seul voulez ignorer. Il suffit que vous me permettiez de vous dire, avec un profond respect, que je suis,

Monseigneur,

Votre très-humble et très-obéissant serviteur.

RACINE.

PRÉFACE.

Le lecteur me permettra de lui demander un peu plus d'indulgence pour cette pièce que pour les autres qui la suivent; j'étais fort jeune quand je la fis. Quelques vers que j'avais faits alors tombèrent par hasard entre les mains de quelques personnes d'esprit; elles m'excitèrent à faire une tragédie, et me proposèrent le sujet de la Thébaïde[1]. Ce sujet avait été autrefois traité par Rotrou, sous le nom d'*Antigone;* mais il faisait mourir les deux frères dès le commencement de son troisième acte. Le reste était en quelque sorte le commencement d'une autre tragédie, où l'on entrait dans des intérêts tout nouveaux; et il avait réuni en une seule pièce deux actions différentes, dont l'une sert de matière aux *Phéniciennes* d'Euripide, et l'autre à l'*Antigone* de Sophocle. Je compris que cette duplicité d'action avait pu nuire à sa pièce, qui d'ailleurs était remplie de quantité de beaux endroits. Je dressai à peu près mon plan sur *les Phéniciennes* d'Euripide; car pour la *Thébaïde* qui est dans Sénèque, je suis un peu de l'opi-

[1] On suppose que ce fut Molière qui lui indiqua ce sujet.

nion d'Hemsius, et je tiens comme lui que non-seulement ce n'est point une tragédie de Sénèque, mais que c'est plutôt l'ouvrage d'un déclamateur, qui ne savait ce que c'était que tragédie.

La catastrophe de ma pièce est peut-être un peu trop sanglante; en effet, il n'y paraît presque pas un acteur qui ne meure à la fin; mais aussi c'est la Thébaïde, c'est-à-dire le sujet le plus tragique de l'antiquité.

L'amour, qui a d'ordinaire tant de part dans les tragédies, n'en a presque point ici; et je doute que je lui en donnasse davantage si c'était à recommencer; car il faudrait, ou que l'un des deux frères fût amoureux, ou tous les deux ensemble. Et quelle apparence de leur donner d'autres intérêts que ceux de cette fameuse haine qui les occupait tout entiers? Ou bien il faut jeter l'amour sur un des seconds personnages, comme je l'ai fait; et alors cette passion, qui devient comme étrangère au sujet, ne peut produire que de médiocres effets. En un mot, je suis persuadé que les tendresses ou les jalousies des amants ne sauraient trouver que fort peu de place parmi les incestes, les parricides, et toutes les autres horreurs qui composent l'histoire d'OEdipe et de sa malheureuse famille.

LA THÉBAÏDE

ou

LES FRÈRES ENNEMIS.

TRAGÉDIE.

PERSONNAGES.

ÉTÉOCLE, roi de Thèbes.
POLYNICE, frère d'Étéocle.
JOCASTE, mère de ces deux princes et d'Antigone.
ANTIGONE, sœur d'Étéocle et de Polynice.
CRÉON, oncle des princes et de la princesse.
HÉMON, fils de Créon, amant d'Antigone.
OLYMPE, confidente de Jocaste.
ATTALE, confident de Créon.
UN SOLDAT de l'armée de Polynice.
GARDES.

Noms des acteurs qui ont joué dans *la Thébaïde.*

ÉTÉOCLE.	Molière.
POLYNICE.	La Grange.
CRÉON.	La Thorillière.
HÉMON.	Habert.
JOCASTE.	Madeleine Béjard.
ANTIGONE.	Mlle de Brie.

La scène est à Thèbes, dans une salle du palais.

La première représentation eut lieu le 20 juin 1664 sur le théâtre du Palais-Royal, qui était le théâtre de Molière.

LA THÉBAÏDE

ou

LES FRÈRES ENNEMIS.

ACTE PREMIER.

SCÈNE I.

JOCASTE, OLYMPE.

JOCASTE.

Ils sont sortis, Olympe ? Ah ! mortelles douleurs !
Qu'un moment de repos me va coûter de pleurs !
Mes yeux depuis six mois étaient ouverts aux larmes,
Et le sommeil les ferme en de telles alarmes !
Puisse plutôt la mort les fermer pour jamais,
Et m'empêcher de voir le plus noir des forfaits !
Mais en sont-ils aux mains ?

OLYMPE.

Du haut de la muraille
Je les ai vus déjà tous rangés en bataille ;
J'ai vu déjà le fer briller de toutes parts ;
Et pour vous avertir j'ai quitté les remparts.
J'ai vu, le fer en main, Étéocle lui-même ;
Il marche des premiers ; et d'une ardeur extrême,
Il montre aux plus hardis à braver le danger.

JOCASTE.

N'en doutons plus, Olympe, ils se vont égorger.

Que l'on coure avertir et hâter la princesse ;
Je l'attends. Juste ciel ! soutenez ma faiblesse.
Il faut courir, Olympe, après ces inhumains ;
Il les faut séparer, ou mourir par leurs mains.
Nous voici donc, hélas ! à ce jour détestable
Dont la seule frayeur me rendait misérable.
Ni prières ni pleurs ne m'ont de rien servi :
Et le courroux du sort voulait être assouvi.
O toi, soleil, ô toi qui rends le jour au monde,
Que ne l'as-tu laissé dans une nuit profonde !
A de si noirs forfaits prêtes-tu tes rayons,
Et peux-tu sans horreur voir ce que nous voyons ?
Mais ces monstres, hélas ! ne t'épouvantent guères :
La race de Laïus les a rendus vulgaires ;
Tu peux voir sans frayeur les crimes de mes fils,
Après ceux que le père et la mère ont commis.
Tu ne t'étonnes pas si mes fils sont perfides,
S'ils sont tous deux méchants, et s'ils sont parricides :
Tu sais qu'ils sont sortis d'un sang incestueux,
Et tu t'étonnerais s'ils étaient vertueux.

SCÈNE II.

JOCASTE, ANTIGONE, OLYMPE.

JOCASTE.

Ma fille, avez-vous su l'excès de nos misères ?

ANTIGONE.

Oui, madame, on m'a dit la fureur de mes frères.

JOCASTE.

Allons, chère Antigone, et courons de ce pas
Arrêter, s'il se peut, leurs parricides bras.
Allons leur faire voir ce qu'ils ont de plus tendre ;
Voyons si contre nous ils pourront se défendre,

Ou s'ils oseront bien, dans leur noire fureur,
Répandre notre sang pour attaquer le leur.

ANTIGONE.

Madame, c'en est fait, voici le roi lui-même.

SCÈNE III.

JOCASTE, ÉTÉOCLE, ANTIGONE, OLYMPE.

JOCASTE.

Olympe, soutiens-moi ; ma douleur est extrême.

ÉTÉOCLE.

Madame, qu'avez-vous ? et quel trouble...

JOCASTE.

Ah ! mon fils !
Quelles traces de sang vois-je sur vos habits ?
Est-ce du sang d'un frère ? ou n'est-ce point du vôtre ?

ÉTÉOCLE.

Non, madame, ce n'est ni de l'un ni de l'autre.
Dans son camp jusqu'ici Polynice arrêté,
Pour combattre, à mes yeux ne s'est point présenté.
D'Argiens seulement une troupe hardie
M'a voulu de nos murs disputer la sortie :
J'ai fait mordre la poudre à ces audacieux,
Et leur sang est celui qui paraît à vos yeux.

JOCASTE.

Mais que prétendiez-vous ? et quelle ardeur soudaine
Vous a fait tout à coup descendre dans la plaine ?

ÉTÉOCLE.

Madame, il était temps que j'en usasse ainsi,
Et je perdais ma gloire à demeurer ici.
Le peuple, à qui la faim se faisait déjà craindre,
De mon peu de vigueur commençait à se plaindre,
Me reprochant déjà qu'il m'avait couronné,

Et que j'occupais mal le rang qu'il m'a donné.
Il le faut satisfaire; et, quoi qu'il en arrive,
Thèbes dès aujourd'hui ne sera plus captive :
Je veux, en n'y laissant aucun de mes soldats,
Qu'elle soit seulement juge de nos combats.
J'ai des forces assez pour tenir la campagne;
Et si quelque bonheur nos armes accompagne,
L'insolent Polynice et ses fiers alliés
Laisseront Thèbes libre, ou mourront à mes pieds.

JOCASTE.

Vous pourriez d'un tel sang, ô ciel! souiller vos armes?
La couronne pour vous a-t-elle tant de charmes?
Si par un parricide il la fallait gagner,
Ah! mon fils! à ce prix voudriez-vous régner?
Mais il ne tient qu'à vous, si l'honneur vous anime,
De nous donner la paix sans le secours d'un crime,
Et, de votre courroux, triomphant aujourd'hui,
Contenter votre frère, et régner avec lui.

ÉTÉOCLE.

Appelez-vous régner partager ma couronne,
Et céder lâchement ce que mon droit me donne?

JOCASTE.

Vous le savez, mon fils, la justice et le sang
Lui donnent, comme à vous, sa part à ce haut rang :
OEdipe, en achevant sa triste destinée,
Ordonna que chacun régnerait son année;
Et, n'ayant qu'un État à mettre sous vos lois,
Voulut que tour à tour vous fussiez tous deux rois.
A ces conditions vous daignâtes souscrire.
Le sort vous appela le premier à l'empire,
Vous montâtes au trône; il n'en fut point jaloux,
Et vous ne voulez pas qu'il y monte après vous?

ÉTÉOCLE.

Non, madame, à l'empire il ne doit plus prétendre;

ACTE I. SCÈNE III.

Thèbes à cet arrêt n'a point voulu se rendre;
Et, lorsque sur le trône il s'est voulu placer,
C'est elle, et non pas moi, qui l'en a su chasser.
Thèbes doit-elle moins redouter sa puissance,
Après avoir six mois senti sa violence?
Voudrait-elle obéir à ce prince inhumain,
Qui vient d'armer contre elle et le fer et la faim?
Prendrait-elle pour roi l'esclave de Mycène,
Qui pour tous les Thébains n'a plus que de la haine,
Qui s'est au roi d'Argos indignement soumis,
Et que l'hymen attache à nos fiers ennemis?
Lorsque le roi d'Argos l'a choisi pour son gendre,
Il espérait par lui de voir Thèbes en cendre.
L'amour eut peu de part à cet hymen honteux,
Et la seule fureur en alluma les feux.
Thèbes m'a couronné pour éviter ses chaînes;
Elle s'attend par moi de voir finir ses peines:
Il la faut accuser si je manque de foi;
Et je suis son captif, je ne suis pas son roi.

JOCASTE.

Dites, dites plutôt, cœur ingrat et farouche,
Qu'auprès du diadème il n'est rien qui vous touche.
Mais je me trompe encor : ce rang ne vous plaît pas,
Et le crime tout seul a pour vous des appas.
Hé bien! puisqu'à ce point vous en êtes avide,
Je vous offre à commettre un double parricide :
Versez le sang d'un frère; et, si c'est peu du sien,
Je vous invite encore à répandre le mien.
Vous n'aurez plus alors d'ennemis à soumettre,
D'obstacle à surmonter, ni de crime à commettre;
Et, n'ayant plus au trône un fâcheux concurrent,
De tous les criminels vous serez le plus grand.

ÉTÉOCLE.

Hé bien, madame, hé bien, il vous faut satisfaire :
Il faut sortir du trône et couronner mon frère;

Il faut, pour seconder votre injuste projet,
De son roi que j'étais, devenir son sujet ;
Et, pour vous élever au comble de la joie,
Il faut à sa fureur que je me livre en proie ;
Il faut par mon trépas...
    JOCASTE.
      Ah ciel ! quelle rigueur !
Que vous pénétrez mal dans le fond de mon cœur !
Je ne demande pas que vous quittiez l'empire :
Régnez toujours, mon fils, c'est ce que je désire.
Mais si tant de malheurs vous touchent de pitié,
Si pour moi votre cœur garde quelque amitié,
Et si vous prenez soin de votre gloire même,
Associez un frère à cet honneur suprême :
Ce n'est qu'un vain éclat qu'il recevra de vous ;
Votre règne en sera plus puissant et plus doux.
Les peuples, admirant cette vertu sublime,
Voudront toujours pour prince un roi si magnanime ;
Et cet illustre effort, loin d'affaiblir vos droits,
Vous rendra le plus juste et le plus grand des rois ;
Ou, s'il faut que mes vœux vous trouvent inflexible,
Si la paix à ce prix vous paraît impossible,
Et si le diadème a pour vous tant d'attraits,
Au moins consolez-vous de quelque heure de paix.
Accordez cette grâce aux larmes d'une mère,
Et cependant, mon fils, j'irai voir votre frère :
La pitié dans son âme aura peut-être lieu,
Ou du moins pour jamais j'irai lui dire adieu.
Dès ce même moment permettez que je sorte :
J'irai jusqu'à sa tente, et j'irai sans escorte ;
Par mes justes soupirs j'espère l'émouvoir.
    ÉTÉOCLE.
Madame, sans sortir, vous le pouvez revoir ;
Et si cette entrevue a pour vous tant de charmes,
Il ne tiendra qu'à lui de suspendre nos armes.

Vous pouvez dès cette heure accomplir vos souhaits,
Et le faire venir jusque dans ce palais.
J'irai plus loin encore : et pour faire connaître
Qu'il a tort en effet de me nommer un traître,
Et que je ne suis pas un tyran odieux,
Que l'on fasse parler et le peuple et les dieux.
Si le peuple y consent, je lui cède ma place ;
Mais qu'il se rende enfin, si le peuple le chasse.
Je ne force personne ; et j'engage ma foi
De laisser aux Thébains à se choisir un roi.

SCÈNE IV.

JOCASTE, ÉTÉOCLE, ANTIGONE, CRÉON, OLYMPE.

CRÉON.

Seigneur, votre sortie a mis tout en alarmes ;
Thèbes, qui croit vous perdre, est déjà toute en larmes ;
L'épouvante et l'horreur règnent de toutes parts,
Et le peuple effrayé tremble sur ses remparts.

ÉTÉOCLE.

Cette vaine frayeur sera bientôt calmée.
Madame, je m'en vais retrouver mon armée ;
Cependant vous pouvez accomplir vos souhaits,
Faire entrer Polynice, et lui parler de paix.
Créon, la reine ici commande en mon absence ;
Disposez tout le monde à son obéissance ;
Laissez, pour recevoir et pour donner ses lois,
Votre fils Ménécée, et j'en ai fait le choix.
Comme il a de l'honneur autant que de courage,
Ce choix aux ennemis ôtera tout ombrage,
Et sa vertu suffit pour les rendre assurés.
(A Créon.)
Commandez-lui, madame. Et vous, vous me suivrez.

CRÉON.

Quoi, seigneur...

ÉTÉOCLE.

Oui, Créon, la chose est résolue.

CRÉON.

Et vous quittez ainsi la puissance absolue ?

ÉTÉOCLE.

Que je la quitte ou non, ne vous tourmentez pas ;
Faites ce que j'ordonne, et venez sur mes pas.

SCÈNE V.

JOCASTE, ANTIGONE, CRÉON, OLYMPE.

CRÉON.

Qu'avez-vous fait, madame ? et par quelle conduite
Forcez-vous un vainqueur à prendre ainsi la fuite ?
Ce conseil va tout perdre.

JOCASTE.

Il va tout conserver ;
Et par ce seul conseil Thèbes se peut sauver.

CRÉON.

Eh quoi, madame, eh quoi ! dans l'état où nous sommes,
Lorsqu'avec un renfort de plus de six mille hommes,
La fortune promet toute chose aux Thébains,
Le roi se laisse ôter la victoire des mains !

JOCASTE.

La victoire, Créon, n'est pas toujours si belle ;
La honte et les remords vont souvent après elle.
Quand deux frères armés vont s'égorger entre eux,
Ne les pas séparer, c'est les perdre tous deux.
Peut-on faire au vainqueur une injure plus noire
Que lui laisser gagner une telle victoire ?

CRÉON.

Leur courroux est trop grand...

JOCASTE.

Il peut être adouci.

CRÉON.

Tous deux veulent régner.

JOCASTE.

Ils régneront aussi.

CRÉON.

On ne partage point la grandeur souveraine ;
Et ce n'est pas un bien qu'on quitte et qu'on reprenne.

JOCASTE.

L'intérêt de l'État leur servira de loi.

CRÉON.

L'intérêt de l'État est de n'avoir qu'un roi,
Qui d'un ordre constant gouvernant ses provinces,
Accoutume à ses lois et le peuple et les princes.
Ce règne interrompu de deux rois différents,
En lui donnant deux rois, lui donne deux tyrans.
Par un ordre, souvent l'un à l'autre contraire,
Un frère détruirait ce qu'aurait fait un frère :
Vous les verriez toujours former quelque attentat,
Et changer tous les ans la face de l'État.
Ce terme limité, que l'on veut leur prescrire,
Accroît leur violence en bornant leur empire.
Tous deux feront gémir les peuples tour à tour :
Pareils à ces torrents qui ne durent qu'un jour,
Plus leur cours est borné, plus ils font de ravage,
Et d'horribles dégâts signalent leur passage.

JOCASTE.

On les verrait plutôt, par de nobles projets,
Se disputer tous deux l'amour de leurs sujets.
Mais avouez, Créon, que toute votre peine
C'est de voir que la paix rend votre attente vaine,
Qu'elle assure à mes fils le trône où vous tendez,

Et va rompre le piége où vous les attendez.
Comme, après leur trépas, le droit de la naissance
Fait tomber en vos mains la suprême puissance,
Le sang qui vous unit aux deux princes mes fils
Vous fait trouver en eux vos plus grands ennemis ;
Et votre ambition, qui tend à leur fortune,
Vous donne pour tous deux une haine commune.
Vous inspirez au roi vos conseils dangereux,
Et vous en servez un pour les perdre tous deux.

CRÉON.

Je ne me repais point de pareilles chimères :
Mes respects pour le roi sont ardents et sincères ;
Et mon ambition est de le maintenir
Au trône où vous croyez que je veux parvenir.
Le soin de sa grandeur est le seul qui m'anime ;
Je hais ses ennemis, et c'est là tout mon crime :
Je ne m'en cache point. Mais, à ce que je voi,
Chacun n'est pas ici criminel comme moi.

JOCASTE.

Je suis mère, Créon ; et si j'aime son frère,
La personne du roi ne m'en est pas moins chère.
De lâches courtisans peuvent bien le haïr ;
Mais une mère enfin ne peut pas se trahir.

ANTIGONE.

Vos intérêts ici sont conformes aux nôtres,
Les ennemis du roi ne sont pas tous les vôtres ;
Créon, vous êtes père, et, dans ces ennemis,
Peut-être songez-vous que vous avez un fils.
On sait de quelle ardeur Hémon sert Polynice.

CRÉON.

Oui, je le sais, madame, et je lui fais justice ;
Je le dois, en effet, distinguer du commun,
Mais c'est pour le haïr encor plus que pas un :
Et je souhaiterais, dans ma juste colère,
Que chacun le haït comme le hait son père.

ANTIGONE.

Après tout ce qu'a fait la valeur de son bras,
Tout le monde, en ce point, ne vous ressemble pas.

CRÉON.

Je le vois bien, madame, et c'est ce qui m'afflige :
Mais je sais bien à quoi sa révolte m'oblige ;
Et tous ces beaux exploits qui le font admirer,
C'est ce qui me le fait justement abhorrer.
La honte suit toujours le parti des rebelles :
Leurs grandes actions sont les plus criminelles,
Ils signalent leur crime en signalant leur bras,
Et la gloire n'est point où les rois ne sont pas.

ANTIGONE.

Écoutez un peu mieux la voix de la nature.

CRÉON.

Plus l'offenseur m'est cher, plus je ressens l'injure.

ANTIGONE.

Mais un père à ce point doit-il être emporté ?
Vous avez trop de haine.

CRÉON.

                    Et vous trop de bonté.
C'est trop parler, madame, en faveur d'un rebelle.

ANTIGONE.

L'innocence vaut bien que l'on parle pour elle.

CRÉON.

Je sais ce qui le rend innocent à vos yeux.

ANTIGONE.

Et je sais quel sujet vous le rend odieux.

CRÉON.

L'amour a d'autres yeux que le commun des hommes.

JOCASTE.

Vous abusez, Créon, de l'état où nous sommes ;
Tout vous semble permis ; mais craignez mon courroux ;
Vos libertés enfin retomberaient sur vous.

####### ANTIGONE.

L'intérêt du public agit peu sur son âme,
Et l'amour du pays nous cache une autre flamme.
Je la sais; mais, Créon, j'en abhorre le cours,
Et vous ferez bien mieux de la cacher toujours.

####### CRÉON.

Je le ferai, madame; et je veux par avance
Vous épargner encor jusques à ma présence.
Aussi bien mes respects redoublent vos mépris ;
Et je vais faire place à ce bienheureux fils.
Le roi m'appelle ailleurs, il faut que j'obéisse.
Adieu. Faites venir Hémon et Polynice.

####### JOCASTE.

N'en doute pas, méchant, ils vont venir tous deux;
Tous deux ils préviendront tes desseins malheureux.

SCÈNE VI.

JOCASTE, ANTIGONE, OLYMPE.

####### ANTIGONE.

Le perfide ! A quel point son insolence monte !

####### JOCASTE.

Ses superbes discours tourneront à sa honte.
Bientôt, si nos désirs sont exaucés des cieux,
La paix nous vengera de cet ambitieux.
Mais il faut se hâter, chaque heure nous est chère :
Appelons promptement Hémon et votre frère ;
Je suis, pour ce dessein, prête à leur accorder
Toutes les sûretés qu'ils pourront demander.
Et toi, si mes malheurs ont lassé ta justice,
Ciel, dispose à la paix le cœur de Polynice,

Seconde mes soupirs, donne force à mes pleurs,
Et comme il faut enfin fais parler mes douleurs.

ANTIGONE, seule.

Et si tu prends pitié d'une flamme innocente,
O ciel, en ramenant Hémon à son amante,
Ramène-le fidèle; et permets en ce jour,
Qu'en retrouvant l'amant je retrouve l'amour!

FIN DU PREMIER ACTE.

ACTE DEUXIÈME.

SCÈNE I.

ANTIGONE, HÉMON.

HÉMON.

Quoi ! vous me refusez votre aimable présence,
Après un an entier de supplice et d'absence ?
Ne m'avez-vous, madame, appelé près de vous,
Que pour m'ôter si tôt un bien qui m'est si doux ?

ANTIGONE.

Et voulez-vous si tôt que j'abandonne un frère ?
Ne dois-je pas au temple accompagner ma mère ?
Et dois-je préférer, au gré de vos souhaits,
Le soin de votre amour à celui de la paix ?

HÉMON.

Madame, à mon bonheur c'est chercher trop d'obstacles ;
Ils iront bien, sans nous, consulter les oracles.
Permettez que mon cœur, en voyant vos beaux yeux,
De l'état de son sort interroge ses dieux.
Puis-je leur demander, sans être téméraire,
S'ils ont toujours pour moi leur douceur ordinaire ?
Souffrent-ils sans courroux mon ardente amitié ?
Et du mal qu'ils ont fait ont-ils quelque pitié ?
Durant le triste cours d'une absence cruelle,
Avez-vous souhaité que je fusse fidèle ?
Songiez-vous que la mort menaçait, loin de vous,
Un amant qui ne doit mourir qu'à vos genoux ?

Ah! d'un si bel objet quand une âme est blessée,
Quand un cœur jusqu'à vous élève sa pensée,
Qu'il est doux d'adorer tant de divins appas !
Mais aussi que l'on souffre en ne les voyant pas !
Un moment, loin de vous, me durait une année;
J'aurais fini cent fois ma triste destinée,
Si je n'eusse songé, jusques à mon retour,
Que mon éloignement vous prouvait mon amour,
Et que le souvenir de mon obéissance
Pourrait en ma faveur parler en mon absence;
Et que, pensant à moi, vous penseriez aussi
Qu'il faut aimer beaucoup pour obéir ainsi.

ANTIGONE.

Oui, je l'avais bien cru qu'une âme si fidèle
Trouverait dans l'absence une peine cruelle ;
Et, si mes sentiments se doivent découvrir,
Je souhaitais, Hémon, qu'elle vous fît souffrir,
Et qu'étant loin de moi, quelque ombre d'amertume
Vous fît trouver les jours plus longs que de coutume.
Mais ne vous plaignez pas : mon cœur chargé d'ennui
Ne vous souhaitait rien qu'il n'éprouvât en lui,
Surtout depuis le temps que dure cette guerre,
Et que de gens armés vous couvrez cette terre.
O dieux ! à quels tourments mon cœur s'est vu soumis,
Voyant des deux côtés ses plus tendres amis !
Mille objets de douleur déchiraient mes entrailles;
J'en voyais et dehors et dedans nos murailles;
Chaque assaut à mon cœur livrait mille combats;
Et mille fois le jour je souffrais le trépas.

HÉMON.

Mais enfin qu'ai-je fait, en ce malheur extrême,
Que ne m'ait ordonné ma princesse elle-même ?
J'ai suivi Polynice et vous l'avez voulu ;
Vous me l'avez prescrit par un ordre absolu.
Je lui vouai dès lors une amitié sincère ;

Je quittai mon pays, j'abandonnai mon père;
Sur moi, par ce départ, j'attirai son courroux;
Et, pour tout dire enfin, je m'éloignai de vous.

ANTIGONE.

Je m'en souviens, Hémon, et je vous fais justice :
C'est moi que vous serviez en servant Polynice;
Il m'était cher alors comme il l'est aujourd'hui,
Et je prenais pour moi ce qu'on faisait pour lui.
Nous nous aimions tous deux dès la plus tendre enfance,
Et j'avais sur son cœur une entière puissance;
Je trouvais à lui plaire une extrême douceur,
Et les chagrins du frère étaient ceux de la sœur.
Ah! si j'avais encor sur lui le même empire,
Il aimerait la paix pour qui mon cœur soupire,
Notre commun malheur en serait adouci :
Je le verrais, Hémon; vous me verriez aussi!

HÉMON.

De cette affreuse guerre il abhorre l'image.
Je l'ai vu soupirer de douleur et de rage,
Lorsque, pour remonter au trône paternel,
On le força de prendre un chemin si cruel.
Espérons que le ciel, touché de nos misères,
Achèvera bientôt de réunir les frères :
Puisse-t-il rétablir l'amitié dans leur cœur,
Et conserver l'amour dans celui de la sœur!

ANTIGONE.

Hélas! ne doutez point que ce dernier ouvrage
Ne lui soit plus aisé que de calmer leur rage.
Je les connais tous deux, et je répondrais bien
Que leur cœur, cher Hémon, est plus dur que le mien.
Mais les dieux quelquefois font de plus grands miracles.

SCÈNE II.

ANTIGONE, HÉMON, OLYMPE.

ANTIGONE.

Hé bien! apprendrons-nous ce qu'ont dit les oracles?
Que faut-il faire?

OLYMPE.

Hélas!

ANTIGONE.

Quoi? qu'en a-t-on appris?
Est-ce la guerre, Olympe?

OLYMPE.

Ah! c'est encore pis!

HÉMON.

Quel est donc ce grand mal que leur courroux annonce?

OLYMPE.

Prince, pour en juger, écoutez leur réponse :
    « Thébains, pour n'avoir plus de guerres,
    » Il faut, par un ordre fatal,
    » Que le dernier du sang royal
  » Par son trépas ensanglante vos terres. »

ANTIGONE.

O dieux! que vous a fait ce sang infortuné?
Et pourquoi tout entier l'avez-vous condamné?
N'êtes-vous pas contents de la mort de mon père?
Tout notre sang doit-il sentir votre colère?

HÉMON.

Madame, cet arrêt ne vous regarde pas,
Votre vertu vous met à couvert du trépas :
Les dieux savent trop bien connaître l'innocence.

ANTIGONE.

Et ce n'est pas pour moi que je crains leur vengeance
Mon innocence, Hémon, serait un faible appui;

Fille d'OEdipe, il faut que je meure pour lui.
Je l'attends, cette mort, et je l'attends sans plainte ;
Et, s'il faut avouer le sujet de ma crainte,
C'est pour vous que je crains ; oui, cher Hémon, pour vous.
De ce sang malheureux vous sortez comme nous ;
Et je ne vois que trop que le courroux céleste
Vous rendra, comme à nous, cet honneur bien funeste,
Et fera regretter aux princes des Thébains
De n'être pas sortis du dernier des humains.

HÉMON.

Peut-on se repentir d'un si grand avantage ?
Un si noble trépas flatte trop mon courage ;
Et du sang de ses rois il est beau d'être issu,
Dût-on rendre ce sang sitôt qu'on l'a reçu.

ANTIGONE.

Hé quoi ! si parmi nous on a fait quelque offense,
Le ciel doit-il sur vous en prendre la vengeance ?
Et n'est-ce pas assez du père et des enfants,
Sans qu'il aille plus loin chercher des innocents ?
C'est à nous à payer pour les crimes des nôtres :
Punissez-nous, grands dieux ! mais épargnez les autres.
Mon père, cher Hémon, vous va perdre aujourd'hui ;
Et je vous perds peut-être encore plus que lui.
Le ciel punit sur vous et sur votre famille
Et les crimes du père et l'amour de la fille ;
Et ce funeste amour vous nuit encore plus
Que les crimes d'OEdipe et le sang de Laïus.

HÉMON.

Quoi ! mon amour, madame ? Et qu'a-t-il de funeste ?
Est-ce un crime qu'aimer une beauté céleste ?
Et puisque sans colère il est reçu de vous,
En quoi peut-il du ciel mériter le courroux ?
Vous seule en mes soupirs êtes intéressée,
C'est à vous à juger s'ils vous ont offensée :
Tels que seront pour eux vos arrêts tout-puissants,

Ils seront criminels, ou seront innocents.
Que le ciel à son gré de ma perte dispose,
J'en chérirai toujours et l'une et l'autre cause,
Glorieux de mourir pour le sang de mes rois,
Et plus heureux encor de mourir sous vos lois.
Aussi bien que ferais-je en ce commun naufrage?
Pourrais-je me résoudre à vivre davantage?
En vain les dieux voudraient différer mon trépas,
Mon désespoir ferait ce qu'ils ne feraient pas.
Mais peut-être, après tout, notre frayeur est vaine;
Attendons... Mais voici Polynice et la reine.

SCÈNE III.

JOCASTE, POLYNICE, ANTIGONE, HÉMON.

POLYNICE.

Madame, au nom des dieux, cessez de m'arrêter :
Je vois bien que la paix ne peut s'exécuter.
J'espérais que du ciel la justice infinie
Voudrait se déclarer contre la tyrannie,
Et que, lassé de voir répandre tant de sang,
Il rendrait à chacun son légitime rang ;
Mais puisque ouvertement il tient pour l'injustice,
Et que des criminels il se rend le complice,
Dois-je encore espérer qu'un peuple révolté,
Quand le ciel est injuste, écoute l'équité ?
Dois-je prendre pour juge une troupe insolente,
D'un fier usurpateur ministre violente,
Qui sert mon ennemi par un lâche intérêt,
Et qu'il anime encor, tout éloigné qu'il est ?
La raison n'agit point sur une populace.
De ce peuple déjà j'ai ressenti l'audace ;
Et, loin de me reprendre après m'avoir chassé,
Il croit voir un tyran dans un prince offensé.

Comme sur lui l'honneur n'eut jamais de puissance,
Il croit que tout le monde aspire à la vengeance :
De ses inimitiés rien n'arrête le cours ;
Quand il hait une fois, il veut haïr toujours.

JOCASTE.

Mais s'il est vrai, mon fils, que ce peuple vous craigne,
Et que tous les Thébains redoutent votre règne,
Pourquoi par tant de sang cherchez-vous à régner
Sur ce peuple endurci que rien ne peut gagner ?

POLYNICE.

Est-ce au peuple, madame, à se choisir un maître ?
Sitôt qu'il hait un roi, doit-on cesser de l'être ?
Sa haine ou son amour, sont-ce les premiers droits
Qui font monter au trône ou descendre les rois ?
Que le peuple à son gré nous craigne ou nous chérisse,
Le sang nous met au trône, et non pas son caprice ;
Ce que le sang lui donne, il le doit accepter ;
Et s'il n'aime son prince, il le doit respecter.

JOCASTE.

Vous serez un tyran haï de vos provinces.

POLYNICE.

Ce nom ne convient pas aux légitimes princes ;
De ce titre odieux mes droits me sont garants
La haine des sujets ne fait pas les tyrans.
Appelez de ce nom Étéocle lui-même.

JOCASTE.

Il est aimé de tous.

POLYNICE.

C'est un tyran qu'on aime,
Qui par cent lâchetés tâche à se maintenir
Au rang où par la force il a su parvenir ;
Et son orgueil le rend, par un effet contraire,
Esclave de son peuple et tyran de son frère.
Pour commander tout seul il veut bien obéir,
Et se fait mépriser pour me faire haïr.

Ce n'est pas sans sujet qu'on me préfère un traître :
Le peuple aime un esclave et craint d'avoir un maître.
Mais je croirais trahir la majesté des rois,
Si je faisais le peuple arbitre de mes droits.

JOCASTE.

Ainsi donc la discorde a pour vous tant de charmes ?
Vous lassez-vous déjà d'avoir posé les armes ?
Ne cesserons-nous point, après tant de malheurs,
Vous, de verser du sang, moi, de verser des pleurs ?
N'accorderez-vous rien aux larmes d'une mère ?
Ma fille, s'il se peut, retenez votre frère :
Le cruel pour vous seule avait de l'amitié.

ANTIGONE.

Ah ! si pour vous son âme est sourde à la pitié,
Que pourrais-je espérer d'une amitié passée,
Qu'un long éloignement n'a que trop effacée ?
A peine en sa mémoire ai-je encor quelque rang ;
Il n'aime, il ne se plaît qu'à répandre du sang.
Ne cherchez plus en lui ce prince magnanime,
Ce prince qui montrait tant d'horreur pour le crime,
Dont l'âme généreuse avait tant de douceur,
Qui respectait sa mère et chérissait sa sœur :
La nature pour lui n'est plus qu'une chimère ;
Il méconnaît sa sœur, il méprise sa mère ;
Et l'ingrat, en l'état où son orgueil l'a mis,
Nous croit des étrangers ou bien des ennemis.

POLYNICE.

N'imputez point ce crime à mon âme affligée ;
Dites plutôt, ma sœur, que vous êtes changée,
Dites que de mon rang l'injuste usurpateur
M'a su ravir encor l'amitié de ma sœur.
Je vous connais toujours, et suis toujours le même.

ANTIGONE.

Est-ce m'aimer, cruel, autant que je vous aime,

Que d'être inexorable à mes tristes soupirs,
Et m'exposer encore à tant de déplaisirs?

POLYNICE.

Mais vous-même, ma sœur, est-ce aimer votre frère
Que de lui faire ici cette injuste prière,
Et me vouloir ravir le sceptre de la main?
Dieux! qu'est-ce qu'Étéocle a de plus inhumain?
C'est trop favoriser un tyran qui m'outrage.

ANTIGONE.

Non, non, vos intérêts me touchent davantage.
Ne croyez pas mes pleurs perfides à ce point;
Avec vos ennemis ils ne conspirent point.
Cette paix que je veux me serait un supplice,
S'il en devait coûter le sceptre à Polynice;
Et l'unique faveur, mon frère, où je prétends,
C'est qu'il me soit permis de vous voir plus longtemps.
Seulement quelques jours souffrez que l'on vous voie;
Et donnez-nous le temps de chercher quelque voie
Qui puisse vous remettre au rang de vos aïeux,
Sans que vous répandiez un sang si précieux.
Pouvez-vous refuser cette grâce légère
Aux larmes d'une sœur, aux soupirs d'une mère?

JOCASTE.

Mais quelle crainte encor vous peut inquiéter?
Pourquoi si promptement voulez-vous nous quitter?
Quoi! ce jour tout entier n'est-il pas de la trève?
Dès qu'elle a commencé, faut-il qu'elle s'achève?
Vous voyez qu'Étéocle a mis les armes bas;
Il veut que je vous voie, et vous ne voulez pas.

ANTIGONE.

Oui, mon frère, il n'est pas comme vous inflexible.
Aux larmes de sa mère il a paru sensible;
Nos pleurs ont désarmé sa colère aujourd'hui.
Vous l'appelez cruel, vous l'êtes plus que lui.

HÉMON.

Seigneur, rien ne vous presse ; et vous pouvez sans peine
Laisser agir encor la princesse et la reine :
Accordez tout ce jour à leur pressant désir ;
Voyons si leur dessein ne pourra réussir.
Ne donnez pas la joie au prince votre frère
De dire que, sans vous, la paix se pouvait faire.
Vous aurez satisfait une mère, une sœur,
Et vous aurez surtout satisfait votre honneur.
Mais que veut ce soldat ? son âme est tout émue !

SCÈNE IV.

JOCASTE, POLYNICE, ANTIGONE, HÉMON, un soldat.

LE SOLDAT, à Polynice.

Seigneur, on est aux mains, et la trêve est rompue :
Créon et les Thébains, par ordre de leur roi,
Attaquent votre armée, et violent leur foi.
Le brave Hippomédon s'efforce, en votre absence,
De soutenir leur choc de toute sa puissance.
Par son ordre, seigneur, je vous viens avertir.

POLYNICE.

Ah ! les traîtres ! Allons, Hémon, il faut sortir.
(A la reine.)
Madame, vous voyez comme il tient sa parole :
Mais il veut le combat, il m'attaque, et j'y vole.

JOCASTE.

Polynice ! mon fils !... Mais il ne m'entend plus :
Aussi bien que mes pleurs, mes cris sont superflus.
Chère Antigone, allez, courez à ce barbare :
Du moins, allez prier Hémon qu'il les sépare.
La force m'abandonne, et je n'y puis courir ;
Tout ce que je puis faire, hélas ! c'est de mourir.

FIN DU DEUXIÈME ACTE.

ACTE TROISIÈME.

SCÈNE I.

JOCASTE, OLYMPE.

JOCASTE.
Olympe, va-t'en voir ce funeste spectacle;
Va voir si leur fureur n'a point trouvé d'obstacle,
Si rien n'a pu toucher l'un ou l'autre parti.
On dit qu'à ce dessein Ménécée est sorti.
OLYMPE.
Je ne sais quel dessein animait son courage,
Une héroïque ardeur brillait sur son visage;
Mais vous devez, madame, espérer jusqu'au bout.
JOCASTE.
Va tout voir, chère Olympe, et me vient dire tout;
Éclaircis promptement ma triste inquiétude.
OLYMPE.
Mais vous dois-je laisser en cette solitude?
JOCASTE.
Va : je veux être seule en l'état où je suis,
Si toutefois on peut l'être avec tant d'ennuis!

SCÈNE II.

JOCASTE.
Dureront-ils toujours ces ennuis si funestes?
N'épuiseront-ils point les vengeances célestes?
Me feront-ils souffrir tant de cruels trépas,
Sans jamais au tombeau précipiter mes pas?

O ciel, que tes rigueurs seraient peu redoutables,
Si la foudre d'abord accablait les coupables !
Et que tes châtiments paraissent infinis,
Quand tu laisses la vie à ceux que tu punis !
Tu ne l'ignores pas, depuis le jour infâme
Où de mon propre fils je me trouvai la femme,
Le moindre des tourments que mon cœur a soufferts
Égale tous les maux que l'on souffre aux enfers.
Et toutefois, ô dieux ! un crime involontaire
Devait-il attirer toute votre colère ?
Le connaissais-je, hélas ! ce fils infortuné ?
Vous-mêmes dans mes bras vous l'avez amené.
C'est vous dont la rigueur m'ouvrit ce précipice.
Voilà de ces grands dieux la suprême justice !
Jusques au bord du crime ils conduisent nos pas,
Ils nous le font commettre, et ne l'excusent pas !
Prennent-ils donc plaisir à faire des coupables,
Afin d'en faire, après, d'illustres misérables ?
Et ne peuvent-ils point, quand ils sont en courroux,
Chercher des criminels à qui le crime est doux ?

SCÈNE III.

JOCASTE, ANTIGONE.

JOCASTE.

Hé bien ! en est-ce fait ? L'un ou l'autre perfide
Vient-il d'exécuter son noble parricide ?
Parlez, parlez, ma fille.

ANTIGONE.

Ah ! madame ! en effet,
L'oracle est accompli, le ciel est satisfait.

JOCASTE.

Quoi ! mes deux fils sont morts ?

ANTIGONE.

Un autre sang, madame,
Rend la paix à l'État et le calme à votre âme ;
Un sang digne des rois dont il est découlé,
Un héros pour l'État s'est lui-même immolé.
Je courais pour fléchir Hémon et Polynice ;
Ils étaient déjà loin avant que je sortisse :
Ils ne m'entendaient plus ; et mes cris douloureux
Vainement par leur nom les rappelaient tous deux.
Ils ont tous deux volé vers le champ de bataille ;
Et moi, je suis montée au haut de la muraille,
D'où le peuple étonné regardait, comme moi,
L'approche d'un combat qui le glaçait d'effroi,
A cet instant fatal, le dernier de nos princes,
L'honneur de notre sang, l'espoir de nos provinces,
Ménécée, en un mot, digne frère d'Hémon,
Et trop indigne aussi d'être fils de Créon,
De l'amour du pays montrant son âme atteinte,
Au milieu des deux camps s'est avancé sans crainte ;
Et se faisant ouïr des Grecs et des Thébains :
« Arrêtez, a-t-il dit, arrêtez, inhumains ! »
Ces mots impérieux n'ont point trouvé d'obstacle :
Les soldats, étonnés de ce nouveau spectacle,
De leur noire fureur ont suspendu le cours ;
Et ce prince aussitôt, poursuivant son discours :
« Apprenez, a-t-il dit, l'arrêt des destinées,
» Par qui vous allez voir vos misères bornées.
» Je suis le dernier sang de vos rois descendu,
» Qui par l'ordre des dieux doit être répandu.
» Recevez donc ce sang que ma main va répandre ;
» Et recevez la paix, où vous n'osiez prétendre. »
Il se tait, et se frappe en achevant ces mots ;
Et les Thébains, voyant expirer ce héros,
Comme si leur salut devenait leur supplice,
Regardent en tremblant ce noble sacrifice.

J'ai vu le triste Hémon abandonner son rang
Pour venir embrasser ce frère tout en sang.
Créon, à son exemple, a jeté bas les armes,
Et vers ce fils mourant est venu tout en larmes ;
Et l'un et l'autre camp, les voyant retirés,
Ont quitté le combat, et se sont séparés.
Et moi, le cœur tremblant, et l'âme tout émue,
D'un si funeste objet j'ai détourné la vue,
De ce prince admirant l'héroïque fureur.

JOCASTE.

Comme vous je l'admire, et j'en frémis d'horreur.
Est-il possible, ô dieux ! qu'après ce grand miracle
Le repos des Thébains trouve encor quelque obstacle ?
Cet illustre trépas ne peut-il vous calmer,
Puisque même mes fils s'en laissent désarmer ?
La refuserez-vous, cette noble victime ?
Si la vertu vous touche autant que fait le crime,
Si vous donnez les prix comme vous punissez,
Quels crimes par ce sang ne seront effacés ?

ANTIGONE.

Oui, oui, cette vertu sera récompensée ;
Les dieux sont trop payés du sang de Ménécée ;
Et le sang d'un héros, auprès des immortels,
Vaut seul plus que celui de mille criminels.

JOCASTE.

Connaissez mieux du ciel la vengeance fatale :
Toujours à ma douleur il met quelque intervalle ;
Mais, hélas ! quand sa main semble me secourir,
C'est alors qu'il s'apprête à me faire périr.
Il a mis, cette nuit, quelque fin à mes larmes,
Afin qu'à mon réveil je visse tout en armes.
S'il me flatte aussitôt de quelque espoir de paix,
Un oracle cruel me l'ôte pour jamais.
Il m'amène mon fils ; il veut que je le voie ;
Mais, hélas ! combien cher me vend-il cette joie !

Ce fils est insensible et ne m'écoute pas ;
Et soudain il me l'ôte, et l'engage aux combats.
Ainsi, toujours cruel, et toujours en colère,
Il feint de s'apaiser, et devient plus sévère ;
Il n'interrompt ses coups que pour les redoubler,
Et retire son bras pour me mieux accabler.

####### ANTIGONE.

Madame, espérons tout de ce dernier miracle.

####### JOCASTE.

La haine de mes fils est un trop grand obstacle.
Polynice endurci n'écoute que ses droits ;
Du peuple et de Créon l'autre écoute la voix,
Oui, du lâche Créon ! Cette âme intéressée
Nous ravit tout le fruit du sang de Ménécée ;
En vain pour nous sauver ce grand prince se perd,
Le père nous nuit plus que le fils ne nous sert.
De deux jeunes héros cet infidèle père...

####### ANTIGONE.

Ah ! le voici, madame, avec le roi mon frère.

SCÈNE IV.

JOCASTE, ÉTÉOCLE, ANTIGONE, CRÉON.

####### JOCASTE.

Mon fils, c'est donc ainsi que l'on garde sa foi ?

####### ÉTÉOCLE.

Madame, ce combat n'est point venu de moi,
Mais de quelques soldats, tant d'Argos que des nôtres,
Qui, s'étant querellés les uns avec les autres,
Ont insensiblement tout le corps ébranlé,
Et fait un grand combat d'un simple démêlé.
La bataille sans doute allait être cruelle,
Et son événement vidait notre querelle,
Quand du fils de Créon l'héroïque trépas

De tous les combattants a retenu le bras.
Ce prince, le dernier de la race royale,
S'est appliqué des dieux la réponse fatale ;
Et lui-même à la mort il s'est précipité,
De l'amour du pays noblement transporté.

JOCASTE.

Ah ! si le seul amour qu'il eut pour sa patrie
Le rendit insensible aux douceurs de la vie,
Mon fils, ce même amour ne peut-il seulement
De votre ambition vaincre l'emportement ?
Un exemple si beau vous invite à le suivre.
Il ne faudra cesser de régner ni de vivre :
Vous pouvez, en cédant un peu de votre rang,
Faire plus qu'il n'a fait en versant tout son sang ;
Il ne faut que cesser de haïr votre frère ;
Vous ferez beaucoup plus que sa mort n'a su faire.
O dieux ! aimer un frère, est-ce un plus grand effort
Que de haïr la vie et courir à la mort ?
Et doit-il être enfin plus facile en un autre
De répandre son sang, qu'en vous d'aimer le vôtre ?

ÉTÉOCLE.

Son illustre vertu me charme comme vous ;
Et d'un si beau trépas je suis même jaloux.
Et toutefois, madame, il faut que je vous die
Qu'un trône est plus pénible à quitter que la vie :
La gloire bien souvent nous porte à la haïr ;
Mais peu de souverains font gloire d'obéir.
Les dieux voulaient son sang ; et ce prince, sans crime,
Ne pouvait à l'État refuser sa victime ;
Mais ce même pays, qui demandait son sang,
Demande que je règne, et m'attache à mon rang.
Jusqu'à ce qu'il m'en ôte, il faut que j'y demeure :
Il n'a qu'à prononcer, j'obéirai sur l'heure ;
Et Thèbes me verra, pour apaiser son sort,
Et descendre du trône, et courir à la mort.

CRÉON.

Ah! Ménécée est mort, le ciel n'en veut point d'autre :
Laissez couler son sang, sans y mêler le vôtre ;
Et, puisqu'il l'a versé pour nous donner la paix,
Accordez-la, seigneur, à nos justes souhaits.

ÉTÉOCLE.

Hé quoi! même Créon pour la paix se déclare ?

CRÉON.

Pour avoir trop aimé cette guerre barbare,
Vous voyez les malheurs où le ciel m'a plongé :
Mon fils est mort, seigneur.

ÉTÉOCLE.

Il faut qu'il soit vengé.

CRÉON.

Sur qui me vengerais-je en ce malheur extrême ?

ÉTÉOCLE.

Vos ennemis, Créon, sont ceux de Thèbes même ;
Vengez-la, vengez-vous.

CRÉON.

Ah ! dans ses ennemis
Je trouve votre frère, et je trouve mon fils !
Dois-je verser mon sang, ou répandre le vôtre ?
Et dois-je perdre un fils, pour en venger un autre ?
Seigneur, mon sang m'est cher, le vôtre m'est sacré ;
Serai-je sacrilége, ou bien dénaturé ?
Souillerai-je ma main d'un sang que je révère ?
Serai-je parricide, afin d'être bon père ?
Un si cruel secours ne me peut soulager,
Et ce serait me perdre au lieu de me venger.
Tout le soulagement où ma douleur aspire,
C'est qu'au moins mes malheurs servent à votre empire.
Je me consolerai, si ce fils que je plains
Assure par sa mort le repos des Thébains.
Le ciel promet la paix au sang de Ménécée ;
Achevez-la, seigneur, mon fils l'a commencée ;

ACTE III. SCÈNE V.

Accordez-lui ce prix qu'il en a prétendu,
Et que son sang en vain ne soit pas répandu.

JOCASTE.

Non, puisqu'à nos malheurs vous devenez sensible,
Au sang de Ménécée il n'est rien d'impossible.
Que Thèbes se rassure après ce grand effort :
Puisqu'il change votre âme, il changera son sort.
La paix dès ce moment n'est plus désespérée :
Puisque Créon la veut, je la tiens assurée.
Bientôt ces cœurs de fer se verront adoucis :
Le vainqueur de Créon peut bien vaincre mes fils.
(A Étéocle.)
Qu'un si grand changement vous désarme et vous touche;
Quittez, mon fils, quittez cette haine farouche;
Soulagez une mère, et consolez Créon ;
Rendez-moi Polynice, et lui rendez Hémon.

ÉTÉOCLE.

Mais enfin c'est vouloir que je m'impose un maître.
Vous ne l'ignorez pas, Polynice veut l'être ;
Il demande surtout le pouvoir souverain,
Et ne veut revenir que le sceptre à la main.

SCÈNE V.

JOCASTE, ÉTÉOCLE, ANTIGONE, CRÉON, ATTALE.

ATTALE, à Étéocle.

Polynice, seigneur, demande une entrevue ;
C'est ce que d'un héraut nous apprend la venue.
Il vous offre, seigneur, ou de venir ici,
Ou d'attendre en son camp.

CRÉON.

    Peut-être qu'adouci
Il songe à terminer une guerre si lente,

Et son ambition n'est plus si violente.
Par ce dernier combat il apprend aujourd'hui
Que vous êtes au moins aussi puissant que lui.
Les Grecs mêmes sont las de servir sa colère;
Et j'ai su, depuis peu, que le roi son beau-père,
Préférant à la guerre un solide repos,
Se réserve Mycène, et le fait roi d'Argos.
Tout courageux qu'il est, sans doute il ne souhaite
Que de faire en effet une honnête retraite.
Puisqu'il s'offre à vous voir, croyez qu'il veut la paix.
Ce jour la doit conclure, ou la rompre à jamais.
Tâchez dans ce dessein de l'affermir vous-même;
Et lui promettez tout, hormis le diadème.

ÉTÉOCLE.

Hormis le diadème il ne demande rien.

JOCASTE.

Mais voyez-le du moins.

CRÉON.

Oui, puisqu'il le veut bien :
Vous ferez plus tout seul que nous ne saurions faire;
Et le sang reprendra son empire ordinaire.

ÉTÉOCLE.

Allons donc le chercher.

JOCASTE.

Mon fils, au nom des dieux,
Attendez-le plutôt, voyez-le dans ces lieux.

ÉTÉOCLE.

Hé bien! madame, hé bien! qu'il vienne, et qu'on lui donne
Toutes les sûretés qu'il faut pour sa personne !
Allons.

ANTIGONE.

Ah! si ce jour rend la paix aux Thébains,
Elle sera, Créon, l'ouvrage de vos mains.

SCÈNE VI.

CRÉON, ATTALE.

CRÉON.

L'intérêt des Thébains n'est pas ce qui vous touche,
Dédaigneuse princesse ; et cette âme farouche,
Qui semble me flatter après tant de mépris,
Songe moins à la paix qu'au retour de mon fils.
Mais nous verrons bientôt si la fière Antigone
Aussi bien que mon cœur dédaignera le trône ;
Nous verrons, quand les dieux m'auront fait votre roi,
Si ce fils bienheureux l'emportera sur moi.

ATTALE.

Et qui n'admirerait un changement si rare ?
Créon même, Créon pour la paix se déclare !

CRÉON.

Tu crois donc que la paix est l'objet de mes soins ?

ATTALE.

Oui, je le crois, seigneur, quand j'y pensais le moins ;
Et voyant qu'en effet ce beau soin vous anime,
J'admire à tous moments cet effort magnanime
Qui vous fait mettre enfin votre haine au tombeau.
Ménécée en mourant n'a rien fait de plus beau.
Et qui peut immoler sa haine à sa patrie
Lui pourrait bien aussi sacrifier sa vie.

CRÉON.

Ah ! sans doute, qui peut d'un généreux effort
Aimer son ennemi peut bien aimer la mort.
Quoi ! je négligerais le soin de ma vengeance,
Et de mon ennemi je prendrais la défense !
De la mort de mon fils Polynice est l'auteur,
Et moi je deviendrais son lâche protecteur !
Quand je renoncerais à cette haine extrême,

Pourrais-je bien cesser d'aimer le diadème ?
Non, non : tu me verras d'une constante ardeur
Haïr mes ennemis, et chérir ma grandeur.
Le trône fit toujours mes ardeurs les plus chères :
Je rougis d'obéir où régnèrent mes pères;
Je brûle de me voir au rang de mes aïeux,
Et je l'envisageai dès que j'ouvris les yeux.
Surtout depuis deux ans ce noble soin m'inspire;
Je ne fais point de pas qui ne tende à l'empire :
Des princes mes neveux j'entretiens la fureur,
Et mon ambition autorise la leur.
D'Étéocle d'abord j'appuyai l'injustice;
Je lui fis refuser le trône à Polynice.
Tu sais que je pensais dès lors à m'y placer;
Et je l'y mis, Attale, afin de l'en chasser.

ATTALE.

Mais, seigneur, si la guerre eut pour vous tant de charmes,
D'où vient que de leurs mains vous arrachez les armes ?
Et puisque leur discorde est l'objet de vos vœux,
Pourquoi, par vos conseils, vont-ils se voir tous deux ?

CRÉON.

Plus qu'à mes ennemis la guerre m'est mortelle,
Et le courroux du ciel me la rend trop cruelle :
Il s'arme contre moi de mon propre dessein;
Il se sert de mon bras pour me percer le sein.
La guerre s'allumait, lorsque, pour mon supplice,
Hémon m'abandonna pour servir Polynice;
Les deux frères par moi devinrent ennemis;
Et je devins, Attale, ennemi de mon fils.
Enfin, ce même jour, je fais rompre la trêve,
J'excite le soldat, tout le camp se soulève,
On se bat; et voilà qu'un fils désespéré
Meurt, et rompt un combat que j'ai tant préparé.
Mais il me reste un fils; et je sens que je l'aime,
Tout rebelle qu'il est, et tout mon rival même.

Sans le perdre, je veux perdre mes ennemis;
Il m'en coûterait trop, s'il m'en coûtait deux fils.
Des deux princes, d'ailleurs, la haine est trop puissante;
Ne crois pas qu'à la paix jamais elle consente.
Moi-même je saurai si bien l'envenimer,
Qu'ils périront tous deux plutôt que de s'aimer.
Les autres ennemis n'ont que de courtes haines;
Mais quand de la nature on a brisé les chaînes,
Cher Attale, il n'est rien qui puisse réunir
Ceux que des nœuds si forts n'ont pas su retenir :
L'on hait avec excès lorsque l'on hait un frère,
Mais leur éloignement ralentit leur colère :
Quelque haine qu'on ait contre un fier ennemi,
Quand il est loin de nous, on la perd à demi.
Ne t'étonne donc plus si je veux qu'ils se voient :
Je veux qu'en se voyant leurs fureurs se déploient;
Que, rappelant leur haine, au lieu de la chasser,
Ils s'étouffent, Attale, en voulant s'embrasser.

ATTALE.

Vous n'avez plus, seigneur, à craindre que vous-même,
On porte ses remords avec le diadème.

CRÉON.

Quand on est sur le trône, on a bien d'autres soins;
Et les remords sont ceux qui nous pèsent le moins.
Du plaisir de régner une âme possédée
De tout le temps passé détourne son idée;
Et de tout autre objet un esprit éloigné
Croit n'avoir point vécu tant qu'il n'a point régné.
Mais allons : le remords n'est pas ce qui me touche,
Et je n'ai plus un cœur que le crime effarouche :
Tous les premiers forfaits coûtent quelques efforts;
Mais, Attale, on commet les seconds sans remords.

FIN DU TROISIÈME ACTE.

ACTE QUATRIÈME.

SCÈNE I.

ÉTÉOCLE, CRÉON.

ÉTÉOCLE.

Oui, Créon, c'est ici qu'il doit bientôt se rendre,
Et tous deux en ce lieu nous le pouvons attendre.
Nous verrons ce qu'il veut ; mais je répondrais bien
Que par cette entrevue on n'avancera rien.
Je connais Polynice et son humeur altière ;
Je sais bien que sa haine est encore tout entière,
Je ne crains pas qu'on puisse en arrêter le cours,
Et, pour moi, je sens bien que je le hais toujours.

CRÉON.

Mais s'il vous cède enfin la grandeur souveraine,
Vous devez, ce me semble, apaiser votre haine.

ÉTÉOCLE.

Je ne sais si mon cœur s'apaisera jamais :
Ce n'est pas son orgueil, c'est lui seul que je hais.
Nous avons l'un et l'autre une haine obstinée,
Elle n'est pas, Créon, l'ouvrage d'une année ;
Elle est née avec nous ; et sa noire fureur,
Aussitôt que la vie, entra dans notre cœur.
Nous étions ennemis dès la plus tendre enfance ;
Que dis-je ? nous l'étions avant notre naissance.
Triste et fatal effet d'un sang incestueux !
Pendant qu'un même sein nous renfermait tous deux,
Dans les flancs de ma mère une guerre intestine
De nos divisions lui marqua l'origine.

Elles ont, tu le sais, paru dans le berceau,
Et nous suivront peut-être encor dans le tombeau.
On dirait que le ciel, par un arrêt funeste,
Voulut de nos parents punir ainsi l'inceste;
Et que dans notre sang il voulut mettre au jour
Tout ce qu'ont de plus noir et la haine et l'amour.
Et maintenant, Créon, que j'attends sa venue,
Ne crois pas que pour lui ma haine diminue;
Plus il approche, et plus il me semble odieux;
Et sans doute il faudra qu'elle éclate à ses yeux.
J'aurais même regret qu'il me quittât l'empire :
Il faut, il faut qu'il fuie, et non qu'il se retire.
Je ne veux point, Créon, le haïr à moitié ;
Et je crains son courroux moins que son amitié.
Je veux, pour donner cours à mon ardente haine,
Que sa fureur au moins autorise la mienne ;
Et puisque enfin mon cœur ne saurait se trahir,
Je veux qu'il me déteste, afin de le haïr.
Tu verras que sa rage est encore la même,
Et que toujours son cœur aspire au diadème;
Qu'il m'abhorre toujours, et veut toujours régner,
Et qu'on peut bien le vaincre, et non pas le gagner.

CRÉON.

Domptez-le donc, seigneur, s'il demeure inflexible.
Quelque fier qu'il puisse être, il n'est pas invincible,
Et puisque la raison ne peut rien sur son cœur,
Éprouvez ce que peut un bras toujours vainqueur.
Oui, quoique dans la paix je trouvasse des charmes,
Je serai le premier à reprendre les armes ;
Et si je demandais qu'on en rompît le cours,
Je demande encor plus que vous régniez toujours.
Que la guerre s'enflamme et jamais ne finisse,
S'il faut, avec la paix, recevoir Polynice.
Qu'on ne nous vienne plus vanter un bien si doux;
La guerre et ses horreurs nous plaisent avec vous.

Tout le peuple thébain vous parle par ma bouche,
Ne le soumettez pas à ce prince farouche :
Si la paix se peut faire, il la veut comme moi ;
Surtout, si vous l'aimez, conservez-lui son roi.
Cependant écoutez le prince votre frère,
Et, s'il se peut, seigneur, cachez votre colère ;
Feignez... Mais quelqu'un vient.

SCÈNE II.

ÉTÉOCLE, CRÉON, ATTALE.

ÉTÉOCLE.

Sont-ils bien près d'ici?
Vont-ils venir, Attale ?

ATTALE.

Oui, seigneur, les voici.
Ils ont trouvé d'abord la princesse et la reine,
Et bientôt ils seront dans la chambre prochaine.

ÉTÉOCLE.

Qu'ils entrent. Cette approche excite mon courroux.
Qu'on hait un ennemi quand il est près de nous !

CRÉON.
(A part.)

Ah! le voici! Fortune, achève mon ouvrage,
Et livre-les tous deux aux transports de leur rage!

SCÈNE III.

JOCASTE, ÉTÉOCLE, POLYNICE, ANTIGONE, CRÉON, HÉMON.

JOCASTE.

Me voici donc tantôt au comble de mes vœux,
Puisque déjà le ciel vous rassemble tous deux.
Vous revoyez un frère après deux ans d'absence,
Dans ce même palais où vous prîtes naissance ;

Et moi, par un bonheur où je n'osais penser,
L'un et l'autre à la fois je vous puis embrasser.
Commencez donc, mes fils, cette union si chère ;
Et que chacun de vous reconnaisse son frère :
Tous deux dans votre frère envisagez vos traits;
Mais, pour en mieux juger, voyez-les de plus près ;
Surtout que le sang parle et fasse son office.
Approchez, Étéocle; avancez, Polynice...
Hé quoi! loin d'approcher, vous reculez tous deux!
D'où vient ce sombre accueil et ces regards fâcheux?
N'est-ce point que chacun, d'une âme irrésolue,
Pour saluer son frère attend qu'il le salue;
Et qu'affectant l'honneur de céder le dernier,
L'un ni l'autre ne veut s'embrasser le premier?
Étrange ambition qui n'aspire qu'au crime,
Où le plus furieux passe pour magnanime!
Le vainqueur doit rougir en ce combat honteux;
Et les premiers vaincus sont les plus généreux.
Voyons donc qui des deux aura plus de courage,
Qui voudra le premier triompher de sa rage...
Quoi! vous n'en faites rien! C'est à vous d'avancer,
Et, venant de si loin, vous devez commencer :
Commencez, Polynice, embrassez votre frère ;
Et montrez...

ÉTÉOCLE.

Hé, madame! à quoi bon ce mystère?
Tous ces embrassements ne sont guère à propos :
Qu'il parle, qu'il s'explique, et nous laisse en repos.

POLYNICE.

Quoi! faut-il davantage expliquer mes pensées?
On les peut découvrir par les choses passées :
La guerre, les combats, tant de sang répandu,
Tout cela dit assez que le trône m'est dû.

ÉTÉOCLE.

Et ces mêmes combats, et cette même guerre,

Ce sang qui tant de fois a fait rougir la terre,
Tout cela dit assez que le trône est à moi ;
Et, tant que je respire, il ne peut être à toi.
POLYNICE.
Tu sais qu'injustement tu remplis cette place.
ÉTÉOCLE.
L'injustice me plaît, pourvu que je t'en chasse.
POLYNICE.
Si tu n'en veux sortir, tu pourras en tomber.
ÉTÉOCLE.
Si je tombe, avec moi tu pourras succomber.
JOCASTE.
O dieux ! que je me vois cruellement déçue !
N'avais-je tant pressé cette fatale vue
Que pour les désunir encor plus que jamais ?
Ah ! mes fils ! est-ce là comme on parle de paix ?
Quittez, au nom des dieux, ces tragiques pensées ;
Ne renouvelez point vos discordes passées :
Vous n'êtes pas ici dans un champ inhumain.
Est-ce moi qui vous mets les armes à la main ?
Considérez ces lieux où vous prîtes naissance ;
Leur aspect sur vos cœurs n'a-t-il point de puissance ?
C'est ici que tous deux vous reçûtes le jour ;
Tout ne vous parle ici que de paix et d'amour :
Ces princes, votre sœur, tout condamne vos haines ;
Enfin moi qui pour vous pris toujours tant de peines,
Qui, pour vous réunir, immolerais... Hélas !
Ils détournent la tête, et ne m'écoutent pas !
Tous deux, pour s'attendrir, ils ont l'âme trop dure ;
Ils ne connaissent plus la voix de la nature !
(A Polynice.)
Et vous que je croyais plus doux et plus soumis...
POLYNICE.
Je ne veux rien de lui que ce qu'il m'a promis :
Il ne saurait régner sans se rendre parjure.

JOCASTE.

Une extrême justice est souvent une injure.
Le trône vous est dû, je n'en saurais douter ;
Mais vous le renversez en voulant y monter.
Ne vous lassez-vous point de cette affreuse guerre?
Voulez-vous sans pitié désoler cette terre,
Détruire cet empire afin de le gagner?
Est-ce donc sur des morts que vous voulez régner ?
Thèbes avec raison craint le règne d'un prince
Qui de fleuves de sang inonde sa province :
Voudrait-elle obéir à votre injuste loi?
Vous êtes son tyran avant qu'être son roi.
Dieux! si devenant grand souvent on devient pire,
Si la vertu se perd quand on gagne l'empire,
Lorsque vous régnerez, que serez-vous, hélas!
Si vous êtes cruel quand vous ne régnez pas?

POLYNICE.

Ah! si je suis cruel, on me force de l'être ;
Et de mes actions je ne suis pas le maître.
J'ai honte des horreurs où je me vois contraint ;
Et c'est injustement que le peuple me craint.
Mais il faut en effet soulager ma patrie ;
De ses gémissements mon âme est attendrie.
Trop de sang innocent se verse tous les jours ;
Il faut de ses malheurs que j'arrête le cours ;
Et, sans faire gémir ni Thèbes ni la Grèce,
A l'auteur de mes maux il faut que je m'adresse :
Il suffit aujourd'hui de son sang ou du mien.

JOCASTE.

Du sang de votre frère?

POLYNICE.

    Oui, madame, du sien.
Il faut finir ainsi cette guerre inhumaine.
 (A Etéocle.)
Oui, cruel, et c'est là le dessein qui m'amène.

Moi-même à ce combat j'ai voulu t'appeler ;
A tout autre qu'à toi je craignais d'en parler ;
Tout autre aurait voulu condamner ma pensée,
Et personne en ces lieux ne te l'eût annoncée.
Je te l'annonce donc. C'est à toi de prouver
Si ce que tu ravis, tu le sais conserver.
Montre-toi digne enfin d'une si belle proie.

ÉTÉOCLE.

J'accepte ton dessein, et l'accepte avec joie :
Créon sait là-dessus quel était mon désir :
J'eusse accepté le trône avec moins de plaisir.
Je te crois maintenant digne du diadème,
Et te le vais porter au bout de ce fer même.

JOCASTE.

Hâtez-vous donc, cruels, de me percer le sein ;
Et commencez par moi votre horrible dessein.
Ne considérez point que je suis votre mère,
Considérez en moi celle de votre frère.
Si de votre ennemi vous recherchez le sang,
Recherchez-en la source en ce malheureux flanc :
Je suis de tous les deux la commune ennemie,
Puisque votre ennemi reçut de moi la vie ;
Cet ennemi, sans moi, ne verrait pas le jour.
S'il meurt, ne faut-il pas que je meure à mon tour ?
N'en doutez point, sa mort me doit être commune ;
Il faut en donner deux, ou n'en donner pas une ;
Et, sans être ni doux ni cruels à demi,
Il faut me perdre, ou bien sauver votre ennemi.
Si la vertu vous plaît, si l'honneur vous anime,
Barbares, rougissez de commettre un tel crime ;
Ou si le crime, enfin, vous plaît tant à chacun,
Barbares, rougissez de n'en commettre qu'un.
Aussi bien, ce n'est point que l'amour vous retienne,
Si vous sauvez ma vie en poursuivant la sienne :
Vous vous garderiez bien, cruels, de m'épargner,

Si je vous empêchais un moment de régner.
Polynice, est-ce ainsi que l'on traite une mère?

POLYNICE.

J'épargne mon pays.

JOCASTE.

Et vous tuez un frère!

POLYNICE.

Je punis un méchant.

JOCASTE.

Et sa mort, aujourd'hui,
Vous rendra plus coupable et plus méchant que lui.

POLYNICE.

Faut-il que de ma main je couronne ce traître,
Et que de cour en cour j'aille chercher un maître;
Qu'errant et vagabond je quitte mes États,
Pour observer des lois qu'il ne respecte pas?
De ses propres forfaits serai-je la victime?
Le diadème est-il le partage du crime?
Quel droit ou quel devoir n'a-t-il point violé?
Et cependant il règne, et je suis exilé!

JOCASTE.

Mais si le roi d'Argos vous cède une couronne...

POLYNICE.

Dois-je chercher ailleurs ce que le sang me donne?
En m'alliant chez lui n'aurai-je rien porté?
Et tiendrai-je mon rang de sa seule bonté?
D'un trône qui m'est dû faut-il que l'on me chasse,
Et d'un prince étranger que je brigue la place?
Non, non : sans m'abaisser à lui faire la cour,
Je veux devoir le sceptre à qui je dois le jour.

JOCASTE.

Qu'on le tienne, mon fils, d'un beau-père ou d'un père,
La main de tous les deux vous sera toujours chère.

POLYNICE.

Non, non, la différence est trop grande pour moi.
L'un me ferait esclave, et l'autre me fait roi.
Quoi ! ma grandeur serait l'ouvrage d'une femme !
D'un éclat si honteux je rougirais dans l'âme.
Le trône, sans l'amour, me serait donc fermé?
Je ne régnerais pas, si l'on ne m'eût aimé ?
Je veux m'ouvrir le trône, ou jamais n'y paraître ;
Et quand j'y monterai, j'y veux monter en maître,
Que le peuple à moi seul soit forcé d'obéir,
Et qu'il me soit permis de m'en faire haïr.
Enfin, de ma grandeur je veux être l'arbitre,
N'être point roi, madame, ou l'être à juste titre,
Que le sang me couronne, ou, s'il ne suffit pas,
Je veux à son secours n'appeler que mon bras.

JOCASTE.

Faites plus, tenez tout de votre grand courage ;
Que votre bras tout seul fasse votre partage ;
Et, dédaignant les pas des autres souverains,
Soyez, mon fils, soyez l'ouvrage de vos mains.
Par d'illustres exploits couronnez-vous vous-même,
Qu'un superbe laurier soit votre diadème :
Régnez et triomphez, et joignez à la fois
La gloire des héros à la pourpre des rois.
Quoi ! votre ambition serait-elle bornée
A régner tour à tour l'espace d'une année ?
Cherchez à ce grand cœur, que rien ne peut dompter,
Quelque trône où vous seul ayez droit de monter.
Mille sceptres nouveaux s'offrent à votre épée,
Sans que d'un sang si cher nous la voyions trempée.
Vos triomphes pour moi n'auront rien que de doux,
Et votre frère même ira vaincre avec vous.

POLYNICE.

Vous voulez que mon cœur, flatté de ces chimères,

Laisse un usurpateur au trône de mes pères?
JOCASTE.
Si vous lui souhaitez en effet tant de mal,
Élevez-le vous-même à ce trône fatal.
Ce trône fut toujours un dangereux abîme;
La foudre l'environne aussi bien que le crime :
Votre père et les rois qui vous ont devancés,
Sitôt qu'ils y montaient, s'en sont vus renversés.
POLYNICE.
Quand je devrais au ciel rencontrer le tonnerre,
J'y monterais plutôt que de ramper à terre.
Mon cœur, jaloux du sort de ces grands malheureux,
Veut s'élever, madame, et tomber avec eux.
ÉTÉOCLE.
Je saurai t'épargner une chute si vaine.
POLYNICE.
Ah! ta chute, crois-moi, précédera la mienne!
JOCASTE.
Mon fils, son règne plaît.
POLYNICE.
    Mais il m'est odieux.
JOCASTE.
Il a pour lui le peuple.
POLYNICE.
    Et j'ai pour moi les dieux.
ÉTÉOCLE.
Les dieux de ce haut rang te voulaient interdire,
Puisqu'ils m'ont élevé le premier à l'empire :
Ils ne savaient que trop, lorsqu'ils firent ce choix,
Qu'on veut régner toujours quand on règne une fois.
Jamais dessus le trône on ne vit plus d'un maître;
Il n'en peut tenir deux, quelque grand qu'il puisse être :
L'un des deux, tôt ou tard, se verrait renversé;
Et d'un autre soi-même on y serait pressé.

Jugez donc, par l'horreur que ce méchant me donne,
Si je puis avec lui partager la couronne.

POLYNICE.

Et moi je ne veux plus, tant tu m'es odieux,
Partager avec toi la lumière des cieux.

JOCASTE.

Allez donc, j'y consens, allez perdre la vie ;
A ce cruel combat tous deux je vous convie ;
Puisque tous mes efforts ne sauraient vous changer,
Que tardez-vous ? allez vous perdre et me venger.
Surpassez, s'il se peut, les crimes de vos pères :
Montrez, en vous tuant, comme vous êtes frères :
Le plus grand des forfaits vous a donné le jour,
Il faut qu'un crime égal vous l'arrache à son tour.
Je ne condamne plus la fureur qui vous presse ;
Je n'ai plus pour mon sang ni pitié ni tendresse :
Votre exemple m'apprend à ne le plus chérir;
Et moi je vais, cruels, vous apprendre à mourir.

ANTIGONE.

Madame... O ciel! que vois-je ? Hélas ! rien ne les touche !

HÉMON.

Rien ne peut ébranler leur constance farouche.

ANTIGONE.

Princes...

ÉTÉOCLE.

Pour ce combat choisissons quelque lieu.

POLYNICE.

Courons. Adieu, ma sœur.

ÉTÉOCLE.

Adieu, princesse, adieu.

ANTIGONE.

Mes frères, arrêtez ! Gardes, qu'on les retienne !
Joignez, unissez tous vos douleurs à la mienne.
C'est leur être cruel que de les respecter.

HÉMON.

Madame, il n'est plus rien qui les puisse arrêter.

ANTIGONE.

Ah ! généreux Hémon, c'est vous seul que j'implore :
Si la vertu vous plaît, si vous m'aimez encore,
Et qu'on puisse arrêter leurs parricides mains,
Hélas ! pour me sauver, sauvez ces inhumains.

FIN DU QUATRIÈME ACTE.

ACTE CINQUIÈME.

SCÈNE I.

ANTIGONE.

A quoi te résous-tu, princesse infortunée[1] ?
   Ta mère vient de mourir dans tes bras ;
      Ne saurais-tu suivre ses pas,
Et finir, en mourant, ta triste destinée ?
A de nouveaux malheurs te veux-tu réserver ?
Tes frères sont aux mains, rien ne les peut sauver
      De leurs cruelles armes.
Leur exemple t'anime à te percer le flanc ;
      Et toi seule verse des larmes,
      Tous les autres versent du sang.

Quelle est de mes malheurs l'extrémité mortelle ?
   Où ma douleur doit-elle recourir ?
      Dois-je vivre ? dois-je mourir ?
Un amant me retient, une mère m'appelle :
Dans la nuit du tombeau je la vois qui m'attend ;
Ce que veut la raison, l'amour me le défend
      Et m'en ôte l'envie.
Que je vois de sujets d'abandonner le jour !

[1] Les monologues en stances étaient à la mode ; et Corneille en avait encore mis un dans son *OEdipe,* représenté quatre ans avant cette pièce. Le jeune poëte avait fait cette scène bien plus longue, et il fut assez sage pour retrancher plusieurs stances, comme on le voit dans la dernière de ses lettres écrites dans sa jeunesse.   (L. R.)

Mais, hélas ! qu'on tient à la vie,
Quand on tient si fort à l'amour !

Oui, tu retiens, amour, mon âme fugitive ;
Je reconnais la voix de mon vainqueur :
L'espérance est morte en mon cœur.
Et cependant tu vis, et tu veux que je vive ;
Tu dis que mon amant me suivrait au tombeau,
Que je dois de mes jours conserver le flambeau
Pour sauver ce que j'aime.
Hémon, vois le pouvoir que l'amour a sur moi :
Je ne vivrais pas pour moi-même,
Et je veux bien vivre pour toi.

Si jamais tu doutas de ma flamme fidèle...
Mais voici du combat la funeste nouvelle.

SCÈNE II.

ANTIGONE, OLYMPE.

ANTIGONE.
Hé bien, ma chère Olympe, as-tu vu ce forfait ?
OLYMPE.
J'y suis courue en vain, c'en était déjà fait.
Du haut de nos remparts j'ai vu descendre en larmes
Le peuple qui courait et qui criait aux armes ;
Et pour vous dire enfin d'où venait sa terreur,
Le roi n'est plus, madame, et son frère est vainqueur.
On parle aussi d'Hémon : l'on dit que son courage
S'est efforcé longtemps de suspendre leur rage,
Mais que tous ses efforts ont été superflus.
C'est ce que j'ai compris de mille bruits confus.
ANTIGONE.
Ah ! je n'en doute pas, Hémon est magnanime ;

Son grand cœur eut toujours trop d'horreur pour le crime :
Je l'avais conjuré d'empêcher ce forfait ;
Et s'il l'avait pu faire, Olympe, il l'aurait fait.
Mais, hélas ! leur fureur ne pouvait se contraindre ;
Dans des ruisseaux de sang elle voulait s'éteindre.
Princes dénaturés, vous voilà satisfaits :
La mort seule entre vous pouvait mettre la paix.
Le trône pour vous deux avait trop peu de place ;
Il fallait entre vous mettre un plus grand espace,
Et que le ciel vous mît, pour finir vos discords,
L'un parmi les vivants, l'autre parmi les morts.
Infortunés tous deux, dignes qu'on vous déplore !
Moins malheureux pourtant que je ne suis encore,
Puisque de tous les maux qui sont tombés sur vous,
Vous n'en sentez aucun, et que je les sens tous !

OLYMPE.

Mais pour vous ce malheur est un moindre supplice
Que si la mort vous eût enlevé Polynice.
Ce prince était l'objet qui faisait tous vos soins :
Les intérêts du roi vous touchaient beaucoup moins.

ANTIGONE.

Il est vrai, je l'aimais d'une amitié sincère :
Je l'aimais beaucoup plus que je n'aimais son frère ;
Et ce qui lui donnait tant de part dans mes vœux,
Il était vertueux, Olympe, et malheureux.
Mais, hélas ! ce n'est plus ce cœur si magnanime,
Et c'est un criminel qu'a couronné son crime :
Son frère plus que lui commence à me toucher,
Devenant malheureux, il m'est devenu cher.

OLYMPE.

Créon vient.

ANTIGONE.

Il est triste ; et j'en connais la cause !
Au courroux du vainqueur la mort du roi l'expose.
C'est de tous nos malheurs l'auteur pernicieux.

SCÈNE III.

ANTIGONE, CRÉON, OLYMPE, ATTALE, GARDES.

CRÉON.

Madame, qu'ai-je appris en entrant dans ces lieux ?
Est-il vrai que la reine...

ANTIGONE.

Oui, Créon, elle est morte.

CRÉON.

O dieux ! puis-je savoir de quelle étrange sorte
Ses jours infortunés ont éteint leur flambeau ?

OLYMPE.

Elle-même, seigneur, s'est ouvert le tombeau ;
Et s'étant d'un poignard en un moment saisie,
Elle en a terminé ses malheurs et sa vie.

ANTIGONE.

Elle a su prévenir la perte de son fils.

CRÉON.

Ah ! madame ! il est vrai que les dieux ennemis...

ANTIGONE.

N'imputez qu'à vous seul la mort du roi mon frère,
Et n'en accusez point la céleste colère.
A ce combat fatal vous seul l'avez conduit :
Il a cru vos conseils ; sa mort en est le fruit.
Ainsi de leurs flatteurs les rois sont les victimes ;
Vous avancez leur perte, en approuvant leurs crimes ;
De la chute des rois vous êtes les auteurs ;
Mais les rois, en tombant, entraînent leurs flatteurs.
Vous le voyez, Créon : sa disgrâce mortelle
Vous est funeste autant qu'elle nous est cruelle ;
Le ciel, en le perdant, s'en est vengé sur vous,
Et vous avez peut-être à pleurer comme nous.

CRÉON.

Madame, je l'avoue; et les destins contraires
Me font pleurer deux fils, si vous pleurez deux frères.

ANTIGONE.

Mes frères et vos fils! Dieux! que veut ce discours?
Quelque autre qu'Étéocle a-t-il fini ses jours?

CRÉON.

Mais ne savez-vous pas cette sanglante histoire?

ANTIGONE.

J'ai su que Polynice a gagné la victoire,
Et qu'Hémon a voulu les séparer en vain.

CRÉON.

Madame, ce combat est bien plus inhumain.
Vous ignorez encor mes pertes et les vôtres;
Mais, hélas! apprenez les unes et les autres.

ANTIGONE.

Rigoureuse Fortune, achève ton courroux!
Ah! sans doute, voici le dernier de tes coups!

CRÉON.

Vous avez vu, madame, avec quelle furie
Les deux princes sortaient pour s'arracher la vie;
Que d'une ardeur égale ils fuyaient de ces lieux,
Et que jamais leurs cœurs ne s'accordèrent mieux.
La soif de se baigner dans le sang de leur frère
Faisait ce que jamais le sang n'avait su faire:
Par l'excès de leur haine ils semblaient réunis;
Et, prêts à s'égorger, ils paraissaient amis.
Ils ont choisi d'abord, pour leur champ de bataille,
Un lieu près des deux camps, au pied de la muraille.
C'est là que, reprenant leur première fureur,
Ils commencent enfin ce combat plein d'horreur.
D'un geste menaçant, d'un œil brûlant de rage,
Dans le sein l'un de l'autre ils cherchent un passage;
Et, la seule fureur précipitant leurs bras,

Tous deux semblent courir au-devant du trépas.
Mon fils, qui de douleur en soupirait dans l'âme,
Et qui se souvenait de vos ordres, madame,
Se jette au milieu d'eux, et méprise pour vous
Leurs ordres absolus qui nous arrêtaient tous :
Il leur retient le bras, les repousse, les prie,
Et pour les séparer s'expose à leur furie.
Mais il s'efforce en vain d'en arrêter le cours ;
Et ces deux furieux se rapprochent toujours.
Il tient ferme pourtant, et ne perd point courage,
De mille coups mortels il détourne l'orage,
Jusqu'à ce que du roi le fer trop rigoureux,
Soit qu'il cherchât son frère, ou ce fils malheureux,
Le renverse à ses pieds prêt à rendre la vie.

ANTIGONE.

Et la douleur encor ne me l'a pas ravie !

CRÉON.

J'y cours, je le relève, et le prends dans mes bras ;
Et me reconnaissant : « Je meurs, dit-il tout bas,
» Trop heureux d'expirer pour ma belle princesse.
» En vain à mon secours votre amitié s'empresse ;
» C'est à ces furieux que vous devez courir :
» Séparez-les, mon père, et me laissez mourir. »
Il expire à ces mots. Ce barbare spectacle
A leur noire fureur n'apporte point d'obstacle ;
Seulement Polynice en paraît affligé :
« Attends, Hémon, dit-il, tu vas être vengé. »
En effet, sa douleur renouvelle sa rage,
Et bientôt le combat tourne à son avantage.
Le roi, frappé d'un coup qui lui perce le flanc,
Lui cède la victoire, et tombe dans son sang.
Les deux camps aussitôt s'abandonnent en proie,
Le nôtre à la douleur, et les Grecs à la joie ;
Et le peuple, alarmé du trépas de son roi,
Sur le haut de ses tours témoigne son effroi.

Polynice, tout fier du succès de son crime,
Regarde avec plaisir expirer sa victime;
Dans le sang de son frère il semble se baigner:
« Et tu meurs, lui dit-il, et moi je vais régner.
» Regarde dans mes mains l'empire et la victoire;
» Va rougir aux enfers de l'excès de ma gloire;
» Et pour mourir encore avec plus de regret,
» Traître, songe en mourant que tu meurs mon sujet. »
En achevant ces mots, d'une démarche fière
Il s'approche du roi couché sur la poussière,
Et pour le désarmer il avance le bras.
Le roi, qui semble mort, observe tous ses pas;
Il le voit, il l'attend, et son âme irritée
Pour quelque grand dessein semble s'être arrêtée.
L'ardeur de se venger flatte encor ses désirs,
Et retarde le cours de ses derniers soupirs.
Prêt à rendre la vie, il en cache le reste,
Et sa mort au vainqueur est un piége funeste :
Et dans l'instant fatal que ce frère inhumain
Lui veut ôter le fer qu'il tenait à la main,
Il lui perce le cœur; et son âme ravie,
En achevant ce coup, abandonne la vie.
Polynice frappé pousse un cri dans les airs,
Et son âme en courroux s'enfuit dans les enfers.
Tout mort qu'il est, madame, il garde sa colère;
Et l'on dirait qu'encore il menace son frère:
Son visage, où la mort a répandu ses traits,
Demeure plus terrible et plus fier que jamais.

ANTIGONE.

Fatale ambition, aveuglement funeste!
D'un oracle cruel suite trop manifeste!
De tout le sang royal il ne reste que nous;
Et plût aux dieux, Créon, qu'il ne restât que vous,
Et que mon désespoir, prévenant leur colère,
Eût suivi de plus près le trépas de ma mère!

CRÉON.

Il est vrai que des dieux le courroux embrasé
Pour nous faire périr semble s'être épuisé;
Car enfin sa rigueur, vous le voyez, madame,
Ne m'accable pas moins qu'elle afflige votre âme.
En m'arrachant mes fils...

ANTIGONE.

Ah! vous régnez, Créon;
Et le trône aisément vous console d'Hémon.
Mais laissez-moi, de grâce, un peu de solitude,
Et ne contraignez point ma triste inquiétude;
Aussi bien mes chagrins passeraient jusqu'à vous.
Vous trouverez ailleurs des entretiens plus doux;
Le trône vous attend, le peuple vous appelle;
Goûtez tout le plaisir d'une grandeur nouvelle.
Adieu. Nous ne faisons tous deux que nous gêner,
Je veux pleurer, Créon, et vous voulez régner.

CRÉON, arrêtant Antigone.

Ah! madame! régnez, et montez sur le trône :
Ce haut rang n'appartient qu'à l'illustre Antigone.

ANTIGONE.

Il me tarde déjà que vous ne l'occupiez.
La couronne est à vous.

CRÉON.

Je la mets à vos pieds.

ANTIGONE.

Je la refuserais de la main des dieux même;
Et vous osez, Créon, m'offrir le diadème!

CRÉON.

Je sais que ce haut rang n'a rien de glorieux
Qui ne cède à l'honneur de l'offrir à vos yeux.
D'un si noble destin je me connais indigne :
Mais si l'on peut prétendre à cette gloire insigne,
Si par d'illustres faits on la peut mériter,
Que faut-il faire enfin, madame?

ANTIGONE.

M'imiter.

CRÉON.

Que ne ferais-je point pour une telle grâce !
Ordonnez seulement ce qu'il faut que je fasse :
Je suis prêt...

ANTIGONE, en s'en allant.

Nous verrons.

CRÉON, la suivant.

J'attends vos lois ici.

ANTIGONE, en s'en allant.

Attendez.

SCÈNE IV.

CRÉON, ATTALE, GARDES.

ATTALE.

Son courroux serait-il adouci?
Croyez-vous la fléchir?

CRÉON.

Oui, oui, mon cher Attale;
Il n'est point de fortune à mon bonheur égale,
Et tu vas voir en moi, dans ce jour fortuné,
L'ambitieux au trône, et l'amant couronné.
Je demandais au ciel la princesse et le trône ;
Il me donne le sceptre, et m'accorde Antigone.
Pour couronner ma tête et ma flamme en ce jour,
Il arme en ma faveur et la haine et l'amour ;
Il allume pour moi deux passions contraires:
Il attendrit la sœur, il endurcit les frères ;
Il aigrit leur courroux, il fléchit sa rigueur,
Et m'ouvre en même temps et leur trône et son cœur.

ATTALE.

Il est vrai, vous avez toute chose prospère,

Et vous seriez heureux si vous n'étiez point père.
L'ambition, l'amour n'ont rien à désirer ;
Mais, seigneur, la nature a beaucoup à pleurer :
En perdant vos deux fils...

CRÉON.

Oui, leur perte m'afflige :
Je sais ce que de moi le rang de père exige ;
Je l'étais ; mais surtout j'étais né pour régner ;
Et je perds beaucoup moins que je ne crois gagner.
Le nom de père, Attale, est un titre vulgaire :
C'est un don que le ciel ne nous refuse guère :
Un bonheur si commun n'a pour moi rien de doux ;
Ce n'est pas un bonheur, s'il ne fait des jaloux.
Mais le trône est un bien dont le ciel est avare ;
Du reste des mortels ce haut rang nous sépare ;
Bien peu sont honorés d'un don si précieux :
La terre a moins de rois que le ciel n'a de dieux.
D'ailleurs tu sais qu'Hémon adorait la princesse,
Et qu'elle eut pour ce prince une extrême tendresse :
S'il vivait, son amour au mien serait fatal.
En me privant d'un fils, le ciel m'ôte un rival.
Ne me parle donc plus que de sujets de joie,
Souffre qu'à mes transports je m'abandonne en proie ;
Et, sans me rappeler des ombres des enfers,
Dis-moi ce que je gagne, et non ce que je perds :
Parle-moi de régner, parle-moi d'Antigone ;
J'aurai bientôt son cœur, et j'ai déjà le trône.
Tout ce qui s'est passé n'est qu'un songe pour moi :
J'étais père et sujet, je suis amant et roi.
La princesse et le trône ont pour moi tant de charmes,
Que... Mais Olympe vient.

ATTALE.

Dieux ! elle est tout en larmes.

SCÈNE V.

CRÉON, OLYMPE, ATTALE, GARDES.

OLYMPE.

Qu'attendez-vous, seigneur? La princesse n'est plus.

CRÉON.

Elle n'est plus, Olympe !

OLYMPE.

Ah ! regrets superflus !
Elle n'a fait qu'entrer dans la chambre prochaine,
Et du même poignard dont est morte la reine,
Sans que je pusse voir son funeste dessein,
Cette fière princesse a percé son beau sein :
Elle s'en est, seigneur, mortellement frappée ;
Et dans son sang, hélas ! elle est soudain tombée.
Jugez à cet objet ce que j'ai dû sentir.
Mais sa belle âme enfin, toute prête à sortir :
« Cher Hémon, c'est à toi que je me sacrifie ! »
Dit-elle, et ce moment a terminé sa vie.
J'ai senti son beau corps tout froid entre mes bras,
Et j'ai cru que mon âme allait suivre ses pas.
Heureuse mille fois si ma douleur mortelle
Dans la nuit du tombeau m'eût plongée avec elle !

(Elle s'en va.)

SCÈNE VI.

CRÉON, ATTALE, GARDES.

CRÉON.

Ainsi donc vous fuyez un amant odieux,
Et vous-même, cruelle, éteignez vos beaux yeux !

Vous fermez pour jamais ces beaux yeux que j'adore,
Et, pour ne me point voir, vous les fermez encore!
Quoique Hémon vous fût cher, vous courez au trépas
Bien plus pour m'éviter que pour suivre ses pas!
Mais dussiez-vous encor m'être aussi rigoureuse,
Ma présence aux enfers vous fût-elle odieuse,
Dût après le trépas vivre votre courroux,
Inhumaine, je vais y descendre après vous.
Vous y verrez toujours l'objet de votre haine,
Et toujours mes soupirs vous rediront ma peine,
Ou pour vous adoucir, ou pour vous tourmenter;
Et vous ne pourrez plus mourir pour m'éviter.
Mourons donc...

ATTALE, lui arrachant son épée.

Ah! seigneur! quelle cruelle envie!

CRÉON.

Ah! c'est m'assassiner que me sauver la vie!
Amour, rage, transports, venez à mon secours,
Venez, et terminez mes détestables jours!
De ces cruels amis trompez tous les obstacles!
Toi, justifie, ô ciel! la foi de tes oracles!
Je suis le dernier sang du malheureux Laïus;
Perdez-moi, dieux cruels, ou vous serez déçus!
Reprenez, reprenez cet empire funeste;
Vous m'ôtez Antigone, ôtez-moi tout le reste:
Le trône et vos présents excitent mon courroux;
Un coup de foudre est tout ce que je veux de vous.
Ne le refusez pas à mes vœux, à mes crimes;
Ajoutez mon supplice à tant d'autres victimes.
Mais en vain je vous presse, et mes propres forfaits
Me font déjà sentir tous les maux que j'ai faits.
Polynice, Étéocle, Jocaste, Antigone,
Mes fils, que j'ai perdus pour m'élever au trône,
Tant d'autres malheureux dont j'ai causé les maux,
Font déjà dans mon cœur l'office des bourreaux.

Arrêtez... Mon trépas va venger votre perte !
La foudre va tomber, la terre est entr'ouverte ;
Je ressens à la fois mille tourments divers,
Et je m'en vais chercher du repos aux enfers.

(Il tombe entre les mains des gardes.)

FIN DE LA THÉBAÏDE.

ALEXANDRE LE GRAND.

TRAGÉDIE.

1665.

AU ROI.

Sire,

Voici une seconde entreprise qui n'est pas moins hardie que la première. Je ne me contente pas d'avoir mis à la tête de mon ouvrage le nom d'Alexandre, j'y ajoute encore celui de Votre Majesté; c'est-à-dire que j'assemble tout ce que le siècle présent et les siècles passés nous peuvent fournir de plus grand. Mais, Sire, j'espère que Votre Majesté ne condamnera pas cette seconde hardiesse, comme elle n'a pas désapprouvé la première. Quelques efforts que l'on eût faits pour lui défigurer mon héros, il n'a pas plus tôt paru devant elle, qu'elle l'a reconnu pour Alexandre. Et à qui s'en rapportera-t-on, qu'à un roi dont la gloire est répandue aussi loin que celle de ce conquérant, et devant qui l'on peut dire que « tous les peuples du monde se taisent, » comme l'Écriture l'a dit d'Alexandre? Je sais bien que ce silence est un silence d'étonnement et d'admiration; que, jusques ici, la force de vos armes ne leur a pas tant imposé que celle de vos vertus. Mais, Sire, votre réputation n'en est pas moins éclatante, pour n'être point établie sur les embrasements et sur les ruines ; et déjà Votre Majesté est arrivée au comble de la gloire par un chemin plus nouveau et plus difficile que celui par où Alexandre y est monté. Il n'est pas extraordinaire de voir un jeune homme gagner des batailles, de le voir mettre le feu par toute la terre. Il n'est pas impossible que la jeunesse et la fortune l'emportent victorieux jusqu'au fond des Indes. L'histoire est pleine de jeunes conquérants ; et l'on sait avec quelle ardeur Votre Majesté elle-même a cherché les occasions de se signaler dans un âge où Alexandre ne faisait encore que pleurer pour les victoires de son père. Mais elle me permettra de lui dire que devant elle, on n'a point vu de roi qui, à l'âge d'Alexandre, ait fait paraître la conduite d'Auguste; qui, sans s'éloigner presque du centre de son royaume, ait répandu sa lumière jusqu'au bout du monde, et qui ait commencé sa carrière par où les plus grands princes ont tâché d'achever la leur. On a disputé chez les anciens si la fortune n'avait point eu plus de part que la vertu dans les conquêtes d'Alexandre. Mais quelle part la fortune peut-elle prétendre aux actions d'un roi qui ne doit qu'à ses seuls conseils l'état florissant de son royaume, et qui n'a besoin que de lui-même pour se rendre redoutable à toute l'Europe? Mais, Sire, je ne songe pas qu'en voulant louer Votre Majesté, je m'engage dans une carrière trop vaste et trop difficile; il faut auparavant m'essayer encore sur quelques autres héros de l'antiquité ; et je prévois qu'à mesure que je prendrai de nouvelles forces, Votre Majesté se couvrira elle-même d'une gloire toute nouvelle; que nous la reverrons peut-être, à la tête d'une armée, achever la comparaison qu'on peut faire d'elle et d'Alexandre, et ajouter le titre de conquérant à celui du plus sage roi de la terre. Ce sera alors que vos sujets devront consacrer toutes leurs veilles au récit de tant de grandes actions, et ne pas souffrir que Votre Majesté ait lieu de se plaindre, comme Alexandre, qu'elle n'a eu personne de son temps qui pût laisser à la postérité la mémoire de ses vertus. Je n'espère pas être assez heureux pour me distinguer par le mérite de mes ouvrages, mais je sais bien que je me signalerai au moins par le zèle et la profonde vénération avec laquelle je suis,

Sire,

De Votre Majesté,

Le très-humble, très-obéissant et très-fidèle serviteur et sujet,

RACINE.

PREMIÈRE PRÉFACE.

Je ne rapporterai point ici ce que l'histoire dit de Porus : il faudrait copier tout le huitième livre de Quinte-Curce, et je m'engagerai moins encore à faire une exacte apologie de tous les endroits qu'on a voulu combattre dans ma pièce. Je n'ai pas prétendu donner au public un ouvrage parfait : je me fais trop justice pour avoir osé me flatter de cette espérance. Avec quelque succès qu'on ait représenté mon *Alexandre*, et quoique les premières personnes de la terre et les Alexandres de notre siècle se soient hautement déclarés pour lui, je ne me laisse point éblouir par ces illustres approbations. Je veux croire qu'ils ont voulu encourager un jeune homme et m'exciter à faire encore mieux dans la suite; mais j'avoue que, quelque défiance que j'eusse de moi-même, je n'ai pu m'empêcher de concevoir quelque opinion de ma tragédie, quand j'ai vu la peine que se sont donnée certaines gens pour la décrier. On ne fait point tant de brigues contre un ouvrage qu'on n'estime pas; on se contente de ne le plus voir quand on l'a vu une fois, et on le laisse tomber de lui-même, sans daigner seulement contribuer à sa chute. Cependant j'ai eu le plaisir de voir plus de six fois de suite à ma pièce le visage de ces censeurs ; ils n'ont pas craint de s'exposer si souvent à entendre une chose qui leur déplaisait; ils ont prodigué libéralement leur temps et leurs peines pour la venir critiquer, sans compter les chagrins que leur ont peut-être coûtés les applaudissements que leur présence n'a pas empêché le public de me donner. Ce n'est pas que je croye ma pièce sans défauts : on sait avec quelle déférence j'ai écouté les avis sincères de mes véritables amis, et l'on verra même que j'ai profité en quelques endroits des conseils que j'en ai reçus. Mais je n'aurais jamais fait, si je m'arrêtais aux subtilités de quelques critiques qui prétendent assujettir le goût du public aux dégoûts d'un esprit malade, qui vont au théâtre avec un ferme dessein de n'y point prendre de plaisir, et qui croient prouver à tous les spectateurs par un branlement de tête, et par des grimaces affectées, qu'ils ont étudié à fond la poétique d'Aristote.

Je ne représente point à ces critiques le goût de l'antiquité : je vois bien qu'ils le connaissent médiocrement. Mais de quoi se plaignent-ils, si toutes mes scènes sont bien remplies, si elles sont liées nécessairement les unes avec les autres, si tous mes acteurs ne viennent point sur le théâtre que l'on ne sache la raison qui les y fait venir; et si, avec peu d'incidents et peu de matière, j'ai été assez heureux pour faire une pièce qui les a peut-être attachés malgré eux depuis le commencement jusqu'à la fin? Mais ce qui me console, c'est de voir mes censeurs s'accorder si mal ensemble : les uns disent que Taxile n'est pas assez honnête homme ; les autres, qu'il ne mérite point sa perte ; les uns soutiennent qu'Alexandre n'est pas assez amoureux ; les autres, qu'il ne vient sur le théâtre que pour parler d'amour. Ainsi je n'ai pas besoin que mes amis se mettent en peine de me justifier, je n'ai qu'à renvoyer mes ennemis à mes ennemis, et je me repose sur eux de la défense d'une pièce qu'ils attaquent en si mauvaise intelligence, et avec des sentiments si opposés.

SECONDE PRÉFACE.

Il n'y a guère de tragédie où l'histoire soit plus fidèlement suivie que dans celle-ci. Le sujet en est tiré de plusieurs auteurs, mais surtout du huitième livre de Quinte-Curce. C'est là qu'on peut voir tout ce qu'Alexandre fit lorsqu'il entra dans les Indes, les ambassades qu'il envoya aux rois de ces pays-là, les différentes réceptions qu'ils firent à ses envoyés, l'alliance que Taxile fit avec lui, la fierté avec laquelle Porus refusa les conditions qu'on lui présentait, l'inimitié qui était entre Porus et Taxile, et enfin la victoire qu'Alexandre remporta sur Porus, la réponse généreuse que ce brave Indien fit au vainqueur, qui lui demandait comment il voulait qu'on le traitât, et la générosité avec laquelle Alexandre lui rendit tous ses États, et en ajouta beaucoup d'autres.

Cette action d'Alexandre a passé pour une des plus belles que ce prince ait faites en sa vie, et le danger que Porus lui fit courir dans la bataille lui parut le plus grand où il se fût jamais trouvé. Il le confessa lui-même, en disant qu'il avait trouvé enfin un péril digne de son courage. Et ce fut en cette même occasion qu'il s'écria : « O Athéniens, combien de travaux j'endure pour me faire louer de vous ! »

J'ai tâché de représenter en Porus un ennemi digne d'Alexandre, et je puis dire que son caractère a plu extrêmement sur notre théâtre, jusque-là que des personnes m'ont reproché que je faisais ce prince plus grand qu'Alexandre. Mais ces personnes ne considèrent pas que, dans la bataille et dans la victoire, Alexandre est en effet plus grand que Porus ; qu'il n'y a pas un vers dans la tragédie qui ne soit à la louange d'Alexandre ; que les invectives de Porus et d'Axiane sont autant d'éloges de la valeur de ce conquérant. Porus a peut-être quelque chose qui intéresse davantage, parce qu'il est dans le malheur; car, comme dit Sénèque : « Nous sommes de telle nature, qu'il n'y a rien au monde qui se fasse tant admirer qu'un homme qui sait être malheureux avec courage. » — *Ita affecti sumus, ut nihil æque magnam apud nos admirationem occupet, quam homo fortiter miser*[1].

Les amours d'Alexandre et de Cléofile ne sont pas de mon invention : Justin en parle, aussi bien que Quinte-Curce. Ces deux historiens rapportent qu'une reine des Indes, nommée Cléofile, se rendit à ce prince avec la ville où il la tenait assiégée, et qu'il la rétablit dans son royaume en considération de sa beauté. Elle

[1] *Senecæ Consolatio ad Helviam*, cap. XIII.

en eut un fils, et elle l'appela Alexandre. Voici les paroles de Justin : *Regna Cleophilis, reginæ petit, quæ, quum se dedisset ei, concubitu redemptum regnum ab Alexandro recepit, illecebris consecuta quod virtute non potuerat ; filiumque, ab eo genitum, Alexandrum nominavit, qui postea regno Indorum potitus est*[1].

---

[1] JUSTINI, lib. XII, cap. VII.

PERSONNAGES.

ALEXANDRE.

PORUS, \
TAXILE, / rois dans les Indes.

AXIANE, reine d'une autre partie des Indes.

CLÉOFILE, sœur de Taxile.

ÉPHESTION.

SUITE D'ALEXANDRE.

NOMS DES ACTEURS QUI ONT JOUÉ DANS ALEXANDRE.

Au Palais-Royal, par la troupe de Molière :

ALEXANDRE.	La Grange.
PORUS.	La Thorillière.
TAXILE.	Imbert.
AXIANE.	Mlle du Parc.
CLÉOFILE.	Mme Molière.
ÉPHESTION.	Du Croisy.

A l'hôtel de Bourgogne :

ALEXANDRE.	Floridor.
PORUS.	Montfleury.
TAXILE.	Brécourt.
AXIANE.	Mlle Désœillet.
CLÉOFILE.	Mme d'Ennebaut.
ÉPHESTION.	Hauteroche.

La scène est sur le bord de l'Hydaspe, dans le camp de Taxile.

ALEXANDRE LE GRAND.

ACTE PREMIER.

SCÈNE I.

TAXILE, CLÉOFILE.

CLÉOFILE.

Quoi! vous allez combattre un roi dont la puissance
Semble forcer le ciel à prendre sa défense,
Sous qui toute l'Asie a vu tomber ses rois,
Et qui tient la fortune attachée à ses lois ?
Mon frère, ouvrez les yeux pour connaître Alexandre :
Voyez de toutes parts les trônes mis en cendre.
Les peuples asservis, et les rois enchaînés,
Et prévenez les maux qui les ont entraînés.

TAXILE.

Voulez-vous que, frappé d'une crainte si basse,
Je présente la tête au joug qui nous menace,
Et que j'entende dire aux peuples indiens
Que j'ai forgé moi-même et leurs fers et les miens?
Quitterai-je Porus? Trahirai-je ces princes
Que rassemble le soin d'affranchir nos provinces,
Et qui, sans balancer sur un si noble choix,
Sauront également vivre ou mourir en rois ?
En voyez-vous un seul qui, sans rien entreprendre,
Se laisse terrasser au seul nom d'Alexandre,
Et, le croyant déjà maître de l'univers,
Aille, esclave empressé, lui demander des fers ?

Loin de s'épouvanter à l'aspect de sa gloire,
Ils l'attaqueront même au sein de la victoire ;
Et vous voulez, ma sœur, que Taxile aujourd'hui,
Tout prêt à le combattre, implore son appui!

CLÉOFILE.

Aussi n'est-ce qu'à vous que ce prince s'adresse ;
Pour votre amitié seule Alexandre s'empresse :
Quand la foudre s'allume et s'apprête à partir,
Il s'efforce en secret de vous en garantir.

TAXILE.

Pourquoi suis-je le seul que son courroux ménage ?
De tous ceux que l'Hydaspe oppose à son courage,
Ai-je mérité seul son indigne pitié ?
Ne peut-il à Porus offrir son amitié ?
Ah! sans doute il lui croit l'âme trop généreuse
Pour écouter jamais une offre si honteuse :
Il cherche une vertu qui lui résiste moins ;
Et peut-être il me croit plus digne de ses soins.

CLÉOFILE.

Dites, sans l'accuser de chercher un esclave,
Que de ses ennemis il vous croit le plus brave ;
Et qu'en vous arrachant les armes de la main,
Il se promet du reste un triomphe certain.
Son choix à votre nom n'imprime point de taches ;
Son amitié n'est point le partage des lâches ;
Quoiqu'il brûle de voir tout l'univers soumis,
On ne voit point d'esclave au rang de ses amis.
Ah! si son amitié peut souiller votre gloire,
Que ne m'épargniez-vous une tache si noire ?
Vous connaissez les soins qu'il me rend tous les jours,
Il ne tenait qu'à vous d'en arrêter le cours.
Vous me voyez ici maîtresse de son âme ;
Cent messages secrets m'assurent de sa flamme ;
Pour venir jusqu'à moi, ses soupirs embrasés
Se font jour au travers de deux camps opposés.

Au lieu de le haïr, au lieu de m'y contraindre,
De mon trop de rigueur je vous ai vu vous plaindre ;
Vous m'avez engagée à souffrir son amour,
Et peut-être, mon frère, à l'aimer à mon tour.

TAXILE.

Vous pouvez, sans rougir du pouvoir de vos charmes,
Forcer ce grand guerrier à vous rendre les armes ;
Et, sans que votre cœur doive s'en alarmer,
Le vainqueur de l'Euphrate a pu vous désarmer :
Mais l'État aujourd'hui suivra ma destinée ;
Je tiens avec mon sort sa fortune enchaînée ;
Et, quoique vos conseils tâchent de me fléchir,
Je dois demeurer libre, afin de l'affranchir.
Je sais l'inquiétude où ce dessein vous livre ;
Mais comme vous, ma sœur, j'ai mon amour à suivre.
Les beaux yeux d'Axiane, ennemis de la paix,
Contre votre Alexandre arment tous leurs attraits ;
Reine de tous les cœurs, elle met tout en armes
Pour cette liberté que détruisent ses charmes ;
Elle rougit des fers qu'on apporte en ces lieux,
Et n'y saurait souffrir de tyrans que ses yeux.
Il faut servir, ma sœur, son illustre colère ;
Il faut aller...

CLÉOFILE.

    Hé bien ! perdez-vous pour lui plaire ;
De ces tyrans si chers suivez l'arrêt fatal,
Servez-les, ou plutôt servez votre rival.
De vos propres lauriers souffrez qu'on le couronne ;
Combattez pour Porus, Axiane l'ordonne ;
Et, par de beaux exploits appuyant sa rigueur,
Assurez à Porus l'empire de son cœur.

TAXILE.

Ah ! ma sœur ! croyez-vous que Porus...

CLÉOFILE.

      Mais vous-même,

Doutez-vous, en effet qu'Axiane ne l'aime ?
Quoi ! ne voyez-vous pas avec quelle chaleur
L'ingrate, à vos yeux même, étale sa valeur ?
Quelque brave qu'on soit, si nous voulons la croire,
Ce n'est qu'autour de lui que vole la victoire :
Vous formeriez sans lui d'inutiles desseins ;
La liberté de l'Inde est toute entre ses mains ;
Sans lui déjà nos murs seraient réduits en cendre ;
Lui seul peut arrêter les progrès d'Alexandre :
Elle se fait un dieu de ce prince charmant,
Et vous doutez encor qu'elle en fasse un amant !

TAXILE.

Je tâchais d'en douter, cruelle Cléofile :
Hélas ! dans son erreur affermissez Taxile.
Pourquoi lui peignez-vous cet objet odieux ?
Aidez-le bien plutôt à démentir ses yeux :
Dites-lui qu'Axiane est une beauté fière,
Telle à tous les mortels qu'elle est à votre frère ;
Flattez de quelque espoir...

CLÉOFILE.

     Espérez, j'y consens ;
Mais n'espérez plus rien de vos soins impuissants.
Pourquoi dans les combats chercher une conquête
Qu'à vous livrer lui-même Alexandre s'apprête ?
Ce n'est pas contre lui qu'il la faut disputer ;
Porus est l'ennemi qui prétend vous l'ôter.
Pour ne vanter que lui, l'injuste renommée
Semble oublier les noms du reste de l'armée :
Quoi qu'on fasse, lui seul en ravit tout l'éclat,
Et comme ses sujets il vous mène au combat.
Ah ! si ce nom vous plaît, si vous cherchez à l'être,
Les Grecs et les Persans vous enseignent un maître ;
Vous trouverez cent rois compagnons de vos fers ;
Porus y viendra même avec tout l'univers.
Mais Alexandre enfin ne vous tend point de chaînes ;

Il laisse à votre front ces marques souveraines
Qu'un orgueilleux rival ose ici dédaigner.
Porus vous fait servir, il vous fera régner :
Au lieu que de Porus vous êtes la victime,
Vous serez... Mais voici ce rival magnanime.
TAXILE.
Ah, ma sœur! je me trouble; et mon cœur alarmé
En voyant mon rival, me dit qu'il est aimé.
CLÉOFILE.
Le temps vous presse. Adieu. C'est à vous de vous rendre
L'esclave de Porus, ou l'ami d'Alexandre.

SCÈNE II.

PORUS, TAXILE.

PORUS.
Seigneur, ou je me trompe, ou nos fiers ennemis
Feront moins de progrès qu'ils ne s'étaient promis.
Nos chefs et nos soldats, brûlant d'impatience,
Font lire sur leur front une mâle assurance ;
Ils s'animent l'un l'autre ; et nos moindres guerriers
Se promettent déjà des moissons de lauriers.
J'ai vu de rang en rang cette ardeur répandue
Par des cris généreux éclater à ma vue.
Ils se plaignent qu'au lieu d'éprouver leur grand cœur,
L'oisiveté d'un camp consume leur vigueur.
Laisserons-nous languir tant d'illustres courages ?
Notre ennemi, seigneur, cherche ses avantages ;
Il se sent faible encore ; et, pour nous retenir,
Éphestion demande à nous entretenir,
Et par de vains discours...
TAXILE.
            Seigneur, il faut l'entendre ;
Nous ignorons encor ce que veut Alexandre :

Peut-être est-ce la paix qu'il nous veut présenter.
PORUS.
La paix! Ah! de sa main pourriez-vous l'accepter?
Hé quoi! nous l'aurons vu, par tant d'horribles guerres,
Troubler le calme heureux dont jouissaient nos terres,
Et, le fer à la main, entrer dans nos États
Pour attaquer des rois qui ne l'offensaient pas;
Nous l'aurons vu piller des provinces entières,
Du sang de nos sujets faire enfler nos rivières;
Et, quand le ciel s'apprête à nous l'abandonner,
J'attendrai qu'un tyran daigne nous pardonner!
TAXILE.
Ne dites point, seigneur, que le ciel l'abandonne;
D'un soin toujours égal sa faveur l'environne.
Un roi qui fait trembler tant d'États sous ses lois
N'est pas un ennemi que méprisent les rois.
PORUS.
Loin de le mépriser, j'admire son courage,
Je rends à sa valeur un légitime hommage;
Mais je veux, à mon tour, mériter les tributs
Que je me sens forcé de rendre à ses vertus.
Oui, je consens qu'au ciel on élève Alexandre;
Mais si je puis, seigneur, je l'en ferai descendre,
Et j'irai l'attaquer jusque sur les autels
Que lui dresse en tremblant le reste des mortels.
C'est ainsi qu'Alexandre estima tous ces princes
Dont sa valeur pourtant a conquis les provinces :
Si son cœur dans l'Asie eût montré quelque effroi,
Darius en mourant l'aurait-il vu son roi?
TAXILE.
Seigneur, si Darius avait su se connaître
Il régnerait encore où règne un autre maître.
Cependant cet orgueil, qui causa son trépas,
Avait un fondement que vos mépris n'ont pas :
La valeur d'Alexandre à peine était connue;

ACTE I. SCÈNE II.

Ce foudre était encore enfermé dans la nue.
Dans un calme profond Darius endormi
Ignorait jusqu'au nom d'un si faible ennemi.
Il le connut bientôt; et son âme, étonnée,
De tout ce grand pouvoir se vit abandonnée :
Il se vit terrassé d'un bras victorieux;
Et la foudre en tombant lui fit ouvrir les yeux.

PORUS.

Mais encore, à quel prix croyez-vous qu'Alexandre
Mette l'indigne paix dont il veut vous surprendre?
Demandez-le, seigneur, à cent peuples divers
Que cette paix trompeuse a jetés dans les fers.
Non, ne nous flattons point : sa douceur nous outrage;
Toujours son amitié traîne un long esclavage :
En vain on prétendrait n'obéir qu'à demi;
Si l'on n'est son esclave, on est son ennemi.

TAXILE.

Seigneur, sans se montrer lâche ni téméraire,
Par quelque vain hommage on peut le satisfaire.
Flattons par des respects ce prince ambitieux
Que son bouillant orgueil appelle en d'autres lieux.
C'est un torrent qui passe, et dont la violence
Sur tout ce qui l'arrête exerce sa puissance;
Qui, grossi du débris de cent peuples divers,
Veut du bruit de son cours remplir tout l'univers.
Que sert de l'irriter par un orgueil sauvage?
D'un favorable accueil honorons son passage;
Et, lui cédant des droits que nous reprendrons bien,
Rendons-lui des devoirs qui ne nous coûtent rien.

PORUS.

Qui ne nous coûtent rien, seigneur! L'osez-vous croire?
Compterai-je pour rien la perte de ma gloire?
Votre empire et le mien seraient trop achetés,
S'ils coûtaient à Porus les moindres lâchetés.
Mais croyez-vous qu'un prince enflé de tant d'audace,

De son passage ici ne laissât point de trace?
Combien de rois, brisés à ce funeste écueil,
Ne règnent plus qu'autant qu'il plaît à son orgueil !
Nos couronnes, d'abord devenant ses conquêtes,
Tant que nous régnerions flotteraient sur nos têtes;
Et nos sceptres, en proie à ses moindres dédains,
Dès qu'il aurait parlé, tomberaient de nos mains.
Ne dites point qu'il court de province en province :
Jamais de ses liens il ne dégage un prince;
Et pour mieux asservir les peuples sous ses lois,
Souvent dans la poussière il leur cherche des rois.
Mais ces indignes soins touchent peu mon courage;
Votre seul intérêt m'inspire ce langage.
Porus n'a point de part dans tout cet entretien;
Et, quand la gloire parle, il n'écoute plus rien.

TAXILE.

J'écoute, comme vous, ce que l'honneur m'inspire,
Seigneur; mais il m'engage à sauver mon empire.

PORUS.

Si vous voulez sauver l'un et l'autre aujourd'hui,
Prévenons Alexandre et marchons contre lui.

TAXILE.

L'audace et le mépris sont d'infidèles guides.

PORUS.

La honte suit de près les courages timides.

TAXILE.

Le peuple aime les rois qui savent l'épargner.

PORUS.

Il estime encor plus ceux qui savent régner.

TAXILE.

Ces conseils ne plairont qu'à des âmes hautaines.

PORUS.

Ils plairont à des rois, et peut-être à des reines.

TAXILE.

La reine, à vous ouïr, n'a des yeux que pour vous.

ACTE I. SCÈNE II.

PORUS.
Un esclave est pour elle un objet de courroux.
TAXILE.
Mais, croyez-vous, seigneur, que l'amour vous ordonne
D'exposer avec vous son peuple et sa personne?
Non, non, sans vous flatter, avouez qu'en ce jour
Vous suivez votre haine, et non pas votre amour.
PORUS.
Hé bien! je l'avouerai que ma juste colère
Aime la guerre autant que la paix vous est chère;
J'avouerai que, brûlant d'une noble chaleur,
Je vais contre Alexandre éprouver ma valeur.
Du bruit de ses exploits mon âme importunée
Attend depuis longtemps cette heureuse journée.
Avant qu'il me cherchât, un orgueil inquiet
M'avait déjà rendu son ennemi secret.
Dans le noble transport de cette jalousie,
Je le trouvais trop lent à traverser l'Asie;
Je l'attirais ici par des vœux si puissants,
Que je portais envie au bonheur des Persans;
Et maintenant encor, s'il trompait mon courage,
Pour sortir de ces lieux s'il cherchait un passage,
Vous me verriez moi-même, armé pour l'arrêter,
Lui refuser la paix qu'il nous veut présenter.
TAXILE.
Oui, sans doute, une ardeur si haute et si constante
Vous promet dans l'histoire une place éclatante;
Et, sous ce grand dessein dussiez-vous succomber,
Au moins c'est avec bruit qu'on vous verra tomber.
La reine vient. Adieu. Vantez-lui votre zèle;
Découvrez cet orgueil qui vous rend digne d'elle.
Pour moi, je troublerais un si noble entretien,
Et vos cœurs rougiraient des faiblesses du mien.

SCÈNE III.

PORUS, AXIANE.

AXIANE.

Quoi! Taxile me fuit! Quelle cause inconnue...

PORUS.

Il fait bien de cacher sa honte à votre vue;
Et, puisqu'il n'ose plus s'exposer aux hasards,
De quel front pourrait-il soutenir vos regards?
Mais laissons-le, madame; et, puisqu'il veut se rendre
Qu'il aille avec sa sœur adorer Alexandre.
Retirons-nous d'un camp où, l'encens à la main,
Le fidèle Taxile attend son souverain.

AXIANE.

Mais, seigneur, que dit-il?

PORUS.

Il en fait trop paraître :
Cet esclave déjà m'ose vanter son maître;
Il veut que je le serve...

AXIANE.

Ah! sans vous emporter,
Souffrez que mes efforts tâchent de l'arrêter :
Ses soupirs, malgré moi, m'assurent qu'il m'adore.
Quoi qu'il en soit, souffrez que je lui parle encore;
Et ne le forçons point, par ce cruel mépris,
D'achever un dessein qu'il peut n'avoir pas pris.

PORUS.

Hé quoi! vous en doutez? et votre âme s'assure
Sur la foi d'un amant infidèle et parjure,
Qui veut à son tyran vous livrer aujourd'hui,
Et croit, en vous donnant, vous obtenir de lui!

Hé bien! aidez-le donc à vous trahir vous-même!
Il vous peut arracher à mon amour extrême;
Mais il ne peut m'ôter, par ses efforts jaloux,
La gloire de combattre ou de mourir pour vous.

AXIANE.

Et vous croyez qu'après une telle insolence,
Mon amitié, seigneur, serait sa récompense?
Vous croyez que mon cœur s'engageant sous sa loi,
Je souscrirais au don qu'on lui ferait de moi?
Pouvez-vous, sans rougir, m'accuser d'un tel crime?
Ai-je fait pour ce prince éclater tant d'estime?
Entre Taxile et vous s'il fallait prononcer,
Seigneur, le croyez-vous qu'on me vît balancer?
Sais-je pas que Taxile est une âme incertaine,
Que l'amour le retient quand la crainte l'entraîne?
Sais-je pas que, sans moi, sa timide valeur
Succomberait bientôt aux ruses de sa sœur?
Vous savez qu'Alexandre en fit sa prisonnière,
Et qu'enfin cette sœur retourna vers son frère;
Mais je connus bientôt qu'elle avait entrepris
De l'arrêter au piége où son cœur était pris.

PORUS.

Et vous pouvez encor demeurer auprès d'elle!
Que n'abandonnez-vous cette sœur criminelle?
Pourquoi, par tant de soins, voulez-vous épargner
Un prince...

AXIANE.

C'est pour vous que je le veux gagner.
Vous verrai-je, accablé du soin de nos provinces,
Attaquer seul un roi vainqueur de tant de princes?
Je vous veux dans Taxile offrir un défenseur
Qui combatte Alexandre en dépit de sa sœur.
Que n'avez-vous pour moi cette ardeur empressée!
Mais d'un soin si commun votre âme est peu blessée :

Pourvu que ce grand cœur périsse noblement,
Ce qui suivra sa mort le touche faiblement.
Vous me voulez livrer, sans secours, sans asile,
Au courroux d'Alexandre, à l'amour de Taxile,
Qui, me traitant bientôt en superbe vainqueur,
Pour prix de votre mort demandera mon cœur.
Hé bien! seigneur, allez; contentez votre envie,
Combattez, oubliez le soin de votre vie;
Oubliez que le ciel, favorable à vos vœux,
Vous préparait peut-être un sort assez heureux.
Peut-être qu'à son tour Axiane charmée
Allait...Mais non, seigneur, courez vers votre armée :
Un si long entretien vous serait ennuyeux;
Et c'est vous retenir trop longtemps en ces lieux.

PORUS.

Ah! madame! arrêtez, et connaissez ma flamme,
Ordonnez de mes jours, disposez de mon âme :
La gloire y peut beaucoup, je ne m'en cache pas;
Mais que n'y peuvent point tant de divins appas!
Je ne vous dirai point que pour vaincre Alexandre
Vos soldats et les miens allaient tout entreprendre;
Que c'était pour Porus un bonheur sans égal
De triompher tout seul aux yeux de son rival :
Je ne vous dis plus rien. Parlez en souveraine :
Mon cœur met à vos pieds et sa gloire et sa haine.

AXIANE.

Ne craignez rien; ce cœur, qui veut bien m'obéir,
N'est pas entre des mains qui le puissent trahir :
Non, je ne prétend pas, jalouse de sa gloire,
Arrêter un héros qui court à la victoire.
Contre un fier ennemi précipitez vos pas;
Mais de vos alliés ne vous séparez pas :
Ménagez-les, seigneur; et, d'une âme tranquille,
Laissez agir mes soins sur l'esprit de Taxile;

Montrez en sa faveur des sentiments plus doux;
Je le vais engager à combattre pour vous.

PORUS.

Hé bien, madame, allez, j'y consens avec joie :
Voyons Éphestion, puisqu'il faut qu'on le voie.
Mais sans perdre l'espoir de le suivre de près,
J'attends Éphestion, et le combat après.

FIN DU PREMIER ACTE.

ACTE DEUXIÈME.

SCÈNE I.

CLÉOFILE, ÉPHESTION.

ÉPHESTION.
Oui, tandis que vos rois délibèrent ensemble,
Et que tout se prépare au conseil qui s'assemble,
Madame, permettez que je vous parle aussi
Des secrètes raisons qui m'amènent ici.
Fidèle confident du beau feu de mon maître,
Souffrez que je l'explique aux yeux qui l'ont fait naître ;
Et que pour ce héros j'ose vous demander
Le repos qu'à vos rois il veut bien accorder.
Après tant de soupirs, que faut-il qu'il espère ?
Attendez-vous encore après l'aveu d'un frère ?
Voulez-vous que son cœur, incertain et confus,
Ne se donne jamais sans craindre vos refus ?
Faut-il mettre à vos pieds le reste de la terre ?
Faut-il donner la paix ? faut-il faire la guerre ?
Prononcez : Alexandre est tout prêt d'y courir,
Ou pour vous mériter, ou pour vous conquérir.

CLÉOFILE.
Puis-je croire qu'un prince au comble de la gloire
De mes faibles attraits garde encor la mémoire ;
Que, traînant après lui la victoire et l'effroi,
Il se puisse abaisser à soupirer pour moi ?
Des captifs comme lui brisent bientôt leur chaîne :
A de plus hauts desseins la gloire les entraîne ;
Et l'amour dans leurs cœurs, interrompu, troublé,

Sous le faix des lauriers est bientôt accablé.
Tandis que ce héros me tint sa prisonnière,
J'ai pu toucher son cœur d'une atteinte légère;
Mais je pense, seigneur, qu'en rompant mes liens,
Alexandre à son tour brisa bientôt les siens.

ÉPHESTION.

Ah! si vous l'aviez vu, brûlant d'impatience,
Compter les tristes jours d'une si longue absence,
Vous sauriez que, l'amour précipitant ses pas,
Il ne cherchait que vous en courant aux combats.
C'est pour vous qu'on l'a vu, vainqueur de tant de princes,
D'un cours impétueux traverser vos provinces,
Et briser en passant, sous l'effort de ses coups,
Tout ce qui l'empêchait de s'approcher de vous.
On voit en même champ vos drapeaux et les nôtres;
De ses retranchements il découvre les vôtres :
Mais, après tant d'exploits, ce timide vainqueur
Craint qu'il ne soit encor bien loin de votre cœur.
Que lui sert de courir de contrée en contrée,
S'il faut que de ce cœur vous lui fermiez l'entrée;
Si, pour ne point répondre à de sincères vœux,
Vous cherchez chaque jour à douter de ses feux;
Si votre esprit, armé de mille défiances...?

CLÉOFILE.

Hélas! de tels soupçons sont de faibles défenses·
Et nos cœurs, se formant mille soins superflus,
Doutent toujours du bien qu'ils souhaitent le plus.
Oui, puisque ce héros veut que j'ouvre mon âme,
J'écoute avec plaisir le récit de sa flamme.
Je craignais que le temps n'en eût borné le cours:
Je souhaite qu'il m'aime, et qu'il m'aime toujours.
Je dis plus : quand son bras força notre frontière,
Et dans les murs d'Omphis m'arrêta prisonnière,
Mon cœur, qui le voyait maître de l'univers,
Se consolait déjà de languir dans ses fers;

Et, loin de murmurer contre un destin si rude,
Il s'en fit, je l'avoue, une douce habitude,
Et de sa liberté perdant le souvenir,
Même en la demandant, craignait de l'obtenir :
Jugez si son retour me doit combler de joie.
Mais tout couvert de sang veut-il que je le voie?
Est-ce comme ennemi qu'il se vient présenter?
Et ne me cherche-t-il que pour me tourmenter?

ÉPHESTION.

Non, madame : vaincu du pouvoir de vos charmes,
Il suspend aujourd'hui la terreur de ses armes ;
Il présente la paix à des rois aveuglés,
Et retire la main qui les eût accablés.
Il craint que la victoire, à ses vœux trop facile,
Ne conduise ses coups dans le sein de Taxile.
Son courage, sensible à vos justes douleurs,
Ne veut point de lauriers arrosés de vos pleurs.
Favorisez les soins où son amour l'engage;
Exemptez sa valeur d'un si triste avantage ;
Et disposez des rois qu'épargne son courroux
A recevoir un bien qu'ils ne doivent qu'à vous.

CLÉOFILE.

N'en doutez point, seigneur : mon âme inquiétée,
D'une crainte si juste est sans cesse agitée ;
Je tremble pour mon frère, et crains que son trépas
D'un ennemi si cher n'ensanglante le bras.
Mais en vain je m'oppose à l'ardeur qui l'enflamme,
Axiane et Porus tyrannisent son âme;
Les charmes d'une reine et l'exemple d'un roi,
Dès que je veux parler, s'élèvent contre moi.
Que n'ai-je point à craindre en ce désordre extrême !
Je crains pour lui, je crains pour Alexandre même.
Je sais qu'en l'attaquant cent rois se sont perdus;
Je sais tous ses exploits; mais je connais Porus.
Nos peuples qu'on a vus, triomphants à sa suite,

Repousser les efforts du Persan et du Scythe,
Et tout fiers des lauriers dont il les a chargés,
Vaincront à son exemple, ou périront vengés;
Et je crains...

ÉPHESTION.

Ah! quittez une crainte si vaine;
Laissez courir Porus où son malheur l'entraîne;
Que l'Inde en sa faveur arme tous ses États,
Et que le seul Taxile en détourne ses pas!
Mais les voici.

CLÉOFILE.

Seigneur, achevez votre ouvrage,
Par vos sages conseils dissipez cet orage;
Ou, s'il faut qu'il éclate, au moins souvenez-vous
De le faire tomber sur d'autres que sur nous.

SCÈNE II.

PORUS, TAXILE, ÉPHESTION.

ÉPHESTION.

Avant que le combat qui menace vos têtes
Mette tous vos États au rang de nos conquêtes,
Alexandre veut bien différer ses exploits,
Et vous offrir la paix pour la dernière fois.
Vos peuples, prévenus de l'espoir qui vous flatte,
Prétendaient arrêter le vainqueur de l'Euphrate;
Mais l'Hydaspe, malgré tant d'escadrons épars,
Voit enfin sur ses bords flotter nos étendards :
Vous les verriez plantés jusque sur vos tranchées,
Et de sang et de morts vos campagnes jonchées,
Si ce héros, couvert de tant d'autres lauriers,
N'eût lui-même arrêté l'ardeur de nos guerriers.
Il ne vient point ici, souillé du sang des princes,

D'un triomphe barbare effrayer vos provinces,
Et cherchant à briller d'une triste splendeur,
Sur le tombeau des rois élever sa grandeur.
Mais vous-mêmes, trompés d'un vain espoir de gloire,
N'allez point dans ses bras irriter la victoire;
Et lorsque son courroux demeure suspendu,
Princes, contentez-vous de l'avoir attendu.
Ne différez point tant à lui rendre l'hommage
Que vos cœurs, malgré vous, rendent à son courage;
Et, recevant l'appui que vous offre son bras,
D'un si grand défenseur honorez vos États.
Voilà ce qu'un grand roi veut bien vous faire entendre,
Prêt à quitter le fer, et prêt à le reprendre.
Vous savez son dessein : choisissez aujourd'hui,
Si vous voulez tout perdre ou tout tenir de lui.

TAXILE.

Seigneur, ne croyez point qu'une fierté barbare
Nous fasse méconnaître une vertu si rare ;
Et que dans leur orgueil nos peuples affermis
Prétendent, malgré vous, être vos ennemis.
Nous rendons ce qu'on doit aux illustres exemples;
Vous adorez des dieux qui nous doivent leurs temples;
Des héros qui chez vous passaient pour des mortels,
En venant parmi nous ont trouvé des autels.
Mais en vain l'on prétend, chez des peuples si braves,
Au lieu d'adorateurs se faire des esclaves :
Croyez-moi, quelque éclat qui les puisse toucher,
Ils refusent l'encens qu'on leur veut arracher.
Assez d'autres États, devenus vos conquêtes,
De leurs rois, sous le joug, ont vu ployer les têtes.
Après tous ces États qu'Alexandre a soumis,
N'est-il pas temps, seigneur, qu'il cherche des amis?
Tout ce peuple captif, qui tremble au nom d'un maître,
Soutient mal un pouvoir qui ne fait que de naître.
Ils ont, pour s'affranchir, les yeux toujours ouverts;

Votre empire n'est plein que d'ennemis couverts;
Ils pleurent en secret leurs rois sans diadèmes;
Vos fers trop étendus se relâchent d'eux-mêmes;
Et déjà dans leur cœur les Scythes mutinés
Vont sortir de la chaîne où vous nous destinez.
Essayez, en prenant notre amitié pour gage,
Ce que peut une foi qu'aucun serment n'engage;
Laissez un peuple au moins qui puisse quelquefois
Applaudir sans contrainte au bruit de vos exploits.
Je reçois à ce prix l'amitié d'Alexandre;
Et je l'attends déjà comme un roi doit attendre
Un héros dont la gloire accompagne les pas,
Qui peut tout sur mon cœur, et rien sur mes États.

PORUS.

Je croyais, quand l'Hydaspe, assemblant ses provinces,
Au secours de ses bords fit voler tous ses princes,
Qu'il n'avait avec moi, dans des desseins si grands,
Engagé que des rois ennemis des tyrans;
Mais puisqu'un roi, flattant la main qui nous menace,
Parmi ses alliés brigue une indigne place,
C'est à moi de répondre aux vœux de mon pays
Et de parler pour ceux que Taxile a trahis.
Que vient chercher ici le roi qui vous envoie?
Quel est ce grand secours que son bras nous octroie?
De quel front ose-t-il prendre sous son appui
Des peuples qui n'ont point d'autre ennemi que lui?
Avant que sa fureur ravageât tout le monde,
L'Inde se reposait dans une paix profonde;
Et si quelques voisins en troublaient les douceurs,
Il portait dans son sein d'assez bons défenseurs.
Pourquoi nous attaquer? Par quelle barbarie
A-t-on de votre maître excité la furie?
Vit-on jamais chez lui nos peuples en courroux
Désoler un pays inconnu parmi nous?
Faut-il que tant d'États, de déserts, de rivières,

Soient entre nous et lui d'impuissantes barrières?
Et ne saurait-on vivre au bout de l'univers
Sans connaître son nom et le poids de ses fers?
Quelle étrange valeur, qui, ne cherchant qu'à nuire,
Embrase tout sitôt qu'elle commence à luire;
Qui n'a que son orgueil pour règle et pour raison;
Qui veut que l'univers ne soit qu'une prison,
Et que, maître absolu de tous tant que nous sommes,
Ses esclaves en nombre égalent tous les hommes!
Plus d'États, plus de rois : ses sacriléges mains
Dessous un même joug rangent tous les humains.
Dans son avide orgueil je sais qu'il nous dévore :
De tant de souverains nous seuls régnons encore.
Mais que dis-je, nous seuls? Il ne reste que moi
Où l'on découvre encore les vestiges d'un roi.
Mais c'est pour mon courage une illustre matière :
Je vois d'un œil content trembler la terre entière,
Afin que par moi seul les mortels secourus,
S'ils sont libres, le soient de la main de Porus;
Et qu'on dise partout, dans une paix profonde :
« Alexandre vainqueur eût dompté tout le monde;
» Mais un roi l'attendait au bout de l'univers,
» Par qui le monde entier a vu briser ses fers. »

ÉPHESTION.

Votre projet du moins nous marque un grand courage;
Mais, seigneur, c'est bien tard s'opposer à l'orage :
Si le monde penchant n'a plus que cet appui,
Je le plains, et vous plains vous-même autant que lui.
Je ne vous retiens point; marchez contre mon maître :
Je voudrais seulement qu'on vous l'eût fait connaître;
Et que la renommée eût voulu, par pitié,
De ses exploits au moins vous conter la moitié;
Vous verriez...

PORUS.

Que verrais-je, et que pourrais-je apprendre

ACTE II. SCÈNE II.

Qui m'abaisse si fort au-dessous d'Alexandre?
Serait-ce sans effort les Persans subjugués,
Et vos bras tant de fois de meurtres fatigués?
Quelle gloire, en effet, d'accabler la faiblesse
D'un roi déjà vaincu par sa propre mollesse;
D'un peuple sans vigueur et presque inanimé,
Qui gémissait sous l'or dont il était armé,
Et qui, tombant en foule au lieu de se défendre,
N'opposait que des morts au grand cœur d'Alexandre?
Les autres, éblouis de ses moindres exploits,
Sont venus à genoux lui demander des lois;
Et leur crainte écoutant je ne sais quels oracles,
Ils n'ont pas cru qu'un dieu pût trouver des obstacles.
Mais nous, qui d'un autre œil jugeons des conquérants,
Nous savons que les dieux ne sont pas des tyrans;
Et de quelque façon qu'un esclave le nomme,
Le fils de Jupiter passe ici pour un homme.
Nous n'allons point de fleurs parfumer son chemin;
Il nous trouve partout les armes à la main ;
Il voit à chaque pas arrêter ses conquêtes;
Un seul rocher ici lui coûte plus de têtes,
Plus de soins, plus d'assauts, et presque plus de temps,
Que n'en coûte à son bras l'empire des Persans.
Ennemis du repos qui perdit ces infâmes,
L'or qui naît sous nos pas ne corrompt point nos âmes.
La gloire est le seul bien qui nous puisse tenter,
Et le seul que mon cœur cherche à lui disputer;
C'est elle...

ÉPHESTION, en se levant.

Et c'est aussi ce que cherche Alexandre.
A de moindres objets son cœur ne peut descendre.
C'est ce qui, l'arrachant du sein de ses États,
Au trône de Cyrus lui fit porter ses pas,
Et, du plus ferme empire ébranlant les colonnes,
Attaquer, conquérir, et donner les couronnes.

Et, puisque votre orgueil ose lui disputer
La gloire du pardon qu'il vous fait présenter,
Vos yeux, dès aujourd'hui témoins de sa victoire,
Verront de quelle ardeur il combat pour la gloire :
Bientôt le fer en main vous le verrez marcher.

PORUS.

Allez donc : je l'attends, ou je le vais chercher.

SCÈNE III.

PORUS, TAXILE.

TAXILE.

Quoi! vous voulez au gré de votre impatience...

PORUS.

Non, je ne prétends point troubler votre alliance :
Éphestion, aigri seulement contre moi,
De vos soumissions rendra compte à son roi.
Les troupes d'Axiane, à me suivre engagées,
Attendent le combat sous mes drapeaux rangées;
De son trône et du mien je soutiendrai l'éclat,
Et vous serez, seigneur, le juge du combat;
A moins que votre cœur, animé d'un beau zèle,
De vos nouveaux amis n'embrasse la querelle.

SCÈNE IV.

AXIANE, PORUS, TAXILE.

AXIANE, à Taxile.

Ah! que dit-on de vous, seigneur? Nos ennemis
Se vantent que Taxile est à moitié soumis;
Qu'il ne marchera point contre un roi qu'il respecte.

TAXILE.

La foi d'un ennemi doit être un peu suspecte,

Madame; avec le temps ils me connaîtront mieux.
AXIANE.
Démentez donc, seigneur, ce bruit injurieux;
De ceux qui l'ont semé confondez l'insolence;
Allez, comme Porus, les forcer au silence,
Et leur faire sentir, par un juste courroux,
Qu'ils n'ont point d'ennemi plus funeste que vous.
TAXILE.
Madame, je m'en vais disposer mon armée;
Écoutez moins ce bruit qui vous tient alarmée :
Porus fait son devoir, et je ferai le mien.

SCÈNE V.

AXIANE, PORUS.

AXIANE.
Cette sombre froideur ne m'en dit pourtant rien,
Lâche; et ce n'est point là, pour me le faire croire,
La démarche d'un roi qui court à la victoire.
Il n'en faut plus douter, et nous sommes trahis :
Il immole à sa sœur sa gloire et son pays;
Et sa haine, seigneur, qui cherche à vous abattre,
Attend pour éclater que vous alliez combattre.
PORUS.
Madame, en le perdant, je perds un faible appui;
Je le connaissais trop pour m'assurer sur lui.
Mes yeux sans se troubler ont vu son inconstance;
Je craignais beaucoup plus sa molle résistance.
Un traître, en nous quittant pour complaire à sa sœur,
Nous affaiblit bien moins qu'un lâche défenseur.
AXIANE.
Et cependant, seigneur, qu'allez-vous entreprendre?
Vous marchez sans compter les forces d'Alexandre;
Et, courant presque seul au-devant de leurs coups,

Contre tant d'ennemis vous n'opposez que vous.

PORUS.

Hé quoi! voudriez-vous qu'à l'exemple d'un traître
Ma frayeur conspirât à vous donner un maître;
Que Porus, dans un camp se laissant arrêter,
Refusât le combat qu'il vient de présenter?
Non, non, je n'en crois rien. Je connais mieux, madame,
Le beau feu que la gloire allume dans votre âme :
C'est vous, je m'en souviens, dont les puissants appas
Excitaient tous nos rois, les traînaient aux combats;
Et de qui la fierté, refusant de se rendre,
Ne voulait pour amant qu'un vainqueur d'Alexandre.
Il faut vaincre, et j'y cours, bien moins pour éviter
Le titre de captif que pour le mériter.
Oui, madame, je vais, dans l'ardeur qui m'entraîne,
Victorieux ou mort, mériter votre chaîne;
Et puisque mes soupirs s'expliquaient vainement
A ce cœur que la gloire occupe seulement,
Je m'en vais, par l'éclat qu'une victoire donne,
Attacher de si près la gloire à ma personne,
Que je pourrai peut-être amener votre cœur
De l'amour de la gloire à l'amour du vainqueur.

AXIANE.

Hé bien! seigneur, allez. Taxile aura peut-être
Des sujets dans son camp plus braves que leur maître;
Je vais les exciter par un dernier effort.
Après, dans votre camp, j'attendrai votre sort.
Ne vous informez point de l'état de mon âme :
Triomphez et vivez.

PORUS.

Qu'attendez-vous, madame?
Pourquoi, dès ce moment, ne puis-je pas savoir
Si mes tristes soupirs ont pu vous émouvoir?
Voulez-vous, car le sort, adorable Axiane,
A ne vous plus revoir peut-être me condamne;

Voulez-vous qu'en mourant un prince infortuné
Ignore à quelle gloire il était destiné?
Parlez.

AXIANE.

Que vous dirai-je?

PORUS.

Ah! divine princesse,
Si vous sentiez pour moi quelque heureuse faiblesse,
Ce cœur, qui me promet tant d'estime en ce jour,
Me pourrait bien encor promettre un peu d'amour.
Contre tant de soupirs peut-il bien se défendre?
Peut-il...

AXIANE.

Allez, seigneur, marchez contre Alexandre,
La victoire est à vous, si ce fameux vainqueur
Ne se défend pas mieux contre vous que mon cœur.

FIN DU DEUXIÈME ACTE.

ACTE TROISIÈME.

SCÈNE I.

AXIANE, CLÉOFILE.

AXIANE.

Quoi! madame, en ces lieux on me tient enfermée!
Je ne puis au combat voir marcher mon armée!
Et, commençant par moi sa noire trahison,
Taxile de son camp me fait une prison!
C'est donc là cette ardeur qu'il me faisait paraître!
Cet humble adorateur se déclare mon maître!
Et déjà son amour, lassé de ma rigueur,
Captive ma personne au défaut de mon cœur!

CLÉOFILE.

Expliquez mieux les soins et les justes alarmes
D'un roi qui pour vainqueurs ne connaît que vos charmes;
Et regardez, madame, avec plus de bonté
L'ardeur qui l'intéresse à votre sûreté.
Tandis qu'autour de nous deux puissantes armées,
D'une égale chaleur au combat animées
De leur fureur partout font voler les éclats,
De quel autre côté conduiriez-vous vos pas?
Où pourriez-vous ailleurs éviter la tempête?
Un plein calme en ces lieux assure votre tête :
Tout est tranquille...

AXIANE.

Et c'est cette tranquillité
Dont je ne puis souffrir l'indigne sûreté.

Quoi! lorsque mes sujets, mourant dans une plaine,
Sur les pas de Porus combattent pour leur reine,
Qu'au prix de tout leur sang ils signalent leur foi,
Que le cri des mourants vient presque jusqu'à moi,
On me parle de paix ; et le camp de Taxile
Garde dans ce désordre une assiette tranquille !
On flatte ma douleur d'un calme injurieux !
Sur des objets de joie on arrête mes yeux !

CLÉOFILE.

Madame, voulez-vous que l'amour de mon frère
Abandonne aux périls une tête si chère ?
Il sait trop les hasards...

AXIANE.

Et pour m'en détourner
Ce généreux amant me fait emprisonner !
Et, tandis que pour moi son rival se hasarde,
Sa paisible valeur me sert ici de garde !

CLÉOFILE.

Que Porus est heureux ! le moindre éloignement
A votre impatience est un cruel tourment ;
Et, si l'on vous croyait, le soin qui vous travaille
Vous le ferait chercher jusqu'au champ de bataille.

AXIANE.

Je ferais plus, madame : un mouvement si beau
Me le ferait chercher jusque dans le tombeau,
Perdre tous mes États, et voir d'un œil tranquille
Alexandre en payer le cœur de Cléofile.

CLÉOFILE.

Si vous cherchez Porus, pourquoi m'abandonner ?
Alexandre en ces lieux pourra le ramener.
Permettez que, veillant au soin de votre tête,
A cet heureux amant l'on garde sa conquête.

AXIANE.

Vous triomphez, madame ; et déjà votre cœur
Vole vers Alexandre, et le nomme vainqueur ;

Mais, sur la seule foi d'un amour qui vous flatte,
Peut-être avant le temps ce grand orgueil éclate :
Vous poussez un peu loin vos vœux précipités,
Et vous croyez trop tôt ce que vous souhaitez.
Oui, oui...

CLÉOFILE.

Mon frère vient; et nous allons apprendre
Qui de nous deux, madame, aura pu se méprendre.

AXIANE.

Ah ! je n'en doute plus ; et ce front satisfait
Dit assez à mes yeux que Porus est défait.

SCÈNE II.

TAXILE, AXIANE, CLÉOFILE.

TAXILE.

Madame, si Porus, avec moins de colère,
Eût suivi les conseils d'une amitié sincère,
Il m'aurait en effet épargné la douleur.
De vous venir moi-même annoncer son malheur.

AXIANE.

Quoi ! Porus...

TAXILE.

C'en est fait ; et sa valeur trompée
Des maux que j'ai prévus se voit enveloppée.
Ce n'est pas (car mon cœur, respectant sa vertu,
N'accable point encore un rival abattu),
Ce n'est pas que son bras, disputant la victoire,
N'en ait aux ennemis ensanglanté la gloire ;
Qu'elle-même, attachée à ses faits éclatants,
Entre Alexandre et lui n'ait douté quelque temps :
Mais enfin contre moi sa vaillance irritée,
Avec trop de chaleur s'était précipitée.
J'ai vu ses bataillons rompus et renversés,
Vos soldats en désordre, et les siens dispersés,

Et lui-même, à la fin, entraîné dans leur fuite,
Malgré lui du vainqueur éviter la poursuite ;
Et, de son vain courroux trop tard désabusé,
Souhaiter le secours qu'il avait refusé.

AXIANE.

Qu'il avait refusé! Quoi donc! pour ta patrie,
Ton indigne courage attend que l'on te prie!
Il faut donc, malgré toi, te traîner aux combats,
Et te forcer toi-même à sauver tes États!
L'exemple de Porus, puisqu'il faut qu'on t'y porte,
Dis-moi, n'était-ce pas une voix assez forte?
Ce héros en péril, ta maîtresse en danger,
Tout l'État périssant n'a pu t'encourager?
Va, tu sers bien le maître à qui ta sœur te donne.
Achève, et fais de moi ce que sa haine ordonne.
Garde à tous les vaincus un traitement égal,
Enchaîne ta maîtresse, en livrant ton rival.
Aussi bien c'en est fait : sa disgrâce et ton crime
Ont placé dans mon cœur ce héros magnanime.
Je l'adore! et je veux, avant la fin du jour,
Déclarer à la fois ma haine et mon amour ;
Lui vouer, à tes yeux, une amitié fidèle,
Et te jurer, aux siens, une haine immortelle.
Adieu. Tu me connais : aime-moi si tu veux.

TAXILE.

Ah! n'espérez de moi que de sincères vœux,
Madame ; n'attendez ni menaces ni chaînes :
Alexandre sait mieux ce qu'on doit à des reines.
Souffrez que sa douceur vous oblige à garder
Un trône que Porus devait moins hasarder ;
Et moi-même en aveugle on me verrait combattre
La sacrilége main qui le voudrait abattre.

AXIANE.

Quoi! par l'un de vous deux mon sceptre raffermi
Deviendrait dans mes mains le don d'un ennemi?

Et sur mon propre trône on me verrait placée
Par le même tyran qui m'en aurait chassée?

TAXILE.

Des reines et des rois vaincus par sa valeur
Ont laissé par ses soins adoucir leur malheur.
Voyez de Darius et la femme et la mère :
L'une le traite en fils, l'autre le traite en frère.

AXIANE.

Non, non, je ne sais point vendre mon amitié,
Caresser un tyran et régner par pitié.
Penses-tu que j'imite une faible Persane ;
Qu'à la cour d'Alexandre on retienne Axiane ;
Et qu'avec mon vainqueur courant tout l'univers,
J'aille vanter partout la douceur de ses fers?
S'il donne les États, qu'il te donne les nôtres ;
Qu'il te pare, s'il veut, des dépouilles des autres.
Règne : Porus ni moi n'en serons point jaloux,
Et tu seras encor plus esclave que nous.
J'espère qu'Alexandre, amoureux de sa gloire,
Et fâché que ton crime ait souillé sa victoire,
S'en lavera bientôt par ton propre trépas.
Des traîtres comme toi font souvent des ingrats :
Et de quelques faveurs que sa main t'éblouisse,
Du perfide Bessus regarde le supplice.
Adieu.

SCÈNE III.

CLÉOFILE, TAXILE.

CLÉOFILE.

Cédez, mon frère, à ce bouillant transport :
Alexandre et le temps vous rendront le plus fort ;
Et cet âpre courroux, quoi qu'elle en puisse dire,
Ne s'obstinera point au refus d'un empire.

Maître de ses destins, vous l'êtes de son cœur.
Mais, dites-moi, vos yeux ont-ils vu le vainqueur?
Quel traitement, mon frère, en devons-nous attendre?
Qu'a-t-il dit?

TAXILE.

Oui, ma sœur, j'ai vu votre Alexandre.
D'abord ce jeune éclat qu'on remarque en ses traits
M'a semblé démentir le nombre de ses faits.
Mon cœur, plein de son nom, n'osait, je le confesse,
Accorder tant de gloire avec tant de jeunesse;
Mais de ce même front l'héroïque fierté,
Le feu de ses regards, sa haute majesté,
Font connaître Alexandre; et certes son visage
Porte de sa grandeur l'infaillible présage;
Et sa présence auguste appuyant ses projets,
Ses yeux, comme son bras, font partout des sujets.
Il sortait du combat. Ébloui de sa gloire,
Je croyais dans ses yeux voir briller la victoire.
Toutefois, à ma vue, oubliant sa fierté,
Il a fait à son tour éclater sa bonté.
Ses transports ne m'ont point déguisé sa tendresse :
« Retournez, m'a-t-il dit, auprès de la princesse;
» Disposez ses beaux yeux à revoir un vainqueur
» Qui va mettre à ses pieds sa victoire et son cœur. »
Il marche sur mes pas. Je n'ai rien à vous dire,
Ma sœur : de votre sort je vous laisse l'empire;
Je vous confie encor la conduite du mien.

CLÉOFILE.

Vous aurez tout pouvoir, ou je ne pourrai rien.
Tout va vous obéir, si le vainqueur m'écoute.

TAXILE.

Je vais donc... Mais on vient. C'est lui-même sans doute.

SCÈNE IV.

ALEXANDRE, TAXILE, CLÉOFILE, ÉPHESTION;
SUITE D'ALEXANDRE.

ALEXANDRE.

Allez, Éphestion. Que l'on cherche Porus,
Qu'on épargne sa vie et le sang des vaincus.

SCÈNE V.

ALEXANDRE, TAXILE, CLÉOFILE.

ALEXANDRE, à Taxile.

Seigneur, est-il donc vrai qu'une reine aveuglée
Vous préfère d'un roi la valeur déréglée?
Mais ne le craignez point : son empire est à vous;
D'une ingrate, à ce prix, fléchissez le courroux.
Maître de deux États, arbitre des siens mêmes,
Allez avec vos vœux offrir trois diadèmes.

TAXILE.

Ah! c'en est trop, seigneur! Prodiguez un peu moins....

ALEXANDRE.

Vous pourrez à loisir reconnaître mes soins.
Ne tardez point, allez où l'amour vous appelle;
Et couronnez vos feux d'une palme si belle.

SCÈNE VI.

ALEXANDRE, CLÉOFILE.

ALEXANDRE.

Madame, à son amour je promets mon appui :
Ne puis-je rien pour moi quand je puis tout pour lui?

Si prodigue envers lui des fruits de la victoire,
N'en aurai-je pour moi qu'une stérile gloire?
Les sceptres devant vous ou rendus ou donnés,
De mes propres lauriers mes amis couronnés,
Les biens que j'ai conquis répandus sur leurs têtes,
Font voir que je soupire après d'autres conquêtes :
Je vous avais promis que l'effort de mon bras
M'approcherait bientôt de vos divins appas;
Mais, dans ce même temps, souvenez-vous, madame,
Que vous me promettiez quelque place en votre âme.
Je suis venu : l'amour a combattu pour moi;
La victoire elle-même a dégagé ma foi;
Tout cède autour de vous : c'est à vous de vous rendre;
Votre cœur l'a promis, voudra-t-il s'en défendre?
Et lui seul pourrait-il échapper aujourd'hui
A l'ardeur d'un vainqueur qui ne cherche que lui?

CLÉOFILE.

Non, je ne prétends pas que ce cœur inflexible
Garde seul contre vous le titre d'invincible :
Je rends ce que je dois à l'éclat des vertus
Qui tiennent sous vos pieds cent peuples abattus.
Les Indiens domptés sont vos moindres ouvrages;
Vous inspirez la crainte aux plus fermes courages;
Et, quand vous le voudrez, vos bontés, à leur tour,
Dans les cœurs les plus durs inspireront l'amour.
Mais, seigneur, cet éclat, ces victoires, ces charmes,
Me troublent bien souvent par de justes alarmes :
Je crains que, satisfait d'avoir conquis un cœur,
Vous ne l'abandonniez à sa triste langueur;
Qu'insensible à l'ardeur que vous aurez causée,
Votre âme ne dédaigne une conquête aisée.
On attend peu d'amour d'un héros tel que vous :
La gloire fit toujours vos transports les plus doux;
Et peut-être, au moment que ce grand cœur soupire,
La gloire de me vaincre est tout ce qu'il désire.

ALEXANDRE.

Que vous connaissez mal les violents désirs
D'un amour qui vers vous porte tous mes soupirs!
J'avouerai qu'autrefois, au milieu d'une armée,
Mon cœur ne soupirait que pour la renommée;
Les peuples et les rois, devenus mes sujets,
Étaient seuls, à mes vœux, d'assez dignes objets.
Les beautés de la Perse, à mes yeux présentées,
Aussi bien que ses rois, ont paru surmontées :
Mon cœur d'un fier mépris armé contre leurs traits,
N'a pas du moindre hommage honoré leurs attraits;
Amoureux de la gloire, et partout invincible,
Il mettait son bonheur à paraître insensible.
Mais, hélas! que vos yeux, ces aimables tyrans,
Ont produit sur mon cœur des effets différents!
Ce grand nom de vainqueur n'est plus ce qu'il souhaite;
Il vient avec plaisir avouer sa défaite :
Heureux si, votre cœur se laissant émouvoir,
Vos beaux yeux, à leur tour, avouaient leur pouvoir!
Voulez-vous donc toujours douter de leur victoire,
Toujours de mes exploits me reprocher la gloire?
Comme si les beaux nœuds où vous me tenez pris
Ne devaient arrêter que de faibles esprits!
Par des faits tout nouveaux je m'en vais vous apprendre
Tout ce que peut l'amour sur le cœur d'Alexandre :
Maintenant que mon bras, engagé sous vos lois,
Doit soutenir mon nom et le vôtre à la fois,
J'irai rendre fameux, par l'éclat de la guerre,
Des peuples inconnus au reste de la terre,
Et vous faire dresser des autels en des lieux
Où leurs sauvages mains en refusent aux dieux.

CLÉOFILE.

Oui, vous y traînerez la victoire captive;
Mais je doute, seigneur, que l'amour vous y suive.
Tant d'États, tant de mers qui vont nous désunir,

M'effaceront bientôt de votre souvenir.
Quand l'Océan troublé vous verra sur son onde
Achever quelque jour la conquête du monde;
Quand vous verrez les rois tomber à vos genoux,
Et la terre en tremblant se taire devant vous,
Songerez-vous, seigneur, qu'une jeune princesse,
Au fond de ses États vous regrette sans cesse,
Et rappelle en son cœur les moments bienheureux
Où ce grand conquérant l'assurait de ses feux?

ALEXANDRE.

Hé quoi! vous croyez donc qu'à moi-même barbare
J'abandonne en ces lieux une beauté si rare?
Mais vous-même plutôt voulez-vous renoncer
Au trône de l'Asie où je vous veux placer?

CLÉOFILE.

Seigneur, vous le savez, je dépends de mon frère.

ALEXANDRE.

Ah! s'il disposait seul du bonheur que j'espère,
Tout l'empire de l'Inde asservi sous ses lois
Bientôt en ma faveur irait briguer son choix.

CLÉOFILE.

Mon amitié pour lui n'est point intéressée.
Apaisez seulement une reine offensée;
Et ne permettez pas qu'un rival aujourd'hui,
Pour vous avoir bravé, soit plus heureux que lui.

ALEXANDRE.

Porus était sans doute un rival magnanime :
Jamais tant de valeur n'attira mon estime.
Dans l'ardeur du combat je l'ai vu, je l'ai joint;
Et je puis dire encor qu'il ne m'évitait point :
Nous nous cherchions l'un l'autre. Une fierté si belle
Allait entre nous deux finir notre querelle,
Lorsqu'un gros de soldats, se jetant entre nous,
Nous a fait dans la foule ensevelir nos coups.

SCÈNE VII.

ALEXANDRE, CLÉOFILE, ÉPHESTION.

ALEXANDRE.
Hé bien, ramène-t-on ce prince téméraire?
ÉPHESTION.
On le cherche partout; mais, quoi qu'on puisse faire,
Seigneur, jusques ici sa fuite ou son trépas
Dérobe ce captif aux soins de vos soldats.
Mais un reste des siens entourés dans leur fuite,
Et du soldat vainqueur arrêtant la poursuite,
A nous vendre leur mort semblent se préparer.
ALEXANDRE.
Désarmez les vaincus sans les désespérer.
Madame, allons fléchir une fière princesse,
Afin qu'à mon amour Taxile s'intéresse;
Et, puisque mon repos doit dépendre du sien,
Achevons son bonheur pour établir le mien.

FIN DU TROISIÈME ACTE.

ACTE QUATRIÈME.

SCÈNE I.

AXIANE.

N'entendrons-nous jamais que des cris de victoire,
Qui de mes ennemis me reprochent la gloire?
Et ne pourrai-je au moins, en de si grands malheurs,
M'entretenir moi seule avecque mes douleurs[1]?
D'un odieux amant sans cesse poursuivie,
On prétend, malgré moi, m'attacher à la vie :
On m'observe, on me suit. Mais, Porus, ne crois pas
Qu'on me puisse empêcher de courir sur tes pas.
Sans doute à nos malheurs ton cœur n'a pu survivre.
En vain tant de soldats s'arment pour te poursuivre :
On te découvrirait au bruit de tes efforts;
Et s'il te faut chercher, ce n'est qu'entre les morts.
Hélas! en me quittant, ton ardeur redoublée
Semblait prévoir les maux dont je suis accablée,
Lorsque tes yeux aux miens découvrant ta langueur,
Me demandaient quel rang tu tenais dans mon cœur;
Que, sans t'inquiéter du succès de tes armes,
Le soin de ton amour te causait tant d'alarmes.
Et pourquoi te cachais-je avec tant de détours
Un secret si fatal au repos de tes jours?
Combien de fois, tes yeux forçant ma résistance,

---

[1] On voit par les diverses leçons que l'auteur avait corrigé partout *avecque*; celui-ci lui est échappé.

Mon cœur s'est-il vu près de rompre le silence!
Combien de fois, sensible à tes ardents désirs,
M'est-il, en ta présence, échappé des soupirs!
Mais je voulais encor douter de ta victoire;
J'expliquais mes soupirs en faveur de la gloire;
Je croyais n'aimer qu'elle. Ah! pardonne, grand roi,
Je sens bien aujourd'hui que je n'aimais que toi.
J'avouerai que la gloire eut sur moi quelque empire ;
Je te l'ai dit cent fois. Mais je devais te dire
Que toi seul, en effet, m'engageas sous ses lois.
J'appris à la connaître en voyant tes exploits;
Et de quelque beau feu qu'elle m'eût enflammée,
En un autre que toi je l'aurais moins aimée.
Mais que sert de pousser des soupirs superflus
Qui se perdent en l'air et que tu n'entends plus?
Il est temps que mon âme, au tombeau descendue,
Te jure une amitié si longtemps attendue;
Il est temps que mon cœur, pour gage de sa foi,
Montre qu'il n'a pu vivre un moment après toi.
Aussi bien, penses-tu que je voulusse vivre
Sous les lois d'un vainqueur à qui ta mort nous livre?
Je sais qu'il se dispose à me venir parler;
Qu'en me rendant mon sceptre il veut me consoler.
Il croit peut-être, il croit que ma haine étouffée
A sa fausse douceur servira de trophée!
Qu'il vienne. Il me verra, toujours digne de toi,
Mourir en reine, ainsi que tu mourus en roi.

SCÈNE II.

ALEXANDRE, AXIANE.

AXIANE.

Hé bien, seigneur, hé bien, trouvez-vous quelques charmes
A voir couler des pleurs que font verser vos armes ?

Ou si vous m'enviez, en l'état où je suis,
La triste liberté de pleurer mes ennuis ?
ALEXANDRE.
Votre douleur est libre autant que légitime :
Vous regrettez, madame, un prince magnanime.
Je fus son ennemi; mais je ne l'étais pas
Jusqu'à blâmer les pleurs qu'on donne à son trépas.
Avant que sur ses bords l'Inde me vît paraître,
L'éclat de sa vertu me l'avait fait connaître;
Entre les plus grands rois il se fit remarquer.
Je savais...
AXIANE.
Pourquoi donc le venir attaquer ?
Par quelle loi faut-il qu'aux deux bouts de la terre
Vous cherchiez la vertu pour lui faire la guerre ?
Le mérite à vos yeux ne peut-il éclater
Sans pousser votre orgueil à le persécuter ?
ALEXANDRE.
Oui, j'ai cherché Porus; mais, quoi qu'on puisse dire,
Je ne le cherchais pas afin de le détruire.
J'avouerai que, brûlant de signaler mon bras,
Je me laissai conduire au bruit de ses combats,
Et qu'au seul nom d'un roi jusqu'alors invincible,
A de nouveaux exploits mon cœur devint sensible.
Tandis que je croyais, par mes combats divers,
Attacher sur moi seul les yeux de l'univers,
J'ai vu de ce guerrier la valeur répandue
Tenir la renommée entre nous suspendue;
Et, voyant de son bras voler partout l'effroi,
L'Inde sembla m'ouvrir un champ digne de moi.
Lassé de voir des rois vaincus sans résistance,
J'appris avec plaisir le bruit de sa vaillance.
Un ennemi si noble a su m'encourager;
Je suis venu chercher la gloire et le danger.
Son courage, madame, a passé mon attente :

La victoire, à me suivre autrefois si constante,
M'a presque abandonné pour suivre vos guerriers.
Porus m'a disputé jusqu'aux moindres lauriers;
Et j'ose dire encor qu'en perdant la victoire
Mon ennemi lui-même a vu croître sa gloire,
Qu'une chute si belle élève sa vertu,
Et qu'il ne voudrait pas n'avoir point combattu.

AXIANE.

Hélas! il fallait bien qu'une si noble envie
Lui fît abandonner tout le soin de sa vie,
Puisque, de toutes parts trahi, persécuté,
Contre tant d'ennemis il s'est précipité.
Mais vous, s'il était vrai que son ardeur guerrière
Eût ouvert à la vôtre une illustre carrière,
Que n'avez-vous, seigneur, dignement combattu?
Fallait-il par la ruse attaquer sa vertu,
Et, loin de remporter une gloire parfaite,
D'un autre que de vous attendre sa défaite?
Triomphez; mais sachez que Taxile en son cœur
Vous dispute déjà ce beau nom de vainqueur;
Que le traître se flatte, avec quelque justice,
Que vous n'avez vaincu que par son artifice :
Et c'est à ma douleur un spectacle assez doux
De le voir partager cette gloire avec vous.

ALEXANDRE.

En vain votre douleur s'arme contre ma gloire :
Jamais on ne m'a vu dérober la victoire,
Et par ces lâches soins, qu'on ne peut m'imputer,
Tromper mes ennemis au lieu de les dompter.
Quoique partout, ce semble, accablé sous le nombre,
Je n'ai pu me résoudre à me cacher dans l'ombre :
Ils n'ont de leur défaite accusé que mon bras;
Et le jour a partout éclairé mes combats.
Il est vrai que je plains le sort de vos provinces;

ACTE IV. SCÈNE II.

J'ai voulu prévenir la perte de vos princes;
Mais, s'ils avaient suivi mes conseils et mes vœux,
Je les aurais sauvés ou combattus tous deux.
Oui, croyez...

AXIANE.

Je crois tout. Je vous crois invincible :
Mais seigneur, suffit-il que tout vous soit possible?
Ne tient-il qu'à jeter tant de rois dans les fers?
Qu'à faire impunément gémir tout l'univers?
Et que vous avaient fait tant de villes captives,
Tant de morts dont l'Hydaspe a vu couvrir ses rives?
Qu'ai-je fait, pour venir accabler en ces lieux
Un héros sur qui seul j'ai pu tourner les yeux?
A-t-il de votre Grèce inondé les frontières?
Avons-nous soulevé des nations entières,
Et contre votre gloire excité leur courroux?
Hélas! nous l'admirions sans en être jaloux.
Contents de nos États, et charmés l'un de l'autre,
Nous attendions un sort plus heureux que le vôtre :
Porus bornait ses vœux à conquérir un cœur
Qui peut-être aujourd'hui l'eût nommé son vainqueur.
Ah! n'eussiez-vous versé qu'un sang si magnanime,
Quand on ne vous pourrait reprocher que ce crime,
Ne vous sentez-vous pas, seigneur, bien malheureux
D'être venu si loin rompre de si beaux nœuds?
Non, de quelque douceur que se flatte votre âme,
Vous n'êtes qu'un tyran.

ALEXANDRE.

Je le vois bien, madame,
Vous voulez que, saisi d'un indigne courroux,
En reproches honteux j'éclate contre vous.
Peut-être espérez-vous que ma douceur lassée
Donnera quelque atteinte à sa gloire passée.
Mais, quand votre vertu ne m'aurait point charmé,
Vous attaquez, madame, un vainqueur désarmé.

Mon âme, malgré vous à vous plaindre engagée,
Respecte le malheur où vous êtes plongée.
C'est ce trouble fatal qui vous ferme les yeux,
Qui ne regarde en moi qu'un tyran odieux.
Sans lui vous avoueriez que le sang et les larmes
N'ont pas toujours souillé la gloire de mes armes;
Vous verriez...

                    AXIANE.

            Ah! seigneur, puis-je ne les point voir
Ces vertus dont l'éclat aigrit mon désespoir?
N'ai-je pas vu partout la victoire modeste
Perdre avec vous l'orgueil qui la rend si funeste?
Ne vois-je pas le Scythe et le Perse abattus
Se plaire sous le joug et vanter vos vertus,
Et disputer enfin, par une aveugle envie,
A vos propres sujets le soin de votre vie?
Mais que sert à ce cœur que vous persécutez
De voir partout ailleurs adorer vos bontés?
Pensez-vous que ma haine en soit moins violente
Pour voir baiser partout la main qui me tourmente?
Tant de rois par vos soins vengés ou secourus,
Tant de peuples contents me rendent-ils Porus?
Non, seigneur : je vous hais d'autant plus qu'on vous aime,
D'autant plus qu'il me faut vous admirer moi-même,
Que l'univers entier m'en impose la loi,
Et que personne enfin ne vous hait avec moi.

                    ALEXANDRE.

J'excuse les transports d'une amitié si tendre;
Mais, madame, après tout, ils doivent me surprendre:
Si la commune voix ne m'a point abusé,
Porus d'aucun regard ne fut favorisé;
Entre Taxile et lui votre cœur en balance,
Tant qu'ont duré ses jours, a gardé le silence;
Et lorsqu'il ne peut plus vous entendre aujourd'hui,
Vous commencez, madame, à prononcer pour lui.

Pensez-vous que, sensible à cette ardeur nouvelle,
Sa cendre exige encor que vous brûliez pour elle?
Ne vous accablez point d'inutiles douleurs;
Des soins plus importants vous appellent ailleurs.
Vos larmes ont assez honoré sa mémoire :
Régnez, et de ce rang soutenez mieux la gloire;
Et, redonnant le calme à vos sens désolés,
Rassurez vos États par sa chute ébranlés.
Parmi tant de grands rois choisissez-leur un maître.
Plus ardent que jamais, Taxile...

AXIANE.

Quoi! le traître!

ALEXANDRE.

Hé! de grâce, prenez des sentiments plus doux;
Aucune trahison ne le souille envers vous.
Maître de ses États, il a pu se résoudre
A se mettre avec eux à couvert de la foudre.
Ni serment ni devoir ne l'avaient engagé
A courir dans l'abîme où Porus s'est plongé.
Enfin, souvenez-vous qu'Alexandre lui-même
S'intéresse au bonheur d'un prince qui vous aime.
Songez que, réunis par un si juste choix,
L'Inde et l'Hydaspe entiers couleront sous vos lois;
Que pour vos intérêts tout me sera facile
Quand je les verrai joints avec ceux de Taxile.
Il vient. Je ne veux point contraindre ses soupirs;
Je le laisse lui-même expliquer ses désirs :
Ma présence à vos yeux n'est déjà que trop rude :
L'entretien des amants cherche la solitude;
Je ne vous trouble point.

SCÈNE III.

AXIANE, TAXILE.

AXIANE.

Approche, puissant roi,
Grand monarque de l'Inde; on parle ici de toi :
On veut en ta faveur combattre ma colère;
On dit que tes désirs n'aspirent qu'à me plaire,
Que mes rigueurs ne font qu'affermir ton amour :
On fait plus, et l'on veut que je t'aime à mon tour.
Mais sais-tu l'entreprise où s'engage ta flamme?
Sais-tu par quels secrets on peut toucher mon âme?
Es-tu prêt...

TAXILE.

Ah! madame! éprouvez seulement
Ce que peut sur mon cœur un espoir si charmant.
Que faut-il faire?

AXIANE.

Il faut, s'il est vrai que l'on m'aime,
Aimer la gloire autant que je l'aime moi-même,
Ne m'expliquer ses vœux que par mille beaux faits,
Et haïr Alexandre autant que je le hais;
Il faut marcher sans crainte au milieu des alarmes;
Il faut combattre, vaincre, ou périr sous les armes.
Jette, jette les yeux sur Porus et sur toi,
Et juge qui des deux était digne de moi.
Oui, Taxile, mon cœur, douteux en apparence,
D'un esclave et d'un roi faisait la différence.
Je l'aimai ; je l'adore : et puisqu'un sort jaloux
Lui défend de jouir d'un spectacle si doux,
C'est toi que je choisis pour témoin de sa gloire :
Mes pleurs feront toujours revivre sa mémoire;
Toujours tu me verras, au fort de mon ennui,

ACTE IV. SCÈNE III.

Mettre tout mon plaisir à te parler de lui.

TAXILE.

Ainsi je brûle en vain pour une âme glacée :
L'image de Porus n'en peut être effacée.
Quand j'irais, pour vous plaire, affronter le trépas,
Je me perdrais, madame, et ne vous plairais pas.
Je ne puis donc...

AXIANE.

Tu peux recouvrer mon estime :
Dans le sang ennemi tu peux laver ton crime.
L'occasion te rit : Porus dans le tombeau
Rassemble ses soldats autour de son drapeau ;
Son ombre seule encor semble arrêter leur fuite.
Les tiens même, les tiens, honteux de ta conduite,
Font lire sur leurs fronts justement courroucés
Le repentir du crime où tu les as forcés.
Va seconder l'ardeur du feu qui les dévore,
Venge nos libertés qui respirent encore ;
De mon trône et du tien deviens le défenseur ;
Cours, et donne à Porus un digne successeur...
Tu ne me réponds rien ? Je vois sur ton visage
Qu'un si noble dessein étonne ton courage.
Je te propose en vain l'exemple d'un héros ;
Tu veux servir. Va, sers ; et me laisse en repos.

TAXILE.

Madame, c'en est trop. Vous oubliez peut-être
Que, si vous m'y forcez, je puis parler en maître ;
Que je puis me lasser de souffrir vos dédains ;
Que vous et vos États, tout est entre mes mains ;
Qu'après tant de respects, qui vous rendent plus fière,
Je pourrai...

AXIANE.

Je t'entends. Je suis ta prisonnière :
Tu veux peut-être encor captiver mes désirs ;
Que mon cœur, en tremblant, réponde à tes soupirs :

Hé bien ! dépouille enfin cette douceur contrainte ;
Appelle à ton secours la terreur et la crainte ;
Parle en tyran tout prêt à me persécuter;
Ma haine ne peut croître, et tu peux tout tenter.
Surtout ne me fais point d'inutiles menaces.
Ta sœur vient t'inspirer ce qu'il faut que tu fasses :
Adieu. Si ses conseils et mes vœux en sont crus,
Tu m'aideras bientôt à rejoindre Porus.

TAXILE.

Ah ! plutôt...

SCÈNE IV.

TAXILE, CLÉOFILE.

CLÉOFILE.

Ah ! quittez cette ingrate princesse,
Dont la haine a juré de nous troubler sans cesse ;
Qui met tout son plaisir à vous désespérer.
Oubliez...

TAXILE.

Non, ma sœur, je la veux adorer.
Je l'aime ; et quand les vœux que je pousse pour elle
N'en obtiendraient jamais qu'une haine immortelle,
Malgré tous ses mépris, malgré tous vos discours,
Malgré moi-même, il faut que je l'aime toujours.
Sa colère, après tout, n'a rien qui me surprenne :
C'est à vous, c'est à moi qu'il faut que je m'en prenne.
Sans vous, sans vos conseils, ma sœur, qui m'ont trahi,
Si je n'étais aimé, je serais moins haï ;
Je la verrais, sans vous, par mes soins défendue,
Entre Porus et moi demeurer suspendue ;
Et ne serait-ce pas un bonheur trop charmant
Que de l'avoir réduite à douter un moment ?

Non, je ne puis plus vivre accablé de sa haine ;
Il faut que je me jette aux pieds de l'inhumaine.
J'y cours: je vais m'offrir à servir son courroux,
Même contre Alexandre, et même contre vous.
Je sais de quelle ardeur vous brûlez l'un pour l'autre ;
Mais c'est trop oublier mon repos pour le vôtre ;
Et sans m'inquiéter du succès de vos feux,
Il faut que tout périsse, ou que je sois heureux.

CLÉOFILE.

Allez donc, retournez sur le champ de bataille ;
Ne laissez point languir l'ardeur qui vous travaille.
A quoi s'arrête ici ce courage inconstant?
Courez : on est aux mains, et Porus vous attend.

TAXILE.

Quoi ! Porus n'est point mort! Porus vient de paraître !

CLÉOFILE.

C'est lui. De si grands coups le font trop reconnaître.
Il l'avait bien prévu : le bruit de son trépas
D'un vainqueur trop crédule a retenu le bras.
Il vient surprendre ici leur valeur endormie,
Troubler une victoire encor mal affermie ;
Il vient, n'en doutez point, en amant furieux,
Enlever sa maîtresse, ou périr à ses yeux.
Que dis-je ! Votre camp, séduit par cette ingrate,
Prêt à suivre Porus, en murmures éclate.
Allez vous-même, allez, en généreux amant,
Au secours d'un rival aimé si tendrement.
Adieu.

SCÈNE V.

TAXILE.

Quoi ! la fortune, obstinée à me nuire,
Ressuscite un rival armé pour me détruire !

Cet amant reverra les yeux qui l'ont pleuré,
Qui tout mort qu'il était, me l'avaient préféré!
Ah! c'en est trop. Voyons ce que le sort m'apprête,
A qui doit demeurer cette noble conquête.
Allons. N'attendons pas, dans un lâche courroux,
Qu'un si grand différend se termine sans nous.

FIN DU QUATRIÈME ACTE.

ACTE CINQUIÈME.

SCÈNE I.

ALEXANDRE, CLÉOFILE.

ALEXANDRE.

Quoi! vous craignez Porus même après sa défaite!
Ma victoire à vos yeux semblait-elle imparfaite?
Non, non : c'est un captif qui n'a pu m'échapper,
Que mes ordres partout ont fait envelopper.
Loin de le craindre encor, ne songez qu'à le plaindre.

CLÉOFILE.

Et c'est en cet état que Porus est à craindre.
Quelque brave qu'il fût, le bruit de sa valeur
M'inquiétait bien moins que ne fait son malheur.
Tant qu'on l'a vu suivi d'une puissante armée,
Ses forces, ses exploits ne m'ont point alarmée;
Mais, seigneur, c'est un roi malheureux et soumis;
Et dès lors je le compte au rang de vos amis.

ALEXANDRE.

C'est un rang où Porus n'a plus droit de prétendre :
Il a trop recherché la haine d'Alexandre.
Il sait bien qu'à regret je m'y suis résolu;
Mais enfin je le hais autant qu'il l'a voulu.
Je dois même un exemple au reste de la terre :
Je dois venger sur lui tous les maux de la guerre,
Le punir des malheurs qu'il a pu prévenir,

Et de m'avoir forcé moi-même à le punir.
Vaincu deux fois, haï de ma belle princesse...

CLÉOFILE.

Je ne hais point Porus, seigneur, je le confesse ;
Et s'il m'était permis d'écouter aujourd'hui
La voix de ses malheurs qui me parle pour lui,
Je vous dirais qu'il fut le plus grand de nos princes ;
Que son bras fut longtemps l'appui de nos provinces ;
Qu'il a voulu peut-être, en marchant contre vous,
Qu'on le crût digne au moins de tomber sous vos coups ;
Et qu'un même combat signalant l'un et l'autre,
Son nom volât partout à la suite du vôtre.
Mais si je le défends, des soins si généreux
Retombent sur mon frère et détruisent ses vœux.
Tant que Porus vivra, que faut-il qu'il devienne ?
Sa perte est infaillible, et peut-être la mienne.
Oui, oui, si son amour ne peut rien obtenir,
Il m'en rendra coupable, et m'en voudra punir.
Et maintenant encor que votre cœur s'apprête
A voler de nouveau de conquête en conquête,
Quand je verrai le Gange entre mon frère et vous,
Qui retiendra, seigneur, son injuste courroux ?
Mon âme, loin de vous, languira solitaire.
Hélas ! s'il condamnait mes soupirs à se taire,
Que deviendrait alors ce cœur infortuné ?
Où sera le vainqueur à qui je l'ai donné ?

ALEXANDRE.

Ah ! c'en est trop, madame ; et si ce cœur se donne,
Je saurai le garder, quoi que Taxile ordonne,
Bien mieux que tant d'États qu'on m'a vu conquérir,
Et que je n'ai gardés que pour vous les offrir.
Encore une victoire, et je reviens, madame,
Borner toute ma gloire à régner sur votre âme,
Vous obéir moi-même, et mettre entre vos mains
Le destin d'Alexandre et celui des humains.

Le Mallien m'attend, prêt à me rendre hommage.
Si près de l'Océan, que faut-il davantage,
Que d'aller me montrer à ce fier élément,
Comme vainqueur du monde, et comme votre amant?
Alors...

CLÉOFILE.

    Mais quoi, seigneur, toujours guerre sur guerre!
Cherchez-vous des sujets au-delà de la terre?
Voulez-vous pour témoins de vos faits éclatants,
Des pays inconnus même à leurs habitants?
Qu'espérez-vous combattre en des climats si rudes?
Ils vous opposeront de vastes solitudes,
Des déserts que le ciel refuse d'éclairer,
Où la nature semble elle-même expirer.
Et peut-être le sort, dont la secrète envie
N'a pu cacher le cours d'une si belle vie,
Vous attend dans ces lieux, et veut que dans l'oubli
Votre tombeau du moins demeure enseveli.
Pensez-vous y traîner les restes d'une armée
Vingt fois renouvelée et vingt fois consumée?
Vos soldats, dont la vue excite la pitié,
D'eux-mêmes en cent lieux ont laissé la moitié,
Et leurs gémissements vous font assez connaître...

ALEXANDRE.

Ils marcheront, madame, et je n'ai qu'à paraître:
Ces cœurs qui dans un camp, d'un vain loisir déçus,
Comptent en murmurant les coups qu'ils ont reçus,
Revivront pour me suivre, et, blâmant leurs murmures,
Brigueront à mes yeux de nouvelles blessures.
Cependant de Taxile appuyons les soupirs:
Son rival ne peut plus traverser ses désirs.
Je vous l'ai dit, madame, et j'ose encor vous dire...

CLÉOFILE.

Seigneur, voici la reine.

SCÈNE II.

ALEXANDRE, AXIANE, CLÉOFILE.

ALEXANDRE.

Hé bien, Porus respire.
Le ciel semble, madame, écouter vos souhaits;
Il vous le rend...

AXIANE.

Hélas! il me l'ôte à jamais!
Aucun reste d'espoir ne peut flatter ma peine;
Sa mort était douteuse, elle devient certaine:
Il y court; et peut-être il ne s'y vient offrir
Que pour me voir encore, et pour me secourir.
Mais que ferait-il seul contre toute une armée?
En vain ses grands efforts l'ont d'abord alarmée;
En vain quelques guerriers qu'anime son grand cœur,
Ont ramené l'effroi dans le camp du vainqueur:
Il faut bien qu'il succombe, et qu'enfin son courage
Tombe sur tant de morts qui ferment son passage.
Encor, si je pouvais, en sortant de ces lieux,
Lui montrer Axiane, et mourir à ses yeux!
Mais Taxile m'enferme; et cependant le traître
Du sang de ce héros est allé se repaître;
Dans les bras de la mort il le va regarder,
Si toutefois encore il ose l'aborder.

ALEXANDRE.

Non, madame, mes soins ont assuré sa vie:
Son retour va bientôt contenter votre envie.
Vous le verrez.

AXIANE.

Vos soins s'étendraient jusqu'à lui!
Le bras qui l'accablait deviendrait son appui!

J'attendrais son salut de la main d'Alexandre !
Mais quel miracle enfin n'en dois-je point attendre ?
Je m'en souviens, seigneur, vous me l'avez promis,
Qu'Alexandre vainqueur n'avait plus d'ennemis.
Ou plutôt ce guerrier ne fut jamais le vôtre :
Sa gloire également vous arma l'un et l'autre.
Contre un si grand courage il voulut s'éprouver ;
Et vous ne l'attaquiez qu'afin de le sauver.

ALEXANDRE.

Ses mépris redoublés qui bravent ma colère
Mériteraient sans doute un vainqueur plus sévère ;
Son orgueil en tombant semble s'être affermi ;
Mais je veux bien cesser d'être son ennemi ;
J'en dépouille, madame, et la haine et le titre.
De mes ressentiments je fais Taxile arbitre :
Seul il peut, à son choix, le perdre ou l'épargner ;
Et c'est lui seul enfin que vous devez gagner.

AXIANE.

Moi, j'irais à ses pieds mendier un asile !
Et vous me renvoyez aux bontés de Taxile !
Vous voulez que Porus cherche un appui si bas !
Ah ! seigneur ! votre haine a juré son trépas.
Non, vous ne le cherchiez qu'afin de le détruire.
Qu'une âme généreuse est facile à séduire !
Déjà mon cœur crédule, oubliant son courroux,
Admirait des vertus qui ne sont point en vous[1].

---

[1] On lit dans l'édition princeps les vers suivants, qui ont été retranchés depuis :

> Je croyais que, touché de mes justes alarmes,
> Vous sauveriez Porus.
>
> ### ALEXANDRE.
>
> Que j'écoute vos larmes,
> Tandis que votre cœur, au lieu de s'émouvoir,
> Désespère Taxile, et brave mon pouvoir !

Armez-vous donc, seigneur, d'une valeur cruelle ;
Ensanglantez la fin d'une course si belle :
Après tant d'ennemis qu'on vous vit relever,
Perdez le seul enfin que vous deviez sauver.

ALEXANDRE.

Hé bien ! aimez Porus sans détourner sa perte ;
Refusez la faveur qui vous était offerte ;

> Pensez-vous, après tout, que j'ignore son crime ?
> C'est moi dont la faveur le noircit et l'opprime ;
> Vous le verriez, sans moi, d'un œil moins irrité ;
> Mais on n'en croira pas votre injuste fierté :
> Porus est son captif. Avant qu'on le ramène,
> Consultez votre amour, consultez votre haine.
> Vous le pouvez, d'un mot, ou sauver ou punir.
> Madame, prononcez ce qu'il doit devenir.
>
> ### AXIANE.
>
> Hélas ! que voulez-vous que ma douleur prononce
> Pour sauver mon amant faut-il que j'y renonce ?
> Faut-il, pour obéir aux ordres du vainqueur,
> Que je livre à Taxile, ou Porus, ou mon cœur ?
> Pourquoi m'ordonnez-vous un choix si difficile ?
> Abandonnez mes jours au pouvoir de Taxile,
> J'y consens. Ne peut-il se venger à son tour ?
> Qu'il contente sa haine, et non pas son amour.
> Punissez les mépris d'une fière princesse,
> Qui, d'un cœur endurci, le haïra sans cesse.
>
> ### CLÉOFILE.
>
> Et pourquoi ces mépris qu'il n'a pas mérités ?
> Lui qui semble adorer jusqu'à vos cruautés !
> Pourquoi garder toujours cette haine enflammée ?
>
> ### AXIANE.
>
> C'est pour vous avoir crue, et pour m'avoir aimée.
> Je connais vos desseins. Votre esprit alarmé
> Veut éteindre un courroux par vous-même allumé.
> Vous me craignez enfin. Mais qu'il vienne, ce frère.
> Il saura quelle main l'expose à ma colère.
> Heureuse si je puis lui donner aujourd'hui
> Plus de haine pour vous que je n'en ai pour lui !
> Armez-vous donc, seigneur, etc.

Soupçonnez ma pitié d'un sentiment jaloux ;
Mais enfin, s'il périt, n'en accusez que vous.
Le voici. Je veux bien le consulter lui-même :
Que Porus de son sort soit l'arbitre suprême.

SCÈNE III.

PORUS, ALEXANDRE, AXIANE, CLÉOFILE, ÉPHESTION.
GARDES D'ALEXANDRE.

ALEXANDRE.

Hé bien, de votre orgueil, Porus, voilà le fruit !
Où sont ces beaux succès qui vous avaient séduit ?
Cette fierté si haute est enfin abaissée.
Je dois une victime à ma gloire offensée :
Rien ne vous peut sauver. Je veux bien toutefois
Vous offrir un pardon refusé tant de fois.
Cette reine, elle seule à mes bontés rebelle,
Aux dépens de vos jours veut vous être fidèle ;
Et que, sans balancer, vous mouriez seulement
Pour porter au tombeau le nom de son amant.
N'achetez point si cher une gloire inutile :
Vivez ; mais consentez au bonheur de Taxile.

PORUS.

Taxile !

ALEXANDRE,

Oui.

PORUS.

Tu fais bien et j'approuve tes soins ;
Ce qu'il a fait pour toi ne mérite pas moins :
C'est lui qui m'a des mains arraché la victoire ;
Il t'a donné sa sœur ; il t'a vendu sa gloire ;

Il t'a livré Porus. Que feras-tu jamais
Qui te puisse acquitter d'un seul de ses bienfaits?
Mais j'ai su prévenir le soin qui te travaille :
Va le voir expirer sur le champ de bataille.

ALEXANDRE.

Quoi! Taxile?

CLÉOFILE.

Qu'entends-je?

ÉPHESTION.

Oui, seigneur, il est mort.
Il s'est livré lui-même aux rigueurs de son sort.
Porus était vaincu; mais, au lieu de se rendre,
Il semblait attaquer et non pas se défendre.
Ses soldats à ses pieds étendus et mourants,
Le mettaient à l'abri de leurs corps expirants.
Là, comme dans un fort, son audace enfermée
Se soutenait encor contre toute une armée;
Et, d'un bras qui portait la terreur et la mort,
Aux plus hardis guerriers en défendait l'abord.
Je l'épargnais toujours. Sa vigueur affaiblie
Bientôt en mon pouvoir aurait laissé sa vie,
Quand sur ce champ fatal Taxile est descendu.
« Arrêtez, c'est à moi que ce captif est dû.
» C'en est fait, a-t-il dit, et ta perte est certaine,
» Porus; il faut périr ou me céder la reine. »
Porus, à cette voix ranimant son courroux,
A relevé ce bras lassé de tant de coups;
Et cherchant son rival d'un œil fier et tranquille:
« N'entends-je pas, dit-il, l'infidèle Taxile,
» Ce traître à sa patrie, à sa maîtresse, à moi?
» Viens, lâche! poursuit-il, Axiane est à toi.
» Je veux bien te céder cette illustre conquête;
» Mais il faut que ton bras l'emporte avec ma tête.
» Approche! » A ce discours, ces rivaux irrités

L'un sur l'autre à la fois se sont précipités,
Nous nous sommes en foule opposés à leur rage ;
Mais Porus parmi nous court et s'ouvre un passage,
Joint Taxile, le frappe ; et lui perçant le cœur,
Content de sa victoire, il se rend au vainqueur.

CLÉOFILE.

Seigneur, c'est donc à moi de répandre des larmes ;
C'est sur moi qu'est tombé tout le faix de vos armes.
Mon frère a vainement recherché votre appui,
Et votre gloire, hélas! n'est funeste qu'à lui.
Que lui sert au tombeau l'amitié d'Alexandre?
Sans le venger, seigneur, l'y verrez-vous descendre?
Souffrirez-vous qu'après l'avoir percé de coups,
On en triomphe aux yeux de sa sœur et de vous?

AXIANE.

Oui, seigneur, écoutez les pleurs de Cléofile.
Je la plains. Elle a droit de regretter Taxile:
Tous ses efforts en vain l'ont voulu conserver ;
Elle en a fait un lâche, et ne l'a pu sauver.
Ce n'est point que Porus ait attaqué son frère ;
Il s'est offert lui-même à sa juste colère.
Au milieu du combat que venait-il chercher?
Au courroux du vainqueur venait-il l'arracher?
Il venait accabler dans son malheur extrême
Un roi que respectait la victoire elle-même.
Mais pourquoi vous ôter un prétexte si beau?
Que voulez-vous de plus? Taxile est au tombeau.
Immolez-lui, seigneur, cette grande victime ;
Vengez-vous. Mais songez que j'ai part à son crime.
Oui, oui, Porus, mon cœur n'aime point à demi;
Alexandre le sait, Taxile en a gémi:
Vous seul vous l'ignoriez ; mais ma joie est extrême
De pouvoir en mourant vous le dire à vous-même

PORUS.

Alexandre, il est temps que tu sois satisfait.

Tout vaincu que j'étais, tu vois ce que j'ai fait.
Crains Porus; crains encor cette main désarmée
Qui venge sa défaite au milieu d'une armée.
Mon nom peut soulever de nouveaux ennemis,
Et réveiller cent rois dans leurs fers endormis.
Étouffe dans mon sang ces semences de guerre
Va vaincre en sûreté le reste de la terre.
Aussi bien n'attends pas qu'un cœur comme le mien
Reconnaisse un vainqueur, et te demande rien.
Parle : et, sans espérer que je blesse ma gloire,
Voyons comme tu sais user de la victoire.

ALEXANDRE.

Votre fierté, Porus, ne se peut abaisser :
Jusqu'au dernier soupir vous m'osez menacer.
En effet ma victoire en doit être alarmée,
Votre nom peut encore plus que toute une armée:
Je m'en dois garantir. Parlez-donc, dites-moi :
Comment prétendez-vous que je vous traite?

PORUS.

En roi.

ALEXANDRE.

Hé bien! c'est donc en roi qu'il faut que je vous traite.
Je ne laisserai point ma victoire imparfaite;
Vous l'avez souhaité, vous ne vous plaindrez pas.
Régnez toujours, Porus : je vous rends vos États.
Avec mon amitié recevez Axiane :
A des liens si doux tous deux je vous condamne.
Vivez, régnez tous deux ; et seuls de tant de rois,
Jusques aux bords du Gange allez donner vos lois.

(A Cléofile.)

Ce traitement, madame, a droit de vous surprendre;
Mais enfin c'est ainsi que se venge Alexandre.
Je vous aime; et mon cœur touché de vos soupirs,

Voudrait par mille morts venger vos déplaisirs.
Mais vous-même pourriez prendre pour une offense
La mort d'un ennemi qui n'est plus en défense :
Il en triompherait ; et, bravant ma rigueur,
Porus dans le tombeau descendrait en vainqueur.
Souffrez que, jusqu'au bout achevant ma carrière,
J'apporte à vos beaux yeux ma vertu tout entière.
Laissez régnez Porus couronné par mes mains ;
Et commandez vous-même au reste des humains.
Prenez les sentiments que ce rang vous inspire ;
Faites, dans sa naissance, admirer votre empire ;
Et, regardant l'éclat qui se répand sur vous,
De la sœur de Taxile oubliez le courroux.

AXIANE.

Oui, madame, régnez ; et souffrez que moi-même
J'admire le grand cœur d'un héros qui vous aime.
Aimez, et possédez l'avantage charmant
De voir toute la terre adorer votre amant.

PORUS.

Seigneur, jusqu'à ce jour l'univers en alarmes
Me forçait d'admirer le bonheur de vos armes ;
Mais rien ne me forçait, en ce commun effroi,
De reconnaître en vous plus de vertu qu'en moi.
Je me rends ; je vous cède une pleine victoire :
Vos vertus, je l'avoue, égalent votre gloire.
Allez, seigneur, rangez l'univers sous vos lois ;
Il me verra moi-même appuyer vos exploits :
Je vous suis ; et je crois devoir tout entreprendre
Pour lui donner un maître aussi grand qu'Alexandre.

CLÉOFILE.

Seigneur, que vous peut dire un cœur triste, abattu ?
Je ne murmure point contre votre vertu :
Vous rendez à Porus la vie et la couronne ;
Je veux croire qu'ainsi votre gloire l'ordonne ;

Mais ne me pressez point : en l'état où je suis,
Je ne puis que me taire, et pleurer mes ennuis.

ALEXANDRE.

Oui, madame, pleurons un ami si fidèle,
Faisons en soupirant éclater notre zèle ;
Et qu'un tombeau superbe instruise l'avenir
Et de votre douleur et de mon souvenir.

FIN D'ALEXANDRE.

ANDROMAQUE.

TRAGÉDIE.

1668.

A MADAME [1].

Madame,

Ce n'est pas sans sujet que je mets votre illustre nom à la tête de cet ouvrage. Et de quel autre nom pourrais-je éblouir les yeux de mes lecteurs, que de celui dont mes spectateurs ont été si heureusement éblouis ? On savait que Votre Altesse Royale avait daigné prendre soin de la conduite de ma tragédie ; on savait que vous m'aviez prêté quelques-unes de vos lumières pour y ajouter de nouveaux ornements ; on savait enfin que vous l'aviez honorée de quelques larmes dès la première lecture que je vous en fis. Pardonnez-moi, Madame, si j'ose me vanter de cet heureux commencement de sa destinée. Il me console bien glorieusement de la dureté de ceux qui ne voudraient pas s'en laisser toucher. Je leur permets de condamner l'*Andromaque*

---

[1] Henriette-Anne d'Angleterre, duchesse d'Orléans ; elle épousa, en 1661, Philippe de France, duc d'Orléans, frère unique de Louis XIV. Une mort subite l'enleva à l'âge de vingt-six ans, à Saint-Cloud, le 30 juin 1670. (Voyez l'*Oraison funèbre* de Bossuet.) Son goût pour les lettres la rendait digne des hommages de Racine. Elle soutint son premier chef-d'œuvre contre les préjugés et les préventions de la vieille cour, et contre toute la faction des admirateurs exclusifs de Corneille.

tant qu'ils voudront, pourvu qu'il me soit permis d'appeler de toutes les subtilités de leur esprit au cœur de Votre Altesse Royale.

Mais, Madame, ce n'est pas seulement du cœur que vous jugez de la bonté d'un ouvrage, c'est avec une intelligence qu'aucune fausse lueur ne saurait tromper. Pouvons-nous mettre sur la scène une histoire que vous ne possédiez aussi bien que nous? Pouvons-nous faire jouer une intrigue dont vous ne pénétriez tous les ressorts? Et pouvons-nous concevoir des sentiments si nobles et si délicats qui ne soient infiniment au-dessous de la noblesse et de la délicatesse de vos pensées?

On sait, Madame, et Votre Altesse Royale a beau s'en cacher, que, dans ce haut degré de gloire où la nature et la fortune ont pris plaisir de vous élever, vous ne dédaignez pas cette gloire obscure que les gens de lettres s'étaient réservée. Et il semble que vous ayez voulu avoir autant d'avantage sur notre sexe, par les connaissances et par la solidité de votre esprit, que vous excellez dans le vôtre par toutes les grâces qui vous environnent. La cour vous regarde comme l'arbitre de tout ce qui se fait d'agréable. Et nous qui travaillons pour plaire au public, nous n'avons plus que faire de demander aux savants si nous travaillons selon les règles : la règle souveraine est de plaire à Votre Altesse Royale.

Voilà, sans doute, la moindre de vos excellentes qualités. Mais, Madame, c'est la seule dont j'ai pu parler avec quelque connaissance : les autres sont trop élevées au-dessus de moi. Je n'en puis parler sans les rabaisser par la faiblesse de mes pensées, et sans sortir de la profonde vénération avec laquelle je suis,

Madame,

De Votre Altesse Royale,

Le très-humble, très-obéissant, et très-fidèle serviteur,

RACINE.

PREMIÈRE PRÉFACE.

Mes personnages sont si fameux dans l'antiquité, que, pour peu qu'on la connaisse, on verra fort bien que je les ai rendus tels que les anciens poëtes nous les ont donnés : aussi n'ai-je pas pensé qu'il me fût permis de rien changer à leurs mœurs. Toute la liberté que j'ai prise, ç'a été d'adoucir un peu la férocité de Pyrrhus, que Sénèque, dans sa *Troade*, et Virgile, dans le second livre de *l'Énéide*, ont poussée beaucoup plus loin que je n'ai cru le devoir faire.

Encore s'est-il trouvé des gens qui se sont plaints qu'il s'emportât contre Andromaque, et qu'il voulût épouser cette captive à quelque prix que ce fût. J'avoue qu'il n'est pas assez résigné à la volonté de sa maîtresse, et que Céladon a mieux connu que lui le parfait amour. Mais que faire? Pyrrhus n'avait pas lu nos romans; il était violent de son naturel, et tous les héros ne sont pas faits pour être des Céladons.

Quoi qu'il en soit, le public m'a été trop favorable pour m'embarrasser du chagrin particulier de deux ou trois personnes qui voudraient qu'on réformât tous les héros de l'antiquité pour en faire des héros parfaits. Je trouve leur intention fort bonne de vouloir qu'on ne mette sur la scène que des hommes impeccables; mais je les prie de se souvenir que ce n'est pas à moi de changer les règles du théâtre. Horace nous recommande de dépeindre Achille farouche, inexorable, violent, tel qu'il était, et tel qu'on dépeint son fils. Et Aristote, bien éloigné de nous demander des héros parfaits, veut au contraire que les personnages tragiques, c'est-à-dire ceux dont le malheur fait la catastrophe de la tragédie, ne soient ni tout à fait bons ni tout à fait méchants. Il ne veut pas qu'ils soient extrêmement bons, parce que la punition d'un homme de bien exciterait plutôt l'indignation que la pitié du spectateur; ni qu'ils soient méchants avec excès, parce qu'on n'a point pitié d'un scélérat. Il faut donc qu'ils aient une bonté médiocre, c'est-à-dire une vertu capable de faiblesse, et qu'ils tombent dans le malheur par quelque faute qui les fasse plaindre sans les faire détester.

SECONDE PRÉFACE.

Virgile au troisième livre de *l'Énéide;* c'est Énée qui parle :

> Littoraque Epiri legimus, portuque subimus[1]
> Chaonio, et celsam Buthroti ascendimus urbem...
> . . . .
> . . . .
> Solemnes tum forte dapes, et tristia dona...[2]
> . . . .
> Libabat cineri Andromache, Manesque vocabat
> Hectoreum ad tumulum, viridi quem cespite inanem,
> Et geminas, causam lacrymis, sacraverat aras...
> . . . .
> . . . .
> Dejecit vultum, et demissa voce locuta est[3] :
> « O felix una ante alias Priameia virgo,
> » Hostilem ad tumulum, Trojæ sub mœnibus altis,
> » Jussa mori, quæ sortitus non pertulit ullos,
> » Nec victoris heri tetigit captiva cubile !
> » Nos, patria incensa, diversa per æquora vectæ,
> » Stirpis Achilleæ fastus, juvenemque superbum,
> » Servitio enixæ, tulimus qui deinde, secutus
> » Ledæam Hermionem, lacedæmoniosque hymenæos...
> . . . .

[1] Vers 292 et 293.
[2] Vers 301, 303 à 305.
[3] Vers 320 à 332.

» Ast illum, ereptæ magno inflammatus amore
» Conjugis, et scelerum Furiis agitatus, Orestes
» Excipit incautum, patriasque obtruncat ad aras[1]. »

Voilà, en peu de vers, tout le sujet de cette tragédie ; voilà le lieu de la scène, l'action qui s'y passe, les quatre principaux acteurs, et même leurs caractères, excepté celui d'Hermione, dont la jalousie et les emportements sont assez marqués dans l'*Andromaque* d'Euripide.

C'est presque la seule chose que j'emprunte ici de cet auteur. Car, quoique ma tragédie porte le même nom que la sienne, le sujet en est pourtant très-différent. Andromaque, dans Euripide, craint pour la vie de Molossus, qui est un fils qu'elle a eu de Pyrrhus, et qu'Hermione veut faire mourir avec sa mère. Mais ici il ne s'agit point de Molossus : Andromaque ne connaît point d'autre mari qu'Hector ni d'autre fils qu'Astyanax. J'ai cru en cela me conformer à l'idée que nous avons maintenant de cette princesse. La plupart de ceux

---

[1] « Après avoir côtoyé le rivage d'Épire, nous entrons dans un port de la Chaonie, où s'élève la ville de Buthrote... C'était le jour solennel où la triste Andromaque honorait les cendres de son époux par des offrandes et des libations funèbres. Elle invoquait les mânes d'Hector auprès de deux autels qu'elle lui avait consacrés, et d'un tombeau de gazon, vain monument qui renouvelait sa douleur... Elle baissa les yeux, et d'une voix plaintive : « O Polyxène ! ô la plus heureuse des filles de
» Priam ! condamnée à mourir sur le tombeau d'un ennemi au pied des
» hautes murailles de Troie, tu ne souffris pas d'autres malheurs ; le sort
» ne te donna point un maître, et, captive, tu n'entras point dans le lit
» d'un vainqueur. Et moi, j'ai vu ma patrie dévorée par les flammes ; j'ai
» été traînée de mer en mer ; esclave, il m'a fallu supporter et les dédains
» de la famille d'Achille et les transports d'un guerrier superbe ! Devenue
» mère enfin, je me suis vue abandonnée pour la fille d'Hélène et l'al-
» liance du roi de Lacédémone... Cependant, égaré par l'amour, tour-
» menté par les Furies, Oreste surprend le ravisseur de son épouse, et
» l'immole au pied des autels de sa patrie. »

qui ont entendu parler d'Andromaque ne la connaissent guère que pour la veuve d'Hector et pour la mère d'Astyanax. On ne croit point qu'elle doive aimer ni un autre mari, ni un autre fils; et je doute que les larmes d'Andromaque eussent fait sur l'esprit de mes spectateurs l'impression qu'elles y ont faite, si elles avaient coulé pour un autre fils que celui qu'elle avait d'Hector.

Il est vrai que j'ai été obligé de faire vivre Astyanax un peu plus qu'il n'a vécu; mais j'écris dans un pays où cette liberté ne pouvait pas être mal reçue. Car, sans parler de Ronsard, qui a choisi ce même Astyanax pour le héros de sa *Franciade*, qui ne sait que l'on fait descendre nos anciens rois de ce fils d'Hector, et que nos vieilles chroniques sauvent la vie à ce jeune prince, après la désolation de son pays, pour en faire le fondateur de notre monarchie?

Combien Euripide a-t-il été plus hardi dans sa tragédie d'*Hélène*! Il y choque ouvertement la créance commune de toute la Grèce: il suppose qu'Hélène n'a jamais mis le pied dans Troie; et qu'après l'embrasement de cette ville, Ménélas trouve sa femme en Égypte, dont elle n'était point partie. Tout cela fondé sur une opinion qui n'était reçue que parmi les Égyptiens, comme on le peut voir dans Hérodote[1].

Je ne crois pas que j'eusse besoin de cet exemple d'Euripide pour justifier le peu de liberté que j'ai prise. Car il y a bien de la différence entre détruire le principal fondement d'une fable et en altérer quelques inci-

---

[1] Liv. II, Euterpe.

dents, qui changent presque de face dans toutes les mains qui les traitent. Ainsi, Achille, selon la plupart des poëtes, ne peut être blessé qu'au talon, quoique Homère le fasse blesser au bras[1] et ne le croie invulnérable en aucune partie de son corps. Ainsi Sophocle fait mourir Jocaste aussitôt après la reconnaissance d'OEdipe, tout au contraire d'Euripide, qui la fait vivre jusqu'au combat et à la mort de ses deux fils. Et c'est à propos de quelques contrariétés de cette nature qu'un ancien commentateur de Sophocle remarque fort bien[2] « qu'il ne faut point s'amuser à chicaner les poëtes » pour quelques changements qu'ils ont pu faire dans » la fable; mais qu'il faut s'attacher à considérer l'ex- » cellent usage qu'ils ont fait de ces changements et la » manière ingénieuse dont ils ont su accommoder la » fable à leur sujet. »

---

[1] *Iliade*, chant XXI.
[2] *Sophoclis Electra.* (R.)

ANDROMAQUE.

TRAGEDIE.

PERSONNAGES.

ANDROMAQUE, veuve d'Hector, captive de Pyrrhus.
PYRRHUS, fils d'Achille, roi d'Épire.
ORESTE, fils d'Agamemnon.
HERMIONE, fille d'Hélène, accordée avec Pyrrhus.
PYLADE, ami d'Oreste.
CLÉONE, confidente d'Hermione.
CÉPHISE, confidente d'Andromaque.
PHŒNIX, gouverneur d'Achille, et ensuite de Pyrrhus.
SUITE D'ORESTE.

Noms des acteurs qui ont joué d'original dans *Andromaque.*

ANDROMAQUE.	Mlle Duparc.
PYRRHUS.	Floridor.
ORESTE.	Montfleury.
PYLADE.	La Fleur.
HERMIONE.	Mlle Desœillet.

La scène est à Buthrote, ville d'Épire, dans une salle du palais de Pyrrhus.

ANDROMAQUE.

ACTE PREMIER.

SCÈNE I.

ORESTE, PYLADE.

ORESTE.

Oui, puisque je retrouve un ami si fidèle,
Ma fortune va prendre une face nouvelle :
Et déjà son courroux semble s'être adouci
Depuis qu'elle a pris soin de nous rejoindre ici[1].

---

[1] Horace veut qu'Oreste soit toujours un personnage triste, *tristis Orestes. (Art poét.)* Ce précepte d'Horace est bien exécuté dans cette pièce : Oreste n'y dit rien qui ne témoigne un homme plongé dans la mélancolie. Ce n'est plus à la vérité cet Oreste poursuivi par les Furies, qui va s'asseoir sur cette pierre dont il est parlé dans Pausanias, et y trouve un soulagement à ses fureurs. Quoique absous du meurtre de sa mère par l'aréopage, quoique lavé de ce crime par une célèbre expiation chez les Trézéniens, les Furies n'avaient cessé de le tourmenter ; et il n'en fut entièrement délivré qu'après avoir enlevé dans la Tauride la statue de Diane. Alors il songea à ravoir Hermione, que Pyrrhus avait épousée. Il n'était donc plus poursuivi par les Furies quand il tua Pyrrhus : mais il était toujours poursuivi par le remords de sa conscience, par les Furies de ses crimes, comme dit Virgile, *Scelerum Furiis agitatus Orestes :* c'est pourquoi, au dénoûment, il croit voir revenir les Furies. Dans cette pièce il ne parle jamais du meurtre de sa mère ; et Hermione elle-même, au milieu de sa fureur, ne lui reproche pas ce crime, dont elle lui parle dans la lettre faite par Ovide. La vue d'un homme souillé du sang de sa mère eût été odieuse aux spectateurs. Le poëte a si bien ménagé les choses, qu'Oreste paraît accablé de tristesse, sans qu'on en soupçonne la véritable raison. (L. R.)

Qui l'eût dit, qu'un rivage à mes vœux si funeste
Présenterait d'abord Pylade aux yeux d'Oreste ;
Qu'après plus de six mois que je t'avais perdu,
A la cour de Pyrrhus tu me serais rendu ?

PYLADE.

J'en rends grâces au ciel, qui, m'arrêtant sans cesse,
Semblait m'avoir fermé le chemin de la Grèce,
Depuis le jour fatal que la fureur des eaux,
Presque aux yeux de l'Épire écarta nos vaisseaux.
Combien, dans cet exil, ai-je souffert d'alarmes !
Combien à vos malheurs ai-je donné de larmes,
Craignant toujours pour vous quelque nouveau danger
Que ma triste amitié ne pouvait partager !
Surtout je redoutais cette mélancolie
Où j'ai vu si longtemps votre âme ensevelie ;
Je craignais que le ciel, par un cruel secours,
Ne vous offrît la mort que vous cherchiez toujours.
Mais je vous vois, seigneur ; et, si j'ose le dire,
Un destin plus heureux vous conduit en Épire.
Le pompeux appareil qui suit ici vos pas
N'est point d'un malheureux qui cherche le trépas.

ORESTE.

Hélas ! qui peut savoir le destin qui m'amène ?
L'amour me fait ici chercher une inhumaine ;
Mais qui sait ce qu'il doit ordonner de mon sort,
Et si je viens chercher ou la vie ou la mort ?

PYLADE.

Quoi ! votre âme à l'amour en esclave asservie
Se repose sur lui du soin de votre vie ?
Par quel charme, oubliant tant de tourments soufferts,
Pouvez consentir à rentrer dans ses fers ?
Pensez-vous qu'Hermione, à Sparte inexorable,
Vous prépare en Épire un sort plus favorable ?
Honteux d'avoir poussé tant de vœux superflus,
Vous l'abhorriez ; enfin, vous ne m'en parliez plus :

Vous me trompiez, seigneur.

ORESTE.

Je me trompais moi-même !
Ami, n'accable point un malheureux qui t'aime :
T'ai-je jamais caché mon cœur et mes désirs ?
Tu vis naître ma flamme et mes premiers soupirs :
Enfin, quand Ménélas disposa de sa fille
En faveur de Pyrrhus, vengeur de sa famille,
Tu vis mon désespoir ; et tu m'as vu depuis
Traîner de mers en mers ma chaîne et mes ennuis.
Je te vis à regret, en cet état funeste,
Prêt à suivre partout le déplorable Oreste,
Toujours de ma fureur interrompre le cours,
Et de moi-même enfin me sauver tous les jours.
Mais quand je me souvins que, parmi tant d'alarmes,
Hermione à Pyrrhus prodiguait tous ses charmes,
Tu sais de quel courroux mon cœur alors épris
Voulut en l'oubliant punir tous ses mépris.
Je fis croire et je crus ma victoire certaine ;
Je pris tous mes transports pour des transports de haine :
Détestant ses rigueurs, rabaissant ses attraits,
Je défiais ses yeux de me troubler jamais.
Voilà comme je crus étouffer ma tendresse.
En ce calme trompeur j'arrivai dans la Grèce ;
Et je trouvai d'abord ses princes rassemblés,
Qu'un péril assez grand semblait avoir troublés.
J'y courus. Je pensai que la guerre et la gloire
De soins plus importants rempliraient ma mémoire ;
Que, mes sens reprenant leur première vigueur,
L'amour achèverait de sortir de mon cœur.
Mais admire avec moi le sort, dont la poursuite
Me fait courir alors au piége que j'évite.
J'entends de tous côtés qu'on menace Pyrrhus ;
Toute la Grèce éclate en murmures confus :
On se plaint qu'oubliant son sang et sa promesse,

Il élève en sa cour l'ennemi de la Grèce,
Astyanax, d'Hector jeune et malheureux fils,
Reste de tant de rois sous Troie ensevelis.
J'apprends que pour ravir son enfance au supplice,
Andromaque trompa l'ingénieux Ulysse,
Tandis qu'un autre enfant, arraché de ses bras,
Sous le nom de son fils fut conduit au trépas.
On dit que, peu sensible aux charmes d'Hermione,
Mon rival porte ailleurs son cœur et sa couronne.
Ménélas, sans le croire, en paraît affligé,
Et se plaint d'un hymen si longtemps négligé.
Parmi les déplaisirs où son âme se noie,
Il s'élève en la mienne une secrète joie :
Je triomphe ; et pourtant je me flatte d'abord
Que la seule vengeance excite ce transport.
Mais l'ingrate en mon cœur reprit bientôt sa place :
De mes feux mal éteints je reconnus la trace ;
Je sentis que ma haine allait finir son cours ;
Ou plutôt je sentis que je l'aimais toujours.
Ainsi de tous les Grecs je brigue le suffrage.
On m'envoie à Pyrrhus : j'entreprends ce voyage.
Je viens voir si l'on peut arracher de ses bras
Cet enfant dont la vie alarme tant d'États,
Heureux si je pouvais, dans l'ardeur qui me presse,
Au lieu d'Astyanax, lui ravir ma princesse !
Car enfin n'attends pas que mes feux redoublés
Des périls les plus grands puissent être troublés.
Puisque après tant d'efforts ma résistance est vaine,
Je me livre en aveugle au destin qui m'entraîne.
J'aime : je viens chercher Hermione en ces lieux,
La fléchir, l'enlever, ou mourir à ses yeux.
Toi qui connais Pyrrhus, que penses-tu qu'il fasse ?
Dans sa cour, dans son cœur, dis-moi ce qui se passe.
Mon Hermione encor le tient-elle asservi ?
Me rendra-t-il, Pylade, un bien qu'il m'a ravi ?

PYLADE.

Je vous abuserais, si j'osais vous promettre
Qu'entre vos mains, seigneur, il voulût la remettre :
Non que de sa conquête il paraisse flatté.
Pour la veuve d'Hector ses feux ont éclaté ;
Il l'aime : mais enfin cette veuve inhumaine
N'a payé jusqu'ici son amour que de haine ;
Et chaque jour encore on lui voit tout tenter
Pour fléchir sa captive ou pour l'épouvanter.
De son fils qu'il lui cache il menace la tête,
Et fait couler des pleurs qu'aussitôt il arrête.
Hermione elle-même a vu plus de cent fois
Cet amant irrité revenir sous ses lois,
Et de ses vœux troublés lui rapportant l'hommage,
Soupirer à ses pieds moins d'amour que de rage.
Ainsi n'attendez pas que l'on puisse aujourd'hui
Vous répondre d'un cœur si peu maître de lui :
Il peut, seigneur, il peut, dans ce désordre extrême,
Épouser ce qu'il hait, et punir ce qu'il aime.

ORESTE.

Mais dis-moi de quel œil Hermione peut voir
Son hymen différé, ses charmes sans pouvoir.

PYLADE.

Hermione, seigneur, au moins en apparence,
Semble de son amant dédaigner l'inconstance,
Et croit que, trop heureux de fléchir sa rigueur,
Il la viendra presser de reprendre son cœur.
Mais je l'ai vue enfin me confier ses larmes :
Elle pleure en secret le mépris de ses charmes.
Toujours prête à partir, et demeurant toujours,
Quelquefois elle appelle Oreste à son secours.

ORESTE.

Ah ! si je le croyais, j'irais bientôt, Pylade,
Me jeter...

PYLADE.

Achevez, seigneur, votre ambassade.
Vous attendez le roi : parlez, et lui montrez
Contre le fils d'Hector tous les Grecs conjurés.
Loin de leur accorder ce fils de sa maîtresse,
Leur haine ne fera qu'irriter sa tendresse,
Plus on les veut brouiller, plus on va les unir.
Pressez : demandez tout, pour ne rien obtenir
Il vient.

ORESTE.

Hé bien ! va donc disposer la cruelle
A revoir un amant qui ne vient que pour elle.

SCÈNE II.

PYRRHUS, ORESTE, PHŒNIX.

ORESTE.

Avant que tous les Grecs vous parlent par ma voix,
Souffrez que j'ose ici me flatter de leur choix,
Et qu'à vos yeux, seigneur, je montre quelque joie,
De voir le fils d'Achille et le vainqueur de Troie.
Oui, comme ses exploits nous admirons vos coups :
Hector tomba sous lui, Troie expira sous vous ;
Et vous avez montré, par une heureuse audace,
Que le fils seul d'Achille a pu remplir sa place.
Mais ce qu'il n'eût point fait, la Grèce avec douleur
Vous voit du sang troyen relever le malheur,
Et, vous laissant toucher d'une pitié funeste,
D'une guerre si longue entretenir le reste.
Ne vous souvient-il plus, seigneur, quel fut Hector ?
Nos peuples affaiblis s'en souviennent encor.
Son nom seul fait frémir nos veuves et nos filles :
Et dans toute la Grèce il n'est point de familles
Qui ne demandent compte à ce malheureux fils

D'un père ou d'un époux qu'Hector leur a ravis.
Et qui sait ce qu'un jour ce fils peut entreprendre ?
Peut-être dans nos ports nous le verrons descendre,
Tel qu'on a vu son père, embraser nos vaisseaux,
Et, la flamme à la main, les suivre sur les eaux.
Oserai-je, seigneur, dire ce que je pense ?
Vous-même de vos soins craignez la récompense,
Et que dans votre sein ce serpent élevé
Ne vous punisse un jour de l'avoir conservé.
Enfin de tous les Grecs satisfaites l'envie,
Assurez leur vengeance, assurez votre vie :
Perdez un ennemi d'autant plus dangereux,
Qu'il s'essaiera sur vous à combattre contre eux.

PYRRHUS.

La Grèce en ma faveur est trop inquiétée :
De soins plus importants je l'ai crue agitée,
Seigneur ; et sur le nom de son ambassadeur,
J'avais dans ses projets conçu plus de grandeur.
Qui croirait en effet qu'une telle entreprise
Du fils d'Agamemnon méritât l'entremise ;
Qu'un peuple tout entier, tant de fois triomphant,
N'eût daigné conspirer que la mort d'un enfant ?
Mais à qui prétend-on que je le sacrifie ?
La Grèce a-t-elle encor quelque droit sur sa vie ?
Et, seul de tous les Grecs, ne m'est-il pas permis
D'ordonner d'un captif que le sort m'a soumis ?
Oui, seigneur, lorsqu'au pied des murs fumants de Troie
Les vainqueurs tout sanglants partagèrent leur proie,
Le sort, dont les arrêts furent alors suivis,
Fit tomber en mes mains Andromaque et son fils.
Hécube près d'Ulysse acheva sa misère ;
Cassandre dans Argos a suivi votre père :
Sur eux, sur leurs captifs, ai-je étendu mes droits ?
Ai-je enfin disposé du fruit de leurs exploits ?
On craint qu'avec Hector Troie un jour ne renaisse :

Son fils peut me ravir le jour que je lui laisse!
Seigneur, tant de prudence entraîne trop de soin :
Je ne sais point prévoir les malheurs de si loin.
Je songe quelle était autrefois cette ville
Si superbe en remparts, en héros si fertile,
Maîtresse de l'Asie ; et je regarde enfin
Quel fut le sort de Troie, et quel est son destin :
Je ne vois que des tours que la cendre a couvertes,
Un fleuve teint de sang, des campagnes désertes,
Un enfant dans les fers ; et je ne puis songer
Que Troie en cet état aspire à se venger.
Ah ! si du fils d'Hector la perte était jurée,
Pourquoi d'un an entier l'avons-nous différée ?
Dans le sein de Priam n'a-t-on pu l'immoler ?
Sous tant de morts, sous Troie, il fallait l'accabler.
Tout était juste alors : la vieillesse et l'enfance
En vain sur leur faiblesse appuyaient leur défense ;
La victoire et la nuit, plus cruelles que nous,
Nous excitaient au meurtre et confondaient nos coups.
Mon courroux aux vaincus ne fut que trop sévère.
Mais que ma cruauté survive à ma colère,
Que, malgré la pitié dont je me sens saisir,
Dans le sang d'un enfant je me baigne à loisir ?
Non, seigneur : que les Grecs cherchent quelque autre proie;
Qu'ils poursuivent ailleurs ce qui reste de Troie :
De mes inimitiés le cours est achevé ;
L'Épire sauvera ce que Troie a sauvé.

ORESTE.

Seigneur, vous savez trop avec quel artifice
Un faux Astyanax fut offert au supplice
Où le seul fils d'Hector devait être conduit ;
Ce n'est pas les Troyens, c'est Hector qu'on poursuit.
Oui, les Grecs sur le fils persécutent le père ;
Il a par trop de sang acheté leur colère.
Ce n'est que dans le sien qu'elle peut expirer;

Et jusque dans l'Épire il les peut attirer :
Prévenez-les.

PYRRHUS.

Non, non. J'y consens avec joie !
Qu'ils cherchent dans l'Épire une seconde Troie;
Qu'ils confondent leur haine, et ne distinguent plus
Le sang qui les fit vaincre, et celui des vaincus.
Aussi bien ce n'est pas la première injustice
Dont la Grèce d'Achille a payé le service.
Hector en profita, seigneur; et quelque jour
Son fils en pourrait bien profiter à son tour.

ORESTE.

Ainsi la Grèce en vous trouve un enfant rebelle ?

PYRRHUS.

Et je n'ai donc vaincu que pour dépendre d'elle ?

ORESTE.

Hermione, seigneur, arrêtera vos coups :
Ses yeux s'opposeront entre son père et vous.

PYRRHUS.

Hermione, seigneur, peut m'être toujours chère;
Je puis l'aimer, sans être esclave de son père;
Et je saurai peut-être accorder quelque jour
Les soins de ma grandeur et ceux de mon amour.
Vous pouvez cependant voir la fille d'Hélène :
Du sang qui vous unit je sais l'étroite chaîne.
Après cela, seigneur, je ne vous retiens plus,
Et vous pourrez aux Grecs annoncer mon refus.

SCÈNE III.

PYRRHUS, PHŒNIX.

PHŒNIX.

Ainsi vous l'envoyez aux pieds de sa maîtresse !

PYRRHUS.

On dit qu'il a longtemps brûlé pour la princesse.

PHOENIX.

Mais si ce feu, seigneur, vient à se rallumer,
S'il lui rendait son cœur, s'il s'en faisait aimer?

PYRRHUS.

Ah! qu'ils s'aiment, Phœnix! J'y consens : qu'elle parte;
Que, charmés l'un de l'autre, ils retournent à Sparte;
Tous nos ports sont ouverts et pour elle et pour lui.
Qu'elle m'épargnerait de contrainte et d'ennui!

PHOENIX.

Seigneur...

PYRRHUS.

Une autre fois je t'ouvrirai mon âme;
Andromaque paraît.

SCÈNE IV.

PYRRHUS, ANDROMAQUE, PHŒNIX, CÉPHISE.

PYRRHUS.

Me cherchiez-vous, madame?
Un espoir si charmant me serait-il permis?

ANDROMAQUE.

Je passais jusqu'aux lieux où l'on garde mon fils.
Puisqu'une fois le jour vous souffrez que je voie
Le seul bien qui me reste et d'Hector et de Troie,
J'allais, seigneur, pleurer un moment avec lui :
Je ne l'ai point encore embrassé d'aujourd'hui!

PYRRHUS.

Ah! madame, les Grecs, si j'en crois leurs alarmes,
Vous donneront bientôt d'autres sujets de larmes.

ANDROMAQUE.

Et quelle est cette peur dont leur cœur est frappé,

ACTE I. SCÈNE IV.

Seigneur? Quelque Troyen vous est-il échappé?

PYRRHUS.

Leur haine pour Hector n'est pas encore éteinte :
Ils redoutent son fils.

ANDROMAQUE.

Digne objet de leur crainte!
Un enfant malheureux, qui ne sait pas encor
Que Pyrrhus est son maître, et qu'il est fils d'Hector!

PYRRHUS.

Tel qu'il est, tous les Grecs demandent qu'il périsse.
Le fils d'Agamemnon vient hâter son supplice.

ANDROMAQUE.

Et vous prononcerez un arrêt si cruel?
Est-ce mon intérêt qui le rend criminel?
Hélas! on ne craint point qu'il venge un jour son père;
On craint qu'il n'essuyât les larmes de sa mère.
Il m'aurait tenu lieu d'un père et d'un époux;
Mais il me faut tout perdre, et toujours par vos coups.

PYRRHUS.

Madame, mes refus ont prévenu vos larmes.
Tous les Grecs m'ont déjà menacé de leurs armes;
Mais, dussent-ils encore, en repassant les eaux,
Demander votre fils avec mille vaisseaux,
Coûtât-il tout le sang qu'Hélène a fait répandre,
Dussé-je après dix ans voir mon palais en cendre,
Je ne balance point, je vole à son secours,
Je défendrai sa vie aux dépens de mes jours.
Mais, parmi ces périls où je cours pour vous plaire,
Me refuserez-vous un regard moins sévère?
Haï de tous les Grecs, pressé de tous côtés,
Me faudra-t-il combattre encor vos cruautés?
Je vous offre mon bras. Puis-je espérer encore
Que vous accepterez un cœur qui vous adore?
En combattant pour vous, me sera-t-il permis
De ne vous point compter parmi mes ennemis?

ANDROMAQUE.

Seigneur, que faites-vous, et que dira la Grèce ?
Faut-il qu'un si grand cœur montre tant de faiblesse ?
Voulez-vous qu'un dessein si beau, si généreux,
Passe pour le transport d'un esprit amoureux ?
Captive, toujours triste, importune à moi-même,
Pouvez-vous souhaiter qu'Andromaque vous aime ?
Quels charmes ont pour vous des yeux infortunés
Qu'à des pleurs éternels vous avez condamnés ?
Non, non : d'un ennemi respecter la misère,
Sauver des malheureux, rendre un fils à sa mère,
De cent peuples pour lui combattre la rigueur
Sans me faire payer son salut de mon cœur,
Malgré moi, s'il le faut, lui donner un asile ;
Seigneur, voilà des soins dignes du fils d'Achille.

PYRRHUS.

Hé quoi ! votre courroux n'a-t-il pas eu son cours ?
Peut-on haïr sans cesse, et punit-on toujours ?
J'ai fait des malheureux, sans doute ; et la Phrygie
Cent fois de votre sang a vu ma main rougie ;
Mais que vos yeux sur moi se sont bien exercés !
Qu'ils m'ont vendu bien cher les pleurs qu'ils ont versés !
De combien de remords m'ont-ils rendu la proie !
Je souffre tous les maux que j'ai faits devant Troie :
Vaincu, chargé de fers, de regrets consumé,
Brûlé de plus de feux que je n'en allumai,
Tant de soins, tant de pleurs, tant d'ardeurs inquiètes...
Hélas ! fus-je jamais si cruel que vous l'êtes ?
Mais enfin, tour à tour, c'est assez nous punir ;
Nos ennemis communs devraient nous réunir ;
Madame, dites-moi seulement que j'espère,
Je vous rends votre fils, et je lui sers de père ;
Je l'instruirai moi-même à venger les Troyens ;
J'irai punir les Grecs de vos maux et des miens.
Animé d'un regard, je puis tout entreprendre :

Votre Ilion encor peut sortir de sa cendre ;
Je puis, en moins de temps que les Grecs ne l'ont pris,
Dans ses murs relevés couronner votre fils.

ANDROMAQUE.

Seigneur, tant de grandeurs ne nous touchent plus guère ;
Je les lui promettais tant qu'a vécu son père.
Non, vous n'espérez plus de nous revoir encor,
Sacrés murs que n'a pu conserver mon Hector !
A de moindres faveurs des malheureux prétendent,
Seigneur ; c'est un exil que mes pleurs vous demandent ;
Souffrez que, loin des Grecs, et même loin de vous,
J'aille cacher mon fils et pleurer mon époux.
Votre amour contre nous allume trop de haine :
Retournez, retournez à la fille d'Hélène.

PYRRHUS.

Et le puis-je, madame ? Ah ! que vous me gênez !
Comment lui rendre un cœur que vous me retenez ?
Je sais que de mes vœux on lui promit l'empire ;
Je sais que pour régner elle vint dans l'Épire ;
Le sort vous y voulut l'une et l'autre amener ;
Vous, pour porter des fers, elle, pour en donner.
Cependant ai-je pris quelque soin de lui plaire ?
Et ne dirait-on pas, en voyant au contraire
Vos charmes tout-puissants, et les siens dédaignés,
Qu'elle est ici captive, et que vous y régnez ?
Ah ! qu'un seul des soupirs que mon cœur vous envoie,
S'il s'échappait vers elle, y porterait de joie !

ANDROMAQUE.

Et pourquoi vos soupirs seraient-ils repoussés ?
Aurait-elle oublié vos services passés ?
Troie, Hector, contre vous révoltent-ils son âme ?
Aux cendres d'un époux doit-elle enfin sa flamme ?
Et quel époux encor ! Ah ! souvenir cruel !
Sa mort seule a rendu votre père immortel :
Il doit au sang d'Hector tout l'éclat de ses armes,

Et vous n'êtes tous deux connus que par mes larmes.
PYRRHUS.
Hé bien, madame, hé bien, il faut vous obéir :
Il faut vous oublier, ou plutôt vous haïr.
Oui, mes vœux ont trop loin poussé leur violence
Pour ne plus s'arrêter que dans l'indifférence ;
Songez-y bien : il faut désormais que mon cœur,
S'il n'aime avec transport, haïsse avec fureur.
Je n'épargnerai rien dans ma juste colère :
Le fils me répondra des mépris de la mère ;
La Grèce le demande ; et je ne prétends pas
Mettre toujours ma gloire à sauver des ingrats.
ANDROMAQUE.
Hélas ! il mourra donc ! il n'a pour sa défense
Que les pleurs de sa mère, et que son innocence...
Et peut-être, après tout, en l'état où je suis,
Sa mort avancera la fin de mes ennuis.
Je prolongeais pour lui ma vie et ma misère ;
Mais enfin sur ses pas j'irai revoir son père.
Ainsi, tous trois, seigneur, par vos soins réunis,
Nous vous....
PYRRHUS.
Allez, madame, allez voir votre fils.
Peut-être, en le voyant, votre amour plus timide
Ne prendra pas toujours sa colère pour guide.
Pour savoir nos destins j'irai vous retrouver :
Madame, en l'embrassant, songez à le sauver.

FIN DU PREMIER ACTE.

ACTE DEUXIÈME.

SCÈNE I.

HERMIONE, CLÉONE.

HERMIONE.

Je fais ce que tu veux : je consens qu'il me voie ;
Je lui veux bien encore accorder cette joie.
Pylade va bientôt conduire ici ses pas ;
Mais, si je m'en croyais, je ne le verrais pas.

CLÉONE.

Et qu'est-ce que sa vue a pour vous de funeste ?
Madame, n'est-ce pas toujours le même Oreste
Dont vous avez cent fois souhaité le retour,
Et dont vous regrettiez la constance et l'amour ?

HERMIONE.

C'est cet amour payé de trop d'ingratitude
Qui me rend en ces lieux sa présence si rude.
Quelle honte pour moi, quel triomphe pour lui
De voir mon infortune égaler son ennui !
Est-ce là, dira-t-il, cette fière Hermione ?
Elle me dédaignait, un autre l'abandonne :
L'ingrate, qui mettait son cœur à si haut prix,
Apprend donc, à son tour, à souffrir des mépris !
Ah ! dieux !

CLÉONE.

Ah ! dissipez ces indignes alarmes :
Il a trop bien senti le pouvoir de vos charmes.

Vous croyez qu'un amant vienne vous insulter?
Il vous rapporte un cœur qu'il n'a pu vous ôter.
Mais vous ne dites point ce que vous mande un père?

HERMIONE.

Dans ses retardements si Pyrrhus persévère,
A la mort du Troyen s'il ne veut consentir,
Mon père avec les Grecs m'ordonne de partir.

CLÉONE.

Eh bien, madame, eh bien, écoutez donc Oreste.
Pyrrhus a commencé, faites au moins le reste.
Pour bien faire il faudrait que vous le prévinssiez :
Ne m'avez-vous pas dit que vous le haïssiez?

HERMIONE.

Si je le hais, Cléone! Il y va de ma gloire,
Après tant de bontés dont il perd la mémoire;
Lui qui me fut si cher, et qui m'a pu trahir!
Ah! je l'ai trop aimé, pour ne le point haïr!

CLÉONE.

Fuyez-le donc, madame, et puisqu'on vous adore...

HERMIONE.

Ah! laisse à ma fureur le temps de croître encore!
Contre mon ennemi laisse-moi m'assurer ;
Cléone, avec horreur je m'en veux séparer.
Il n'y travaillera que trop bien, l'infidèle!

CLÉONE.

Quoi! vous en attendez quelque injure nouvelle?
Aimer une captive, et l'aimer à vos yeux,
Tout cela n'a donc pu vous le rendre odieux?
Après ce qu'il a fait, que saurait-il donc faire?
Il vous aurait déplu, s'il pouvait vous déplaire.

HERMIONE.

Pourquoi veux-tu, cruelle, irriter mes ennuis?
Je crains de me connaître en l'état où je suis.
De tout ce que tu vois tâche de ne rien croire ;
Crois que je n'aime plus, vante-moi ma victoire ;

Crois que dans son dépit mon cœur est endurci ;
Hélas ! et s'il se peut, fais-le moi croire aussi ;
Tu veux que je le fuie ? Eh bien ! rien ne m'arrête :
Allons, n'envions plus son indigne conquête ;
Que sur lui sa captive étende son pouvoir ;
Fuyons... Mais si l'ingrat rentrait dans son devoir ;
Si la foi dans son cœur retrouvait quelque place ;
S'il venait à mes pieds me demander sa grâce ;
Si sous mes lois, Amour, tu pouvais l'engager ;
S'il voulait... Mais l'ingrat ne veut que m'outrager.
Demeurons toutefois pour troubler leur fortune ;
Prenons quelque plaisir à leur être importune ;
Ou, le forçant de rompre un nœud si solennel,
Aux yeux de tous les Grecs rendons-le criminel.
J'ai déjà sur le fils attiré leur colère ;
Je veux qu'on vienne encor lui demander la mère.
Rendons-lui les tourments qu'elle me fait souffrir ;
Qu'elle le perde, ou bien qu'il la fasse périr.

CLÉONE.

Vous pensez que des yeux toujours ouverts aux larmes
Se plaisent à troubler le pouvoir de vos charmes,
Et qu'un cœur accablé de tant de déplaisirs
De son persécuteur ait brigué les soupirs ?
Voyez si sa douleur en paraît soulagée :
Pourquoi donc les chagrins où son âme est plongée ?
Contre un amant qui plaît pourquoi tant de fierté ?

HERMIONE.

Hélas ! pour mon malheur, je l'ai trop écouté.
Je n'ai point du silence affecté le mystère :
Je croyais sans péril pouvoir être sincère ;
Et, sans armer mes yeux d'un moment de rigueur,
Je n'ai pour lui parler consulté que mon cœur.
Et qui ne se serait comme moi déclarée
Sur la foi d'une amour si saintement jurée ?
Me voyait-il de l'œil qu'il me voit aujourd'hui ?

Tu t'en souviens encor, tout conspirait pour lui :
Ma famille vengée, et les Grecs dans la joie,
Nos vaisseaux tout chargés des dépouilles de Troie,
Les exploits de son père effacés par les siens,
Ses feux que je croyais plus ardents que les miens,
Mon cœur... toi-même enfin de sa gloire éblouie,
Avant qu'il me trahît, vous m'avez tous trahie.
Mais c'en est trop, Cléone, et quel que soit Pyrrhus,
Hermione est sensible, Oreste a des vertus ;
Il sait aimer du moins, et même sans qu'on l'aime ;
Et peut-être il saura se faire aimer lui-même.
Allons. Qu'il vienne enfin.

CLÉONE.

Madame, le voici.

HERMIONE.

Ah ! je ne croyais pas qu'il fût si près d'ici.

SCÈNE II.

HERMIONE, ORESTE, CLÉONE.

HERMIONE.

Le croirai-je, seigneur, qu'un reste de tendresse
Vous fasse ici chercher une triste princesse ?
Ou ne dois-je imputer qu'à votre seul devoir
L'heureux empressement qui vous porte à me voir ?

ORESTE.

Tel est de mon amour l'aveuglement funeste,
Vous le savez, madame ; et le destin d'Oreste
Est de venir sans cesse adorer vos attraits,
Et de jurer toujours qu'il n'y viendra jamais.
Je sais que vos regards vont rouvrir mes blessures,
Que tous mes pas vers vous sont autant de parjures :
Je le sais, j'en rougis. Mais j'atteste les dieux,

Témoins de la fureur de mes derniers adieux,
Que j'ai couru partout où ma perte certaine
Dégageait mes serments et finissait ma peine.
J'ai mendié la mort chez des peuples cruels
Qui n'apaisaient leurs dieux que du sang des mortels :
Ils m'ont fermé leurs temples ; et ces peuples barbares
De mon sang prodigué sont devenus avares.
Enfin je viens à vous, et je me vois réduit
A chercher dans vos yeux une mort qui me fuit.
Mon désespoir n'attend que leur indifférence :
Ils n'ont qu'à m'interdire un reste d'espérance ;
Ils n'ont, pour avancer cette mort où je cours,
Qu'à me dire une fois ce qu'ils m'ont dit toujours.
Voilà, depuis un an, le seul soin qui m'anime.
Madame, c'est à vous de prendre une victime
Que les Scythes auraient dérobée à vos coups
Si j'en avais trouvé d'aussi cruels que vous.

HERMIONE.

Quittez, seigneur, quittez ce funeste langage :
A des soins plus pressants la Grèce vous engage.
Que parlez-vous du Scythe et de mes cruautés ?
Songez à tous ces rois que vous représentez.
Faut-il que d'un transport leur vengeance dépende ?
Est-ce le sang d'Oreste enfin qu'on vous demande ?
Dégagez-vous des soins dont vous êtes chargé.

ORESTE.

Les refus de Pyrrhus m'ont assez dégagé,
Madame : il me renvoie ; et quelque autre puissance
Lui fait du fils d'Hector embrasser la défense.

HERMIONE.

L'infidèle !

ORESTE.

Ainsi donc, tout prêt à le quitter,
Sur mon propre destin je viens vous consulter.
Déjà même je crois entendre la réponse

Qu'en secret contre moi votre haine prononce.

HERMIONE.

Hé quoi! toujours injuste en vos tristes discours,
De mon inimitié vous plaindrez-vous toujours?
Quelle est cette rigueur tant de fois alléguée?
J'ai passé dans l'Épire où j'étais réléguée ;
Mon père l'ordonnait : mais qui sait si depuis
Je n'ai point en secret partagé vos ennuis?
Pensez-vous avoir seul éprouvé des alarmes;
Que l'Épire jamais n'ait vu couler mes larmes?
Enfin, qui vous a dit que, malgré mon devoir,
Je n'ai pas quelquefois souhaité de vous voir ?

ORESTE.

Souhaité de me voir! Ah! divine princesse...
Mais, de grâce, est-ce à moi que ce discours s'adresse?
Ouvrez vos yeux : songez qu'Oreste est devant vous,
Oreste, si longtemps l'objet de leur courroux.

HERMIONE.

Oui, c'est vous dont l'amour, naissant avec leurs charmes,
Leur apprit le premier le pouvoir de leurs armes ;
Vous que mille vertus me forçaient d'estimer ;
Vous que j'ai plaint, enfin que je voudrais aimer.

ORESTE.

Je vous entends. Tel est mon partage funeste :
Le cœur est pour Pyrrhus, et les vœux pour Oreste.

HERMIONE.

Ah! ne souhaitez pas le destin de Pyrrhus,
Je vous haïrais trop.

ORESTE.

              Vous m'en aimeriez plus.
Ah! que vous me verriez d'un regard bien contraire!
Vous me voulez aimer, et je ne puis vous plaire ;
Et, l'amour seul alors se faisant obéir,
Vous m'aimeriez, madame, en me voulant haïr.
O dieux! tant de respects, une amitié si tendre...

Que de raisons pour moi, si vous pouviez m'entendre !
Vous seule pour Pyrrhus disputez aujourd'hui,
Peut-être malgré vous, sans doute malgré lui :
Car enfin il vous hait; son âme, ailleurs éprise,
N'a plus...

HERMIONE.

Qui vous l'a dit, seigneur, qu'il me méprise?
Ses regards, ses discours vous l'ont-ils donc appris?
Jugez-vous que ma vue inspire des mépris,
Qu'elle allume en un cœur des feux si peu durables?
Peut-être d'autres yeux me sont plus favorables.

ORESTE.

Poursuivez: il est beau de m'insulter ainsi.
Cruelle, c'est donc moi qui vous méprise ici?
Vos yeux n'ont pas assez éprouvé ma constance?
Je suis donc un témoin de leur peu de puissance?
Je les ai méprisés! Ah! qu'ils voudraient bien voir
Mon rival comme moi mépriser leur pouvoir!

HERMIONE.

Que m'importe, seigneur, sa haine ou sa tendresse?
Allez contre un rebelle armer toute la Grèce;
Rapportez-lui le prix de sa rébellion;
Qu'on fasse de l'Épire un second Ilion :
Allez. Après cela direz-vous que je l'aime?

ORESTE.

Madame, faites plus, et venez y vous-même.
Voulez-vous demeurer pour otage en ces lieux?
Venez dans tous les cœurs faire parler vos yeux.
Faisons de notre haine une commune attaque.

HERMIONE.

Mais, seigneur, cependant, s'il épouse Andromaque?

ORESTE.

Eh, madame!

HERMIONE.

Songez quelle honte pour nous
Si d'une Phrygienne il devenait l'époux!

ORESTE.

Et vous le haïssez ! Avouez-le, madame,
L'amour n'est pas un feu qu'on renferme en une âme :
Tout nous trahit, la voix, le silence, les yeux ;
Et les feux mal couverts n'en éclatent que mieux.

HERMIONE.

Seigneur, je le vois bien, votre âme prévenue
Répand sur mes discours le venin qui la tue,
Toujours dans mes raisons cherche quelque détour,
Et croit qu'en moi la haine est un effort d'amour.
Il faut donc m'expliquer : vous agirez ensuite.
Vous savez qu'en ces lieux mon devoir m'a conduite :
Mon devoir m'y retient ; et je n'en puis partir
Que mon père, ou Pyrrhus, ne m'en fassent sortir.
De la part de mon père allez lui faire entendre
Que l'ennemi des Grecs ne peut être son gendre ;
Du Troyen ou de moi faites-le décider ;
Qu'il songe qui des deux il veut rendre ou garder ;
Enfin, qu'il me renvoie, ou bien qu'il vous le livre.
Adieu. S'il y consent, je suis prête à vous suivre.

SCÈNE III.

ORESTE.

Oui, oui, vous me suivrez, n'en doutez nullement :
Je vous réponds déjà de son consentement.
Je ne crains pas enfin que Pyrrhus la retienne :
Il n'a devant les yeux que sa chère Troyenne ;
Tout autre objet le blesse ; et peut-être aujourd'hui
Il n'attend qu'un prétexte à l'éloigner de lui.
Nous n'avons qu'à parler : c'en est fait. Quelle joie
D'enlever à l'Épire une si belle proie !
Sauve tout ce qui reste et de Troie et d'Hector,

Garde son fils, sa veuve et mille autres encor,
Épire : c'est assez qu'Hermione rendue
Perde à jamais tes bords et ton prince de vue.
Mais un heureux destin le conduit en ces lieux.
Parlons. A tant d'attraits, Amour, ferme ses yeux !

SCÈNE IV.

PYRRHUS, ORESTE, PHŒNIX.

PYRRHUS.

Je vous cherchais, seigneur. Un peu de violence
M'a fait de vos raisons combattre la puissance,
Je l'avoue; et depuis que je vous ai quitté,
J'en ai senti la force et connu l'équité.
J'ai songé, comme vous, qu'à la Grèce, à mon père,
A moi-même, en un mot, je devenais contraire;
Que je relevais Troie, et rendais imparfait
Tout ce qu'a fait Achille, et tout ce que j'ai fait.
Je ne condamne plus un courroux légitime;
Et l'on vous va, seigneur, livrer votre victime.

ORESTE.

Seigneur, par ce conseil prudent et rigoureux,
C'est acheter la paix du sang d'un malheureux.

PYRRHUS.

Oui : mais je veux, seigneur, l'assurer davantage :
D'une éternelle paix Hermione est le gage;
Je l'épouse. Il semblait qu'un spectacle si doux
N'attendît en ces lieux qu'un témoin tel que vous :
Vous y représentez tous les Grecs et son père,
Puisqu'en vous Ménélas voit revivre son frère.
Voyez-la donc. Allez. Dites-lui que demain
J'attends avec la paix son cœur de votre main.

ORESTE, à part.

Ah ! dieux !

SCÈNE V.

PYRRHUS, PHŒNIX.

PYRRHUS.
Eh bien, Phœnix, l'amour est-il le maître?
Tes yeux refusent-ils encor de me connaître?

PHŒNIX.
Ah! je vous reconnais; et ce juste courroux,
Ainsi qu'à tous les Grecs, seigneur, vous rend à vous.
Ce n'est plus le jouet d'une flamme servile;
C'est Pyrrhus, c'est le fils et le rival d'Achille,
Que la gloire à la fin ramène sous ses lois,
Qui triomphe de Troie une seconde fois.

PYRRHUS.
Dis plutôt qu'aujourd'hui commence ma victoire:
D'aujourd'hui seulement je jouis de ma gloire;
Et mon cœur, aussi fier que tu l'as vu soumis,
Croit avoir en l'amour vaincu mille ennemis.
Considère, Phœnix, les troubles que j'évite,
Quelle foule de maux l'amour traîne à sa suite,
Que d'amis, de devoirs, j'allais sacrifier,
Quels périls... un regard m'eût tout fait oublier:
Tous les Grecs conjurés fondaient sur un rebelle.
Je trouvais du plaisir à me perdre pour elle.

PHŒNIX.
Oui, je bénis, seigneur, l'heureuse cruauté
Qui vous rend...

PYRRHUS.
Tu l'as vu comme elle m'a traité!
Je pensais, en voyant sa tendresse alarmée,
Que son fils me la dût renvoyer désarmée:
J'allais voir le succès de ses embrassements;
Je n'ai trouvé que pleurs mêlés d'emportements.
Sa misère l'aigrit; et, toujours plus farouche,

Cent fois le nom d'Hector est sorti de sa bouche.
Vainement à son fils j'assurais mon secours :
« C'est Hector, disait-elle en l'embrassant toujours;
» Voilà ses yeux, sa bouche, et déjà son audace ;
» C'est lui-même, c'est toi, cher époux, que j'embrasse. »
Eh! quelle est sa pensée? Attend-elle en ce jour
Que je lui laisse un fils pour nourrir son amour?

PHOENIX.

Sans doute, c'est le prix que vous gardait l'ingrate.
Mais laissez-la, seigneur.

PYRRHUS.

Je vois ce qui la flatte :
Sa beauté la rassure; et, malgré mon courroux,
L'orgueilleuse m'attend encore à ses genoux.
Je la verrais aux miens, Phœnix, d'un œil tranquille.
Elle est veuve d'Hector, et je suis fils d'Achille :
Trop de haine sépare Andromaque et Pyrrhus.

PHOENIX.

Commencez donc, seigneur, à ne m'en parler plus.
Allez voir Hermione ; et, content de lui plaire,
Oubliez à ses pieds jusqu'à votre colère.
Vous-même à cet hymen venez la disposer :
Est-ce sur un rival qu'il s'en faut reposer?
Il ne l'aime que trop.

PYRRHUS.

Crois-tu, si je l'épouse,
Qu'Andromaque en son cœur n'en sera pas jalouse?

PHOENIX.

Quoi! toujours Andromaque occupe votre esprit!
Que vous importe, ô dieux! sa joie ou son dépit?
Quel charme, malgré vous, vers elle vous attire?

PYRRHUS.

Non, je n'ai pas bien dit tout ce qu'il lui faut dire :
Ma colère à ses yeux n'a paru qu'à demi;
Elle ignore à quel point je suis son ennemi.

Retournons-y. Je veux la braver à sa vue,
Et donner à ma haine une libre étendue.
Viens voir tous ses attraits, Phœnix, humiliés.
Allons.

PHŒNIX.

Allez, seigneur, vous jeter à ses pieds :
Allez, en lui jurant que votre âme l'adore,
A de nouveaux mépris l'encourager encore.

PYRRHUS.

Je le vois bien, tu crois que prêt à l'excuser
Mon cœur court après elle, et cherche à s'apaiser.

PHOENIX.

Vous aimez : c'est assez.

PYRRHUS.

Moi l'aimer? une ingrate
Qui me hait d'autant plus que mon amour la flatte?
Sans parents, sans amis, sans espoir que sur moi?
Je puis perdre son fils, peut-être je le doi;
Étrangère... que dis-je? esclave dans l'Épire,
Je lui donne son fils, mon âme, mon empire;
Et je ne puis gagner dans son perfide cœur
D'autre rang que celui de son persécuteur?
Non, non, je l'ai juré, ma vengeance est certaine;
Il faut bien une fois justifier sa haine;
J'abandonne son fils. Que de pleurs vont couler!
De quel nom sa douleur me va-t-elle appeler!
Quel spectacle pour elle aujourd'hui se dispose!
Elle en mourra, Phœnix, et j'en serai la cause :
C'est lui mettre moi-même un poignard dans le sein.

PHŒNIX.

Et pourquoi donc en faire éclater le dessein?
Que ne consultiez-vous tantôt votre faiblesse?

PYRRHUS.

Je t'entends. Mais excuse un reste de tendresse.
Crains-tu pour ma colère un si faible combat?

D'un amour qui s'éteint c'est le dernier éclat.
Allons. A tes conseils, Phœnix, je m'abandonne.
Faut-il livrer son fils? faut-il voir Hermione?
PHOENIX.
Oui, voyez-la, seigneur; et, par des vœux soumis,
Protestez-lui...
PYRRHUS.
Faisons tout ce que j'ai promis.

FIN DU SECOND ACTE.

ACTE TROISIÈME.

SCÈNE I.

ORESTE, PYLADE.

PYLADE.

Modérez donc, seigneur, cette fureur extrême :
Je ne vous connais plus ; vous n'êtes plus vous-même.
Souffrez...

ORESTE.

Non, tes conseils ne sont plus de saison,
Pylade ; je suis las d'écouter la raison.
C'est traîner trop longtemps ma vie et mon supplice :
Il faut que je l'enlève, ou bien que je périsse.
Le dessein en est pris ; je le veux achever.
Oui, je le veux.

PYLADE.

Hé bien, il la faut enlever ;
J'y consens. Mais songez cependant où vous êtes.
Que croira-t-on de vous à voir ce que vous faites ?
Dissimulez : calmez ce transport inquiet ;
Commandez à vos yeux de garder le secret.
Ces gardes, cette cour, l'air qui vous environne,
Tout dépend de Pyrrhus, et surtout d'Hermione.
A ses regards surtout cachez votre courroux.
O dieux ! en cet état pourquoi la cherchiez-vous ?

ORESTE.

Que sais-je ? De moi-même étais-je alors le maître ?
La fureur m'emportait, et je venais peut-être
Menacer à la fois l'ingrate et son amant.

ACTE III. SCÈNE I.

PYLADE.
Et quel était le fruit de cet emportement?
ORESTE.
Et quelle âme, dis-moi, ne serait éperdue
Du coup dont ma raison vient d'être confondue?
Il épouse, dit-il, Hermione demain;
Il veut, pour m'honorer, la tenir de ma main.
Ah! plutôt cette main dans le sang du barbare...
PYLADE.
Vous l'accusez, seigneur, de ce destin bizarre;
Cependant, tourmenté de ses propres desseins,
Il est peut-être à plaindre autant que je vous plains.
ORESTE.
Non, non; je le connais, mon désespoir le flatte;
Sans moi, sans mon amour, il dédaignait l'ingrate;
Ses charmes jusque-là n'avaient pu le toucher :
Le cruel ne la prend que pour me l'arracher.
Ah! dieux! c'en était fait : Hermione gagnée
Pour jamais de sa vue allait être éloignée;
Son cœur, entre l'amour et le dépit confus,
Pour se donner à moi n'attendait qu'un refus;
Ses yeux s'ouvraient, Pylade; elle écoutait Oreste,
Lui parlait, le plaignait... Un mot eût fait le reste.
PYLADE.
Vous le croyez?
ORESTE.
Eh quoi! ce courroux enflammé
Contre un ingrat.
PYLADE.
Jamais il ne fut plus aimé.
Pensez-vous, quand Pyrrhus vous l'aurait accordée,
Qu'un prétexte tout prêt ne l'eût pas retardée?
M'en croirez-vous? Lassé de ses trompeurs attraits,
Au lieu de l'enlever, fuyez-la pour jamais.
Quoi! votre amour se veut charger d'une furie

Qui vous détestera, qui, toute votre vie,
Regrettant un hymen tout prêt à s'achever,
Voudra...

ORESTE.

C'est pour cela que je veux l'enlever.
Tout lui rirait, Pylade; et moi, pour mon partage,
Je n'emporterais donc qu'une inutile rage?
J'irais loin d'elle encor tâcher de l'oublier?
Non, non; à mes tourments je veux l'associer:
C'est trop gémir tout seul. Je suis las qu'on me plaigne.
Je prétends qu'à mon tour l'inhumaine me craigne,
Et que ses yeux cruels, à pleurer condamnés,
Me rendent tous les noms que je leur ai donnés.

PYLADE.

Voilà donc le succès qu'aura votre ambassade:
Oreste ravisseur!

ORESTE.

Et qu'importe, Pylade?
Quand nos États vengés jouiront de mes soins,
L'ingrate de mes pleurs jouira-t-elle moins?
Et que me servira que la Grèce m'admire,
Tandis que je serai la fable de l'Épire?
Que veux-tu? Mais, s'il faut ne te rien déguiser,
Mon innocence enfin commence à me peser.
Je ne sais de tout temps quelle injuste puissance
Laisse le crime en paix et poursuit l'innocence.
De quelque part sur moi que je tourne les yeux,
Je ne vois que malheurs qui condamnent les dieux.
Méritons leur courroux, justifions leur haine,
Et que le fruit du crime en précède la peine.
Mais toi, par quelle erreur veux-tu toujours sur toi
Détourner un courroux qui ne cherche que moi?
Assez et trop longtemps mon amitié t'accable:
Évite un malheureux, abandonne un coupable.
Cher Pylade, crois-moi, ta pitié te séduit.

Laisse-moi des périls dont j'attends tout le fruit.
Porte aux Grecs cet enfant que Pyrrhus m'abandonne.
Va-t'en.

####### PYLADE.

Allons, seigneur, enlevons Hermione.
Au travers des périls un grand cœur se fait jour.
Que ne peut l'amitié conduite par l'amour !
Allons de tous vos Grecs encourager le zèle :
Nos vaisseaux sont tout prêts, et le vent nous appelle.
Je sais de ce palais tous les détours obscurs ;
Vous voyez que la mer en vient battre les murs ;
Et cette nuit, sans peine, une secrète voie
Jusqu'en votre vaisseau conduira votre proie.

####### ORESTE.

J'abuse, cher ami, de ton trop d'amitié ;
Mais pardonne à des maux dont toi seul as pitié ;
Excuse un malheureux qui perd tout ce qu'il aime,
Que tout le monde hait, et qui se hait lui-même.
Que ne puis-je à mon tour dans un sort plus heureux...

####### PYLADE.

Dissimulez, seigneur ; c'est tout ce que je veux.
Gardez qu'avant le coup votre dessein n'éclate :
Oubliez jusque-là qu'Hermione est ingrate ;
Oubliez votre amour. Elle vient, je la vois.

####### ORESTE.

Va-t'en. Réponds-moi d'elle, et je réponds de moi.

SCÈNE II.

HERMIONE, ORESTE, CLÉONE.

####### ORESTE.

Eh bien ! mes soins vous ont rendu votre conquête :
J'ai vu Pyrrhus, madame, et votre hymen s'apprête.

HERMIONE.

On le dit; et de plus on vient de m'assurer
Que vous ne me cherchiez que pour m'y préparer.

ORESTE.

Et votre âme à ses vœux ne sera point rebelle?

HERMIONE.

Qui l'eût cru que Pyrrhus ne fût pas infidèle?
Que sa flamme attendrait si tard pour éclater?
Qu'il reviendrait à moi, quand je l'allais quitter?
Je veux croire avec vous qu'il redoute la Grèce;
Qu'il suit son intérêt plutôt que sa tendresse;
Que mes yeux sur votre âme étaient plus absolus.

ORESTE.

Non, madame : il vous aime, et je n'en doute plus.
Vos yeux ne font-ils pas tout ce qu'ils veulent faire?
Et vous ne vouliez pas sans doute, lui déplaire.

HERMIONE.

Mais que puis-je, seigneur? On a promis ma foi :
Lui ravirai-je un bien qu'il ne tient pas de moi?
L'amour ne règle pas le sort d'une princesse :
La gloire d'obéir est tout ce qu'on nous laisse.
Cependant je partais; et vous avez pu voir
Combien je relâchais pour vous de mon devoir.

ORESTE.

Ah! que vous saviez bien, cruelle... Mais, madame,
Chacun peut à son choix disposer de son âme.
La vôtre était à vous. J'espérais; mais enfin
Vous l'avez pu donner sans me faire un larcin.
Je vous accuse aussi bien moins que la fortune.
Et pourquoi vous lasser d'une plainte importune?
Tel est votre devoir, je l'avoue; et le mien
Est de vous épargner un si triste entretien.

SCÈNE III.

HERMIONE, CLÉONE.

HERMIONE.
Attendais-tu, Cléone, un courroux si modeste?
CLÉONE.
La douleur qui se tait n'en est que plus funeste.
Je le plains d'autant plus qu'auteur de son ennui,
Le coup qui l'a perdu n'est parti que de lui.
Comptez depuis quel temps votre hymen se prépare :
Il a parlé, madame, et Pyrrhus se déclare.

HERMIONE.
Tu crois que Pyrrhus craint? Et que craint-il encore?
Des peuples qui, dix ans, ont fui devant Hector;
Qui cent fois, effrayés de l'absence d'Achille,
Dans leurs vaisseaux brûlants ont cherché leur asile,
Et qu'on verrait encore, sans l'appui de son fils,
Redemander Hélène aux Troyens impunis?
Non, Cléone, il n'est point ennemi de lui-même;
Il veut tout ce qu'il fait; et, s'il m'épouse, il m'aime.
Mais qu'Oreste à son gré m'impute ses douleurs ;
N'avons-nous d'entretien que celui de ses pleurs?
Pyrrhus revient à nous! Eh bien! chère Cléone,
Conçois-tu les transports de l'heureuse Hermione?
Sais-tu quel est Pyrrhus? T'es-tu fait raconter
Le nombre des exploits... Mais qui les peut compter?
Intrépide, et partout suivi de la victoire,
Charmant, fidèle enfin : rien ne manque à sa gloire.
Songe...
CLÉONE.
Dissimulez : votre rivale en pleurs
Vient à vos pieds, sans doute, apporter ses douleurs.

HERMIONE.

Dieux ! ne puis-je à ma joie abandonner mon âme ?
Sortons : que lui dirais-je ?

SCÈNE IV.

ANDROMAQUE, HERMIONE, CLÉONE, CÉPHISE.

ANDROMAQUE.

Où fuyez-vous, madame ?
N'est-ce pas à vos yeux un spectacle assez doux
Que la veuve d'Hector pleurante à vos genoux ?
Je ne viens point ici, par de jalouses larmes,
Vous envier un cœur qui se rend à vos charmes.
Par une main cruelle, hélas ! j'ai vu percer
Le seul où mes regards prétendaient s'adresser :
Ma flamme par Hector fut jadis allumée ;
Avec lui dans la tombe elle s'est enfermée.
Mais il me reste un fils. Vous saurez quelque jour,
Madame, pour un fils jusqu'où va notre amour ;
Mais vous ne saurez pas, du moins je le souhaite,
En quel trouble mortel son intérêt nous jette,
Lorsque de tant de biens qui pouvaient nous flatter,
C'est le seul qui nous reste, et qu'on veut nous l'ôter.
Hélas ! lorsque, lassés de dix ans de misère,
Les Troyens en courroux menaçaient votre mère,
J'ai su de mon Hector lui procurer l'appui :
Vous pouvez sur Pyrrhus ce que j'ai pu sur lui.
Que craint-on d'un enfant qui survit à sa perte ?
Laissez-moi le cacher en quelque île déserte ;
Sur les soins de sa mère on peut s'en assurer,
Et mon fils avec moi n'apprendra qu'à pleurer.

HERMIONE.

Je conçois vos douleurs ; mais un devoir austère,
Quand mon père a parlé, m'ordonne de me taire.

C'est lui qui de Pyrrhus fait agir le courroux.
S'il faut fléchir Pyrrhus, qui le peut mieux que vous?
Vos yeux assez longtemps ont régné sur son âme.
Faites-le prononcer : j'y souscrirai, madame.

SCÈNE V.

ANDROMAQUE, CÉPHISE.

ANDROMAQUE.
Quel mépris la cruelle attache à ses refus!
CÉPHISE.
Je croirais ses conseils, et je verrais Pyrrhus.
Un regard confondrait Hermione et la Grèce...
Mais lui-même il vous cherche.

SCÈNE VI.

PYRRHUS, ANDROMAQUE, PHŒNIX, CÉPHISE.

PYRRHUS, à Phœnix.
    Où donc est la princesse?
Ne m'avais-tu pas dit qu'elle était en ces lieux?
PHŒNIX.
Je le croyais.
ANDROMAQUE, à Céphise.
    Tu vois le pouvoir de mes yeux!
PYRRHUS.
Que dit-elle, Phœnix?
ANDROMAQUE.
    Hélas, tout m'abandonne!
PHŒNIX.
Allons, seigneur, marchons sur les pas d'Hermione.
CÉPHISE.
Qu'attendez-vous? Rompez ce silence obstiné.

ANDROMAQUE.

Il a promis mon fils.

CÉPHISE.

Il ne l'a pas donné.

ANDROMAQUE.

Non, non, j'ai beau pleurer, sa mort est résolue.

PYRRHUS.

Daigne-t-elle sur nous tourner au moins la vue?
Quel orgueil!

ANDROMAQUE.

Je ne fais que l'irriter encor,
Sortons.

PYRRHUS.

Allons aux Grecs livrer le fils d'Hector.

ANDROMAQUE, se jetant aux pieds de Pyrrhus.

Ah, seigneur! arrêtez! Que prétendez-vous faire?
Si vous livrez le fils, livrez-leur donc la mère!
Vos serments m'ont tantôt juré tant d'amitié!
Dieux! ne pourrai-je au moins toucher votre pitié?
Sans espoir de pardon m'avez-vous condamnée?

PYRRHUS.

Phœnix vous le dira, ma parole est donnée.

ANDROMAQUE.

Vous qui braviez pour moi tant de périls divers!

PYRRHUS.

J'étais aveugle alors; mes yeux se sont ouverts.
Sa grâce à vos désirs pouvait être accordée;
Mais vous ne l'avez pas seulement demandée :
C'en est fait.

ANDROMAQUE.

Ah! seigneur! vous entendiez assez
Des soupirs qui craignaient de se voir repoussés.
Pardonnez à l'éclat d'une illustre fortune
Ce reste de fierté qui craint d'être importune.
Vous ne l'ignorez pas : Andromaque, sans vous,

ACTE III. SCÈNE VI.

N'aurait jamais d'un maître embrassé les genoux.

PYRRHUS.

Non, vous me haïssez ; et dans le fond de l'âme
Vous craignez de devoir quelque chose à ma flamme.
Ce fils même, ce fils, l'objet de tant de soins,
Si je l'avais sauvé, vous l'en aimeriez moins.
La haine, le mépris, contre moi tout s'assemble;
Vous me haïssez plus que tous les Grecs ensemble.
Jouissez à loisir d'un si noble courroux.
Allons, Phœnix.

ANDROMAQUE.

Allons rejoindre mon époux.

CÉPHISE.

Madame...

ANDROMAQUE, à Céphise.

Et que veux-tu que je lui dise encore ?
Auteur de tous mes maux, crois-tu qu'il les ignore ?

(A Pyrrhus.)

Seigneur, voyez l'état où vous me réduisez.
J'ai vu mon père mort, et nos murs embrasés ;
J'ai vu trancher les jours de ma famille entière,
Et mon époux sanglant traîné sur la poussière,
Son fils seul avec moi réservé pour les fers.
Mais que ne peut un fils ! Je respire, je sers.
J'ai fait plus ; je me suis quelquefois consolée
Qu'ici, plutôt qu'ailleurs, le sort m'eût exilée ;
Qu'heureux dans son malheur, le fils de tant de rois,
Puisqu'il devait servir, fût tombé sous vos lois :
J'ai cru que sa prison deviendrait son asile.
Jadis Priam soumis fut respecté d'Achille :
J'attendais de son fils encor plus de bonté.
Pardonne, cher Hector, à ma crédulité !
Je n'ai pu soupçonner ton ennemi d'un crime ;
Malgré lui-même enfin je l'ai cru magnanime.
Ah ! s'il l'était assez pour nous laisser du moins

Au tombeau qu'à ta cendre ont élevé mes soins,
Et que, finissant là sa haine et nos misères,
Il ne séparât point des dépouilles si chères !
PYRRHUS.

Va m'attendre, Phœnix.

SCÈNE VII.

PYRRHUS, ANDROMAQUE, CÉPHISE.

PYRRHUS.

Madame, demeurez.
On peut vous rendre encor ce fils que vous pleurez.
Oui, je sens à regret qu'en excitant vos larmes.
Je ne fais contre moi que vous donner des armes ;
Je croyais apporter plus de haine en ces lieux.
Mais, madame, du moins tournez vers moi les yeux :
Voyez si mes regards sont d'un juge sévère.
S'ils sont d'un ennemi qui cherche à vous déplaire.
Pourquoi me forcez-vous vous-même à vous trahir ?
Au nom de votre fils, cessons de nous haïr.
A le sauver enfin c'est moi qui vous convie.
Faut-il que mes soupirs vous demandent sa vie ?
Faut-il qu'en sa faveur j'embrasse vos genoux ?
Pour la dernière fois, sauvez-le, sauvez-vous.
Je sais de quels serments je romps pour vous les chaînes ;
Combien je vais sur moi faire éclater de haines.
Je renvoie Hermione, et je mets sur son front,
Au lieu de ma couronne, un éternel affront :
Je vous conduis au temple où son hymen s'apprête ;
Je vous ceins du bandeau préparé pour sa tête.
Mais ce n'est plus, madame, une offre à dédaigner ;
Je vous le dis : il faut ou périr, ou régner.
Mon cœur, désespéré d'un an d'ingratitude,
Ne peut plus de son sort souffrir l'incertitude.

C'est craindre, menacer, et gémir trop longtemps.
Je meurs si je vous perds; mais je meurs si j'attends.
Songez-y : je vous laisse; et je viendrai vous prendre
Pour vous mener au temple où ce fils doit m'attendre;
Et là vous me verrez, soumis ou furieux,
Vous couronner, madame, ou le perdre à vos yeux.

SCÈNE VIII.

ANDROMAQUE, CÉPHISE.

CÉPHISE.
Je vous l'avais prédit, qu'en dépit de la Grèce
De votre sort encor vous seriez la maîtresse.
ANDROMAQUE.
Hélas! de quel effet tes discours sont suivis!
Il ne me restait plus qu'à condamner mon fils.
CÉPHISE.
Madame, à votre époux c'est être assez fidèle.
Trop de vertu pourrait vous rendre criminelle.
Lui-même il porterait votre âme à la douceur.
ANDROMAQUE.
Quoi! je lui donnerais Pyrrhus pour successeur?
CÉPHISE.
Ainsi le veut son fils, que les Grecs vous ravissent.
Pensez-vous qu'après tout ses mânes en rougissent?
Qu'il méprisât, madame, un roi victorieux
Qui vous fait remonter au rang de vos aïeux,
Qui foule aux pieds pour vous vos vainqueurs en colère,
Qui ne se souvient plus qu'Achille était son père,
Qui dément ses exploits, et les rend superflus?
ANDROMAQUE.
Dois-je les oublier, s'il ne s'en souvient plus?
Dois-je oublier Hector privé de funérailles,

Et traîné sans honneur autour de nos murailles?
Dois-je oublier son père à mes pieds renversé,
Ensanglantant l'autel qu'il tenait embrassé?
Songe, songe, Céphise, à cette nuit cruelle
Qui fut pour tout un peuple une nuit éternelle;
Figure-toi Pyrrhus, les yeux étincelants,
Entrant à la lueur de nos palais brûlants,
Sur tous mes frères morts se faisant un passage,
Et, de sang tout couvert, échauffant le carnage;
Songe aux cris des vainqueurs, songe aux cris des mourants
Dans la flamme étouffés, sous le fer expirants;
Peins-toi dans ces horreurs Andromaque éperdue :
Voilà comme Pyrrhus vint s'offrir à ma vue;
Voilà par quels exploits il sut se couronner;
Enfin, voilà l'époux que tu me veux donner.
Non, je ne serai point complice de ses crimes;
Qu'il nous prenne s'il veut pour dernières victimes.
Tous mes ressentiments lui seraient asservis!

CÉPHISE.

Eh bien! allons donc voir expirer votre fils:
On n'attend plus que vous... Vous frémissez, madame!

ANDROMAQUE.

Ah! de quel souvenir viens-tu frapper mon âme!
Quoi! Céphise, j'irais voir expirer encor
Ce fils, ma seule joie, et l'image d'Hector;
Ce fils, que de sa flamme il me laissa pour gage!
Hélas! je m'en souviens, le jour que son courage
Lui fit chercher Achille, ou plutôt le trépas,
Il demanda son fils, et le prit dans ses bras :
« Chère épouse, dit-il en essuyant mes larmes,
» J'ignore quel succès le sort garde à mes armes;
» Je te laisse mon fils pour gage de ma foi :
» S'il me perd, je prétends qu'il me retrouve en toi.
» Si d'un heureux hymen la mémoire t'est chère,
» Montre au fils à quel point tu chérissais le père. »

Et je puis voir répandre un sang si précieux?
Et je laisse avec lui périr tous ses aïeux?
Roi barbare, faut-il que mon crime l'entraîne?
Si je te hais, est-il coupable de ma haine?
T'a-t-il de tous les siens reproché le trépas?
S'est-il plaint à tes yeux des maux qu'il ne sent pas?
Mais cependant, mon fils, tu meurs si je n'arrête
Le fer que le cruel tient levé sur ta tête.
Je l'en puis détourner, et je t'y vais offrir!...
Non, tu ne mourras point, je ne le puis souffrir.
Allons trouver Pyrrhus. Mais non, chère Céphise,
Va le trouver pour moi.

CÉPHISE.

Que faut-il que je dise?

ANDROMAQUE.

Dis-lui que de mon fils l'amour est assez fort...
Crois-tu que dans son cœur il ait juré sa mort?
L'amour peut-il si loin pousser sa barbarie?

CÉPHISE.

Madame, il va bientôt revenir en furie.

ANDROMAQUE.

Eh bien! va l'assurer...

CÉPHISE.

De quoi? de votre foi?

ANDROMAQUE.

Hélas! pour la promettre est-elle encore à moi?
O cendres d'un époux! ô Troyens! ô mon père!
O mon fils! que tes jours coûtent cher à ta mère!
Allons.

CÉPHISE.

Où donc, madame? et que résolvez-vous?

ANDROMAQUE.

Allons sur son tombeau consulter mon époux,

FIN DU TROISIÈME ACTE.

ACTE QUATRIÈME.

SCÈNE 1.

ANDROMAQUE, CÉPHISE.

CÉPHISE.

Ah! je n'en doute point : c'est votre époux, madame,
C'est Hector qui produit ce miracle en votre âme!
Il veut que Troie encor se puisse relever
Avec cet heureux fils qu'il vous fait conserver.
Pyrrhus vous l'a promis. Vous venez de l'entendre,
Madame : il n'attendait qu'un mot pour vous le rendre.
Croyez-en ses transports : père, sceptre, alliés,
Content de votre cœur, il met tout à vos pieds ;
Sur lui, sur tout son peuple il vous rend souveraine.
Est-ce là ce vainqueur digne de tant de haine?
Déjà contre les Grecs plein d'un noble courroux,
Le soin de votre fils le touche autant que vous:
Il prévient leur fureur ; il lui laisse sa garde ;
Pour ne pas l'exposer, lui-même il se hasarde.
Mais tout s'apprête au temple, et vous avez promis...

ANDROMAQUE.

Oui, je m'y trouverai. Mais allons voir mon fils.

CÉPHISE.

Madame, qui vous presse? Il suffit que sa vue
Désormais à vos yeux ne soit plus défendue.
Vous lui pourrez bientôt prodiguer vos bontés,
Et vos embrassements ne seront plus comptés
Quel plaisir d'élever un enfant qu'on voit croître,

Non plus comme un esclave élevé pour son maître,
Mais pour voir avec lui renaître tant de rois !

ANDROMAQUE.

Céphise, allons le voir pour la dernière fois.

CÉPHISE.

Que dites-vous ? O dieux !

ANDROMAQUE.

    O ma chère Céphise !
Ce n'est point avec toi que mon cœur se déguise :
Ta foi, dans mon malheur, s'est montrée à mes yeux ;
Mais j'ai cru qu'à mon tour tu me connaissais mieux.
Quoi donc ! as-tu pensé qu'Andromaque infidèle
Pût trahir un époux qui croit revivre en elle ;
Et que, de tant de morts réveillant la douleur,
Le soin de mon repos me fît troubler le leur ?
Est-ce là cette ardeur tant promise à sa cendre ?
Mais son fils périssait, il l'a fallu défendre.
Pyrrhus en m'épousant s'en déclare l'appui ;
Il suffit : je veux bien m'en reposer sur lui.
Je sais quel est Pyrrhus : violent, mais sincère,
Céphise, il fera plus qu'il n'a promis de faire.
Sur le courroux des Grecs je m'en repose encor :
Leur haine va donner un père au fils d'Hector.
Je vais donc, puisqu'il faut que je me sacrifie,
Assurer à Pyrrhus le reste de ma vie ;
Je vais, en recevant sa foi sur les autels,
L'engager à mon fils par des nœuds immortels.
Mais aussitôt ma main, à moi seule funeste,
D'une infidèle vie abrégera le reste ;
Et, sauvant ma vertu, rendra ce que je doi
A Pyrrhus, à mon fils, à mon époux, à moi.
Voilà de mon amour l'innocent stratagème :
Voilà ce qu'un époux m'a commandé lui-même.
J'irai seule rejoindre Hector et mes aïeux.
Céphise, c'est à toi de me fermer les yeux.

CÉPHISE.

Ah ! ne prétendez pas que je puisse survivre...

ANDROMAQUE.

Non, non, je te défends, Céphise, de me suivre.
Je confie à tes soins mon unique trésor :
Si tu vivais pour moi, vis pour le fils d'Hector.
De l'espoir des Troyens seule dépositaire,
Songe à combien de rois tu deviens nécessaire.
Veille auprès de Pyrrhus ; fais-lui garder sa foi :
S'il le faut, je consens qu'on lui parle de moi.
Fais-lui valoir l'hymen où je me suis rangée :
Dis-lui qu'avant ma mort je lui fus engagée ;
Que ses ressentiments doivent être effacés ;
Qu'en lui laissant mon fils c'est l'estimer assez.
Fais connaître à mon fils les héros de sa race ;
Autant que tu pourras, conduis-le sur leur trace :
Dis-lui par quels exploits leurs noms ont éclaté,
Plutôt ce qu'ils ont fait que ce qu'ils ont été ;
Parle-lui tous les jours des vertus de son père,
Et quelquefois aussi parle-lui de sa mère.
Mais qu'il ne songe plus, Céphise, à nous venger :
Nous lui laissons un maître, il le doit ménager.
Qu'il ait de ses aïeux un souvenir modeste :
Il est du sang d'Hector, mais il en est le reste ;
Et pour ce reste enfin j'ai moi-même, en un jour,
Sacrifié mon sang, ma haine et mon amour.

CÉPHISE.

Hélas !

ANDROMAQUE.

Ne me suis point, si ton cœur en alarmes
Prévoit qu'il ne pourra commander à tes larmes.
On vient. Cache tes pleurs, Céphise ; et souviens-toi
Que le sort d'Andromaque est commis à ta foi.
C'est Hermione. Allons, fuyons sa violence.

SCÈNE II.

HERMIONE, CLÉONE.

CLÉONE.

Non, je ne puis assez admirer ce silence.
Vous vous taisez, madame ; et ce cruel mépris
N'a pas du moindre trouble agité vos esprits !
Vous soutenez en paix une si rude attaque,
Vous qu'on voyait frémir au seul nom d'Andromaque !
Vous qui sans désespoir ne pouviez endurer
Que Pyrrhus d'un regard la voulût honorer !
Il l'épouse ; il lui donne, avec son diadème,
La foi que vous venez de recevoir vous-même :
Et votre bouche encor, muette à tant d'ennui,
N'a pas daigné s'ouvrir pour se plaindre de lui !
Ah ! que je crains, madame, un calme si funeste !
Et qu'il vaudrait bien mieux...

HERMIONE.

     Fais-tu venir Oreste ?

CLÉONE.

Il vient, madame, il vient ; et vous pouvez juger
Que bientôt à vos pieds il allait se ranger,
Prêt à servir toujours sans espoir de salaire :
Vos yeux ne sont que trop assurés de lui plaire.
Mais il entre.

SCÈNE III.

ORESTE, HERMIONE, CLÉONE.

ORESTE.

  Ah ! madame ! est-il vrai qu'une fois
Oreste en vous cherchant obéisse à vos lois ?

Ne m'a-t-on point flatté d'une fausse espérance ?
Avez-vous en effet souhaité ma présence ?
Croirai-je que vos yeux, à la fin désarmés,
Veulent...

HERMIONE.

Je veux savoir, seigneur, si vous m'aimez.

ORESTE.

Si je vous aime ! ô dieux ! Mes serments, mes parjures,
Ma fuite, mon retour, mes respects, mes injures,
Mon désespoir, mes yeux de pleurs toujours noyés ;
Quels témoins croirez-vous, si vous ne les croyez ?

HERMIONE.

Vengez-moi, je crois tout.

ORESTE.

Eh bien, allons, madame :
Mettons encore un coup toute la Grèce en flamme ;
Prenons, en signalant mon bras et votre nom,
Vous, la place d'Hélène, et moi, d'Agamemnon ;
De Troie en ce pays réveillons les misères ;
Et qu'on parle de nous ainsi que de nos pères.
Partons, je suis tout prêt.

HERMIONE.

Non, seigneur, demeurons :
Je ne veux point si loin porter de tels affronts.
Quoi ! de mes ennemis couronnant l'insolence,
J'irais attendre ailleurs une lente vengeance ?
Et je m'en remettrais au destin des combats,
Qui peut-être à la fin ne me vengerait pas ?
Je veux qu'à mon départ toute l'Épire pleure.
Mais, si vous me vengez, vengez-moi dans une heure.
Tous vos retardements sont pour moi des refus.
Courez au temple. Il faut immoler...

ORESTE.

Qui ?

HERMIONE.

Pyrrhus.

ORESTE.

Pyrrhus, madame?

HERMIONE.

Eh quoi! votre haine chancelle?
Ah! courez, et craignez que je ne vous rappelle.
N'alléguez point des droits que je veux oublier,
Et ce n'est pas à vous à le justifier.

ORESTE.

Moi, je l'excuserais! Ah! vos bontés, madame,
Ont gravé trop avant ses crimes dans mon âme.
Vengeons-nous, j'y consens, mais par d'autres chemins;
Soyons ses ennemis, et non ses assassins;
Faisons de sa ruine une juste conquête.
Quoi! pour réponse aux Grecs porterai-je sa tête?
Et n'ai-je pris sur moi le soin de tout l'État,
Que pour m'en acquitter par un assassinat?
Souffrez, au nom des dieux, que la Grèce s'explique,
Et qu'il meure chargé de la haine publique.
Souvenez-vous qu'il règne, et qu'un front couronné...

HERMIONE.

Ne vous suffit-il pas que je l'ai condamné?
Ne vous suffit-il pas que ma gloire offensée
Demande une victime à moi seule adressée;
Qu'Hermione est le prix d'un tyran opprimé;
Que je le hais; enfin, seigneur, que je l'aimai?
Je ne m'en cache point: l'ingrat m'avait su plaire,
Soit qu'ainsi l'ordonnât mon amour ou mon père,
N'importe; mais enfin réglez-vous là-dessus.
Malgré mes vœux, seigneur, honteusement déçus,
Malgré la juste horreur que son crime me donne,
Tant qu'il vivra, craignez que je ne lui pardonne.
Doutez jusqu'à sa mort d'un courroux incertain:
S'il ne meurt aujourd'hui, je puis l'aimer demain.

ORESTE.

Eh bien ! il faut le perdre, et prévenir sa grâce ;
Il faut... Mais cependant que faut-il que je fasse ?
Comment puis-je sitôt servir votre courroux ?
Quel chemin jusqu'à lui peut conduire mes coups ?
A peine suis-je encore arrivé dans l'Épire,
Vous voulez par mes mains renverser un empire,
Vous voulez qu'un roi meure ; et pour son châtiment
Vous ne donnez qu'un jour, qu'une heure, qu'un moment :
Aux yeux de tout son peuple il faut que je l'opprime.
Laissez-moi vers l'autel conduire ma victime,
Je ne m'en défends plus ; et je ne veux qu'aller
Reconnaître la place où je dois l'immoler :
Cette nuit je vous sers, cette nuit je l'attaque.

HERMIONE.

Mais cependant, ce jour, il épouse Andromaque ;
Dans le temple déjà le trône est élevé,
Ma honte est confirmée, et son crime achevé.
Enfin qu'attendez-vous ? Il vous offre sa tête :
Sans gardes, sans défense, il marche à cette fête ;
Autour du fils d'Hector il les fait tous ranger ;
Il s'abandonne au bras qui me voudra venger.
Voulez-vous malgré lui prendre soin de sa vie ?
Armez, avec vos Grecs, tous ceux qui m'ont suivie ;
Soulevez vos amis ; tous les miens sont à vous :
Il me trahit, vous trompe, et nous méprise tous.
Mais quoi ! déjà leur haine est égale à la mienne :
Elle épargne à regret l'époux d'une Troyenne.
Parlez : mon ennemi ne peut vous échapper,
Ou plutôt il ne faut que les laisser frapper.
Conduisez ou suivez une fureur si belle ;
Revenez tout couvert du sang de l'infidèle ;
Allez : en cet état soyez sûr de mon cœur.

ORESTE.

Mais, madame, songez...

HERMIONE.

                      Ah! c'en est trop, seigneur.
Tant de raisonnements offensent ma colère.
J'ai voulu vous donner les moyens de me plaire,
Rendre Oreste content ; mais enfin je vois bien
Qu'il veut toujours se plaindre, et ne mériter rien.
Partez : allez ailleurs vanter votre constance,
Et me laissez ici le soin de ma vengeance.
De mes lâches bontés mon courage est confus ;
Et c'est trop en un jour essuyer de refus.
Je m'en vais seule au temple où leur hymen s'apprête,
Où vous n'osez aller, mériter ma conquête :
Là, de mon ennemi je saurai m'approcher ;
Je percerai le cœur que je n'ai pu toucher ;
Et mes sanglantes mains, sur moi-même tournées,
Aussitôt, malgré lui, joindront nos destinées ;
Et, tout ingrat qu'il est, il me sera plus doux
De mourir avec lui que de vivre avec vous.

ORESTE.

Non, je vous priverai de ce plaisir funeste,
Madame : il ne mourra que de la main d'Oreste.
Vos ennemis par moi vont vous être immolés,
Et vous reconnaîtrez mes soins, si vous voulez.

HERMIONE.

Allez. De votre sort laissez-moi la conduite,
Et que tous vos vaisseaux soient prêts pour notre fuite.

SCÈNE IV.

HERMIONE, CLÉONE.

CLÉONE.

Vous vous perdez, madame, et vous devez songer...

HERMIONE.

Que je me perde ou non, je songe à me venger.
Je ne sais même encor, quoi qu'il m'ait pu promettre,
Sur d'autres que sur moi si je dois m'en remettre :
Pyrrhus n'est pas coupable à ses yeux comme aux miens,
Et je tiendrais mes coups bien plus sûrs que les siens.
Quel plaisir de venger moi-même mon injure,
De retirer mon bras teint du sang du parjure,
Et, pour rendre sa peine et mes plaisirs plus grands,
De cacher ma rivale à ses regards mourants !
Ah ! si du moins Oreste, en punissant son crime,
Lui laissait le regret de mourir ma victime !
Va le trouver : dis-lui qu'il apprenne à l'ingrat
Qu'on l'immole à ma haine, et non pas à l'État.
Chère Cléone, cours : ma vengeance est perdue
S'il ignore en mourant que c'est moi qui le tue.

CLÉONE.

Je vous obéirai. Mais qu'est-ce que je voi ?
O dieux ! qui l'aurait cru, madame ? C'est le roi !

HERMIONE.

Ah ! cours après Oreste ; et dis-lui, ma Cléone,
Qu'il n'entreprenne rien sans revoir Hermione.

SCÈNE V.

PYRRHUS, HERMIONE, PHŒNIX.

PYRRHUS.

Vous ne m'attendiez pas, madame ; et je vois bien
Que mon abord ici trouble votre entretien.
Je ne viens point, armé d'un indigne artifice,
D'un voile d'équité couvrir mon injustice :
Il suffit que mon cœur me condamne tout bas ;
Et je soutiendrais mal ce que je ne crois pas.

J'épouse une Troyenne. Oui, madame, et j'avoue
Que je vous ai promis la foi que je lui voue.
Un autre vous dirait que dans les champs troyens
Nos deux pères sans nous formèrent ces liens,
Et que, sans consulter ni mon choix ni le vôtre,
Nous fûmes sans amour engagés l'un à l'autre ;
Mais c'est assez pour moi que je me sois soumis.
Par mes ambassadeurs mon cœur vous fut promis ;
Loin de les révoquer, je voulus y souscrire :
Je vous vis avec eux arriver en Épire ;
Et quoique d'un autre œil l'éclat victorieux
Eût déjà prévenu le pouvoir de vos yeux,
Je ne m'arrêtai point à cette ardeur nouvelle,
Je voulus m'obstiner à vous être fidèle ;
Je vous reçus en reine ; et jusques à ce jour
J'ai cru que mes serments me tiendraient lieu d'amour.
Mais cet amour l'emporte ; et, par un coup funeste,
Andromaque m'arrache un cœur qu'elle déteste :
L'un par l'autre entraînés, nous courons à l'autel
Nous jurer malgré nous un amour immortel.
Après cela, madame, éclatez contre un traître,
Qui l'est avec douleur, et qui pourtant veut l'être.
Pour moi, loin de contraindre un si juste courroux,
Il me soulagera peut-être autant que vous.
Donnez-moi tous les noms destinés aux parjures :
Je crains votre silence, et non pas vos injures ;
Et mon cœur, soulevant mille secrets témoins,
M'en dira d'autant plus que vous m'en direz moins.

HERMIONE.

Seigneur, dans cet aveu dépouillé d'artifice,
J'aime à voir que du moins vous vous rendiez justice,
Et que, voulant bien rompre un nœud si solennel,
Vous vous abandonniez au crime en criminel.
Est-il juste, après tout, qu'un conquérant s'abaisse
Sous la servile loi de garder sa promesse ?

Non, non, la perfidie a de quoi vous tenter ;
Et vous ne me cherchez que pour vous en vanter.
Quoi ! sans que ni serment ni devoir vous retienne,
Rechercher une Grecque, amant d'une Troyenne ;
Me quitter, me reprendre, et retourner encor
De la fille d'Hélène à la veuve d'Hector ;
Couronner tour à tour l'esclave et la princesse ;
Immoler Troie aux Grecs, au fils d'Hector la Grèce !
Tout cela part d'un cœur toujours maître de soi,
D'un héros qui n'est point esclave de sa foi.
Pour plaire à votre épouse, il vous faudrait peut-être
Prodiguer les doux noms de parjure et de traître.
Vous veniez de mon front observer la pâleur,
Pour aller dans ses bras rire de ma douleur.
Pleurante après son char vous voulez qu'on me voie ;
Mais, seigneur, en un jour ce serait trop de joie ;
Et sans chercher ailleurs des titres empruntés,
Ne vous suffit-il pas de ceux que vous portez ?
Du vieux père d'Hector la valeur abattue
Aux pieds de sa famille expirante à sa vue,
Tandis que dans son sein votre bras enfoncé
Cherche un reste de sang que l'âge avait glacé ;
Dans des ruisseaux de sang Troie ardente plongée :
De votre propre main Polyxène égorgée
Aux yeux de tous les Grecs indignés contre vous :
Que peut-on refuser à ces généreux coups ?

PYRRHUS.

Madame, je sais trop à quels excès de rage
La vengeance d'Hélène emporta mon courage :
Je puis me plaindre à vous du sang que j'ai versé ;
Mais enfin je consens d'oublier le passé.
Je rends grâces au ciel que votre indifférence
De mes heureux soupirs m'apprenne l'innocence.
Mon cœur, je le vois bien, trop prompt à se gêner,
Devait mieux vous connaître et mieux s'examiner.

ACTE IV. SCÈNE V.

Mes remords vous faisaient une injure mortelle;
Il faut se croire aimé pour se croire infidèle.
Vous ne prétendiez point m'arrêter dans vos fers :
J'ai craint de vous trahir, peut-être je vous sers.
Nos cœurs n'étaient point faits dépendants l'un de l'autre :
Je suivais mon devoir, et vous cédiez au vôtre :
Rien ne vous engageait à m'aimer en effet.

HERMIONE.

Je ne t'ai point aimé, cruel ! Qu'ai-je donc fait ?
J'ai dédaigné pour toi les vœux de tous nos princes ;
Je t'ai cherché moi-même au fond de tes provinces ;
J'y suis encor, malgré tes infidélités,
Et malgré tous mes Grecs honteux de mes bontés.
Je leur ai commandé de cacher mon injure ;
J'attendais en secret le retour d'un parjure ;
J'ai cru que tôt ou tard, à ton devoir rendu,
Tu me rapporterais un cœur qui m'était dû.
Je t'aimais inconstant, qu'aurais-je fait fidèle ?
Et même en ce moment où ta bouche cruelle
Vient si tranquillement m'annoncer le trépas,
Ingrat, je doute encor si je ne t'aime pas.
Mais, seigneur, s'il le faut, si le ciel en colère
Réserve à d'autres yeux la gloire de vous plaire,
Achevez votre hymen, j'y consens; mais du moins
Ne forcez pas mes yeux d'en être les témoins.
Pour la dernière fois je vous parle peut-être.
Différez-le d'un jour, demain vous serez maître...
Vous ne répondez point ? Perfide, je le vois,
Tu comptes les moments que tu perds avec moi !
Ton cœur, impatient de revoir ta Troyenne,
Ne souffre qu'à regret qu'une autre t'entretienne.
Tu lui parles du cœur, tu la cherches des yeux.
Je ne te retiens plus, sauve-toi de ces lieux :
Va lui jurer la foi que tu m'avais jurée ;
Va profaner des dieux la majesté sacrée :

Ces dieux, ces justes dieux n'auront pas oublié
Que les mêmes serments avec moi t'ont lié.
Porte aux pieds des autels ce cœur qui m'abandonne ;
Va, cours ; mais crains encor d'y trouver Hermione.

SCÈNE VI.

PYRRHUS, PHŒNIX.

PHOENIX.

Seigneur, vous entendez : gardez de négliger
Une amante en fureur qui cherche à se venger.
Elle n'est en ces lieux que trop bien appuyée,
La querelle des Grecs à la sienne est liée ;
Oreste l'aime encore ; et peut-être à ce prix...

PYRRHUS.

Andromaque m'attend. Phœnix, garde son fils.

FIN DU QUATRIÈME ACTE.

ACTE CINQUIÈME.

SCÈNE I.

HERMIONE.

Où suis-je? Qu'ai-je fait? Que dois-je faire encore?
Quel transport me saisit? Quel chagrin me dévore?
Errante et sans dessein, je cours dans ce palais.
Ah! ne puis-je savoir si j'aime ou si je hais?
Le cruel! de quel œil il m'a congédiée :
Sans pitié, sans douleur au moins étudiée!
L'ai-je vu se troubler et me plaindre un moment?
En ai-je pu tirer un seul gémissement?
Muet à mes soupirs, tranquille à mes alarmes,
Semblait-il seulement qu'il eût part à mes larmes?
Et je le plains encore? Et, pour comble d'ennui,
Mon cœur, mon lâche cœur s'intéresse pour lui?
Je tremble au seul penser du coup qui le menace?
Et prête à me venger, je lui fais déjà grâce?
Non, ne révoquons point l'arrêt de mon courroux :
Qu'il périsse! aussi bien il ne vit plus pour nous.
Le perfide triomphe, et se rit de ma rage :
Il pense voir en pleurs dissiper cet orage;
Il croit que, toujours faible, et d'un cœur incertain,
Je parerai d'un bras les coups de l'autre main.
Il juge encor de moi par mes bontés passées.
Mais plutôt le perfide a bien d'autres pensées :
Triomphant dans le temple, il ne s'informe pas
Si l'on souhaite ailleurs sa vie ou son trépas.

Il me laisse, l'ingrat! cet embarras funeste.
Non, non, encore un coup, laissons agir Oreste.
Qu'il meure, puisque enfin il a dû le prévoir,
Et puisqu'il m'a forcée enfin à le vouloir...
A le vouloir? Eh quoi! c'est donc moi qui l'ordonne?
Sa mort sera l'effet de l'amour d'Hermione?
Ce prince, dont mon cœur se faisait autrefois
Avec tant de plaisir redire les exploits;
A qui même en secret je m'étais destinée
Avant qu'on eût conclu ce fatal hyménée?
Je n'ai donc traversé tant de mers, tant d'États,
Que pour venir si loin préparer son trépas,
L'assassiner, le perdre. Ah! devant qu'il expire...

SCÈNE II.

HERMIONE, CLÉONE.

HERMIONE.

Ah! qu'ai-je fait, Cléone? et que viens-tu me dire?
Que fait Pyrrhus?
CLÉONE.
Il est au comble de ses vœux,
Le plus fier des mortels et le plus amoureux.
Je l'ai vu vers le temple, où son hymen s'apprête,
Mener en conquérant sa nouvelle conquête;
Et d'un œil où brillaient sa joie et son espoir,
S'enivrer en marchant du plaisir de la voir.
Andromaque, au travers de mille cris de joie,
Porte jusqu'aux autels le souvenir de Troie;
Incapable toujours d'aimer et de haïr,
Sans joie et sans murmure elle semble obéir.
HERMIONE.
Et l'ingrat? jusqu'au bout il a poussé l'outrage?
Mais as-tu bien, Cléone, observé son visage?

ACTE V. SCÈNE II.

Goûte-t-il des plaisirs tranquilles et parfaits ?
N'a-t-il point détourné ses yeux vers le palais ?
Dis-moi, ne t'es-tu point présentée à sa vue ?
L'ingrat a-t-il rougi lorsqu'il t'a reconnue ?
Son trouble avouait-il son infidélité ?
A-t-il jusqu'à la fin soutenu sa fierté ?

CLÉONE.

Madame, il ne voit rien : son salut et sa gloire
Semblent être avec vous sortis de sa mémoire.
Sans songer qui le suit, ennemis ou sujets,
Il poursuit seulement ses amoureux projets.
Autour du fils d'Hector il a rangé sa garde,
Et croit que c'est lui seul que le péril regarde.
Phœnix même en répond, qui l'a conduit exprès
Dans un fort éloigné du temple et du palais.
Voilà dans ses transports le seul soin qui lui reste.

HERMIONE.

Le perfide ! Il mourra. Mais que t'a dit Oreste ?

CLÉONE.

Oreste avec ses Grecs dans le temple est entré.

HERMIONE.

Eh bien ! à me venger n'est-il pas préparé ?

CLÉONE.

Je ne sais.

HERMIONE.

Tu ne sais ? Quoi donc ! Oreste encore,
Oreste me trahit ?

CLÉONE.

Oreste vous adore ;
Mais de mille remords son esprit combattu
Croit tantôt son amour et tantôt sa vertu.
Il respecte en Pyrrhus l'honneur du diadème ;
Il respecte en Pyrrhus Achille et Pyrrhus même ;
Il craint la Grèce, il craint l'univers en courroux ;
Mais il se craint, dit-il, soi-même plus que tous.

Il voudrait en vainqueur vous apporter sa tête :
Le seul nom d'assassin l'épouvante et l'arrête.
Enfin il est entré, sans savoir dans son cœur
S'il en devait sortir coupable ou spectateur.

HERMIONE.

Non, non, il les verra triompher sans obstacle ;
Il se gardera bien de troubler ce spectacle.
Je sais de quels remords son courage est atteint :
Le lâche craint la mort, et c'est tout ce qu'il craint.
Quoi ! sans qu'elle employât une seule prière,
Ma mère en sa faveur arma la Grèce entière ;
Ses yeux pour leur querelle, en dix ans de combats,
Virent périr vingt rois qu'ils ne connaissaient pas ;
Et moi, je ne prétends que la mort d'un parjure,
Et je charge un amant du soin de mon injure ;
Il peut me conquérir à ce prix, sans danger ;
Je me livre moi-même, et ne puis me venger !
Allons : c'est à moi seule à me rendre justice.
Que de cris de douleur le temple retentisse ;
De leur hymen fatal troublons l'événement ;
Et qu'ils ne soient unis, s'il se peut, qu'un moment.
Je ne choisirai point dans ce désordre extrême :
Tout me sera Pyrrhus, fût-ce Oreste lui-même.
Je mourrai ; mais au moins ma mort me vengera :
Je ne mourrai pas seule, et quelqu'un me suivra.

SCÈNE III.

ORESTE, HERMIONE, CLÉONE.

ORESTE.

Madame, c'en est fait, et vous êtes servie :
Pyrrhus rend à l'autel son infidèle vie.

HERMIONE.

Il est mort?

ORESTE.

Il expire ; et nos Grecs irrités
Ont lavé dans son sang ses infidélités.
Je vous l'avais promis ; et, quoique mon courage
Se fît de ce complot une funeste image,
J'ai couru vers le temple, où nos Grecs dispersés
Se sont jusqu'à l'autel dans la foule glissés.
Pyrrhus m'a reconnu, mais sans changer de face :
Il semblait que ma vue excitât son audace ;
Que tous les Grecs, bravés en leur ambassadeur,
Dussent de son hymen relever la splendeur.
Enfin, avec transport prenant son diadème,
Sur le front d'Andromaque il l'a posé lui-même :
« Je vous donne, a-t-il dit, ma couronne et ma foi,
» Andromaque, régnez sur l'Épire et sur moi.
» Je voue à votre fils une amitié de père ;
» J'en atteste les dieux, je le jure à sa mère :
» Pour tous mes ennemis je déclare les siens,
» Et je le reconnais pour le roi des Troyens. »
A ces mots, qui du peuple attiraient le suffrage,
Nos Grecs n'ont répondu que par un cri de rage ;
L'infidèle s'est vu partout envelopper,
Et je n'ai pu trouver de place pour frapper :
Chacun se disputait la gloire de l'abattre.
Je l'ai vu dans leurs mains quelque temps se débattre,
Tout sanglant à leurs coups vouloir se dérober ;
Mais enfin à l'autel il est allé tomber.
Du peuple épouvanté j'ai traversé la presse
Pour venir de ces lieux enlever ma princesse,
Et regagner le port, ou bientôt nos amis
Viendront couverts du sang que je vous ai promis.

HERMIONE.

Qu'ont-ils fait !

ORESTE.

Pardonnez à leur impatience :

Ils ont, je le vois bien, trahi votre vengeance ;
Vous vouliez que ma main portât les premiers coups,
Qu'il sentît en mourant qu'il expirait pour vous ;
Mais c'est moi dont l'ardeur leur a servi d'exemple :
Je les ai pour vous seule entraînés dans le temple,
Madame ; et vous pouvez justement vous flatter
D'une mort que leurs bras n'ont fait qu'exécuter.
Vous seule avez poussé les coups...

HERMIONE.
                    Tais-toi, perfide,
Et n'impute qu'à toi ton lâche parricide.
Va faire chez tes Grecs admirer ta fureur,
Va : je la désavoue, et tu me fais horreur.
Barbare, qu'as-tu fait? Avec quelle furie
As-tu tranché le cours d'une si belle vie?
Avez-vous pu, cruels, l'immoler aujourd'hui,
Sans que tout votre sang se soulevât pour lui?
Mais parle : de son sort qui t'a rendu l'arbitre?
Pourquoi l'assassiner? Qu'a-t-il fait? A quel titre?
Qui te l'a dit?

ORESTE.
            O dieux! Quoi! ne m'avez-vous pas
Vous-même, ici, tantôt, ordonné son trépas?

HERMIONE.
Ah! fallait-il en croire une amante insensée?
Ne devais-tu pas lire au fond de ma pensée?
Et ne voyais-tu pas, dans mes emportements,
Que mon cœur démentait ma bouche à tous moments?
Quand je l'aurais voulu, fallait-il y souscrire?
N'as-tu pas dû cent fois te le faire redire?
Toi-même avant le coup me venir consulter,
Y revenir encore, ou plutôt m'éviter?
Que ne me laissais-tu le soin de ma vengeance?
Qui t'amène en des lieux où l'on fuit ta présence?
Voilà de ton amour le détestable fruit :

Tu m'apportais, cruel, le malheur qui te suit.
C'est toi dont l'ambassade, à tous les deux fatale,
L'a fait pour son malheur pencher vers ma rivale.
Nous le verrions encor nous partager ses soins;
Il m'aimerait peut-être; il le feindrait du moins.
Adieu. Tu peux partir. Je demeure en Épire :
Je renonce à la Grèce, à Sparte, à son empire,
A toute ma famille; et c'est assez pour moi,
Traître, qu'elle ait produit un monstre tel que toi.

SCÈNE IV.

ORESTE.

Que vois-je? est-ce Hermione? et que viens-je d'entendre?
Pour qui coule le sang que je viens de répandre?
Je suis, si je l'en crois, un traître, un assassin.
Est-ce Pyrrhus qui meurt? Et suis-je Oreste enfin?
Quoi ! j'étouffe en mon cœur la raison qui m'éclaire;
J'assassine à regret un roi que je révère;
Je viole en un jour les droits des souverains,
Ceux des ambassadeurs, et tous ceux des humains,
Ceux même des autels où ma fureur l'assiége;
Je deviens parricide, assassin, sacrilége.
Pour qui? Pour une ingrate à qui je le promets,
Qui même, s'il ne meurt, ne me verra jamais,
Dont j'épouse la rage! Et quand je l'ai servie,
Elle me redemande et son sang et sa vie!
Elle l'aime! et je suis un monstre furieux!
Je la vois pour jamais s'éloigner de mes yeux,
Et l'ingrate en fuyant me laisse pour salaire
Tous les noms odieux que j'ai pris pour lui plaire!

SCÈNE V.

ORESTE, PYLADE, SOLDATS D'ORESTE.

PYLADE.

Il faut partir, seigneur. Sortons de ce palais,
Ou bien résolvons-nous de n'en sortir jamais.
Nos Grecs pour un moment en défendent la porte :
Tout le peuple assemblé nous poursuit à main forte.
Aux ordres d'Andromaque ici tout est soumis ;
Ils la traitent en reine, et nous comme ennemis.
Andromaque elle-même, à Pyrrhus si rebelle,
Lui rend tous les devoirs d'une veuve fidèle,
Commande qu'on le venge ; et peut-être sur nous
Veut venger Troie encore et son premier époux.
Allons, n'attendons pas que l'on nous environne ;
Nos Grecs nous rejoindront ; et tandis qu'Hermione
Tient encore le peuple autour d'elle arrêté,
Voilà notre chemin, sortons en sûreté.

ORESTE.

Non, non, c'est Hermione, amis, que je veux suivre :
A son dernier arrêt je ne puis plus survivre.
Partez : j'ai fait le crime, et je vais l'expier.

PYLADE.

Hermione, seigneur ? Il la faut oublier.
Quoi ! toujours l'instrument et l'objet de sa rage,
Cherchez-vous chez les morts quelque nouvel outrage ?
Et parce qu'elle meurt faut-il que vous mouriez ?

ORESTE.

Elle meurt ! Dieux ! qu'entends-je !

PYLADE.

Eh quoi ! vous l'ignoriez ?
En rentrant dans ces lieux nous l'avons rencontrée
Qui courait vers le temple, inquiète, égarée.
Elle a trouvé Pyrrhus porté par des soldats

Que son sang excitait à venger son trépas.
Sans doute à cet objet sa rage s'est émue.
Mais du haut de la porte enfin nous l'avons vue
Un poignard à la main sur Pyrrhus se courber,
Lever les yeux au ciel, se frapper, et tomber.

ORESTE.

Grâce aux dieux, mon malheur passe mon espérance!
Oui, je te loue, ô ciel! de ta persévérance!
Appliqué sans relâche au soin de me punir,
Au comble des douleurs tu m'as fait parvenir;
Ta haine a pris plaisir à former ma misère;
J'étais né pour servir d'exemple à ta colère,
Pour être du malheur un modèle accompli.
Eh bien! je meurs content, et mon sort est rempli.
Où sont ces deux amants? Pour couronner ma joie,
Dans leur sang, dans le mien, il faut que je me noie;
L'un et l'autre en mourant je les veux regarder :
Réunissons trois cœurs qui n'ont pu s'accorder...
Mais quelle épaisse nuit tout à coup m'environne?
De quel côté sortir? D'où vient que je frissonne?
Quelle horreur me saisit? Grâce au ciel, j'entrevoi...
Dieux! quels ruisseaux de sang coulent autour de moi!

PYLADE.

Ah! seigneur!

ORESTE.

Quoi! Pyrrhus, je te rencontre encore!
Trouverai-je partout un rival que j'abhorre?
Percé de tant de coups, comment t'es-tu sauvé?
Tiens, tiens, voilà le coup que je t'ai réservé.
Mais que vois-je? A mes yeux Hermione l'embrasse!
Elle vient l'arracher au coup qui le menace!
Dieux! quels affreux regards elle jette sur moi!
Quels démons, quels serpents traîne-t-elle après soi?
Hé bien! filles d'enfer, vos mains sont-elles prêtes?
Pour qui sont ces serpents qui sifflent sur vos têtes?

A qui destinez-vous l'appareil qui vous suit ?
Venez-vous m'enlever dans l'éternelle nuit ?
Venez, à vos fureurs Oreste s'abandonne.
Mais non, retirez-vous, laissez faire Hermione :
L'ingrate mieux que vous saura me déchirer ;
Et je lui porte enfin mon cœur à dévorer.

PYLADE.

Il perd le sentiment. Amis, le temps nous presse ;
Ménageons les moments que ce transport nous laisse.
Sauvons-le. Nos efforts deviendraient impuissants
S'il reprenait ici sa rage avec ses sens [1].

FIN D'ANDROMAQUE.

[1] L'état où tombe Oreste à la fin de cette tragédie paraît une punition divine, qui satisfait le spectateur, aussi bien que la mort d'Hermione, qui s'est fait justice à elle même. Les trois coupables sont punis, et la vertueuse Andromaque paraît récompensée ; mais comme elle a perdu son défenseur dans Pyrrhus, la Grèce n'a plus rien à craindre du fils d'Hector. Ainsi la catastrophe délivrant la Grèce de ses inquiétudes cause une révolution, et elle est comme l'achèvement complet de son triomphe sur Troie. C'est pour cela que cet événement arrive un an après la ruine de cette ville. Pyrrhus a dit à Andromaque :

> Mon cœur désespéré d'un an d'ingratitude.

Le poëte ne pouvait le reculer davantage : il n'eût point été vraisemblable que les Grecs eussent laissé vivre plusieurs années Astyanax, qui est dépeint dans cette pièce comme un enfant.

Racine trouva son sujet dans trois vers de Virgile ; mais il ne trouva ni dans Virgile ni dans Euripide le plan qu'il suivit. Suivant Virgile, Pyrrhus traita en jeune vainqueur sa captive Andromaque, et, après lui avoir fait épouser un de ses esclaves, épousa Hermione, l'enlevant à Oreste, qui le tua au pied des autels. Dans Euripide, Pyrrhus, qui a deux femmes à la fois, Hermione et Andromaque, est tué par le peuple dans le temple de Delphes.

Le poëte français, en conservant ces quatre personnages avec la même catastrophe, a su faire un sujet tout nouveau, d'autant plus tragique que tout y devient grand, par l'intérêt que la Grèce y prend. Son repos et la tranquilité des États de Pyrrhus dépendent du parti qu'il va prendre ; ce qui donne à ses faiblesses mêmes un air de grandeur, parce que lorsqu'il méprise Hermione, il méprise son père Ménélas ; et quand il brave Oreste, il brave en la personne de cet ambassadeur toute la Grèce prête à s'armer contre lui. (L. R.)

LES PLAIDEURS.

COMÉDIE.

1668.

PRÉFACE.

Quand je lus *les Guêpes* d'Aristophane, je ne songeais guère que j'en dusse faire *les Plaideurs*. J'avoue qu'elles me divertirent beaucoup, et que j'y trouvai quantité de plaisanteries qui me tentèrent d'en faire part au public; mais c'était en les mettant dans la bouche des Italiens, à qui je les avais destinées, comme une chose qui leur appartenait de plein droit. Le juge qui saute par les fenêtres, le chien criminel, et les larmes de sa famille, me semblaient autant d'incidents dignes de la gravité de Scaramouche. Le départ de cet acteur interrompit mon dessein, et fit naître l'envie à quelques-uns de mes amis de voir sur notre théâtre un échantillon d'Aristophane. Je ne me rendis pas à la première proposition qu'ils m'en firent : je leur dis que quelque esprit que je trouvasse dans cet auteur, mon inclination ne me porterait pas à le prendre pour modèle si j'avais à faire une comédie; et que j'aimerais beaucoup mieux imiter la régularité de Ménandre et de Térence que la liberté de Plaute et d'Aristophane. On me répondit que ce n'était pas une comédie qu'on me demandait, et qu'on voulait seulement voir si les bons mots d'Aristophane auraient quelque grâce dans notre langue. Ainsi, moitié en m'encourageant, moitié en mettant eux-mêmes la main à l'œuvre, mes amis me firent commencer une pièce qui ne tarda guère à être achevée.

Cependant la plupart du monde ne se soucie point de l'intention ni de la diligence des auteurs. On examina d'abord mon amusement comme on aurait fait une tragédie. Ceux mêmes qui s'y étaient le plus divertis eurent peur de n'avoir pas ri dans les règles, et trouvèrent mauvais que je n'eusse pas songé plus sérieusement à les faire rire. Quelques autres s'imaginèrent qu'il était bienséant à eux de s'y ennuyer, et que les matières de palais ne pouvaient pas être un sujet de divertissement pour des gens de cour. La pièce fut bientôt après jouée à Versailles. On ne fit point de scrupule de s'y réjouir; et ceux qui avaient cru se déshonorer de rire à Paris, furent peut-être obligés de rire à Versailles, pour se faire honneur.

Ils auraient tort, à la vérité, s'ils me reprochaient d'avoir fatigué leurs oreilles de trop de chicane. C'est une langue qui m'est plus étrangère qu'à personne; et je n'en ai employé que quelques mots barbares que je puis avoir appris dans le cours d'un procès que ni moi ni mes juges n'avons jamais bien entendu.

Si j'appréhende quelque chose, c'est que des personnes un peu sérieuses ne traitent de badineries le procès du chien et les extravagances du juge; mais enfin je traduis Aristophane, et l'on doit se souvenir qu'il avait affaire à des spectateurs assez difficiles. Les Athéniens savaient apparemment ce que c'était que le sel attique; et ils étaient bien sûrs, quand ils avaient ri d'une chose, qu'ils n'avaient pas ri d'une sottise.

Pour moi, je trouve qu'Aristophane a eu raison de pousser les choses au-delà du vraisemblable. Les juges de l'Aréopage n'auraient pas peut-être trouvé bon qu'il eût marqué au naturel leur avidité de gagner, les bons tours de leurs secrétaires, et les forfanteries de leurs avocats. Il était à propos d'outrer un peu les personnages pour les empêcher de se reconnaître. Le public ne laissait pas de discerner le vrai au travers du ridicule, et je m'assure qu'il vaut mieux avoir occupé l'impertinente éloquence de deux orateurs autour d'un chien accusé, que si l'on avait mis sur la sellette un véritable criminel, et qu'on eût intéressé les spectateurs à la vie d'un homme.

Quoi qu'il en soit, je puis dire que notre siècle n'a pas été de plus mauvaise humeur que le sien; et que si le but de ma comédie était de faire rire, jamais comédie n'a mieux attrapé son but. Ce n'est pas que j'attende un grand honneur d'avoir assez longtemps réjoui le monde; mais je me sais quelque gré de l'avoir fait sans qu'il m'en ait coûté une seule de ces sales équivoques et de ces malhonnêtes plaisanteries qui coûtent maintenant si peu à la plupart de nos écrivains, et qui font retomber le théâtre dans la turpitude d'où quelques auteurs plus modestes l'avaient tiré.

PERSONNAGES.

DANDIN, juge.
LÉANDRE, fils de Dandin.
CHICANEAU, bourgeois.
ISABELLE, fille de Chicaneau.
LA COMTESSE.
PETIT-JEAN, portier.
L'INTIMÉ, secrétaire.
LE SOUFFLEUR.

Noms des premiers acteurs qui ont joué dans les Plaideurs.

DANDIN.	Poisson.
LÉANDRE.	De Villiers.
CHICANEAU.	Brécourt.
ISABELLE.	Mlle d'Ennebaut.
LA COMTESSE.	Mlle Beauchâteau.
PETIT-JEAN.	Hauteroche.
L'INTIMÉ.	La Thorillière.

La scène est dans une ville de basse Normandie.

LES PLAIDEURS.

ACTE PREMIER.

SCÈNE I.

PETIT-JEAN, traînant un gros sac de procès.

Ma foi, sur l'avenir bien fou qui se fiera :
Tel qui rit vendredi, dimanche pleurera.
Un juge, l'an passé, me prit à son service ;
Il m'avait fait venir d'Amiens pour être suisse.
Tous ces Normands voulaient se divertir de nous :
On apprend à hurler, dit l'autre, avec les loups.
Tout Picard que j'étais, j'étais un bon apôtre,
Et je faisais claquer mon fouet tout comme un autre.
Tous les plus gros monsieurs me parlaient chapeau bas :
Monsieur de Petit-Jean, ah! gros comme le bras !
Mais sans argent l'honneur n'est qu'une maladie.
Ma foi, j'étais un franc portier de comédie,
On avait beau heurter et m'ôter son chapeau,
On n'entrait pas chez nous sans graisser le marteau.
Point d'argent, point de suisse ; et ma porte était close.
Il est vrai qu'à Monsieur j'en rendais quelque chose :
Nous comptions quelquefois. On me donnait le soin
De fournir la maison de chandelle et de foin ;
Mais je n'y perdais rien. Enfin, vaille que vaille,
J'aurais sur le marché fort bien fourni la paille.
C'est dommage : il avait le cœur trop au métier ;

Tous les jours le premier aux plaids, et le dernier ;
Et bien souvent tout seul, si l'on l'eût voulu croire,
Il s'y serait couché sans manger et sans boire.
Je lui disais parfois : « Monsieur Perrin-Dandin,
» Tout franc, vous vous levez tous les jours trop matin.
» Qui veut voyager loin ménage sa monture ;
» Buvez, mangez, dormez, et faisons feu qui dure. »
Il n'en a tenu compte. Il a si bien veillé
Et si bien fait, qu'on dit que son timbre est brouillé.
Il nous veut tous juger les uns après les autres.
Il marmotte toujours certaines patenôtres
Où je ne comprends rien. Il veut, bon gré mal gré,
Ne se coucher qu'en robe et qu'en bonnet carré.
Il fit couper la tête à son coq, de colère,
Pour l'avoir éveillé plus tard qu'à l'ordinaire ;
Il disait qu'un plaideur dont l'affaire allait mal
Avait graissé la patte à ce pauvre animal.
Depuis ce bel arrêt, le pauvre homme a beau faire,
Son fils ne souffre plus qu'on lui parle d'affaire.
Il nous le fait garder jour et nuit, et de près :
Autrement, serviteur, et mon homme est aux plaids.
Pour s'échapper de nous, Dieu sait s'il est allègre.
Pour moi, je ne dors plus : aussi je deviens maigre ;
C'est pitié. Je m'étends, et ne fais que bâiller.
Mais, veille qui voudra, voici mon oreiller.
Ma foi, pour cette nuit, il faut que je m'en donne !
Pour dormir dans la rue on n'offense personne.
Dormons.

(Il se couche par terre.)

SCÈNE II.

L'INTIMÉ, PETIT-JEAN.

L'INTIMÉ.

Hé ! Petit-Jean ! Petit-Jean !

ACTE I. SCÈNE III.

PETIT-JEAN.

L'Intimé !

(A part.)
Il a déjà bien peur de me voir enrhumé.

L'INTIMÉ.

Que diable ! si matin que fais-tu dans la rue ?

PETIT-JEAN.

Est-ce qu'il faut toujours faire le pied de grue,
Garder toujours un homme, et l'entendre crier ?
Quelle gueule ! Pour moi je crois qu'il est sorcier.

L'INTIMÉ.

Bon !

PETIT-JEAN.

Je lui disais donc, en me grattant la tête,
Que je voulais dormir : « Présente ta requête
» Comme tu veux dormir », m'a-t-il dit gravement[1].
Je dors en te contant la chose seulement.
Bonsoir.

L'INTIMÉ.

Comment, bonsoir ? Que le diable m'emporte
Si... Mais j'entends du bruit au-dessus de la porte.

SCÈNE III.

DANDIN, L'INTIMÉ, PETIT-JEAN.

DANDIN, à la fenêtre.

Petit-Jean ! L'Intimé !

L'INTIMÉ, à Petit-Jean.

Paix !

---

[1] Il y avait alors un président si amoureux de son métier, qu'il l'exerçait dans son domestique. Quand son fils lui représentait qu'il avait besoin d'un habit neuf, il lui répondait gravement : *Présente ta requête;* et quand son fils lui avait présenté sa requête, il y répondait par un *soit communiqué à sa mère.* (L. R.)

DANDIN.

Je suis seul ici.
Voilà mes guichetiers en défaut, Dieu merci.
Si je leur donne temps, ils pourront comparaître.
Çà, pour nous élargir, sautons par la fenêtre.
Hors de cour.

L'INTIMÉ.

Comme il saute!

PETIT-JEAN.

Oh! monsieur! je vous tien.

DANDIN.

Au voleur! au voleur!

PETIT-JEAN.

Oh! nous vous tenons bien.

L'INTIMÉ.

Vous avez beau crier.

DANDIN.

Main-forte! l'on me tue!

SCÈNE IV.

LÉANDRE, DANDIN, L'INTIMÉ, PETIT-JEAN.

LÉANDRE.

Vite un flambeau! j'entends mon père dans la rue.
Mon père, si matin qui vous fait déloger?
Où courez-vous la nuit?

DANDIN.

Je veux aller juger.

LÉANDRE.

Et qui juger? Tout dort.

PETIT-JEAN.

Ma foi, je ne dors guères.

LÉANDRE.

Que de sacs! il en a jusques aux jarretières.

DANDIN.

Je ne veux de trois mois rentrer dans la maison.
De sacs et de procès j'ai fait provision.

LÉANDRE.

Et qui vous nourrira?

DANDIN.

Le buvetier, je pense.

LÉANDRE.

Mais où dormirez-vous, mon père?

DANDIN.

A l'audience.

LÉANDRE.

Non, mon père; il vaut mieux que vous ne sortiez pas.
Dormez chez vous; chez vous faites tous vos repas.
Souffrez que la raison enfin vous persuade;
Et pour votre santé...

DANDIN.

Je veux être malade.

LÉANDRE.

Vous ne l'êtes que trop. Donnez-vous du repos.
Vous n'avez tantôt plus que la peau sur les os.

DANDIN.

Du repos? Ah! sur toi tu veux régler ton père!
Crois-tu qu'un juge n'ait qu'à faire bonne chère,
Qu'à battre le pavé comme un tas de galants,
Courir le bal la nuit, et le jour les brelans?
L'argent ne nous vient pas si vite que l'on pense.
Chacun de tes rubans me coûte une sentence.
Ma robe vous fait honte: un fils de juge! Ah! fi!
Tu fais le gentilhomme : hé, Dandin, mon ami,
Regarde dans ma chambre et dans ma garde-robe
Les portraits des Dandins : tous ont porté la robe;
Et c'est le bon parti. Compare prix pour prix
Les étrennes d'un juge à celles d'un marquis :
Attends que nous soyons à la fin de décembre.

Qu'est-ce qu'un gentilhomme? Un pilier d'antichambre.
Combien en as-tu vu, je dis des plus huppés,
A souffler dans leurs doigts dans ma cour occupés,
Le manteau sur le nez, ou la main dans la poche,
Enfin, pour se chauffer, venir tourner ma broche!
Voilà comme on les traite. Hé! mon pauvre garçon,
De ta défunte mère est-ce là la leçon?
La pauvre Babonnette! Hélas! lorsque j'y pense,
Elle ne manquait pas une seule audience.
Jamais, au grand jamais, elle ne me quitta,
Et Dieu sait bien souvent ce qu'elle en rapporta:
Elle eût du buvetier emporté les serviettes,
Plutôt que de rentrer au logis les mains nettes[1].
Et voilà comme on fait les bonnes maisons. Va,
Tu ne seras qu'un sot.

LÉANDRE.

Vous vous morfondez là,
Mon père. Petit-Jean, remenez votre maître,
Couchez-le dans son lit; fermez porte, fenêtre;
Qu'on barricade tout, afin qu'il ait plus chaud.

PETIT-JEAN.

Faites donc mettre au moins des garde-fous là-haut.

DANDIN.

Quoi! l'on me mènera coucher sans autre forme?
Obtenez un arrêt comme il faut que je dorme.

LÉANDRE.

Hé! par provision, mon père, couchez-vous.

---

[1] Racine, en cet endroit, avait en vue Mme Tardieu, femme d'un lieutenant-criminel célèbre par son avarice, et par le portrait qu'en a fait Boileau dans sa dixième Satire :

> L'un et l'autre dès lors vécut à l'aventure
> Des présents qu'à l'abri de la magistrature
> Le mari quelquefois des plaideurs extorquait,
> Ou de ce que la femme aux voisins escroquait.

On prétend en effet que Mme Tardieu *avait pris quelques serviettes chez le buvetier.*

DANDIN.

J'irai ; mais je m'en vais vous faire enrager tous :
Je ne dormirai point.
LÉANDRE.
     Eh bien, à la bonne heure !
Qu'on ne le quitte pas. Toi, l'Intimé, demeure.

SCÈNE V.

LÉANDRE, L'INTIMÉ.

LÉANDRE.
Je veux t'entretenir un moment sans témoin.
L'INTIMÉ.
Quoi ! vous faut-il garder ?
LÉANDRE.
     J'en aurais bon besoin.
J'ai ma folie, hélas ! aussi bien que mon père.
L'INTIMÉ.
Oh ! vous voulez juger ?
LÉANDRE, montrant le logis d'Isabelle.
     Laissons là le mystère.
Tu connais ce logis.
L'INTIMÉ.
    Je vous entends enfin :
Diantre ! l'amour vous tient au cœur de bon matin.
Vous me voulez parler sans doute d'Isabelle.
Je vous l'ai dit cent fois : elle est sage, elle est belle ;
Mais vous devez songer que monsieur Chicaneau
De son bien en procès consume le plus beau.
Qui ne plaide-t-il point ? Je crois qu'à l'audience
Il fera, s'il ne meurt, venir toute la France.
Tout auprès de son juge il s'est venu loger :
L'un veut plaider toujours, l'autre toujours juger.
Et c'est un grand hasard s'il conclut votre affaire

Sans plaider le curé, le gendre, et le notaire.
LÉANDRE.
Je le sais comme toi ; mais, malgré tout cela,
Je meurs pour Isabelle.
L'INTIMÉ.
Eh bien, épousez-la.
Vous n'avez qu'à parler, c'est une affaire prête.
LÉANDRE.
Eh! cela ne va pas si vite que ta tête.
Son père est un sauvage à qui je ferais peur.
A moins que d'être huissier, sergent ou procureur,
On ne voit point sa fille ; et la pauvre Isabelle,
Invisible et dolente, est en prison chez elle.
Elle voit dissiper sa jeunesse en regrets,
Mon amour en fumée, et son bien en procès.
Il la ruinera si l'on le laisse faire.
Ne connaîtrais-tu pas quelque honnête faussaire
Qui servît ses amis, en le payant, s'entend,
Quelque sergent zélé?
L'INTIMÉ.
Bon! l'on en trouve tant!
LÉANDRE.
Mais encore?
L'INTIMÉ.
Ah! monsieur! si feu mon pauvre père
Était encore vivant, c'était bien votre affaire.
Il gagnait en un jour plus qu'un autre en six mois ;
Ses rides sur son front gravaient tous ses exploits[1].
Il vous eût arrêté le carrosse d'un prince ;
Il vous l'eût pris lui-même ; et si dans la province
Il se donnait en tout vingt coups de nerf de bœuf,

---

[1] Ce vers est une parodie d'un vers du *Cid*. On assure que Corneille, mécontent de ce travestissement de sa poésie, aurait dit avec amertume : « Ne tient-il qu'à un jeune homme de tourner en ridicule les plus beaux » vers d'un poëte? »

Mon père pour sa part en emboursait dix-neuf.
Mais de quoi s'agit-il? suis-je pas fils de maître?
Je vous servirai.
    LÉANDRE.
 Toi?
    L'INTIMÉ.
  Mieux qu'un sergent peut-être.
    LÉANDRE.
Tu porterais au père un faux exploit?
    L'INTIMÉ.
      Hon, hon!
    LÉANDRE.
Tu rendrais à la fille un billet?
    L'INTIMÉ.
     Pourquoi non?
Je suis des deux métiers.
    LÉANDRE.
      Viens, je l'entends qui crie.
Allons à ce dessein rêver ailleurs.

SCÈNE VI.

CHICANEAU, PETIT-JEAN.

CHICANEAU, allant et revenant.

      La Brie,
Qu'on garde la maison, je reviendrai bientôt.
Qu'on ne laisse monter aucune âme là-haut.
Fais porter cette lettre à la poste du Maine.
Prends-moi dans mon clapier trois lapins de garenne,
Et chez mon procureur porte-les ce matin.
Si son clerc vient céans, fais-lui goûter mon vin.
Ah! donne-lui ce sac qui pend à ma fenêtre.
Est-ce tout? Il viendra me demander peut-être
Un grand homme sec, là, qui me sert de témoin,

Et qui jure pour moi lorsque j'en ai besoin :
Qu'il m'attende. Je crains que mon juge ne sorte :
Quatre heures vont sonner. Mais frappons à sa porte.

PETIT-JEAN, entr'ouvrant la porte.

Qui va là ?

CHICANEAU.

Peut-on voir monsieur ?

PETIT-JEAN, fermant la porte.

Non.

CHICANEAU, frappant à la porte.

Pourrait-on
Dire un mot à monsieur son secrétaire ?

PETIT-JEAN, fermant la porte.

Non.

CHICANEAU, frappant à la porte.

Et monsieur son portier ?

PETIT-JEAN.

C'est moi-même.

CHICANEAU.

De grâce,
Buvez à ma santé, monsieur.

PETIT-JEAN, prenant l'argent.

Grand bien vous fasse !
(Fermant la porte.)
Mais revenez demain.

CHICANEAU.

Eh ! rendez donc l'argent.
Le monde est devenu, sans mentir, bien méchant.
J'ai vu que les procès ne donnaient point de peine :
Six écus en gagnaient une demi-douzaine,
Mais, aujourd'hui, je crois que tout mon bien entier
Ne me suffirait pas pour gagner un portier.
Mais j'aperçois venir madame la comtesse
De Pimbesche. Elle vient pour affaire qui presse.

SCÈNE VII.

LA COMTESSE, CHICANEAU.

CHICANEAU.
Madame, on n'entre plus[1].

LA COMTESSE.
     Eh bien! l'ai-je pas dit?
Sans mentir, mes valets me font perdre l'esprit.
Pour les faire lever c'est en vain que je gronde;
Il faut que tous les jours j'éveille tout mon monde.

CHICANEAU.
Il faut absolument qu'il se fasse celer.

LA COMTESSE.
Pour moi, depuis deux jours je ne lui puis parler.

CHICANEAU.
Ma partie est puissante, et j'ai lieu de tout craindre.

LA COMTESSE.
Après ce qu'on m'a fait, il ne faut plus se plaindre.

CHICANEAU.
Si pourtant j'ai bon droit.

LA COMTESSE.
    Ah! monsieur, quel arrêt!

CHICANEAU.
Je m'en rapporte à vous. Écoutez, s'il vous plaît.

---

[1] On prétend que l'actrice chargée du rôle de la comtesse de Pimbesche parut sur la scène dans le même costume que la comtesse de Crissé, plaideuse éternelle, avait coutume de porter à la ville; elle avait une robe couleur de rose sèche, avec un masque sur l'oreille. On dit encore qu'Aristophane, qui joua lui-même le rôle de Cléon dans sa comédie des *Chevaliers,* se présenta avec un masque très-ressemblant à la figure de ce fameux démagogue. Molière fit aussi acheter à la friperie un habit de l'abbé Cotin, et donna à son personnage principal le nom de Tricotin, qu'il changea depuis en celui de Trissotin, moins ressemblant au nom véritable de la personne, mais plus injurieux encore.

LA COMTESSE.

Il faut que vous sachiez, monsieur, la perfidie...

CHICANEAU.

Ce n'est rien dans le fond.

LA COMTESSE.

Monsieur, que je vous die...

CHICANEAU.

Voici le fait. Depuis quinze ou vingt ans en çà,
Au travers d'un mien pré certain ânon passa,
S'y vautra, non sans faire un notable dommage,
Dont je formai ma plainte au juge du village.
Je fais saisir l'ânon. Un expert est nommé ;
A deux bottes de foin le dégât estimé.
Enfin, au bout d'un an, sentence par laquelle
Nous sommes renvoyés hors de cour. J'en appelle.
Pendant qu'à l'audience on poursuit un arrêt,
Remarquez bien ceci, madame, s'il vous plaît,
Notre ami Drolichon, qui n'est pas une bête,
Obtient pour quelque argent un arrêt sur requête,
Et je gagne ma cause. A cela que fait-on ?
Mon chicaneur s'oppose à l'exécution.
Autre incident : tandis qu'au procès on travaille,
Ma partie en mon pré laisse aller sa volaille.
Ordonné qu'il sera fait rapport à la cour
Du foin que peut manger une poule en un jour :
Le tout joint au procès. Enfin, et toute chose
Demeurant en état on appointe la cause
Le cinquième ou sixième avril cinquante-six.
J'écris sur nouveaux frais. Je produis, je fournis
De dits, de contredits, enquêtes, compulsoires,
Rapports d'experts, transports, trois interlocutoires,
Griefs et faits nouveaux, baux et procès-verbaux.
J'obtiens lettres royaux, et je m'inscris en faux.
Quatorze appointements, trente exploits, six instances,
Six-vingts productions, vingt arrêts de défenses,

Arrêt enfin. Je perds ma cause avec dépens,
Estimés environ cinq à six mille francs.
Est-ce là faire droit? Est-ce là comme on juge?
Après quinze ou vingt ans! Il me reste un refuge :
La requête civile est ouverte pour moi;
Je ne suis pas rendu. Mais vous, comme je voi,
Vous plaidez?

LA COMTESSE.

Plût à Dieu !

CHICANEAU.

J'y brûlerai mes livres.

LA COMTESSE.

Je...

CHICANEAU.

Deux bottes de foin cinq à six mille livres !

LA COMTESSE.

Monsieur, tous mes procès allaient être finis ;
Il ne m'en restait plus que quatre ou cinq petits :
L'un contre mon mari, l'autre contre mon père,
Et contre mes enfants. Ah ! monsieur ! la misère !
Je ne sais quel biais ils ont imaginé,
Ni tout ce qu'ils ont fait, mais on leur a donné
Un arrêt par lequel, moi vêtue et nourrie,
On me défend, monsieur, de plaider de ma vie.

CHICANEAU.

De plaider?

LA COMTESSE.

De plaider.

CHICANEAU.

Certes, le trait est noir.

J'en suis surpris.

LA COMTESSE.

Monsieur, j'en suis au désespoir.

CHICANEAU.

Comment, lier les mains aux gens de votre sorte !

Mais cette pension, madame, est-elle forte?
LA COMTESSE.
Je n'en vivrais, monsieur, que trop honnêtement.
Mais vivre sans plaider, est-ce contentement?
CHICANEAU.
Des chicaneurs viendront nous manger jusqu'à l'âme,
Et nous ne dirons mot! Mais, s'il vous plaît, madame,
Depuis quand plaidez-vous?
LA COMTESSE.
Il ne m'en souvient pas;
Depuis trente ans, au plus.
CHICANEAU.
Ce n'est pas trop.
LA COMTESSE.
Hélas!
CHICANEAU.
Et quel âge avez-vous? Vous avez bon visage.
LA COMTESSE.
Eh! quelque soixante ans.
CHICANEAU.
Comment! c'est le bel âge
Pour plaider.
LA COMTESSE.
Laissez faire, ils ne sont pas au bout :
J'y vendrai ma chemise, et je veux rien ou tout.
CHICANEAU.
Madame, écoutez-moi. Voici ce qu'il faut faire.
LA COMTESSE.
Oui, monsieur, je vous crois comme mon propre père.
CHICANEAU.
J'irais trouver mon juge...
LA COMTESSE.
Oh! oui, monsieur, j'irai.
CHICANEAU.
Me jeter à ses pieds...

ACTE 1. SCÈNE VII.

LA COMTESSE.

Oui, je m'y jetterai;
Je l'ai bien résolu.

CHICANEAU.

Mais daignez donc m'entendre.

LA COMTESSE.

Oui, vous prenez la chose ainsi qu'il la faut prendre.

CHICANEAU.

Avez-vous dit, madame?

LA COMTESSE.

Oui.

CHICANEAU.

J'irais sans façon
Trouver mon juge.

LA COMTESSE.

Hélas! que ce monsieur est bon!

CHICANEAU.

Si vous parlez toujours, il faut que je me taise.

LA COMTESSE.

Ah! que vous m'obligez! je ne me sens pas d'aise.

CHICANEAU.

J'irais trouver mon juge, et lui dirais...

LA COMTESSE.

Oui.

CHICANEAU.

Voi!
Et lui dirais : Monsieur...

LA COMTESSE.

Oui, monsieur.

CHICANEAU.

Liez-moi...

LA COMTESSE.

Monsieur, je ne veux point être liée.

CHICANEAU.

A l'autre!

LA COMTESSE.

Je ne la serai point.

CHICANEAU.

Quelle humeur est la vôtre?

LA COMTESSE.

Non.

CHICANEAU.

Vous ne savez pas, madame, où je viendrai.

LA COMTESSE.

Je plaiderai, monsieur, ou bien je ne pourrai.

CHICANEAU.

Mais...

LA COMTESSE.

Mais je ne veux point, monsieur, que l'on me lie...

CHICANEAU.

Enfin, quand une femme en tête a sa folie...

LA COMTESSE.

Fou vous-même.

CHICANEAU.

Madame!

LA COMTESSE.

Et pourquoi me lier?

CHICANEAU.

Madame...

LA COMTESSE.

Voyez-vous? il se rend familier.

CHICANEAU.

Mais, madame...

LA COMTESSE.

Un crasseux, qui n'a que sa chicane,
Veut donner des avis!

CHICANEAU.

Madame!

LA COMTESSE.

Avec son âne!

CHICANEAU.

Vous me poussez.

LA COMTESSE.

Bon homme, allez garder vos foins.

CHICANEAU.

Vous m'excédez.

LA COMTESSE.

Le sot !

CHICANEAU.

Que n'ai-je des témoins !

SCÈNE VIII.

PETIT-JEAN, LA COMTESSE, CHICANEAU.

PETIT-JEAN.

Voyez le beau sabbat qu'ils font à notre porte.
Messieurs, allez plus loin tempêter de la sorte.

CHICANEAU.

Monsieur, soyez témoin...

LA COMTESSE.

Que monsieur est un sot.

CHICANEAU.

Monsieur, vous l'entendez, retenez bien ce mot.

PETIT-JEAN, à la comtesse.

Ah ! vous ne deviez pas lâcher cette parole.

LA COMTESSE.

Vraiment, c'est bien à lui de me traiter de folle !

PETIT-JEAN.

(A Chicaneau.)

Folle ! Vous avez tort. Pourquoi l'injurier ?

CHICANEAU.

On la conseille.

PETIT-JEAN.

Oh !

LA COMTESSE.
Oui, de me faire lier.

PETIT-JEAN.
Oh! monsieur!

CHICANEAU.
Jusqu'au bout que ne m'écoute-t-elle?

PETIT-JEAN.
Oh! madame!

LA COMTESSE.
Qui? moi! souffrir qu'on me querelle?

CHICANEAU.
Une crieuse!

PETIT-JEAN.
Eh! paix!

LA COMTESSE.
Un chicaneur!

PETIT-JEAN.
Holà!

CHICANEAU.
Qui n'ose plus plaider!

LA COMTESSE.
Que t'importe cela?
Qu'est-ce qui t'en revient, faussaire abominable,
Brouillon, voleur?

CHICANEAU.
Et bon, et bon, de par le diable :
Un sergent! un sergent!

LA COMTESSE.
Un huissier! un huissier!

PETIT-JEAN, seul.
Ma foi, juge et plaideurs, il faudrait tout lier.

FIN DU PREMIER ACTE.

ACTE DEUXIÈME.

SCÈNE I.

LÉANDRE, L'INTIMÉ.

L'INTIMÉ.

Monsieur, encore un coup, je ne puis pas tout faire :
Puisque je fais l'huissier, faites le commissaire.
En robe sur mes pas il ne faut que venir,
Vous aurez tout moyen de vous entretenir.
Changez en cheveux noirs votre perruque blonde.
Ces plaideurs songent-ils que vous soyez au monde ?
Éh ! lorsqu'à votre père ils vont faire leur cour,
A peine seulement savez-vous s'il est jour.
Mais n'admirez-vous pas cette bonne comtesse
Qu'avec tant de bonheur la fortune m'adresse ;
Qui, dès qu'elle me voit, donnant dans le panneau,
Me charge d'un exploit pour monsieur Chicaneau,
Et le fait assigner pour certaine parole,
Disant qu'il la voudrait faire passer pour folle,
Je dis folle à lier, et pour d'autres excès
Et blasphèmes, toujours l'ornement des procès ?
Mais vous ne dites rien de tout mon équipage ?
Ai-je bien d'un sergent le port et le visage ?

LÉANDRE.

Ah ! fort bien !

L'INTIMÉ.

Je ne sais, mais je me sens enfin
L'âme et le dos six fois plus durs que ce matin.

Quoi qu'il en soit, voici l'exploit et votre lettre :
Isabelle l'aura, j'ose vous le promettre.
Mais, pour faire signer le contrat que voici,
Il faut que sur mes pas vous vous rendiez ici.
Vous feindrez d'informer sur toute cette affaire,
Et vous ferez l'amour en présence du père.

LÉANDRE.

Mais ne va pas donner l'exploit pour le billet.

L'INTIMÉ.

Le père aura l'exploit, la fille le poulet.
Rentrez.

(L'Intimé va frapper à la porte d'Isabelle.)

SCÈNE II.

ISABELLE, L'INTIMÉ.

ISABELLE.

Qui frappe?

L'INTIMÉ.

(A part.)

Ami. C'est la voix d'Isabelle.

ISABELLE.

Demandez-vous quelqu'un, monsieur?

L'INTIMÉ.

Mademoiselle,
C'est un petit exploit que j'ose vous prier
De m'accorder l'honneur de vous signifier.

ISABELLE.

Monsieur, excusez-moi, je n'y puis rien comprendre :
Mon père va venir, qui pourra vous entendre.

L'INTIMÉ.

Il n'est donc pas ici, mademoiselle?

ISABELLE.

Non.

ACTE II. SCÈNE II.

L'INTIMÉ.

L'exploit, mademoiselle, est mis sous votre nom.

ISABELLE.

Monsieur, vous me prenez pour une autre, sans doute :
Sans avoir de procès, je sais ce qu'il en coûte ;
Et si l'on n'aimait pas à plaider plus que moi,
Vos pareils pourraient bien chercher un autre emploi.
Adieu.

L'INTIMÉ.

Mais permettez...

ISABELLE.

Je ne veux rien permettre.

L'INTIMÉ.

Ce n'est pas un exploit.

ISABELLE.

Chanson !

L'INTIMÉ.

C'est une lettre.

ISABELLE.

Encor moins.

L'INTIMÉ.

Mais lisez.

ISABELLE.

Vous ne m'y tenez pas.

L'INTIMÉ.

C'est de monsieur...

ISABELLE.

Adieu.

L'INTIMÉ.

Léandre.

ISABELLE.

Parlez bas.

C'est de monsieur... ?

L'INTIMÉ.

Que diable ! on a bien de la peine

A se faire écouter : je suis tout hors d'haleine.
ISABELLE.
Ah! l'Intimé, pardonne à mes sens étonnés;
Donne.
L'INTIMÉ.
Vous me deviez fermer la porte au nez.
ISABELLE.
Et qui t'aurait connu déguisé de la sorte?
Mais donne.
L'INTIMÉ.
Aux gens de bien ouvre-t-on votre porte?
ISABELLE.
Eh! donne donc.
L'INTIMÉ.
La peste!
ISABELLE.
Oh! ne donnez donc pas.
Avec votre billet retournez sur vos pas.
L'INTIMÉ.
Tenez. Une autre fois ne soyez pas si prompte.

SCÈNE III.

CHICANEAU, ISABELLE, L'INTIMÉ.

CHICANEAU.
Oui! je suis donc un sot, un voleur, à son compte?
Un sergent s'est chargé de la remercier;
Et je lui vais servir un plat de mon métier.
Je serais bien fâché que ce fût à refaire,
Ni qu'elle m'envoyât assigner la première.
Mais un homme ici parle à ma fille! Comment?
Elle lit un billet? Ah! c'est de quelque amant.
Approchons.

ISABELLE.

Tout de bon, ton maître est-il sincère?
Le croirai-je?

L'INTIMÉ.

Il ne dort non plus que votre père.
(Apercevant Chicaneau.)
Il se tourmente; il vous... fera voir aujourd'hui
Que l'on ne gagne rien à plaider contre lui.

ISABELLE, apercevant Chicaneau.

C'est mon père!
(A l'Intimé.)

Vraiment, vous leur pouvez apprendre
Que si l'on nous poursuit, nous saurons nous défendre.
(Déchirant le billet.)
Tenez, voilà le cas qu'on fait de votre exploit.

CHICANEAU.

Comment! c'est un exploit que ma fille lisait?
Ah! tu seras un jour l'honneur de ta famille :
Tu défendras ton bien. Viens, mon sang, viens, ma fille.
Va, je t'achèterai le *Praticien françois*.
Mais, diantre! il ne faut pas déchirer les exploits.

ISABELLE, à l'Intimé.

Au moins, dites-leur bien que je ne les crains guère :
Ils me feront plaisir; je les mets à pis faire.

CHICANEAU.

Eh! ne te fâche point.

ISABELLE, à l'Intimé.

Adieu, monsieur.

SCÈNE IV.

CHICANEAU, L'INTIMÉ.

L'INTIMÉ, se mettant en état d'écrire.

Or çà,
Verbalisons.

CHICANEAU.

Monsieur, de grâce, excusez-la :
Elle n'est pas instruite ; et puis, si bon vous semble,
En voici les morceaux que je vais mettre ensemble.

L'INTIMÉ.

Non.

CHICANEAU.

Je le lirai bien.

L'INTIMÉ.

Je ne suis pas méchant :
J'en ai sur moi copie.

CHICANEAU.

Ah ! le trait est touchant.
Mais je ne sais pourquoi, plus je vous envisage,
Et moins je me remets, monsieur, votre visage.
Je connais force huissiers.

L'INTIMÉ.

Informez-vous de moi.
Je m'acquitte assez bien de mon petit emploi.

CHICANEAU.

Soit. Pour qui venez-vous ?

L'INTIMÉ.

Pour une brave dame,
Monsieur, qui vous honore, et de toute son âme
Voudrait que vous vinssiez, à ma sommation,
Lui faire un petit mot de réparation.

CHICANEAU.

De réparation ? Je n'ai blessé personne.

L'INTIMÉ.

Je le crois : vous avez, monsieur, l'âme trop bonne.

CHICANEAU.

Que demandez-vous donc ?

L'INTIMÉ.

Elle voudrait, monsieur,
Que devant des témoins vous lui fissiez l'honneur

ACTE II. SCÈNE IV.

De l'avouer pour sage, et point extravagante.
CHICANEAU.
Parbleu, c'est ma comtesse !
L'INTIMÉ.
Elle est votre servante.
CHICANEAU.
Je suis son serviteur.
L'INTIMÉ.
Vous êtes obligeant,
Monsieur.
CHICANEAU.
Oui, vous pouvez l'assurer qu'un sergent
Lui doit porter pour moi tout ce qu'elle demande.
Eh quoi donc? les battus, ma foi, paieront l'amende !
Voyons ce qu'elle chante. Hon... *Sixième janvier,*
Pour avoir faussement dit qu'il fallait lier,
Étant à ce porté par esprit de chicane,
Haute et puissante dame Yolande Cudasne,
Comtesse de Pimbesche, Orbesche, et cœtera,
Il soit dit que sur l'heure il se transportera
Au logis de la dame; et là, d'une voix claire,
Devant quatre témoins assistés d'un notaire,
(Zeste!) *ledit Hiérome avouera hautement*
Qu'il la tient pour sensée et de bon jugement...
LE BON. C'est donc le nom de votre seigneurie ?
L'INTIMÉ.
(A part.)
Pour vous servir. Il faut payer d'effronterie.
CHICANEAU.
Le Bon ! Jamais exploit ne fut signé le Bon.
Monsieur le Bon...
L'INTIMÉ.
Monsieur.
CHICANEAU.
Vous êtes un fripon.

L'INTIMÉ.

Monsieur, pardonnez-moi, je suis fort honnête homme.

CHICANEAU.

Mais fripon le plus franc qui soit de Caen à Rome.

L'INTIMÉ.

Monsieur, je ne suis pas pour vous désavouer ·
Vous aurez la bonté de me le bien payer.

CHICANEAU.

Moi, payer? En soufflets.

L'INTIMÉ.

Vous êtes trop honnête :
Vous me le paierez bien.

CHICANEAU.

Oh! tu me romps la tête.
Tiens, voilà ton paiement.

L'INTIMÉ.

Un soufflet! Écrivons.
*Lequel Hiérome, après plusieurs rébellions,
Aurait atteint, frappé, moi sergent, à la joue,
Et fait tomber, d'un coup, mon chapeau dans la boue.*

CHICANEAU, lui donnant un coup de pied.

Ajoute cela.

L'INTIMÉ.

Bon : c'est de l'argent comptant;
J'en avais bien besoin. *Et, de ce non content,
Aurait avec le pied réitéré.* Courage!
*Outre plus, le susdit serait venu, de rage,
Pour lacérer ledit présent procès-verbal.*
Allons, mon cher monsieur, cela ne va pas mal.
Ne vous relâchez point.

CHICANEAU.

Coquin!

L'INTIMÉ.

Ne vous déplaise,
Quelques coups de bâton, et je suis à mon aise.

CHICANEAU, tenant un bâton.

Oui-dà : je verrai bien s'il est sergent.

L'INTIMÉ, en posture d'écrire.

Tôt donc,
Frappez : j'ai quatre enfants à nourrir.

CHICANEAU.

Ah ! pardon,
Monsieur, pour un sergent je ne pouvais vous prendre ;
Mais le plus habile homme enfin peut se méprendre.
Je saurai réparer ce soupçon outrageant.
Oui, vous êtes sergent, monsieur, et très-sergent.
Touchez là : vos pareils sont gens que je révère ;
Et j'ai toujours été nourri par feu mon père
Dans la crainte de Dieu, monsieur, et des sergents.

L'INTIMÉ.

Non, à si bon marché l'on ne bat point les gens.

CHICANEAU.

Monsieur, point de procès !

L'INTIMÉ.

Serviteur. Contumace.
Bâton levé, soufflet, coup de pied. Ah !

CHICANEAU.

De grâce,
Rendez-les moi plutôt.

L'INTIMÉ.

Suffit qu'ils soient reçus,
Je ne les voudrais pas donner pour mille écus.

SCÈNE V.

LÉANDRE, en robe de commissaire; CHICANEAU, L'INTIMÉ.

L'INTIMÉ.

Voici fort à propos monsieur le commissaire.

Monsieur, votre présence est ici nécessaire.
Tel que vous me voyez, monsieur ici présent
M'a d'un fort grand soufflet fait un petit présent.

LÉANDRE.

A vous, monsieur ?

L'INTIMÉ.

A moi, parlant à ma personne.
Item, un coup de pied ; plus, les noms qu'il me donne.

LÉANDRE.

Avez-vous des témoins ?

L'INTIMÉ.

Monsieur, tâtez plutôt :
Le soufflet sur ma joue est encore tout chaud.

LÉANDRE.

Pris en flagrant délit, affaire criminelle.

CHICANEAU.

Foin de moi !

L'INTIMÉ.

Plus, sa fille, au moins soi-disant telle,
A mis un mien papier en morceaux, protestant
Qu'on lui ferait plaisir, et que d'un œil content
Elle nous défiait.

LÉANDRE, à l'Intimé.

Faites venir la fille.
L'esprit de contumace est dans cette famille.

CHICANEAU, à part.

Il faut absolument qu'on m'ait ensorcelé :
Si j'en connais pas un, je veux être étranglé.

LÉANDRE.

Comment ! battre un huissier ! Mais voici la rebelle.

SCÈNE VI.

LÉANDRE, ISABELLE, CHICANEAU, L'INTIMÉ.

L'INTIMÉ, à Isabelle.

Vous le reconnaissez.

LÉANDRE.

Eh bien, mademoiselle?
C'est donc vous qui tantôt braviez notre officier,
Et qui si hautement osez-nous défier?
Votre nom?

ISABELLE.

Isabelle.

LÉANDRE.

Écrivez. Et votre âge?

ISABELLE.

Dix-huit ans.

CHICANEAU.

Elle en a quelque peu davantage;
Mais n'importe.

LÉANDRE.

Êtes-vous en pouvoir de mari?

ISABELLE.

Non, monsieur.

LÉANDRE.

Vous riez? Écrivez qu'elle a ri.

CHICANEAU.

Monsieur, ne parlons point de maris à des filles;
Voyez-vous, ce sont là des secrets de familles.

LÉANDRE.

Mettez qu'il interrompt.

CHICANEAU.

Eh! je n'y pensais pas.

Prends bien garde, ma fille, à ce que tu diras.

LÉANDRE.

Là, ne vous troublez point. Répondez à votre aise.
On ne veut pas rien faire ici qui vous déplaise.
N'avez-vous pas reçu de l'huissier que voilà
Certain papier tantôt?

ISABELLE.

Oui, monsieur.

CHICANEAU.

Bon, cela.

LÉANDRE.

Avez-vous déchiré ce papier sans le lire?

ISABELLE.

Monsieur, je l'ai lu.

CHICANEAU.

Bon.

LÉANDRE, à l'Intimé.

Continuez d'écrire.

(A Isabelle.)

Et pourquoi l'avez-vous déchiré?

ISABELLE.

J'avais peur
Que mon père ne prît l'affaire trop à cœur,
Et qu'il ne s'échauffât le sang à sa lecture.

CHICANEAU.

Et tu fuis les procès? C'est méchanceté pure.

LÉANDRE.

Vous ne l'avez donc pas déchiré par dépit,
Ou par mépris de ceux qui vous l'avaient écrit?

ISABELLE.

Monsieur, je n'ai pour eux ni mépris ni colère.

LÉANDRE, à l'Intimé.

Écrivez.

CHICANEAU.

Je vous dis qu'elle tient de son père :

Elle répond fort bien.

LÉANDRE.

Vous montrez cependant
Pour tous les gens de robe un mépris évident.

ISABELLE.

Une robe toujours m'avait choqué la vue ;
Mais cette aversion à présent diminue.

CHICANEAU.

La pauvre enfant! Va, va, je te marierai bien
Dès que je le pourrai, s'il ne m'en coûte rien.

LÉANDRE.

A la justice donc vous voulez satisfaire?

ISABELLE.

Monsieur, je ferai tout pour ne vous pas déplaire.

L'INTIMÉ.

Monsieur, faites signer.

LÉANDRE.

Dans les occasions
Soutiendrez-vous au moins vos dépositions?

ISABELLE.

Monsieur, assurez-vous qu'Isabelle est constante.

LÉANDRE.

Signez. Cela va bien, la justice est contente.
Çà, ne signez-vous pas, monsieur?

CHICANEAU.

Oui-dà gaiement,
A tout ce qu'elle a dit, je signe aveuglément.

LÉANDRE, bas à Isabelle.

Tout va bien. A mes vœux le succès est conforme :
Il signe un bon contrat écrit en bonne forme,
Et sera condamné tantôt sur son écrit.

CHICANEAU, à part.

Que lui dit-il? Il est charmé de son esprit.

LÉANDRE.

Adieu. Soyez toujours aussi sage que belle,

Tout ira bien. Huissier, remenez-la chez elle ;
Et vous, monsieur, marchez.

CHICANEAU.

Où, monsieur ?

LÉANDRE.

Suivez-moi.

CHICANEAU.

Où donc ?

LÉANDRE.

Vous le saurez. Marchez, de par le roi.

CHICANEAU.

Comment !

SCÈNE VII.

LÉANDRE, CHICANEAU, PETIT-JEAN.

PETIT-JEAN.

Holà ! quelqu'un n'a-t-il point vu mon maître ?
Quel chemin a-t-il pris ? la porte, ou la fenêtre ?

LÉANDRE.

A l'autre !

PETIT-JEAN.

Je ne sais qu'est devenu son fils ;
Et pour le père, il est où le diable l'a mis.
Il me redemandait sans cesse ses épices ;
Et j'ai tout bonnement couru dans les offices
Chercher la boîte au poivre ; et lui, pendant cela,
Est disparu.

SCÈNE VIII.

DANDIN, à une lucarne du toit; LÉANDRE, CHICANEAU,
L'INTIMÉ, PETIT-JEAN.

DANDIN.
Paix! paix! que l'on se taise là.
LÉANDRE.
Eh! grand Dieu!
PETIT-JEAN.
Le voilà, ma foi, dans les gouttières.
DANDIN.
Quelles gens êtes-vous? Quelles sont vos affaires?
Qui sont ces gens en robe? Êtes-vous avocats?
Çà, parlez.
PETIT-JEAN.
Vous verrez qu'il va juger les chats.
DANDIN.
Avez-vous eu le soin de voir mon secrétaire?
Allez lui demander si je sais votre affaire.
LÉANDRE.
Il faut bien que je l'aille arracher de ces lieux.
Sur votre prisonnier, huissier, ayez les yeux.
PETIT-JEAN.
Ho, ho, monsieur!
LÉANDRE.
Tais-toi, sur les yeux de ta tête,
Et suis-moi.

SCÈNE IX.

LA COMTESSE, DANDIN, CHICANEAU, L'INTIMÉ.

DANDIN.

Dépêchez, donnez votre requête.

CHICANEAU.

Monsieur, sans votre aveu, l'on me fait prisonnier.

LA COMTESSE.

Eh, mon Dieu! j'aperçois monsieur dans son grenier.
Que fait-il là?

L'INTIMÉ.

Madame, il y donne audience.
Le champ vous est ouvert.

CHICANEAU.

On me fait violence,
Monsieur, on m'injurie, et je venais ici
Me plaindre à vous.

LA COMTESSE.

Monsieur, je viens me plaindre aussi.

CHICANEAU et LA COMTESSE.

Vous voyez devant vous mon adverse partie.

L'INTIMÉ.

Parbleu! je veux me mettre aussi de la partie.

LA COMTESSE, CHICANEAU, et L'INTIMÉ.

Monsieur, je viens ici pour un petit exploit.

CHICANEAU.

Eh! messieurs, tour à tour exposons notre droit.

LA COMTESSE.

Son droit? Tout ce qu'il dit sont autant d'impostures.

DANDIN.

Qu'est-ce qu'on vous a fait?

LA COMTESSE, CHICANEAU et L'INTIMÉ.

On m'a dit des injures.

ACTE II. SCÈNE X.

L'INTIMÉ, continuant.

Outre un soufflet, monsieur, que j'ai reçu plus qu'eux.

CHICANEAU.

Monsieur, je suis cousin de l'un de vos neveux.

LA COMTESSE.

Monsieur, père Cordon vous dira mon affaire.

L'INTIMÉ.

Monsieur, je suis bâtard de votre apothicaire.

DANDIN.

Vos qualités?

LA COMTESSE.

Je suis comtesse.

L'INTIMÉ.

Huissier.

CHICANEAU.

Bourgeois.

Messieurs...

DANDIN, se retirant de la lucarne du toit.

Parlez toujours : je vous entends tous trois.

CHICANEAU.

Monsieur...

L'INTIMÉ.

Bon! le voilà qui fausse compagnie.

LA COMTESSE.

Hélas!

CHICANEAU.

Eh quoi! déjà l'audience est finie?
Je n'ai pas eu le temps de lui dire deux mots.

SCÈNE X.

LÉANDRE, sans robe; CHICANEAU, LA COMTESSE, L'INTIMÉ.

LÉANDRE.

Messieurs, voulez-vous bien nous laisser en repos?

CHICANEAU.

Monsieur, peut-on entrer?

LÉANDRE.

Non, monsieur, ou je meure.

CHICANEAU.

Eh, pourquoi? J'aurai fait en une petite heure ;
En deux heures au plus.

LÉANDRE.

On n'entre point, monsieur.

LA COMTESSE.

C'est bien fait de fermer la porte à ce crieur.
Mais moi...

LÉANDRE.

On n'entre point, madame, je vous jure.

LA COMTESSE.

Oh, monsieur, j'entrerai.

LÉANDRE.

Peut-être.

LA COMTESSE.

J'en suis sûre.

LÉANDRE.

Par la fenêtre donc?

LA COMTESSE.

Par la porte.

LÉANDRE.

Il faut voir.

CHICANEAU.

Quand je devrais ici demeurer jusqu'au soir.

SCÈNE XI.

LÉANDRE, CHICANEAU, LA COMTESSE, L'INTIMÉ, PETIT-JEAN.

PETIT-JEAN, à Léandre.
On ne l'entendra pas, quelque chose qu'il fasse,
Parbleu : je l'ai fourré dans notre salle basse,
Tout auprès de la cave.
LÉANDRE.
En un mot comme en cent,
On ne voit point mon père.
CHICANEAU.
Hé bien donc ! Si, pourtant,
Sur toute cette affaire il faut que je le voie.
(Dandin paraît par le soupirail.)
Mais que vois-je ? Ah ! c'est lui que le ciel nous renvoie !
LÉANDRE.
Quoi ! par le soupirail !
PETIT-JEAN.
Il a le diable au corps !
CHICANEAU.
Monsieur...
DANDIN.
L'impertinent ! Sans lui j'étais dehors.
CHICANEAU.
Monsieur...
DANDIN.
Retirez-vous, vous êtes une bête.
CHICANEAU.
Monsieur, voulez-vous bien...
DANDIN.
Vous me rompez la tête.
CHICANEAU.
Monsieur, j'ai commandé...

DANDIN.

Taisez-vous, vous dit-on.

CHICANEAU.

Que l'on portât chez vous...

DANDIN.

Qu'on le mène en prison.

CHICANEAU.

Certain quartaut de vin.

DANDIN.

Eh! je n'en ai que faire.

CHICANEAU.

C'est de très-bon muscat.

DANDIN.

Redites votre affaire.

LÉANDRE, à l'Intimé.

Il faut les entourer ici de tous côtés.

LA COMTESSE.

Monsieur, il va vous dire autant de faussetés.

CHICANEAU.

Monsieur, je vous dis vrai.

DANDIN.

Mon Dieu, laissez-la dire!

LA COMTESSE.

Monsieur, écoutez-moi.

DANDIN.

Souffrez que je respire.

CHICANEAU.

Monsieur...

DANDIN.

Vous m'étranglez.

LA COMTESSE.

Tournez les yeux vers moi.

DANDIN.

Elle m'étrangle... Ay, ay!

CHICANEAU.

Vous m'entraînez, ma foi !
Prenez garde, je tombe.

PETIT-JEAN.

Ils sont, sur ma parole,
L'un et l'autre encavés.

LÉANDRE.

Vite, que l'on y vole.
Courez à leur secours. Mais au moins je prétends
Que monsieur Chicaneau, puisqu'il est là-dedans,
N'en sorte d'aujourd'hui. L'Intimé, prends-y garde.

L'INTIMÉ.

Gardez le soupirail.

LÉANDRE.

Va vite, je le garde.

SCÈNE XII.

LA COMTESSE, LÉANDRE.

LA COMTESSE.

Misérable! il s'en va lui prévenir l'esprit.
(Par le soupirail.)
Monsieur, ne croyez rien de tout ce qu'il vous dit :
Il n'a point de témoins; c'est un menteur.

LÉANDRE.

Madame,
Que leur contez-vous là? Peut-être ils rendent l'âme.

LA COMTESSE.

Il lui fera, monsieur, croire ce qu'il voudra.
Souffrez que j'entre.

LÉANDRE.

Oh non! personne n'entrera.

LA COMTESSE.

Je le vois bien, monsieur, le vin muscat opère

Aussi bien sur le fils que sur l'esprit du père.
Patience, je vais protester comme il faut
Contre monsieur le juge et contre le quartaut.

LÉANDRE.

Allez donc, et cessez de nous rompre la tête.
Que de fous! Je ne fus jamais à telle fête.

SCÈNE XIII.

DANDIN, LÉANDRE, L'INTIMÉ.

L'INTIMÉ.

Monsieur, où courez-vous? C'est vous mettre en danger.
Et vous boitez tout bas.

DANDIN.

Je veux aller juger.

LÉANDRE.

Comment, mon père! Allons, permettez qu'on vous panse.
Vite, un chirurgien.

DANDIN.

Qu'il vienne à l'audience.

LÉANDRE.

Eh! mon père! arrêtez...

DANDIN.

      Oh! je vois ce que c'est,
Tu prétends faire ici de moi ce qui te plaît;
Tu ne gardes pour moi respect ni complaisance :
Je ne puis prononcer une seule sentence.
Achève, prends ce sac, prends vite.

LÉANDRE.

       Eh! doucement,
Mon père. Il faut trouver quelque accommodement.
Si pour vous, sans juger, la vie est un supplice,
Si vous êtes pressé de rendre la justice,
Il ne faut point sortir pour cela de chez vous :

Exercez le talent, et jugez parmi nous.
DANDIN.
Ne raillons point ici de la magistrature :
Vois-tu? je ne veux point être un juge en peinture.
LÉANDRE.
Vous serez, au contraire, un juge sans appel,
Et juge du civil comme du criminel.
Vous pourrez tous les jours tenir deux audiences :
Tout vous sera chez vous matière de sentences.
Un valet manque-t-il de rendre un verre net?
Condamnez-le à l'amende, ou, s'il le casse, au fouet.
DANDIN.
C'est quelque chose. Encor passe quand on raisonne.
Et mes vacations, qui les paiera? Personne?
LÉANDRE.
Leurs gages vous tiendront lieu de nantissement.
DANDIN.
Il parle, ce me semble, assez pertinemment.
LÉANDRE.
Contre un de vos voisins...

SCÈNE XIV.

DANDIN, LÉANDRE, L'INTIMÉ, PETIT-JEAN.

PETIT-JEAN.
Arrête! arrête! attrape!
LÉANDRE, à l'Intimé.
Ah! c'est mon prisonnier, sans doute, qui s'échappe!
L'INTIMÉ.
Non, non, ne craignez rien.
PETIT-JEAN.
Tout est perdu... Citron...
Votre chien... vient là-bas de manger un chapon.
Rien n'est sûr devant lui : ce qu'il trouve il l'emporte.

LÉANDRE.

Bon, voilà pour mon père une cause. Main-forte !
Qu'on se mette après lui. Courez tous.

DANDIN.

Point de bruit,
Tout doux. Un amené sans scandale suffit.

LÉANDRE.

Çà, mon père, il faut faire un exemple authentique :
Jugez sévèrement ce voleur domestique.

DANDIN.

Mais je veux faire au moins la chose avec éclat.
Il faut de part et d'autre avoir un avocat.
Nous n'en avons pas un.

LÉANDRE.

Eh bien ! il en faut faire.
Voilà votre portier et votre secrétaire ;
Vous en ferez, je crois, d'excellents avocats :
Ils sont fort ignorants.

L'INTIMÉ.

Non pas, monsieur, non pas.
J'endormirai monsieur tout aussi bien qu'un autre.

PETIT-JEAN.

Pour moi, je ne sais rien ; n'attendez rien du nôtre.

LÉANDRE.

C'est ta première cause, et l'on te la fera.

PETIT-JEAN.

Mais je ne sais pas lire.

LÉANDRE.

Eh ! l'on te soufflera.

DANDIN.

Allons nous préparer. Çà, messieurs, point d'intrigue.
Fermons l'œil aux présents, et l'oreille à la brigue.
Vous, maître Petit-Jean, serez le demandeur ;
Vous, maître l'Intimé, soyez le défendeur.

FIN DU DEUXIÈME ACTE.

ACTE TROISIÈME.

SCÈNE I.

LÉANDRE, CHICANEAU, LE SOUFFLEUR.

CHICANEAU.
Oui, monsieur, c'est ainsi qu'ils ont conduit l'affaire.
L'huissier m'est inconnu, comme le commissaire.
Je ne mens pas d'un mot.
    LÉANDRE.
        Oui, je crois tout cela;
Mais, si vous m'en croyez, vous les laisserez là.
En vain vous prétendez les pousser l'un et l'autre,
Vous troublerez bien moins leur repos que le vôtre.
Les trois quarts de vos biens sont déjà dépensés
A faire enfler des sacs l'un sur l'autre entassés;
Et dans une poursuite à vous-même contraire[1]...

---

[1] Racine a fait ici un retranchement considérable. On lit dans l'édition princeps :

> Et dans une poursuite à vous-même funeste,
> Vous en voulez encore absorber tout le reste.
> Ne vaudrait-il pas mieux, sans soucis, sans chagrins,
> Et de vos revenus régalant vos voisins,
> Vivre en père jaloux du bien de sa famille,
> Pour en laisser un jour le fonds à votre fille,
> Que de nourrir un tas d'officiers affamés
> Qui moissonnent les champs que vous avez semés ;
> Dont la main toujours pleine et toujours indigente,
> S'engraisse impunément de vos chapons de rente ?
> Le beau plaisir d'aller, tout mourant de sommeil,
> A la porte d'un juge attendre son réveil,
> Et d'essuyer le vent qui vous souffle aux oreilles,
> Tandis que monsieur dort, et cuve vos bouteilles ;

CHICANEAU.

Vraiment vous me donnez un conseil salutaire ;
Et devant qu'il soit peu, je veux en profiter :
Mais je vous prie au moins de bien solliciter.
Puisque monsieur Dandin va donner audience,
Je vais faire venir ma fille en diligence.
On peut l'interroger, elle est de bonne foi,
Et même elle saura mieux répondre que moi.

LÉANDRE.

Allez et revenez, l'on vous fera justice.

LE SOUFFLEUR.

Quel homme !

SCÈNE II.

LÉANDRE, LE SOUFFLEUR.

LÉANDRE.

Je me sers d'un étrange artifice :
Mais mon père est un homme à se désespérer ;
Et d'une cause en l'air il le faut bien leurrer.
D'ailleurs j'ai mon dessein, et je veux qu'il condamne
Ce fou qui réduit tout au pied de la chicane.
Mais voici tous nos gens qui marchent sur nos pas.

SCÈNE III.

DANDIN, LÉANDRE, L'INTIMÉ, ET PETIT-JEAN, en robe; LE SOUFFLEUR.

DANDIN.

Çà, qu'êtes-vous ici ?

Ou bien, si vous entrez, de passer tout un jour
A compter, en grondant, les carreaux de sa cour !
Eh, monsieur ! croyez-moi, quittez cette misère.

CHICANEAU.

Vraiment, vous me donnez, etc.

LÉANDRE.
Ce sont les avocats.
DANDIN, au souffleur.
Vous ?
LE SOUFFLEUR.
Je viens secourir leur mémoire troublée.
DANDIN.
Je vous entends. Et vous ?
LÉANDRE.
Moi ? Je suis l'assemblée.
DANDIN.
Commencez donc.
LE SOUFFLEUR.
Messieurs.
PETIT-JEAN.
Oh ! prenez-le plus bas :
Si vous soufflez si haut, l'on ne m'entendra pas.
Messieurs...
DANDIN.
Couvrez-vous.
PETIT-JEAN.
Oh ! mes...
DANDIN.
Couvrez-vous, vous dis-je.
PETIT-JEAN.
Oh ! monsieur ! je sais bien à quoi l'honneur m'oblige.
DANDIN.
Ne te couvre donc pas.
PETIT-JEAN, se couvrant.
(Au souffleur.)
Messieurs... Vous, doucement ;
Ce que je sais le mieux, c'est mon commencement.
Messieurs, quand je regarde avec exactitude
L'inconstance du monde et sa vicissitude ;
Lorsque je vois, parmi tant d'hommes différents,
Pas une étoile fixe, et tant d'astres errants ;
Quand je vois les Césars, quand je vois leur fortune ;

Quand je vois le soleil, et quand je vois la lune ;
(Babyloniens.)
Quand je vois les États des Babiboniens
(Persans.) (Macédoniens.)
Transférés des Serpents aux Nacédoniens ;
(Romains.) (despotique.)
Quand je vois les Lorrains, de l'état dépotique,
(démocratique)
Passer au démocrite, et puis au monarchique ;
Quand je vois le Japon...

L'INTIMÉ.

Quand aura-t-il tout vu ?

PETIT-JEAN.

Oh ! pourquoi celui-là m'a-t-il interrompu ?
Je ne dirai plus rien.

DANDIN.

Avocat incommode,
Que ne lui laissez-vous finir sa période ?
Je suais sang et eau, pour voir si du Japon
Il viendrait à bon port au fait de son chapon,
Et vous l'interrompez par un discours frivole.
Parlez donc, avocat.

PETIT-JEAN.

J'ai perdu la parole.

LÉANDRE.

Achève, Petit-Jean : c'est fort bien débuté.
Mais que font là tes bras pendants à ton côté ?
Te voilà sur tes pieds droit comme une statue.
Dégourdis-toi. Courage ! allons, qu'on s'évertue !

PETIT-JEAN, remuant les bras.

Quand... je vois... Quand... je vois...

LÉANDRE.

Dis donc ce que tu vois.

PETIT-JEAN.

Oh dame ! on ne court pas deux lièvres à la fois.

LE SOUFFLEUR.

On lit...

PETIT-JEAN.

On lit...

LE SOUFFLEUR.

Dans la...

PETIT-JEAN.

Dans la...

LE SOUFFLEUR.

Métamorphose...

PETIT-JEAN.

Comment?

LE SOUFFLEUR.

Que la métem...

PETIT-JEAN.

Que la métem...

LE SOUFFLEUR.

Psycose...

PETIT-JEAN.

Psycose...

LE SOUFFLEUR.

Eh! le cheval!

PETIT-JEAN.

Et le cheval...

LE SOUFFLEUR.

Encor!

PETIT-JEAN.

Encor...

LE SOUFFLEUR.

Le chien!

PETIT-JEAN.

Le chien...

LE SOUFFLEUR.

Le butor!

PETIT-JEAN.

Le butor...

LE SOUFFLEUR.

Peste de l'avocat!

PETIT-JEAN.

Ah! peste de toi-même!
Voyez cet autre avec sa face de carême!
Va-t'en au diable!

DANDIN.

Et vous, venez au fait. Un mot
Du fait[1].

PETIT-JEAN.

Eh! faut-il tant tourner autour du pot?
Ils me font dire aussi des mots longs d'une toise,
De grands mots qui tiendraient d'ici jusqu'à Pontoise.
Pour moi, je ne sais point tant faire de façon
Pour dire qu'un mâtin vient de prendre un chapon.
Tant y a qu'il n'est rien que votre chien ne prenne;
Qu'il a mangé là-bas un bon chapon du Maine;
Que la première fois que je l'y trouverai,
Son procès est tout fait, et je l'assommerai.

LÉANDRE.

Belle conclusion, et digne de l'exorde!

PETIT-JEAN.

On l'entend bien toujours. Qui voudra mordre y morde.

DANDIN.

Appelez les témoins.

LÉANDRE.

C'est bien dit, s'il le peut :
Les témoins sont fort chers, et n'en a pas qui veut.

---

[1] Allusion à une anecdote du temps de Racine. Un avocat, plaidant pour un homme sur le compte duquel on voulait mettre un enfant, se perdait dans des détails absolument étrangers à sa cause, ne sachant trop que dire sur une pareille question. Le juge lui criait sans cesse : Au fait! au fait! Enfin l'avocat, poussé à bout, interrompit brusquement ses digressions, et dit avec une grande volubilité : *Le fait est un enfant de fait; celui qu'on dit l'avoir fait nie le fait. Voilà le fait.*

ACTE III. SCÈNE III.

PETIT-JEAN.

Nous en avons pourtant, et qui sont sans reproche.

DANDIN.

Faites-les donc venir.

PETIT-JEAN.

Je les ai dans ma poche.
Tenez : voilà la tête et les pieds du chapon ;
Voyez-les, et jugez.

L'INTIMÉ.

Je les récuse.

DANDIN.

Bon !
Pourquoi les récuser ?

L'INTIMÉ.

Monsieur, ils sont du Maine.

DANDIN.

Il est vrai que du Mans il en vient par douzaine.

L'INTIMÉ.

Messieurs...

DANDIN.

Serez-vous long, avocat ? dites-moi[1].

L'INTIMÉ.

Je ne réponds de rien.

DANDIN.

Il est de bonne foi.

L'INTIMÉ, d'un ton finissant en fausset.

Messieurs, tout ce qui peut étonner un coupable[2],

---

[1] On assure que le premier président du parlement de Paris fit un jour la même question à un avocat nommé Montauban. L'avocat répondit affirmativement, et le président le loua de sa bonne foi.

[2] Cet exorde est celui de l'oraison de Cicéron *pro Quintio :* Patru, en plaidant pour un pâtissier contre un boulanger, s'était servi du même exorde. Cette éloquence avait été autrefois fort à la mode. Bellièvre demandant à la reine Élisabeth la grâce de Marie Stuart, dans un long

Tout ce que les mortels ont de plus redoutable,
Semble s'être assemblé contre nous par hasar,
Je veux dire la brigue et l'éloquence. Car,
D'un côté, le crédit du défunt m'épouvante,
Et de l'autre côté, l'éloquence éclatante
De maître Petit-Jean m'éblouit.

DANDIN.

Avocat,
De votre ton, vous-même, adoucissez l'éclat.

L'INTIMÉ.

(D'un ton ordinaire.)   (Du beau ton.)
Oui-dà, j'en ai plusieurs... Mais quelque défiance
Que nous doive donner la susdite éloquence,
Et le susdit crédit ; ce néanmoins, messieurs,
L'ancre de vos bontés nous rassure. D'ailleurs
Devant le grand Dandin l'innocence est hardie ;
Oui, devant ce Caton de basse Normandie,
Ce soleil d'équité qui n'est jamais terni :
Victrix causa diis placuit, sed victa Catoni[1].

DANDIN.

Vraiment, il plaide bien.

---

discours que rapporte M. de Thou (I, 86), non content de raconter plusieurs traits de l'histoire ancienne, cite des passages d'Homère, de Platon et de Callimaque. Du temps de notre poëte, nos avocats avaient encore coutume de remonter au déluge, de raconter des faits inutiles à leur cause, de remplir leurs discours de longs passages des anciens, et, pour faire voir leur érudition, de rapporter beaucoup de citations : c'est pour cela qu'on voit ici des passages d'Ovide et de Lucain, et qu'on entend citer non-seulement le Digeste, mais Aristote, Pausanias, etc. Ce qu'il y a de singulier, c'est que personne ne vit le ridicule de cette manière de plaider. La finesse des plaisanteries de Racine ne fut pas sentie. Le parterre ne rit point de ce qu'il appelait des termes de chicane, et la pièce tomba aux premières représentations. (L. R.)

[1] « Les dieux se rangèrent du côté des vainqueurs, mais Caton resta parmi les vaincus. » (LUCAIN.)

ACTE III. SCÈNE III.

L'INTIMÉ.

Sans craindre aucune chose,
Je prends donc la parole, et je viens à ma cause.
Aristote, *primò*, *peri Politicon*,
Dit fort bien...

DANDIN.

Avocat, il s'agit d'un chapon,
Et non point d'Aristote et de sa Politique.

L'INTIMÉ.

Oui; mais l'autorité du Péripatétique
Prouverait que le bien et le mal...

DANDIN.

Je prétens
Qu'Aristote n'a point d'autorité céans.
Au fait.

L'INTIMÉ.

Pausanias, en ses Corinthiaques...

DANDIN.

Au fait.

L'INTIMÉ.

Rebuffe...

DANDIN.

Au fait, vous dis-je.

L'INTIMÉ.

Le grand Jacques...

DANDIN.

Au fait, au fait, au fait!

L'INTIMÉ.

Harmeno Pul, *in Prompti*...

DANDIN.

Oh! je te vais juger.

L'INTIMÉ.

Oh! vous êtes si prompt!
(Vite.)
Voici le fait. Un chien vient dans une cuisine;

Il y trouve un chapon, lequel a bonne mine.
Or, celui pour lequel je parle est affamé,
Celui contre lequel je parle *autem* plumé;
Et celui pour lequel je suis, prend en cachette
Celui contre lequel je parle. L'on décrète :
On le prend. Avocat pour et contre appelé ;
Jour pris. Je dois parler, je parle, j'ai parlé.

DANDIN.

Ta, ta, ta, ta. Voilà bien instruire une affaire!
Il dit fort posément ce dont on n'a que faire,
Et court le grand galop quand il est à son fait.

L'INTIMÉ.

Mais le premier, monsieur, c'est le beau.

DANDIN.

C'est le laid.

A-t-on jamais plaidé d'une telle méthode?
Mais qu'en dit l'assemblée?

LÉANDRE.

Il est fort à la mode.

L'INTIMÉ, d'un ton véhément.

Qu'arrive-t-il, messieurs? On vient. Comment vient-on?
On poursuit ma partie. On force une maison.
Quelle maison? maison de notre propre juge!
On brise le cellier qui nous sert de refuge!
De vol, de brigandage, on nous déclare auteurs!
On nous traîne, on nous livre à nos accusateurs,
A maître Petit-Jean, messieurs. Je vous atteste :
Qui ne sait que la loi *Si quis canis*, Digeste
De vi, paragrapho, messieurs, *Caponibus*,
Est manifestement contraire à cet abus?
Et quand il serait vrai que Citron, ma partie,
Aurait mangé, messieurs, le tout, ou bien partie
Dudit chapon : qu'on mette en compensation
Ce que nous avons fait avant cette action.
Quand ma partie a-t-elle été réprimandée?

Par qui votre maison a-t-elle été gardée?
Quand avons-nous manqué d'aboyer au larron?
Témoin trois procureurs, dont icelui Citron
A déchiré la robe. On enverra les pièces.
Pour nous justifier, voulez-vous d'autres pièces?

PETIT-JEAN.

Maître Adam...

L'INTIMÉ.

Laissez-nous.

PETIT-JEAN.

L'Intimé...

L'INTIMÉ.

Laissez-nous.

PETIT-JEAN.

S'enroue.

L'INTIMÉ.

Eh, laissez-nous! Euh, euh!

DANDIN.

Reposez-vous,
Et concluez.

L'INTIMÉ, d'un ton pesant.

Puis donc, qu'on nous, permet, de prendre,
Haleine, et que l'on nous défend, de nous, étendre,
Je vais, sans rien omettre, et sans prévariquer,
Compendieusement énoncer, expliquer,
Exposer à vos yeux, l'idée universelle
De ma cause, et des faits, renfermés, en icelle[1].

DANDIN.

Il aurait plus tôt fait de dire tout vingt fois,
Que de l'abréger une. Homme, ou qui que tu sois,
Diable, conclus; ou bien que le ciel te confonde!

---

[1] La ponctuation de ces six vers n'est pas indifférente aux intentions de l'auteur. — Nous la donnons telle qu'elle est dans les éditions revues par Racine.

L'INTIMÉ.

Je finis.

DANDIN.

Ah !

L'INTIMÉ.

Avant la naissance du monde...

DANDIN, bâillant.

Avocat, ah ! passons au déluge.

L'INTIMÉ.

Avant donc
La naissance du monde, et sa création,
Le monde, l'univers, tout, la nature entière
Était ensevelie au fond de la matière.
Les éléments, le feu, l'air, et la terre, et l'eau,
Enfoncés, entassés, ne faisaient qu'un monceau,
Une confusion, une masse sans forme,
Un désordre, un chaos, une cohue énorme :
UNUS ERAT TOTO NATURÆ VULTUS IN ORBE,
QUEM GRÆCI DIXERE CHAOS, RUDIS INDIGESTAQUE MOLES [1].

(Dandin endormi se laisse tomber.)

LÉANDRE.

Quelle chute ! mon père !

PETIT-JEAN.

Ay, monsieur ! Comme il dort !

LÉANDRE.

Mon père, éveillez-vous.

PETIT-JEAN.

Monsieur, êtes-vous mort ?

LÉANDRE.

Mon père !

---

[1] « L'univers n'offrait qu'un aspect informe, masse grossière et confuse, à laquelle les Grecs donnèrent le nom de chaos. » *(Métamorphoses d'Ovide,* liv. I, v. 6 et 7.) — Le mot *Græci* n'est pas dans Ovide, et ce vers a un pied de trop. Racine l'a sans doute ajouté pour compléter le sens.

ACTE III. SCÈNE III. 407

DANDIN.

Eh, eh bien? Quoi? qu'est-ce? Ah! ah! quel homme!
Certes, je n'ai jamais dormi d'un si bon somme.

LÉANDRE.

Mon père, il faut juger.

DANDIN.

Aux galères.

LÉANDRE.

Un chien

Aux galères!

DANDIN.

Ma foi! Je n'y conçois plus rien;
De monde, de chaos, j'ai la tête troublée.
Eh! concluez.

L'INTIMÉ, lui présentant de petits chiens.

Venez, famille désolée;
Venez, pauvres enfants qu'on veut rendre orphelins;
Venez faire parler vos esprits enfantins.
Oui, messieurs, vous voyez ici notre misère :
Nous sommes orphelins; rendez-nous notre père,
Notre père, par qui nous fûmes engendrés,
Notre père, qui nous...

DANDIN.

Tirez, tirez, tirez.

L'INTIMÉ.

Notre père, messieurs...

DANDIN.

Tirez donc. Quels vacarmes!
Ils ont pissé partout.

L'INTIMÉ.

Monsieur, voyez nos larmes.

DANDIN.

Ouf! Je me sens déjà pris de compassion.
Ce que c'est qu'à propos toucher la passion!
Je suis bien empêché. La vérité me presse;

Le crime est avéré; lui-même il le confesse.
Mais s'il est condamné, l'embarras est égal :
Voilà bien des enfants réduits à l'hôpital.
Mais je suis occupé, je ne veux voir personne.

SCÈNE IV.

DANDIN, LÉANDRE, CHICANEAU, ISABELLE, PETIT-JEAN, L'INTIMÉ.

CHICANEAU.

Monsieur...

DANDIN, à Petit-Jean et à l'Intimé.

Oui, pour vous seuls l'audience se donne.
(A Chicaneau.)
Adieu. Mais, s'il vous plaît, quel est cet enfant-là?

CHICANEAU.

C'est ma fille, monsieur.

DANDIN.

Eh! tôt, rappelez-la.

ISABELLE.

Vous êtes occupé.

DANDIN.

Moi! je n'ai point d'affaire.
(A Chicaneau.)
Que ne me disiez-vous que vous étiez son père?

CHICANEAU.

Monsieur...

DANDIN.

Elle sait mieux votre affaire que vous.
(A Isabelle.)
Dites... Qu'elle est jolie, et qu'elle a les yeux doux!
Ce n'est pas tout, ma fille, il faut de la sagesse.
Je suis tout réjoui de voir cette jeunesse.
Savez-vous que j'étais un compère autrefois?
On a parlé de nous.

ISABELLE.

Ah! monsieur, je vous crois.

DANDIN.

Dis-nous : à qui veux-tu faire perdre la cause?

ISABELLE.

A personne.

DANDIN.

Pour toi je ferai toute chose.
Parle donc.

ISABELLE.

Je vous ai trop d'obligation.

DANDIN.

N'avez-vous jamais vu donner la question[1]?

ISABELLE.

Non ; et ne le verrai, que je crois, de ma vie.

DANDIN.

Venez, je vous en veux faire passer l'envie.

ISABELLE.

Eh! monsieur, peut-on voir souffrir des malheureux?

DANDIN.

Bon! Cela fait toujours passer une heure ou deux.

CHICANEAU.

Monsieur, je viens ici pour vous dire...

LÉANDRE.

Mon père,
Je vous vais en deux mots dire toute l'affaire :
C'est pour un mariage. Et vous saurez d'abord
Qu'il ne tient plus qu'à vous et que tout est d'accord.
La fille le veut bien; son amant le respire ;
Ce que la fille veut, le père le désire.
C'est à vous de juger.

DANDIN, se rasseyant.

Mariez au plus tôt :
Dès demain, si l'on veut ; aujourd'hui, s'il le faut.

---

[1] Proposer cette partie de plaisir à une jeune fille! Trait de raillerie contre ces juges pour qui ce cruel spectacle est une fête. Ceux que leur devoir oblige d'y assister remplissent ordinairement avec peine cette triste fonction. (L. R.)

LÉANDRE.

Mademoiselle, allons, voilà votre beau-père ;
Saluez-le.

CHICANEAU.

Comment ?

DANDIN.

Quel est donc ce mystère ?

LÉANDRE.

Ce que vous avez dit se fait de point en point.

DANDIN.

Puisque je l'ai jugé, je n'en reviendrai point.

CHICANEAU.

Mais on ne donne pas une fille sans elle.

LÉANDRE.

Sans doute, et j'en croirai la charmante Isabelle.

CHICANEAU.

Es-tu muette ? Allons, c'est à toi de parler.
Parle.

ISABELLE.

Je n'ose pas, mon père, en appeler.

CHICANEAU.

Mais j'en appelle, moi.

LÉANDRE, lui montrant un papier.

Voyez cette écriture.
Vous n'appellerez pas de votre signature ?

CHICANEAU.

Plaît-il ?

DANDIN.

C'est un contrat en fort bonne façon.

CHICANEAU.

Je vois qu'on m'a surpris, mais j'en aurai raison :
De plus de vingt procès ceci sera la source.
On a la fille, soit : on n'aura pas la bourse.

LÉANDRE.

Eh, monsieur! qui vous dit qu'on vous demande rien?
Laissez-nous votre fille, et gardez votre bien.

CHICANEAU.

Ah!

LÉANDRE.

Mon père, êtes-vous content de l'audience?

DANDIN.

Oui-dà. Que les procès viennent en abondance,
Et je passe avec vous le reste de mes jours.
Mais que les avocats soient désormais plus courts.
Et notre criminel.

LÉANDRE.

Ne parlons que de joie:
Grâce! grâce! mon père.

DANDIN.

Hé bien, qu'on le renvoie;
C'est en votre faveur, ma bru, ce que j'en fais.
Allons nous délasser à voir d'autres procès.

FIN DES PLAIDEURS.

BRITANNICUS.

TRAGÉDIE.

1669.

A MONSEIGNEUR

LE DUC DE CHEVREUSE [1].

Monseigneur,

Vous serez peut-être étonné de voir votre nom à la tête de cet ouvrage, et si je vous avais demandé la permission de vous l'offrir, je doute si je l'aurais obtenue. Mais ce serait être en quelque sorte ingrat que de cacher plus longtemps au monde les bontés dont vous m'avez toujours honoré. Quelle apparence qu'un homme qui ne travaille que pour la gloire se puisse taire d'une protection aussi glorieuse que la vôtre? Non, Monseigneur, il m'est trop avantageux que l'on sache que mes amis mêmes ne vous sont pas indifférents, que vous prenez part à tous mes ouvrages, et que vous m'avez procuré l'honneur de lire celui-ci devant un homme dont toutes les heures sont précieuses [2]. Vous fûtes témoin avec quelle pénétration d'esprit il jugea de l'économie de la pièce, et combien l'idée qu'il s'est formée

---

[1] Charles-Honoré d'Albert, duc de Luynes, de Chevreuse et de Chaulnes, pair de France, connu sous le nom de duc de Chevreuse.

[2] Colbert, beau-père du duc de Chevreuse.

d'une excellente tragédie est au-delà de tout ce que j'en ai pu concevoir. Ne craignez pas, Monseigneur, que je m'engage plus avant, et que, n'osant le louer en face, je m'adresse à vous pour le louer avec plus de liberté. Je sais qu'il serait dangereux de le fatiguer de ses louanges, et j'ose dire que cette même modestie, qui vous est commune avec lui, n'est pas un des moindres liens qui vous attachent l'un à l'autre. La modération n'est qu'une vertu ordinaire quand elle ne se rencontre qu'avec des qualités ordinaires. Mais qu'avec toutes les qualités et du cœur et de l'esprit, qu'avec un jugement qui, ce semble, ne devrait être le fruit que de l'expérience de plusieurs années, qu'avec mille belles connaissances que vous ne sauriez cacher à vos amis particuliers, vous ayez encore cette sage retenue que tout le monde admire en vous, c'est sans doute une vertu rare en un siècle où l'on fait vanité des moindres choses. Mais je me laisse emporter insensiblement à la tentation de parler de vous; il faut qu'elle soit bien violente, puisque je n'ai pu y résister dans une lettre où je n'avais autre dessein que de vous témoigner avec combien de respect je suis,

Monseigneur,

Votre très-humble et très-obéissant serviteur,

RACINE.

PREMIÈRE PRÉFACE[1].

De tous les ouvrages que j'ai donnés au public, il n'y en a point qui m'ait attiré plus d'applaudissements ni plus de censeurs que celui-ci. Quelque soin que j'aie pris pour travailler cette tragédie, il semble qu'autant que je me suis efforcé de la rendre bonne, autant de certaines gens se sont efforcés de la décrier : il n'y a point de cabale qu'ils n'aient faite, point de critique dont ils ne se soient avisés. Il y en a qui ont pris même le parti de Néron contre moi : ils ont dit que je le faisais trop cruel. Pour moi, je croyais que le nom seul de Néron faisait entendre quelque chose de plus que cruel. Mais peut-être qu'ils raffinent sur son histoire, et veulent dire qu'il était honnête homme dans ses premières années : il ne faut qu'avoir lu Tacite pour savoir que, s'il a été quelque temps un bon empereur, il a toujours été un très-méchant homme. Il ne s'agit

---

[1] L'auteur supprima cette préface quand il vit le public rendre justice à son ouvrage. L'application qu'il s'y faisait des plaintes de Térence contre un vieux poëte malintentionné « qui venait briguer des voix contre » lui jusqu'aux heures où on représentait ses pièces » ne doit point faire soupçonner Corneille d'une basse jalousie, mais ses partisans, qui formaient un parti très-considérable, et employaient toutes sortes de moyens pour nuire aux pièces de son rival. (L. R.)

point dans ma tragédie des affaires du dehors : Néron est ici dans son particulier et dans sa famille ; et ils me dispenseront de leur rapporter tous les passages qui pourraient bien aisément leur prouver que je n'ai point de réparation à lui faire.

D'autres ont dit, au contraire, que je l'avais fait trop bon. J'avoue que je ne m'étais pas formé l'idée d'un bon homme en la personne de Néron : je l'ai toujours regardé comme un monstre. Mais c'est ici un monstre naissant. Il n'a pas encore mis le feu à Rome ; il n'a pas tué sa mère, sa femme, ses gouverneurs : à cela près, il me semble qu'il lui échappe assez de cruautés pour empêcher que personne ne le méconnaisse.

Quelques-uns ont pris l'intérêt de Narcisse, et se sont plaints que j'en eusse fait un très-méchant homme, et le confident de Néron. Il suffit d'un passage pour leur répondre. Néron, dit Tacite, porta impatiemment la mort de Narcisse, parce que cet affranchi avait une conformité merveilleuse avec les vices du prince encore cachés : *Cujus abditis adhuc vitiis mire congruebat*[1].

Les autres se sont scandalisés que j'eusse choisi un homme aussi jeune que Britannicus pour le héros d'une tragédie. Je leur ai déclaré, dans la préface d'*Andromaque*, les sentiments d'Aristote sur le héros de la tragédie, et que, bien loin d'être parfait, il faut toujours qu'il ait quelque imperfection. Mais je leur dirai encore ici qu'un jeune prince de dix-sept ans, qui a beaucoup

---

[1] Tacite, *Annales*, liv. XIII, chap. I.

de cœur, beaucoup d'amour, beaucoup de franchise et beaucoup de crédulité, qualités ordinaires d'un jeune homme, m'a semblé très-capable d'exciter la compassion. Je n'en veux pas davantage.

Mais, disent-ils, ce prince n'entrait que dans sa quinzième année lorsqu'il mourut. On le fait vivre, lui et Narcisse, deux ans plus qu'ils n'ont vécu. Je n'aurais point parlé de cette objection, si elle n'avait été faite avec chaleur par un homme[1] qui s'est donné la liberté de faire régner vingt ans un empereur qui n'en a régné que huit, quoique ce changement soit bien plus considérable dans la chronologie, où l'on suppute les temps par les années des empereurs.

Junie ne manque pas non plus de censeurs : ils disent que d'une vieille coquette, nommée Junia Silana, j'en ai fait une jeune fille très-sage. Qu'auraient-ils à me répondre, si je leur disais que cette Junie est un personnage inventé, comme l'Émilie de *Cinna*, comme la Sabine d'*Horace*? Mais j'ai à leur dire que s'ils avaient bien lu l'histoire, ils y auraient trouvé une Junia Calvina, de la famille d'Auguste, sœur de Silanus, à qui Claudius avait promis Octavie. Cette Junie était jeune, belle, et, comme dit Sénèque, *festivissima omnium puellarum*[2]. Elle aimait tendrement son frère, et leurs ennemis, dit Tacite, les accusèrent tous deux d'inceste, quoiqu'ils ne fussent coupables que d'un peu d'indis-

---

[1] Corneille, qui, dans *Héraclius*, fait régner vingt ans l'empereur Phocas, lequel n'en a régné que huit.
[2] « La plus enjouée des jeunes filles. »

crétion. Si je la représente plus retenue qu'elle n'était, je n'ai pas ouï dire qu'il nous fût défendu de rectifier les mœurs d'un personnage, surtout lorsqu'il n'est pas connu.

On trouve étrange qu'elle paraisse sur le théâtre après la mort de Britannicus. Certainement la délicatesse est grande de ne pas vouloir qu'elle dise en quatre vers assez touchants qu'elle passe chez Octavie. Mais, disent-ils, cela ne valait pas la peine de la faire revenir, un autre l'aurait pu raconter pour elle. Ils ne savent pas qu'une des règles du théâtre est de ne mettre en récit que les choses qui ne se peuvent passer en action, et que tous les anciens font venir souvent sur la scène des acteurs qui n'ont autre chose à dire, sinon qu'ils viennent d'un endroit, et qu'ils s'en retournent en un autre.

Tout cela est inutile, disent mes censeurs : la pièce est finie au récit de la mort de Britannicus, et l'on ne devrait point écouter le reste. On l'écoute pourtant, et même avec autant d'attention qu'aucune fin de tragédie. Pour moi, j'ai toujours compris que la tragédie étant l'imitation d'une action complète, où plusieurs personnes concourent, cette action n'est point finie que l'on ne sache en quelle situation elle laisse ces mêmes personnes. C'est ainsi que Sophocle en use presque partout : c'est ainsi que dans *Antigone* il emploie autant de vers à représenter la fureur d'Hémon et la punition de Créon après la mort de cette princesse que j'en ai employé aux imprécations d'Agrippine, à la retraite de Junie, à la punition de Narcisse, et au désespoir de Néron, après la mort de Britannicus.

Que faudrait-il faire pour contenter des juges si difficiles? La chose serait aisée, pour peu qu'on voulût trahir le bon sens. Il ne faudrait que s'écarter du naturel pour se jeter dans l'extraordinaire. Au lieu d'une action simple, chargée de peu de matière, telle que doit être une action qui se passe en un seul jour, et qui, s'avançant par degrés vers sa fin, n'est soutenue que par les intérêts, les sentiments et les passions des personnages, il faudrait remplir cette même action de quantité d'incidents qui ne se pourraient passer qu'en un mois, d'un grand nombre de jeux de théâtre d'autant plus surprenants qu'ils seraient moins vraisemblables, d'une infinité de déclamations où l'on ferait dire aux acteurs tout le contraire de ce qu'ils devraient dire. Il faudrait, par exemple, représenter quelque héros ivre, qui se voudrait faire haïr de sa maîtresse de gaieté de cœur, un Lacédémonien grand parleur, un conquérant qui ne débiterait que des maximes d'amour, une femme qui donnerait des leçons de fierté à des conquérants. Voilà sans doute de quoi faire récrier tous ces messieurs. Mais que dirait cependant le petit nombre de gens sages auxquels je m'efforce de plaire? De quel front oserais-je me montrer, pour ainsi dire, aux yeux de ces grands hommes de l'antiquité que j'ai choisis pour modèles? Car, pour me servir de la pensée d'un ancien, voilà les véritables spectateurs que nous devons nous proposer; et nous devons sans cesse nous demander : Que diraient Homère et Virgile, s'ils lisaient ces vers? Que dirait Sophocle, s'il voyait représenter cette scène? Quoi qu'il en soit, je n'ai point prétendu empêcher qu'on ne parlât contre mes ouvrages, et je l'aurais prétendu inutilement : *Quid de te alii loquantur. ipsi videant*, dit Cicéron, *sed loquentur tamen*[1].

Je prie seulement le lecteur de me pardonner cette petite préface, que j'ai faite pour lui rendre raison de ma tragédie. Il n'y a rien de plus naturel que de se défendre quand on se croit injustement attaqué. Je vois que Térence même semble n'avoir fait des prologues que pour se justifier contre les critiques d'un vieux poëte malintentionné, *malevoli veteris poetœ*, et qui venait briguer des voix contre lui jusqu'aux heures où l'on représentait ses comédies.

« .... Occœpta est agi :
» Exclamat, etc. [2] »

On me pouvait faire une difficulté qu'on ne m'a point faite. Mais ce qui est échappé aux spectateurs pourra être remarqué par les lecteurs. C'est que je fais entrer Junie dans les vestales, où, selon Aulu-Gelle, on ne recevait personne au-dessous de six ans, ni au-dessus de dix. Mais le peuple prend ici Junie sous sa protection, et j'ai cru qu'en considération de sa naissance, de sa vertu et de son malheur, il pouvait la dispenser de l'âge prescrit par les lois, comme il a dispensé de

---

[1] « C'est aux autres à voir ce qu'ils diront de toi, mais à coup sûr ils en parleront de quelque manière que ce soit. » (*De Republ.*, lib. VI.)

[2] « A peine a-t-on levé la toile, que le voilà qui s'écrie, etc. » (P. TERENT., *Eunuch.*, *Prolog.*)

l'âge pour le consulat tant de grands hommes qui avaient mérité ce privilége.

Enfin, je suis très-persuadé qu'on me peut faire bien d'autres critiques, sur lesquelles je n'aurais d'autre parti à prendre que celui d'en profiter à l'avenir. Mais je plains fort le malheur d'un homme qui travaille pour le public. Ceux qui voient le mieux nos défauts sont ceux qui les dissimulent le plus volontiers : ils nous pardonnent les endroits qui leur ont déplu, en faveur de ceux qui leur ont donné du plaisir. Il n'y a rien, au contraire, de plus injuste qu'un ignorant : il croit toujours que l'admiration est le partage des gens qui ne savent rien ; il condamne toute une pièce pour une scène qu'il n'approuve pas ; il s'attaque même aux endroits les plus éclatants, pour faire croire qu'il a de l'esprit ; et, pour peu que nous résistions à ses sentiments, il nous traite de présomptueux qui ne veulent croire personne, et ne songe pas qu'il tire quelquefois plus de vanité d'une critique fort mauvaise que nous n'en tirons d'une assez bonne pièce de théâtre.

« Homine imperito nunquam quidquam injustius [1]. »

---

[1] Racine a lui-même traduit très-exactement ce vers, lorsqu'il a dit : « Il n'y a rien de plus injuste qu'un ignorant. » (TÉRENCE, *Adelphes*, I, 2, 18.)

SECONDE PRÉFACE.

Voici celle de mes tragédies que je puis dire que j'ai le plus travaillée. Cependant j'avoue que le succès ne répondit pas d'abord à mes espérances : à peine elle parut sur le théâtre, qu'il s'éleva quantité de critiques qui semblaient la devoir détruire[1]. Je crus moi-même que sa destinée serait à l'avenir moins heureuse que celle de mes autres tragédies. Mais enfin il est arrivé de cette pièce ce qui arrivera toujours des ouvrages qui auront quelque bonté : les critiques se sont évanouies, la pièce est demeurée. C'est maintenant celle des miennes que la cour et le public revoient le plus volontiers. Et si j'ai fait quelque chose de solide, et qui mérite quelque louange, la plupart des connaisseurs demeurent d'accord que c'est ce même *Britannicus*.

A la vérité, j'avais travaillé sur des modèles qui m'avaient extrêmement soutenu dans la peinture que je

---

[1] Cette pièce si belle, et qui fait faire tant d'utiles réflexions, fut très-mal reçue, parce qu'on ne va point au spectacle pour réfléchir, et qu'on y cherche le plaisir du cœur plutôt que celui de l'esprit. Pour découvrir toutes les beautés que celle-ci renferme, il faut la méditer comme on médite Tacite. (L. R.)

voulais faire de la cour d'Agrippine et de Néron. J'avais copié mes personnages d'après le plus grand peintre de l'antiquité, je veux dire d'après Tacite, et j'étais alors si rempli de la lecture de cet excellent historien, qu'il n'y a presque pas un trait éclatant dans ma tragédie dont il ne m'ait donné l'idée. J'avais voulu mettre dans ce recueil un extrait des plus beaux endroits que j'ai tâché d'imiter; mais j'ai trouvé que cet extrait tiendrait presque autant de place que la tragédie. Ainsi le lecteur trouvera bon que je le renvoie à cet auteur, qui aussi bien est entre les mains de tout le monde; et je me contenterai de rapporter ici quelques-uns de ses passages sur chacun des personnages que j'introduis sur la scène.

Pour commencer par Néron, il faut se souvenir qu'il est ici dans les premières années de son règne, qui ont été heureuses, comme l'on sait. Ainsi, il ne m'a pas été permis de le représenter aussi méchant qu'il l'a été depuis. Je ne le représente pas non plus comme un homme vertueux, car il ne l'a jamais été. Il n'a pas encore tué sa mère, sa femme, ses gouverneurs; mais il a en lui les semences de tous ces crimes : il commence à vouloir secouer le joug; il les hait les uns et les autres, et il leur cache sa haine sous de fausses caresses, *factus natura velare odium fallacibus blanditiis* [1]. En un mot, c'est ici un monstre naissant, mais qui n'ose encore se déclarer, et qui cherche des couleurs à ses méchantes actions : *Hactenus Nero flagitiis et sce-*

---

[1] TACIT., *Annal.*, lib. XIV, cap. LVI.

leribus velamenta quœsivit [1]. Il ne pouvait souffrir Octavie, princesse d'une bonté et d'une vertu exemplaires, *fato quodam, an quia prœvalent illicita; metuebaturque ne in stupra feminarum illustrium prorumperet* [2].

Je lui donne Narcisse pour confident. J'ai suivi en cela Tacite, qui dit que Néron porta impatiemment la mort de Narcisse, parce que cet affranchi avait une conformité merveilleuse avec les vices du prince encore cachés : *Cujus abditis adhuc vitiis mire congruebat*. Ce passage prouve deux choses : il prouve et que Néron était déjà vicieux, mais qu'il dissimulait ses vices, et que Narcisse l'entretenait dans ses mauvaises inclinations.

J'ai choisi Burrhus pour opposer un honnête homme à cette peste de cour, et je l'ai choisi plutôt que Sénèque; en voici la raison : ils étaient tous deux gouverneurs de la jeunesse de Néron, l'un pour les armes, l'autre pour les lettres; et ils étaient fameux : Burrhus pour son expérience dans les armes et pour la sévérité de ses mœurs, *militaribus curis et severitate morum;* Sénèque pour son éloquence et le tour agréable de son esprit, *Seneca prœceptis eloquentiœ et comitate honesta* [3]. Burrhus, après sa mort, fut extrêmement regretté à cause de sa vertu : *Civitati grande desiderium ejus mansit per memoriam virtutis* [4].

---

[1] Tacit., *Annal.*, lib. XIII, cap. xlvii.

[2] « ..... par une sorte de fatalité, ou peut-être parce qu'on trouve plus de charmes à ce qui est défendu; et l'on craignait qu'il ne s'emportât jusqu'à outrager les femmes les plus illustres. » (Tacit., *Annal.*, lib. XIII, cap. xii.)

[3] Tacit., *Annal.*, lib. XIII, cap. ii.

[4] *Idem, ibid.*, lib. XIV. cap. li.

Toute leur peine était de résister à l'orgueil et à la férocité d'Agrippine, *quæ, cunctis malæ dominationis cupidinibus flagrans, habebat in partibus Pallantem* [1]. Je ne dis que ce mot d'Agrippine, car il y aurait trop de choses à en dire. C'est elle que je me suis surtout efforcé de bien exprimer, et ma tragédie n'est pas moins la disgrâce d'Agrippine que la mort de Britannicus. Cette mort fut un coup de foudre pour elle ; et il parut, dit Tacite, par sa frayeur et par sa consternation, qu'elle était aussi innocente de cette mort qu'Octavie. Agrippine perdait en lui sa dernière espérance, et ce crime lui en faisait craindre un plus grand : *Sibi supremum auxilium ereptum, et parricidii exemplum intelligebat* [2].

L'âge de Britannicus était si connu, qu'il ne m'a pas été permis de le représenter autrement que comme un jeune prince qui avait beaucoup de cœur, beaucoup d'amour et beaucoup de franchise, qualités ordinaires d'un jeune homme. Il avait quinze ans, et on dit qu'il avait beaucoup d'esprit, soit qu'on dise vrai, ou que ses malheurs aient fait croire cela de lui, sans qu'il ait pu en donner des marques : *Neque segnem ei fuisse indolem ferunt ; sive verum, seu, periculis commendatus, retinuit famam sine experimento* [3].

Il ne faut pas s'étonner s'il n'a auprès de lui qu'un

---

[1] « Tourmentée du désir extrême d'une injuste domination, elle avait dans son parti Pallas. » (Tacit., *Annal.*, lib. XIII, cap. ii.)

[2] « Elle sentait que Néron venait de lui ravir son dernier appui, et d'essayer le parricide. » (Tacit., *Annal.*, lib. XIII, cap. xvi.)

[3] Tacit., *Annal.*, lib. XII, cap. xxvi.

aussi méchant homme que Narcisse; car il y avait longtemps qu'on avait donné ordre qu'il n'y eût auprès de Britannicus que des gens qui n'eussent ni foi ni honneur : *Nam ut proximus quisque Britannico neque fas neque fidem pensi haberet olim provisum erat* [1].

Il me reste à parler de Junie. Il ne la faut pas confondre avec une vieille coquette qui s'appelait *Junia Silana*. C'est ici une autre Junie, que Tacite appelle *Junia Calvina*, de la famille d'Auguste, sœur de Silanus, à qui Claudius avait promis Octavie. Cette Junie était jeune, belle, et, comme dit Sénèque, *festivissima omnium puellarum*. Son frère et elle s'aimaient tendrement; *et leurs ennemis*, dit Tacite, *les accusèrent tous deux d'inceste, quoiqu'ils ne fussent coupables que d'un peu d'indiscrétion*. Elle vécut jusqu'au règne de Vespasien.

Je la fais entrer dans les vestales, quoique, selon Aulu-Gelle, on n'y reçût jamais personne au-dessous de six ans, ni au-dessus de dix. Mais le peuple prend ici Junie sous sa protection; et j'ai cru qu'en considération de sa naissance, de sa vertu et de son malheur, il pouvait la dispenser de l'âge prescrit par les lois, comme il a dispensé de l'âge pour le consulat tant de grands hommes qui avaient mérité ce privilége.

---

[1] Tacit., *Annal.*, lib. XIII, cap. xv.

PERSONNAGES.

NÉRON, empereur, fils d'Agrippine.

BRITANNICUS, fils de l'empereur Claudius et de Messaline.

AGRIPPINE, veuve de Domitius Ænobarbus, père de Néron, et, en secondes noces, veuve de l'empereur Claudius.

JUNIE, amante de Britannicus.

BURRHUS, gouverneur de Néron.

NARCISSE, gouverneur de Britannicus.

ALBINE, confidente d'Agrippine.

GARDES.

Noms des acteurs qui ont joué d'original dans *Britannicus*.

NÉRON.	Floridor.
BRITANNICUS.	Brecourt.
BURRHUS.	Lafleur.
AGRIPPINE.	Mlle Desœillet.
JUNIE.	Mlle d'Ennebaut.
NARCISSE.	Hauteroche.

La scène est à Rome, dans une chambre du palais de Néron.

BRITANNICUS.

ACTE PREMIER.

SCÈNE I.

AGRIPPINE, ALBINE.

ALBINE.
Quoi ! tandis que Néron s'abandonne au sommeil,
Faut-il que vous veniez attendre son réveil ?
Qu'errant dans le palais, sans suite et sans escorte,
La mère de César veille seule à sa porte ?
Madame, retournez dans votre appartement.
AGRIPPINE.
Albine, il ne faut pas s'éloigner un moment.
Je veux l'attendre ici : les chagrins qu'il me cause
M'occuperont assez tout le temps qu'il repose.
Tout ce que j'ai prédit n'est que trop assuré :
Contre Britannicus Néron s'est déclaré.
L'impatient Néron cesse de se contraindre ;
Las de se faire aimer, il veut se faire craindre.
Britannicus le gêne, Albine ; et chaque jour
Je sens que je deviens importune à mon tour.
ALBINE.
Quoi ! vous à qui Néron doit le jour qu'il respire,
Qui l'avez appelé de si loin à l'empire ?
Vous qui, déshéritant le fils de Claudius,
Avez nommé César l'heureux Domitius ?

Tout lui parle, madame, en faveur d'Agrippine :
Il vous doit son amour.
                    AGRIPPINE.
                    Il me le doit, Albine :
Tout, s'il est généreux, lui prescrit cette loi ;
Mais tout, s'il est ingrat, lui parle contre moi.
                    ALBINE.
S'il est ingrat, madame? Ah! toute sa conduite
Marque dans son devoir une âme trop instruite.
Depuis trois ans entiers, qu'a-t-il dit, qu'a-t-il fait
Qui ne promette à Rome un empereur parfait?
Rome, depuis trois ans, par ses soins gouvernée,
Au temps de ses consuls croit être retournée :
Il la gouverne en père. Enfin Néron naissant
A toutes les vertus d'Auguste vieillissant.
                    AGRIPPINE.
Non, non, mon intérêt ne me rend point injuste :
Il commence, il est vrai, par où finit Auguste ;
Mais crains que, l'avenir détruisant le passé,
Il ne finisse ainsi qu'Auguste a commencé.
Il se déguise en vain : je lis sur son visage
Des fiers Domitius l'humeur triste et sauvage ;
Il mêle, avec l'orgueil qu'il a pris dans leur sang,
La fierté des Nérons qu'il puisa dans mon flanc.
Toujours la tyrannie a d'heureuses prémices :
De Rome, pour un temps, Caïus fut les délices ;
Mais, sa feinte bonté se tournant en fureur,
Les délices de Rome en devinrent l'horreur.
Que m'importe, après tout, que Néron, plus fidèle,
D'une longue vertu laisse un jour le modèle?
Ai-je mis dans sa main le timon de l'État
Pour le conduire au gré du peuple et du sénat?
Ah! que de la patrie il soit, s'il veut, le père :
Mais qu'il songe un peu plus qu'Agrippine est sa mère.
De quel nom cependant pouvons-nous appeler

L'attentat que le jour vient de nous révéler?
Il sait, car leur amour ne peut être ignorée,
Que de Britannicus Junie est adorée :
Et ce même Néron, que la vertu conduit,
Fait enlever Junie au milieu de la nuit !
Que veut-il? Est-ce haine, est-ce amour qui l'inspire?
Cherche-t-il seulement le plaisir de leur nuire ;
Ou plutôt n'est-ce point que sa malignité
Punit sur eux l'appui que je leur ai prêté?

ALBINE.

Vous leur appui, madame?

AGRIPPINE.

Arrête, chère Albine.
Je sais que j'ai moi seule avancé leur ruine;
Que du trône, où le sang l'a dû faire monter,
Britannicus par moi s'est vu précipiter.
Par moi seule, éloigné de l'hymen d'Octavie,
Le frère de Junie abandonna la vie,
Silanus, sur qui Claude avait jeté les yeux,
Et qui comptait Auguste au rang de ses aïeux.
Néron jouit de tout : et moi, pour récompense,
Il faut qu'entre eux et lui je tienne la balance,
Afin que quelque jour, par une même loi,
Britannicus la tienne entre mon fils et moi.

ALBINE.

Quel dessein !

AGRIPPINE.

Je m'assure un port dans la tempête.
Néron m'échappera, si ce frein ne l'arrête.

ALBINE.

Mais prendre contre un fils tant de soins superflus?

AGRIPPINE.

Je le craindrais bientôt s'il ne me craignait plus.

ALBINE.

Une juste frayeur vous alarme peut-être.

Mais si Néron pour vous n'est plus ce qu'il doit être,
Du moins son changement ne vient pas jusqu'à nous,
Et ce sont des secrets entre César et vous.
Quelques titres nouveaux que Rome lui défère,
Néron n'en reçoit point qu'il ne donne à sa mère.
Sa prodigue amitié ne se réserve rien :
Votre nom est dans Rome aussi saint que le sien ;
A peine parle-t-on de la triste Octavie.
Auguste, votre aïeul, honora moins Livie :
Néron devant sa mère a permis le premier
Qu'on portât les faisceaux couronnés de laurier.
Quels effets voulez-vous de sa reconnaissance ?

AGRIPPINE.

Un peu moins de respect, et plus de confiance.
Tous ces présents, Albine, irritent mon dépit :
Je vois mes honneurs croître, et tomber mon crédit.
Non, non, le temps n'est plus que Néron, jeune encore,
Me renvoyait les vœux d'une cour qui l'adore ;
Lorsqu'il se reposait sur moi de tout l'État,
Que mon ordre au palais assemblait le sénat,
Et que derrière un voile, invisible et présente,
J'étais de ce grand corps l'âme toute-puissante.
Des volontés de Rome alors mal assuré,
Néron de sa grandeur n'était point enivré.
Ce jour, ce triste jour frappe encore ma mémoire,
Où Néron fut lui-même ébloui de sa gloire,
Quand les ambassadeurs de tant de rois divers
Vinrent le reconnaître au nom de l'univers.
Sur son trône avec lui j'allais prendre ma place :
J'ignore quel conseil prépara ma disgrâce ;
Quoi qu'il en soit, Néron, d'aussi loin qu'il me vit,
Laissa sur son visage éclater son dépit.
Mon cœur même en conçut un malheureux augure,
L'ingrat, d'un faux respect colorant son injure,
Se leva par avance, et, courant m'embrasser,

Il m'écarta du trône où je m'allais placer.
Depuis ce coup fatal le pouvoir d'Agrippine
Vers sa chute à grands pas chaque jour s'achemine.
L'ombre seule m'en reste; et l'on n'implore plus
Que le nom de Sénèque et l'appui de Burrhus.

ALBINE.

Ah! si de ce soupçon votre âme est prévenue,
Pourquoi nourrissez-vous le venin qui vous tue?
Daignez avec César vous éclaircir du moins.

AGRIPPINE.

César ne me voit plus, Albine, sans témoins :
En public, à mon heure, on me donne audience.
Sa réponse est dictée, et même son silence.
Je vois deux surveillants, ses maîtres et les miens,
Présider l'un ou l'autre à tous nos entretiens.
Mais je le poursuivrai d'autant plus qu'il m'évite :
De son désordre, Albine, il faut que je profite.
J'entends du bruit; on ouvre. Allons subitement
Lui demander raison de cet enlèvement :
Surprenons, s'il se peut, les secrets de son âme.
Mais quoi! déjà Burrhus sort de chez lui!

SCÈNE II.

AGRIPPINE, BURRHUS, ALBINE.

BURRHUS.

Madame,
Au nom de l'empereur j'allais vous informer
D'un ordre qui d'abord a pu vous alarmer,
Mais qui n'est que l'effet d'une sage conduite,
Dont César a voulu que vous soyez instruite.

AGRIPPINE.

Puisqu'il le veut, entrons : il m'en instruira mieux.

BURRHUS.

César pour quelque temps s'est soustrait à nos yeux.
Déjà par une porte au public moins connue
L'un et l'autre consul vous avaient prévenue,
Madame. Mais souffrez que je retourne exprès...

AGRIPPINE.

Non, je ne trouble point ses augustes secrets ;
Cependant voulez-vous qu'avec moins de contrainte,
L'un et l'autre une fois nous nous parlions sans feinte?

BURRHUS.

Burrhus pour le mensonge eut toujours trop d'horreur.

AGRIPPINE.

Prétendez-vous longtemps me cacher l'empereur?
Ne le verrai-je plus qu'à titre d'importune?
Ai-je donc élevé si haut votre fortune
Pour mettre une barrière entre mon fils et moi?
Ne l'osez-vous laisser un moment sur sa foi?
Entre Sénèque et vous disputez-vous la gloire
A qui m'effacera plus tôt de sa mémoire?
Vous l'ai-je confié pour en faire un ingrat,
Pour être, sous son nom, les maîtres de l'État?
Certes, plus je médite, et moins je me figure
Que vous m'osiez compter pour votre créature,
Vous dont j'ai pu laisser vieillir l'ambition
Dans les honneurs obscurs de quelque légion ;
Et moi qui sur le trône ai suivi mes ancêtres,
Moi, fille, femme, sœur et mère de vos maîtres,
Que prétendez-vous donc? Pensez-vous que ma voix
Ait fait un empereur pour m'en imposer trois?
Néron n'est plus enfant : n'est-il pas temps qu'il règne?
Jusqu'à quand voulez-vous que l'empereur vous craigne?
Ne saurait-il rien voir qu'il n'emprunte vos yeux?
Pour se conduire, enfin, n'a-t-il pas ses aïeux?
Qu'il choisisse, s'il veut, d'Auguste ou de Tibère :
Qu'il imite, s'il peut, Germanicus mon père.

Parmi tant de héros je n'ose me placer ;
Mais il est des vertus que je lui puis tracer :
Je puis l'instruire au moins combien sa confidence
Entre un sujet et lui doit laisser de distance.

BURRHUS.

Je ne m'étais chargé dans cette occasion
Que d'excuser César d'une seule action ;
Mais puisque, sans vouloir que je le justifie,
Vous me rendez garant du reste de sa vie,
Je répondrai, madame, avec la liberté
D'un soldat qui sait mal farder la vérité.
Vous m'avez de César confié la jeunesse,
Je l'avoue, et je dois m'en souvenir sans cesse.
Mais vous avais-je fait serment de le trahir,
D'en faire un empereur qui ne sût qu'obéir ?
Non. Ce n'est plus à vous qu'il faut que j'en réponde :
Ce n'est plus votre fils, c'est le maître du monde.
J'en dois compte, madame, à l'empire romain,
Qui croit voir son salut ou sa perte en ma main.
Ah ! si dans l'ignorance il le fallait instruire,
N'avait-on que Sénèque et moi pour le séduire ?
Pourquoi de sa conduite éloigner les flatteurs ?
Fallait-il dans l'exil chercher des corrupteurs ?
La cour de Claudius, en esclaves fertile,
Pour deux que l'on cherchait en eût présenté mille,
Qui tous auraient brigué l'honneur de l'avilir :
Dans une longue enfance ils l'auraient fait vieillir.
De quoi vous plaignez-vous, madame ? On vous révère :
Ainsi que par César, on jure par sa mère.
L'empereur, il est vrai, ne vient plus chaque jour
Mettre à vos pieds l'empire, et grossir votre cour ;
Mais le doit-il, madame ? et sa reconnaissance
Ne peut-elle éclater que dans sa dépendance ?
Toujours humble, toujours le timide Néron
N'ose-il être Auguste et César que de nom ?

Vous le dirai-je enfin ? Rome le justifie.
Rome, à trois affranchis si longtemps asservie.
A peine respirant du joug qu'elle a porté,
Du règne de Néron compte sa liberté.
Que dis-je ? la vertu semble même renaître.
Tout l'empire n'est plus la dépouille d'un maître :
Le peuple au Champ de Mars nomme ses magistrats ;
César nomme les chefs sur la foi des soldats ;
Thraséas au sénat, Corbulon dans l'armée,
Sont encore innocents, malgré leur renommée ;
Les déserts, autrefois peuplés de sénateurs,
Ne sont plus habités que par leurs délateurs.
Qu'importe que César continue à nous croire,
Pourvu que nos conseils ne tendent qu'à sa gloire ;
Pourvu que dans le cours d'un règne florissant
Rome soit toujours libre, et César tout-puissant ?
Mais, madame, Néron suffit pour se conduire.
J'obéis, sans prétendre à l'honneur de l'instruire.
Sur ses aïeux, sans doute, il n'a qu'à se régler ;
Pour bien faire, Néron n'a qu'à se ressembler.
Heureux si ses vertus, l'une à l'autre enchaînées,
Ramènent tous les ans ses premières années !

AGRIPPINE.

Ainsi, sur l'avenir n'osant vous assurer,
Vous croyez que sans vous Néron va s'égarer.
Mais vous qui, jusqu'ici content de votre ouvrage,
Venez de ses vertus nous rendre témoignage,
Expliquez-nous pourquoi, devenu ravisseur,
Néron de Silanus fait enlever la sœur.
Ne tient-il qu'à marquer de cette ignominie
Le sang de mes aïeux qui brille dans Junie ?
De quoi l'accuse-t-il ? Et par quel attentat
Devient-elle en un jour criminelle d'État :
Elle qui, sans orgueil jusqu'alors élevée,
N'aurait point vu Néron, s'il ne l'eût enlevée ;

Et qui même aurait mis au rang de ses bienfaits
L'heureuse liberté de ne le voir jamais ?
BURRHUS.
Je sais que d'aucun crime elle n'est soupçonnée ;
Mais jusqu'ici César ne l'a point condamnée,
Madame. Aucun objet ne blesse ici ses yeux :
Elle est dans un palais tout plein de ses aïeux.
Vous savez que les droits qu'elle porte avec elle
Peuvent de son époux faire un prince rebelle ;
Que le sang de César ne se doit allier
Qu'à ceux à qui César le veut bien confier ;
Et vous-même avouerez qu'il ne serait pas juste
Qu'on disposât sans lui de la nièce d'Auguste.
AGRIPPINE.
Je vous entends : Néron m'apprend par votre voix
Qu'en vain Britannicus s'assure sur mon choix.
En vain, pour détourner ses yeux de sa misère,
J'ai flatté son amour d'un hymen qu'il espère :
A ma confusion, Néron veut faire voir
Qu'Agrippine promet par-delà son pouvoir.
Rome de ma faveur est trop préoccupée :
Il veut par cet affront qu'elle soit détrompée,
Et que tout l'univers apprenne avec terreur
A ne confondre plus mon fils et l'empereur.
Il le peut. Toutefois j'ose encore lui dire
Qu'il doit avant ce coup affermir son empire ;
Et qu'en me réduisant à la nécessité
D'éprouver contre lui ma faible autorité,
Il expose la sienne ; et que dans la balance
Mon nom peut-être aura plus de poids qu'il ne pense.
BURRHUS.
Quoi, madame ! toujours soupçonner son respect ?
Ne peut-il faire un pas qui ne vous soit suspect ?
L'empereur vous croit-il du parti de Junie ?
Avec Britannicus vous croit-il réunie ?

Quoi ! de vos ennemis devenez-vous l'appui
Pour trouver un prétexte à vous plaindre de lui?
Sur le moindre discours qu'on pourra vous redire,
Serez-vous toujours prête à partager l'empire?
Vous craindrez-vous sans cesse ; et vos embrassements
Ne se passeront-ils qu'en éclaircissements?
Ah ! quittez d'un censeur la triste diligence ;
D'une mère facile affectez l'indulgence ;
Souffrez quelques froideurs sans les faire éclater :
Et n'avertissez point la cour de vous quitter.

AGRIPPINE.

Et qui s'honorerait de l'appui d'Agrippine,
Lorsque Néron lui-même annonce ma ruine,
Lorsque de sa présence il semble me bannir,
Quand Burrhus à sa porte ose me retenir?

BURRHUS.

Madame, je vois bien qu'il est temps de me taire,
Et que ma liberté commence à vous déplaire.
La douleur est injuste : et toutes les raisons
Qui ne la flattent point aigrissent ses soupçons.
Voici Britannicus. Je lui cède ma place.
Je vous laisse écouter et plaindre sa disgrâce,
Et peut-être, madame, en accuser les soins
De ceux que l'empereur a consultés le moins.

SCÈNE III.

BRITANNICUS, AGRIPPINE, NARCISSE, ALBINE.

AGRIPPINE.

Ah ! prince, où courez-vous? Quelle ardeur inquiète
Parmi vos ennemis en aveugle vous jette?
Que venez-vous chercher?

BRITANNICUS.

Ce que je cherche? Ah! dieux!

Tout ce que j'ai perdu, madame, est en ces lieux.
De mille affreux soldats Junie environnée
S'est vue en ce palais indignement traînée.
Hélas ! de quelle horreur ses timides esprits
A ce nouveau spectacle auront été surpris?
Enfin on me l'enlève. Une loi trop sévère
Va séparer deux cœurs qu'assemblait leur misère :
Sans doute on ne veut pas que, mêlant nos douleurs,
Nous nous aidions l'un l'autre à porter nos malheurs.

AGRIPPINE.

Il suffit. Comme vous je ressens vos injures ;
Mes plaintes ont déjà précédé vos murmures.
Mais je ne prétends pas qu'un impuissant courroux
Dégage ma parole et m'acquitte envers vous.
Je ne m'explique point. Si vous voulez m'entendre,
Suivez-moi chez Pallas, où je vais vous attendre.

SCÈNE IV.

BRITANNICUS, NARCISSE.

BRITANNICUS.

La croirai-je, Narcisse? et dois-je sur sa foi
La prendre pour arbitre entre son fils et moi?
Qu'en dis-tu? N'est-ce pas cette même Agrippine
Que mon père épousa jadis pour ma ruine,
Et qui, si je t'en crois, a de ses derniers jours,
Trop lents pour ses desseins, précipité le cours?

NARCISSE.

N'importe. Elle se sent comme vous outragée ;
A vous donner Junie elle s'est engagée ;
Unissez vos chagrins, liez vos intérêts :
Ce palais retentit en vain de vos regrets :
Tandis qu'on vous verra, d'une voix suppliante,

Semer ici la plainte et non pas l'épouvante,
Que vos ressentiments se perdront en discours,
Il n'en faut pas douter, vous vous plaindrez toujours.

BRITANNICUS.

Ah! Narcisse! tu sais si de la servitude
Je prétends faire encore une longue habitude;
Tu sais si pour jamais, de ma chute étonné,
Je renonce à l'empire où j'étais destiné.
Mais je suis seul encor : les amis de mon père
Sont autant d'inconnus que glace ma misère,
Et ma jeunesse même écarte loin de moi
Tous ceux qui dans le cœur me réservent leur foi.
Pour moi, depuis un an qu'un peu d'expérience
M'a donné de mon sort la triste connaissance,
Que vois-je autour de moi, que des amis vendus
Qui sont de tous mes pas les témoins assidus,
Qui, choisis par Néron pour ce commerce infâme,
Trafiquent avec lui des secrets de mon âme?
Quoi qu'il en soit, Narcisse, on me vend tous les jours :
Il prévoit mes desseins, il entend mes discours;
Comme toi, dans mon cœur il sait ce qui se passe.
Que t'en semble, Narcisse?

NARCISSE.

Ah! quelle âme assez basse...
C'est à vous de choisir des confidents discrets,
Seigneur, et de ne pas prodiguer vos secrets.

BRITANNICUS.

Narcisse, tu dis vrai; mais cette défiance
Est toujours d'un grand cœur la dernière science;
On le trompe longtemps. Mais enfin je te crois,
Ou plutôt je fais vœu de ne croire que toi.
Mon père, il m'en souvient, m'assura de ton zèle :
Seul de ses affranchis tu m'es toujours fidèle;
Tes yeux, sur ma conduite incessamment ouverts,
M'ont sauvé jusqu'ici de mille écueils couverts.

Va donc voir si le bruit de ce nouvel orage
Aura de nos amis excité le courage;
Examine leurs yeux, observe leurs discours ;
Vois si j'en puis attendre un fidèle secours.
Surtout dans ce palais remarque avec adresse
Avec quel soin Néron fait garder la princesse :
Sache si du péril ses beaux yeux sont remis,
Et si son entretien m'est encore permis.
Cependant de Néron je vais trouver la mère
Chez Pallas, comme toi l'affranchi de mon père :
Je vais la voir, l'aigrir, la suivre, et, s'il se peut,
M'engager sous son nom plus loin qu'elle ne veut.

FIN DU PREMIER ACTE.

ACTE DEUXIÈME.

SCÈNE I.

NÉRON, BURRHUS, NARCISSE, GARDES.

NÉRON.

N'en doutez point, Burrhus : malgré ses injustices,
C'est ma mère, et je veux ignorer ses caprices.
Mais je ne prétends plus ignorer ni souffrir
Le ministre insolent qui les ose nourrir.
Pallas de ses conseils empoisonne ma mère ;
Il séduit chaque jour Britannicus, mon frère ;
Ils l'écoutent tout seul : et qui suivrait leurs pas,
Les trouverait peut-être assemblés chez Pallas.
C'en est trop. De tous deux il faut que je l'écarte.
Pour la dernière fois, qu'il s'éloigne, qu'il parte :
Je le veux, je l'ordonne : et que la fin du jour
Ne le retrouve pas dans Rome ou dans ma cour.
Allez : cet ordre importe au salut de l'empire.
(Aux gardes.)
Vous, Narcisse, approchez. Et vous, qu'on se retire.

SCÈNE II.

NÉRON, NARCISSE.

NARCISSE.

Grâces aux dieux, seigneur, Junie entre vos mains
Vous assure aujourd'hui du reste des Romains.

Vos ennemis, déchus de leur vaine espérance,
Sont allés chez Pallas pleurer leur impuissance.
Mais que vois-je? Vous-même, inquiet, étonné,
Plus que Britannicus paraissez consterné.
Que présage à mes yeux cette tristesse obscure,
Et ces sombres regards errants à l'aventure?
Tout vous rit : la fortune obéit à vos vœux.

NÉRON.

Narcisse, c'en est fait, Néron est amoureux.

NARCISSE.

Vous!

NÉRON.

Depuis un moment; mais pour toute ma vie.
J'aime, que dis-je, aimer? j'idolâtre Junie.

NARCISSE.

Vous l'aimez?

NÉRON.

Excité d'un désir curieux,
Cette nuit je l'ai vue arriver en ces lieux,
Triste, levant au ciel ses yeux mouillés de larmes,
Qui brillaient au travers des flambeaux et des armes;
Belle sans ornements, dans le simple appareil
D'une beauté qu'on vient d'arracher au sommeil.
Que veux-tu? Je ne sais si cette négligence,
Les ombres, les flambeaux, les cris et le silence,
Et le farouche aspect de ses fiers ravisseurs,
Relevaient de ses yeux les timides douceurs.
Quoi qu'il en soit, ravi d'une si belle vue,
J'ai voulu lui parler, et ma voix s'est perdue :
Immobile, saisi d'un long étonnement,
Je l'ai laissé passer dans son appartement.
J'ai passé dans le mien. C'est là que, solitaire,
De son image en vain j'ai voulu me distraire.
Trop présente à mes yeux je croyais lui parler;
J'aimais jusqu'à ses pleurs que je faisais couler.
Quelquefois, mais trop tard, je lui demandais grâce :

J'employais les soupirs, et même la menace.
Voilà comme, occupé de mon nouvel amour,
Mes yeux, sans se fermer, ont attendu le jour.
Mais je m'en fais peut-être une trop belle image :
Elle m'est apparue avec trop d'avantage :
Narcisse, qu'en dis-tu ?

NARCISSE.

Quoi, seigneur, croira-t-on
Qu'elle ait pu si longtemps se cacher à Néron ?

NÉRON.

Tu le sais bien, Narcisse. Et soit que sa colère
M'imputât le malheur qui lui ravit son frère ;
Soit que son cœur, jaloux d'une austère fierté,
Enviât à nos yeux sa naissante beauté;
Fidèle à sa douleur, et dans l'ombre enfermée,
Elle se dérobait même à sa renommée :
Et c'est cette vertu, si nouvelle à la cour,
Dont la persévérance irrite mon amour.
Quoi, Narcisse, tandis qu'il n'est point de Romaine
Que mon amour n'honore et ne rende plus vaine,
Qui, dès qu'à ses regards elle ose se fier,
Sur le cœur de César ne les vienne essayer ;
Seule, dans son palais, la modeste Junie
Regarde leurs honneurs comme une ignominie,
Fuit, et ne daigne pas peut-être s'informer
Si César est aimable, ou bien s'il sait aimer ?
Dis-moi : Britannicus l'aime-t-il ?

NARCISSE.

Quoi ! s'il l'aime,
Seigneur ?

NÉRON.

Si jeune encor, se connaît-il lui-même ?
D'un regard enchanteur connaît-il le poison ?

NARCISSE.

Seigneur, l'amour toujours n'attend pas la raison.

N'en doutez point, il l'aime. Instruits par tant de charmes,
Ses yeux sont déjà faits à l'usage des larmes;
A ses moindres désirs il sait s'accommoder;
Et peut-être déjà sait-il persuader.
NÉRON.
Que dis-tu? sur son cœur il aurait quelque empire?
NARCISSE.
Je ne sais. Mais, seigneur, ce que je puis vous dire,
Je l'ai vu quelquefois s'arracher de ces lieux,
Le cœur plein d'un courroux qu'il cachait à vos yeux;
D'une cour qui le fuit pleurant l'ingratitude,
Las de votre grandeur et de sa servitude,
Entre l'impatience et la crainte flottant,
Il allait voir Junie, et revenait content.
NÉRON.
D'autant plus malheureux qu'il aura su lui plaire,
Narcisse, il doit plutôt souhaiter sa colère:
Néron impunément ne sera pas jaloux.
NARCISSE.
Vous? Et de quoi, seigneur, vous inquiétez-vous?
Junie a pu le plaindre et partager ses peines:
Elle n'a vu couler de larmes que les siennes;
Mais aujourd'hui, seigneur, que ses yeux dessillés,
Regardant de plus près l'éclat dont vous brillez,
Verront autour de vous les rois sans diadème,
Inconnus dans la foule, et son amant lui-même,
Attachés sur vos yeux, s'honorer d'un regard
Que vous aurez sur eux fait tomber au hasard;
Quand elle vous verra de ce degré de gloire,
Venir en soupirant avouer sa victoire;
Maître, n'en doutez point, d'un cœur déjà charmé,
Commandez qu'on vous aime, et vous serez aimé.
NÉRON.
A combien de chagrins il faut que je m'apprête!
Que d'importunités!

NARCISSE.
Quoi donc! qui vous arrête,
Seigneur?
NÉRON.
Tout : Octavie, Agrippine, Burrhus,
Sénèque, Rome entière, et trois ans de vertus.
Non que pour Octavie un reste de tendresse
M'attache à son hymen et plaigne sa jeunesse :
Mes yeux depuis longtemps fatigués de ses soins,
Rarement de ses pleurs daignent être témoins.
Trop heureux, si bientôt la faveur d'un divorce
Me soulageait d'un joug qu'on m'imposa par force!
Le ciel même en secret semble la condamner :
Ses vœux, depuis quatre ans, ont beau l'importuner,
Les dieux ne montrent point que sa vertu les touche :
D'aucun gage, Narcisse, ils n'honorent sa couche;
L'empire vainement demande un héritier.
NARCISSE.
Que tardez-vous, seigneur, à la répudier?
L'empire, votre cœur, tout condamne Octavie.
Auguste, votre aïeul, soupirait pour Livie;
Par un double divorce ils s'unirent tous deux;
Et vous devez l'empire à ce divorce heureux.
Tibère, que l'hymen plaça dans sa famille,
Osa bien à ses yeux répudier sa fille.
Vous seul, jusques ici, contraire à vos désirs,
N'osez par un divorce assurer vos plaisirs.
NÉRON.
Et ne connais-tu pas l'implacable Agrippine?
Mon amour inquiet déjà se l'imagine
Qui m'amène Octavie, et d'un œil enflammé
Atteste les saints droits d'un nœud qu'elle a formé;
Et, portant à mon cœur des atteintes plus rudes,
Me fait un long récit de mes ingratitudes.
De quel front soutenir ce fâcheux entretien?

NARCISSE.

N'êtes-vous pas, seigneur, votre maître et le sien?
Vous verrons-nous toujours trembler sous sa tutelle?
Vivez, régnez pour vous : c'est trop régner pour elle.
Craignez-vous? Mais, seigneur, vous ne la craignez pas;
Vous venez de bannir le superbe Pallas,
Pallas, dont vous savez qu'elle soutient l'audace.

NÉRON.

Éloigné de ses yeux, j'ordonne, je menace.
J'écoute vos conseils, j'ose les approuver,
Je m'excite contre elle, et tâche à la braver :
Mais, je t'expose ici mon âme toute nue,
Sitôt que mon malheur me ramène à sa vue,
Soit que je n'ose encor démentir le pouvoir
De ces yeux où j'ai lu si longtemps mon devoir;
Soit qu'à tant de bienfaits ma mémoire fidèle
Lui soumette en secret tout ce que je tiens d'elle;
Mais enfin mes efforts ne me servent de rien:
Mon génie étonné tremble devant le sien.
Et c'est pour m'affranchir de cette dépendance,
Que je la fuis partout, que même je l'offense,
Et que, de temps en temps, j'irrite ses ennuis,
Afin qu'elle m'évite autant que je la fuis.
Mais je t'arrête trop : retire-toi, Narcisse;
Britannicus pourrait t'accuser d'artifice.

NARCISSE.

Non, non; Britannicus s'abandonne à ma foi :
Par son ordre, seigneur, il croit que je vous voi,
Que je m'informe ici de tout ce qui le touche,
Et veut de vos secrets être instruit par ma bouche.
Impatient, surtout, de revoir ses amours,
Il attend de mes soins ce fidèle secours.

NÉRON.

J'y consens; porte-lui cette douce nouvelle :
Il la verra.

NARCISSE.
Seigneur, bannissez-le loin d'elle.
NÉRON.
J'ai mes raisons, Narcisse; et tu peux concevoir
Que je lui vendrai cher le plaisir de la voir.
Cependant vante-lui ton heureux stratagème;
Dis-lui qu'en sa faveur on me trompe moi-même,
Qu'il la voit sans mon ordre. On ouvre; la voici.
Va retrouver ton maître, et l'amener ici.

SCÈNE III.

NÉRON, JUNIE.

NÉRON.
Vous vous troublez, madame, et changez de visage!
Lisez-vous dans mes yeux quelque triste présage?
JUNIE.
Seigneur, je ne vous puis déguiser mon erreur;
J'allais voir Octavie, et non pas l'empereur.
NÉRON.
Je le sais bien, madame, et n'ai pu sans envie
Apprendre vos bontés pour l'heureuse Octavie.
JUNIE.
Vous, seigneur?
NÉRON.
Pensez-vous, madame, qu'en ces lieux
Seule pour vous connaître, Octavie ait des yeux?
JUNIE.
Et quel autre, seigneur, voulez-vous que j'implore?
A qui demanderai-je un crime que j'ignore?
Vous qui le punissez, vous ne l'ignorez pas:
De grâce, apprenez-moi, seigneur, mes attentats.
NÉRON.
Quoi! madame, est-ce donc une légère offense

ACTE II. SCÈNE III.

De m'avoir si longtemps caché votre présence ?
Ces trésors dont le ciel voulut vous embellir,
Les avez-vous reçus pour les ensevelir ?
L'heureux Britannicus verra-t-il sans alarmes
Croître, loin de nos yeux, son amour et vos charmes ?
Pourquoi, de cette gloire exclu jusqu'à ce jour,
M'avez-vous, sans pitié, relégué dans ma cour ?
On dit plus : vous souffrez, sans en être offensée,
Qu'il vous ose, madame, expliquer sa pensée :
Car je ne croirai point que sans me consulter
La sévère Junie ait voulu le flatter,
Ni qu'elle ait consenti d'aimer et d'être aimée,
Sans que j'en sois instruit que par la renommée.

JUNIE.

Je ne vous nierai point, seigneur, que ses soupirs
M'ont daigné quelquefois expliquer ses désirs.
Il n'a point détourné ses regards d'une fille
Seul reste du débris d'une illustre famille :
Peut-être il se souvient qu'en un temps plus heureux
Son père me nomma pour l'objet de ses vœux.
Il m'aime ; il obéit à l'empereur son père,
Et j'ose dire encore à vous, à votre mère :
Vos désirs sont toujours si conformes aux siens...

NÉRON.

Ma mère a ses desseins, madame ; et j'ai les miens.
Ne parlons plus ici de Claude et d'Agrippine ;
Ce n'est point par leur choix que je me détermine.
C'est à moi seul, madame, à répondre de vous ;
Et je veux de ma main vous choisir un époux.

JUNIE.

Ah ! seigneur ! songez-vous que toute autre alliance
Fera honte aux Césars, auteurs de ma naissance ?

NÉRON.

Non, madame, l'époux dont je vous entretiens
Peut sans honte assembler vos aïeux et les siens ;

Vous pouvez, sans rougir, consentir à sa flamme.
JUNIE.
Et quel est donc, seigneur, cet époux?
NÉRON.
Moi, madame.
JUNIE.
Vous?
NÉRON.
Je vous nommerais, madame, un autre nom,
Si j'en savais quelqu'autre au-dessus de Néron.
Oui, pour vous faire un choix où vous puissiez souscrire,
J'ai parcouru des yeux la cour, Rome et l'empire.
Plus j'ai cherché, madame, et plus je cherche encor
En quelles mains je dois confier ce trésor;
Plus je vois que César, digne seul de vous plaire,
En doit être lui seul l'heureux dépositaire,
Et ne peut dignement vous confier qu'aux mains
A qui Rome a commis l'empire des humains.
Vous-même, consultez vos premières années :
Claudius à son fils les avait destinées;
Mais c'était en un temps où de l'empire entier
Il croyait quelque jour le nommer l'héritier.
Les dieux ont prononcé. Loin de leur contredire,
C'est à vous de passer du côté de l'empire.
En vain de ce présent ils m'auraient honoré,
Si votre cœur devait en être séparé;
Si tant de soins ne sont adoucis par vos charmes;
Si, tandis que je donne aux veilles, aux alarmes,
Des jours toujours à plaindre et toujours enviés,
Je ne vais quelquefois respirer à vos pieds.
Qu'Octavie à vos yeux ne fasse point d'ombrage :
Rome, aussi bien que moi vous donne son suffrage,
Répudie Octavie, et me fait dénouer
Un hymen que le ciel ne veut point avouer.
Songez-y donc, madame, et pesez en vous-même

Ce choix digne des soins d'un prince qui vous aime,
Digne de vos beaux yeux trop longtemps captivés,
Digne de l'univers à qui vous vous devez.
JUNIE.
Seigneur, avec raison je demeure étonnée.
Je me vois, dans le cours d'une même journée,
Comme une criminelle amenée en ces lieux ;
Et lorsque avec frayeur je parais à vos yeux,
Que sur mon innocence à peine je me fie,
Vous m'offrez tout d'un coup la place d'Octavie.
J'ose dire pourtant que je n'ai mérité
Ni cet excès d'honneur, ni cette indignité.
Et pouvez-vous, seigneur, souhaiter qu'une fille
Qui vit presque en naissant éteindre sa famille,
Qui, dans l'obscurité nourrissant sa douleur,
S'est fait une vertu conforme à son malheur,
Passe subitement de cette nuit profonde
Dans un rang qui l'expose aux yeux de tout le monde,
Dont je n'ai pu de loin soutenir la clarté,
Et dont une autre enfin remplit la majesté ?
NÉRON.
Je vous ai déjà dit que je la répudie :
Ayez moins de frayeur, ou moins de modestie.
N'accusez point ici mon choix d'aveuglement ;
Je vous réponds de vous ; consentez seulement.
Du sang dont vous sortez rappelez la mémoire ;
Et ne préférez point à la solide gloire
Des honneurs dont César prétend vous revêtir,
La gloire d'un refus sujet au repentir.
JUNIE.
Le ciel connaît, seigneur, le fond de ma pensée.
Je ne me flatte point d'une gloire insensée :
Je sais de vos présents mesurer la grandeur ;
Mais plus ce rang sur moi répandrait de splendeur,
Plus il me ferait honte, et mettrait en lumière

Le crime d'en avoir dépouillé l'héritière.

NÉRON.

C'est de ses intérêts prendre beaucoup de soin,
Madame ; et l'amitié ne peut aller plus loin.
Mais ne nous flattons point, et laissons le mystère :
La sœur vous touche ici beaucoup moins que le frère :
Et pour Britannicus...

JUNIE.

Il a su me toucher,
Seigneur ; et je n'ai point prétendu m'en cacher.
Cette sincérité, sans doute, est peu discrète ;
Mais toujours de mon cœur ma bouche est l'interprète.
Absente de la cour, je n'ai pas dû penser,
Seigneur, qu'en l'art de feindre il fallût m'exercer.
J'aime Britannicus. Je lui fus destinée
Quand l'empire devait suivre son hyménée :
Mais ces mêmes malheurs qui l'en ont écarté,
Ses honneurs abolis, son palais déserté,
La fuite d'une cour que sa chute a bannie,
Sont autant de liens qui retiennent Junie.
Tout ce que vous voyez conspire à vos désirs :
Vos jours toujours sereins coulent dans les plaisirs ;
L'empire en est pour vous l'inépuisable source ;
Ou, si quelque chagrin en interrompt la course,
Tout l'univers, soigneux de les entretenir,
S'empresse à l'effacer de votre souvenir.
Britannicus est seul. Quelque ennui qui le presse,
Il ne voit, dans son sort, que moi qui s'intéresse,
Et n'a pour tout plaisir, seigneur, que quelques pleurs
Qui lui font quelquefois oublier ses malheurs.

NÉRON.

Et ce sont ces plaisirs et ces pleurs que j'envie,
Que tout autre que lui me paierait de sa vie.
Mais je garde à ce prince un traitement plus doux :

Madame, il va bientôt paraître devant vous.

JUNIE.

Ah! seigneur! vos vertus m'ont toujours rassurée.

NÉRON.

Je pouvais de ces lieux lui défendre l'entrée ;
Mais, madame, je veux prévenir le danger
Où son ressentiment le pourrait engager.
Je ne veux point le perdre : il vaut mieux que lui-même
Entende son arrêt de la bouche qu'il aime.
Si ses jours vous sont chers, éloignez-le de vous
Sans qu'il ait aucun lieu de me croire jaloux.
De son bannissement prenez sur vous l'offense ;
Et, soit par vos discours, soit par votre silence,
Du moins par vos froideurs, faites-lui concevoir
Qu'il doit porter ailleurs ses vœux et son espoir.

JUNIE.

Moi! que je lui prononce un arrêt si sévère!
Ma bouche mille fois lui jura le contraire.
Quand même jusque-là je pourrais me trahir,
Mes yeux lui défendront, seigneur, de m'obéir.

NÉRON.

Caché près de ces lieux, je vous verrai, madame.
Renfermez votre amour dans le fond de votre âme :
Vous n'aurez point pour moi de langages secrets ;
J'entendrai des regards que vous croirez muets ;
Et sa perte sera l'infaillible salaire
D'un geste ou d'un soupir échappé pour lui plaire.

JUNIE.

Hélas! si j'ose encor former quelques souhaits,
Seigneur, permettez-moi de ne le voir jamais!

SCÈNE IV.

NÉRON, JUNIE, NARCISSE.

NARCISSE.

Britannicus, seigneur, demande la princesse;
Il approche.

NÉRON.

Qu'il vienne.

JUNIE.

Ah! seigneur!

NÉRON.

Je vous laisse.
Sa fortune dépend de vous plus que de moi :
Madame, en le voyant, songez que je vous voi.

SCÈNE V.

JUNIE, NARCISSE.

JUNIE.

Ah! cher Narcisse, cours au-devant de ton maître;
Dis-lui... Je suis perdue! et je le vois paraître.

SCÈNE VI.

BRITANNICUS, JUNIE, NARCISSE.

BRITANNICUS.

Madame, quel bonheur me rapproche de vous[1] ?

---

[1] Ceux qui désapprouvent cette scène, parce que, disent-ils, s'aller cacher pour entendre une conversation est un jeu puéril qui ne convient pas au sérieux de la tragédie, ne font pas attention que ce n'est pas ici un jeu, mais une cruauté dont Néron seul est capable. Il veut que Junie

Quoi! je puis donc jouir d'un entretien si doux?
Mais parmi ce plaisir quel chagrin me dévore!
Hélas! puis-je espérer de vous revoir encore?
Faut-il que je dérobe, avec mille détours,
Un bonheur que vos yeux m'accordaient tous les jours?
Quelle nuit! Quel réveil! Vos pleurs, votre présence
N'ont point de ces cruels désarmé l'insolence!
Que faisait votre amant? Quel démon envieux
M'a refusé l'honneur de mourir à vos yeux?
Hélas! dans la frayeur dont vous étiez atteinte,
M'avez-vous en secret adressé quelque plainte?
Ma princesse, avez-vous daigné me souhaiter?
Songiez-vous aux douleurs que vous m'alliez coûter?
Vous ne me dites rien! Quel accueil! Quelle glace!
Est-ce ainsi que vos yeux consolent ma disgrâce?
Parlez : nous sommes seuls. Notre ennemi, trompé,
Tandis que je vous parle, est ailleurs occupé.
Ménageons les moments de cette heureuse absence.

JUNIE.

Vous êtes en des lieux tout pleins de sa puissance :
Ces murs mêmes, seigneur, peuvent avoir des yeux;
Et jamais l'empereur n'est absent de ces lieux.

BRITANNICUS.

Et depuis quand, madame, êtes-vous si craintive?
Quoi! déjà votre amour souffre qu'on le captive?
Qu'est devenu ce cœur qui me jurait toujours
De faire à Néron même envier nos amours?
Mais bannissez, madame, une inutile crainte :
La foi dans tous les cœurs n'est pas encore éteinte;
Chacun semble des yeux approuver mon courroux;

---

prononce elle-même à son amant l'arrêt de son bannissement : elle sera la cause de sa mort, s'il lui échappe un geste, un soupir, ou un regard. Quelle situation que celle de Junie, qui sait que Néron l'entend et la voit! Et qu'une pareille scène doit exciter l'attention du spectateur! (L. R.)

La mère de Néron se déclare pour nous.
Rome, de sa conduite elle-même offensée...

JUNIE.

Ah! seigneur! vous parlez contre votre pensée.
Vous-même vous m'avez avoué mille fois
Que Rome le louait d'une commune voix;
Toujours à sa vertu vous rendiez quelque hommage.
Sans doute la douleur vous dicte ce langage.

BRITANNICUS.

Ce discours me surprend, il le faut avouer :
Je ne vous cherchais pas pour l'entendre louer.
Quoi! pour vous confier la douleur qui m'accable,
A peine je dérobe un moment favorable;
Et ce moment si cher, madame, est consumé
A louer l'ennemi dont je suis opprimé!
Qui vous rend à vous-même, en un jour, si contraire?
Quoi! même vos regards ont appris à se taire?
Que vois-je? Vous craignez de rencontrer mes yeux!
Néron vous plairait-il? Vous serais-je odieux?
Ah! si je le croyais!... Au nom des dieux, madame,
Éclaircissez le trouble où vous jetez mon âme.
Parlez. Ne suis-je plus dans votre souvenir?

JUNIE.

Retirez-vous, seigneur; l'empereur va venir.

BRITANNICUS.

Après ce coup, Narcisse, à qui dois-je m'attendre?

SCÈNE VII.

NÉRON, JUNIE, NARCISSE.

NÉRON.

Madame....

JUNIE.

Non, seigneur, je ne puis rien entendre.

Vous êtes obéi. Laissez couler du moins
Des larmes dont ses yeux ne seront pas témoins.

SCÈNE VIII.

NÉRON, NARCISSE.

NÉRON.

Hé bien! de leur amour tu vois la violence,
Narcisse : elle a paru jusque dans son silence!
Elle aime mon rival, je ne puis l'ignorer;
Mais je mettrai ma joie à le désespérer.
Je me fais de sa peine une image charmante;
Et je l'ai vu douter du cœur de son amante.
Je la suis. Mon rival t'attend pour éclater :
Par de nouveaux soupçons, va, cours le tourmenter;
Et tandis qu'à mes yeux on le pleure, on l'adore,
Fais-lui payer bien cher un bonheur qu'il ignore.

NARCISSE, seul.

La fortune t'appelle une seconde fois,
Narcisse; voudrais-tu résister à sa voix?
Suivons jusques au bout ses ordres favorables;
Et, pour nous rendre heureux, perdons les misérables.

FIN DU DEUXIÈME ACTE.

ACTE TROISIÈME [1].

SCÈNE I.

NÉRON, BURRHUS.

BURRHUS.

Pallas obéira, seigneur.

NÉRON.

Et de quel œil
Ma mère a-t-elle vu confondre son orgueil?

BURRHUS.

Ne doutez point, seigneur, que ce coup ne la frappe;
Qu'en reproches bientôt sa douleur ne s'échappe.
Ses transports dès longtemps commencent d'éclater;
A d'inutiles cris puissent-ils s'arrêter!

NÉRON.

Quoi! de quelque dessein la croyez-vous capable?

BURRHUS.

Agrippine, seigneur, est toujours redoutable :
Rome et tous vos soldats révèrent ses aïeux;
Germanicus son père est présent à leurs yeux.
Elle sait son pouvoir; vous savez son courage :
Et ce qui me la fait redouter davantage,
C'est que vous appuyez vous-même son courroux,
Et que vous lui donnez des armes contre vous.

---

[1] Racine, au commencement de cet acte, supprima, par les conseils de Boileau, une scène entre Burrhus et Narcisse. Cette scène est rapportée dans les Mémoires sur la vie de Racine qui se trouvent au commencement de ce volume. Elle n'a du reste été imprimée dans aucune des éditions de Racine.

NÉRON.

Moi, Burrhus?

BURRHUS.

Cet amour, seigneur, qui vous possède...

NÉRON.

Je vous entends, Burrhus. Le mal est sans remède :
Mon cœur s'en est plus dit que vous ne m'en direz;
Il faut que j'aime enfin.

BURRHUS.

Vous vous le figurez,
Seigneur; et, satisfait de quelque résistance,
Vous redoutez un mal faible dans sa naissance,
Mais si dans son devoir votre cœur affermi
Voulait ne point s'entendre avec son ennemi;
Si de vos premiers ans vous consultiez la gloire;
Si vous daigniez, seigneur, rappeler la mémoire
Des vertus d'Octavie indignes de ce prix,
Et de son chaste amour vainqueur de vos mépris;
Surtout si, de Junie évitant la présence,
Vous condamniez vos yeux à quelques jours d'absence,
Croyez-moi, quelque amour qui semble vous charmer,
On n'aime point, seigneur, si l'on ne veut aimer.

NÉRON.

Je vous croirai, Burrhus, lorsque dans les alarmes
Il faudra soutenir la gloire de nos armes,
Ou lorsque, plus tranquille, assis dans le sénat,
Il faudra décider du destin de l'État;
Je m'en reposerai sur votre expérience.
Mais, croyez-moi, l'amour est une autre science,
Burrhus; et je ferais quelque difficulté
D'abaisser jusque-là votre sévérité.
Adieu, je souffre trop éloigné de Junie.

SCÈNE II.

BURRHUS.

Enfin, Burrhus, Néron découvre son génie.
Cette férocité que tu croyais fléchir,
De tes faibles liens est prête à s'affranchir.
En quels excès peut-être elle va se répandre !
O dieux ! en ce malheur quel conseil dois-je prendre ?
Sénèque, dont les soins me devraient soulager,
Occupé loin de Rome, ignore ce danger.
Mais quoi ! si d'Agrippine excitant la tendresse,
Je pouvais... La voici : mon bonheur me l'adresse.

SCÈNE III.

AGRIPPINE, BURRHUS, ALBINE.

AGRIPPINE.

Hé bien ! je me trompais, Burrhus, dans mes soupçons ?
Et vous vous signalez par d'illustres leçons !
On exile Pallas, dont le crime peut-être
Est d'avoir à l'empire élevé votre maître.
Vous le savez trop bien ; jamais, sans ses avis,
Claude, qu'il gouvernait, n'eût adopté mon fils.
Que dis-je ? A son épouse on donne une rivale ;
On affranchit Néron de la foi conjugale :
Digne emploi d'un ministre ennemi des flatteurs,
Choisi pour mettre un frein à ses jeunes ardeurs,
De les flatter lui-même, et nourrir dans son âme
Le mépris de sa mère et l'oubli de sa femme !

BURRHUS.

Madame, jusqu'ici c'est trop tôt m'accuser ;
L'empereur n'a rien fait qu'on ne puisse excuser.

N'imputez qu'à Pallas un exil nécessaire :
Son orgueil dès longtemps exigeait ce salaire ;
Et l'empereur ne fait qu'accomplir à regret
Ce que toute la cour demandait en secret.
Le reste est un malheur qui n'est point sans ressource :
Des larmes d'Octavie on peut tarir la source.
Mais calmez vos transports ; par un chemin plus doux,
Vous lui pourrez plus tôt ramener son époux :
Les menaces, les cris, le rendront plus farouche.

AGRIPPINE.

Ah ! l'on s'efforce en vain de me fermer la bouche.
Je vois que mon silence irrite vos dédains ;
Et c'est trop respecter l'ouvrage de mes mains.
Pallas n'emporte pas tout l'appui d'Agrippine :
Le ciel m'en laisse assez pour venger ma ruine.
Le fils de Claudius commence à ressentir
Des crimes dont je n'ai que le seul repentir.
J'irai, n'en doutez point, le montrer à l'armée,
Plaindre aux yeux des soldats son enfance opprimée,
Leur faire, à mon exemple, expier leur erreur.
On verra d'un côté le fils d'un empereur
Redemandant la foi jurée à sa famille,
Et de Germanicus on entendra la fille,
De l'autre, l'on verra le fils d'Ænobarbus,
Appuyé de Sénèque et du tribun Burrhus,
Qui, tous deux de l'exil rappelés par moi-même,
Partagent à mes yeux l'autorité suprême.
De nos crimes communs je veux qu'on soit instruit ;
On saura les chemins par où je l'ai conduit.
Pour rendre sa puissance et la vôtre odieuses,
J'avouerai les rumeurs les plus injurieuses ;
Je confesserai tout, exils, assassinats,
Poison même...

BURRHUS.

Madame, ils ne vous croiront pas :

Ils sauront récuser l'injuste stratagème
D'un témoin irrité qui s'accuse lui-même.
Pour moi qui le premier secondai vos desseins,
Qui fis même jurer l'armée entre ses mains,
Je ne me repens point de ce zèle sincère.
Madame, c'est un fils qui succède à son père.
En adoptant Néron, Claudius par son choix
De son fils et du vôtre a confondu les droits.
Rome l'a pu choisir. Ainsi, sans être injuste,
Elle choisit Tibère adopté par Auguste;
Et le jeune Agrippa, de son sang descendu,
Se vit exclu du rang vainement prétendu.
Sur tant de fondements sa puissance établie
Par vous-même aujourd'hui ne peut être affaiblie :
Et s'il m'écoute encor, madame, sa bonté
Vous en fera bientôt perdre la volonté.
J'ai commencé, je vais poursuivre mon ouvrage.

SCÈNE IV.

AGRIPPINE, ALBINE.

ALBINE.

Dans quel emportement la douleur vous engage,
Madame ! l'empereur puisse-t-il l'ignorer !

AGRIPPINE.

Ah ! lui-même à mes yeux puisse-t-il se montrer !

ALBINE.

Madame, au nom des dieux cachez votre colère.
Quoi ! pour les intérêts de la sœur ou du frère,
Faut-il sacrifier le repos de vos jours?
Contraindrez-vous César jusque dans ses amours?

AGRIPPINE.

Quoi ! tu ne vois donc pas jusqu'où l'on me ravale,
Albine? C'est à moi qu'on donne une rivale.

Bientôt, si je ne romps ce funeste lien,
Ma place est occupée, et je ne suis plus rien.
Jusqu'ici d'un vain titre Octavie honorée,
Inutile à la cour, en était ignorée :
Les grâces, les honneurs, par moi seule versés,
M'attiraient des mortels les vœux intéressés.
Une autre de César a surpris la tendresse :
Elle aura le pouvoir d'épouse et de maîtresse ;
Le fruit de tant de soins, la pompe des Césars,
Tout deviendra le prix d'un seul de ses regards.
Que dis-je? l'on m'évite, et déjà délaissée...
Ah! je ne puis, Albine, en souffrir la pensée.
Quand je devrais du ciel hâter l'arrêt fatal,
Néron, l'ingrat Néron... Mais voici son rival.

SCÈNE V.

BRITANNICUS, AGRIPPINE, NARCISSE, ALBINE.

BRITANNICUS.

Nos ennemis communs ne sont pas invincibles,
Madame ; nos malheurs trouvent des cœurs sensibles :
Vos amis et les miens, jusqu'alors si secrets,
Tandis que nous perdions le temps en vains regrets,
Animés du courroux qu'allume l'injustice,
Viennent de confier leur douleur à Narcisse.
Néron n'est pas encor tranquille possesseur
De l'ingrate qu'il aime au mépris de ma sœur.
Si vous êtes toujours sensible à son injure,
On peut dans son devoir ramener le parjure.
La moitié du sénat s'intéresse pour nous :
Sylla, Pison, Plautus...

AGRIPPINE.
     Prince, que dites-vous?
Sylla, Pison, Plautus, les chefs de la noblesse?

BRITANNICUS.

Madame, je vois bien que ce discours vous blesse;
Et que votre courroux, tremblant, irrésolu,
Craint déjà d'obtenir tout ce qu'il a voulu.
Non, vous avez trop bien établi ma disgrâce;
D'aucun ami pour moi ne redoutez l'audace :
Il ne m'en reste plus; et vos soins trop prudents
Les ont tous écartés ou séduits dès longtemps.

AGRIPPINE.

Seigneur, à vos soupçons donnez moins de créance;
Notre salut dépend de notre intelligence.
J'ai promis, il suffit. Malgré vos ennemis,
Je ne révoque rien de ce que j'ai promis.
Le coupable Néron fuit en vain ma colère :
Tôt ou tard il faudra qu'il entende sa mère.
J'essaierai tour à tour la force et la douceur;
Ou moi-même, avec moi conduisant votre sœur,
J'irai semer partout ma crainte et mes alarmes,
Et ranger tous les cœurs du parti de ses larmes.
Adieu. J'assiégerai Néron de toutes parts.
Vous, si vous m'en croyez, évitez ses regards.

SCÈNE VI.

BRITANNICUS, NARCISSE.

BRITANNICUS.

Ne m'as-tu point flatté d'une fausse espérance?
Puis-je sur ton récit fonder quelque assurance,
Narcisse?

NARCISSE.

Oui. Mais, seigneur, ce n'est pas en ces lieux
Qu'il faut développer ce mystère à vos yeux.
Sortons. Qu'attendez-vous?

BRITANNICUS.

Ce que j'attends, Narcisse?
Hélas!

NARCISSE.

Expliquez-vous.

BRITANNICUS.

Si, par ton artifice,
Je pouvais revoir...

NARCISSE.

Qui?

BRITANNICUS.

J'en rougis. Mais enfin
D'un cœur moins agité j'attendrais mon destin.

NARCISSE.

Après tous mes discours vous la croyez fidèle?

BRITANNICUS.

Non, je la crois, Narcisse, ingrate, criminelle,
Digne de mon courroux; mais je sens, malgré moi,
Que je ne le crois pas autant que je le doi.
Dans ses égarements, mon cœur opiniâtre
Lui prête des raisons, l'excuse, l'idolâtre.
Je voudrais vaincre enfin mon incrédulité;
Je la voudrais haïr avec tranquillité.
Et qui croira qu'un cœur si grand en apparence,
D'une infidèle cour ennemi dès l'enfance,
Renonce à tant de gloire, et, dès le premier jour,
Trame une perfidie inouïe à la cour?

NARCISSE.

Et qui sait si l'ingrate, en sa longue retraite,
N'a point de l'empereur médité la défaite?
Trop sûre que ses yeux ne pouvaient se cacher,
Peut-être elle fuyait pour se faire chercher,
Pour exciter Néron par la gloire pénible
De vaincre une fierté jusqu'alors invincible.

BRITANNICUS.

Je ne la puis donc voir?

NARCISSE.

Seigneur, en ce moment
Elle reçoit les vœux de son nouvel amant.

BRITANNICUS.

Hé bien! Narcisse, allons. Mais que vois-je? C'est elle.

NARCISSE, à part.

Ah! dieux! A l'empereur portons cette nouvelle.

SCÈNE VII.

BRITANNICUS, JUNIE.

JUNIE.

Retirez-vous, seigneur, et fuyez un courroux
Que ma persévérance allume contre vous.
Néron est irrité. Je me suis échappée
Tandis qu'à l'arrêter sa mère est occupée.
Adieu; réservez-vous, sans blesser mon amour,
Au plaisir de me voir justifier un jour.
Votre image sans cesse est présente à mon âme :
Rien ne l'en peut bannir.

BRITANNICUS.

Je vous entends, madame :
Vous voulez que ma fuite assure vos désirs,
Que je laisse un champ libre à vos nouveaux soupirs.
Sans doute, en me voyant, une pudeur secrète
Ne vous laisse goûter qu'une joie inquiète.
Hé bien! il faut partir!

JUNIE.

Seigneur, sans m'imputer...

BRITANNICUS.

Ah! vous deviez du moins plus longtemps disputer.
Je ne murmure point qu'une amitié commune

ACTE III. SCÈNE VII.

Se range du parti que flatte la fortune ;
Que l'éclat d'un empire ait pu vous éblouir ;
Qu'aux dépens de ma sœur vous en vouliez jouir ;
Mais que de ces grandeurs comme une autre occupée,
Vous m'en ayez paru si longtemps détrompée ;
Non, je l'avoue encor, mon cœur désespéré
Contre ce seul malheur n'était point préparé.
J'ai vu sur ma ruine élever l'injustice ;
De mes persécuteurs j'ai vu le ciel complice ;
Tant d'horreurs n'avaient point épuisé son courroux,
Madame ; il me restait d'être oublié de vous.

JUNIE.

Dans un temps plus heureux, ma juste impatience
Vous ferait repentir de votre défiance ;
Mais Néron vous menace : en ce pressant danger,
Seigneur, j'ai d'autres soins que de vous affliger.
Allez, rassurez-vous, et cessez de vous plaindre :
Néron nous écoutait et m'ordonnait de feindre.

BRITANNICUS.

Quoi ! le cruel...

JUNIE.

Témoin de tout notre entretien,
D'un visage sévère examinait le mien,
Prêt à faire sur vous éclater la vengeance
D'un geste confident de notre intelligence.

BRITANNICUS.

Néron nous écoutait, madame ! Mais, hélas !
Vos yeux auraient pu feindre, et ne m'abuser pas :
Ils pouvaient me nommer l'auteur de cet outrage !
L'amour est-il muet ou n'a-t-il qu'un langage ?
De quel trouble un regard pouvait me préserver !
Il fallait...

JUNIE.

Il fallait me taire et vous sauver.
Combien de fois, hélas ! puisqu'il faut vous le dire,

Mon cœur de son désordre allait-il vous instruire !
De combien de soupirs interrompant le cours,
Ai-je évité vos yeux que je cherchais toujours !
Quel tourment de se taire en voyant ce qu'on aime,
De l'entendre gémir, de l'affliger soi-même,
Lorsque par un regard on peut le consoler !
Mais quels pleurs ce regard aurait-il fait couler !
Ah ! dans ce souvenir, inquiète, troublée,
Je ne me sentais pas assez dissimulée :
De mon front effrayé je craignais la pâleur ;
Je trouvais mes regards trop pleins de ma douleur ;
Sans cesse il me semblait que Néron en colère
Me venait reprocher trop de soin de vous plaire ;
Je craignais mon amour vainement renfermé ;
Enfin, j'aurais voulu n'avoir jamais aimé.
Hélas ! pour son bonheur, seigneur, et pour le nôtre,
Il n'est que trop instruit de mon cœur et du vôtre !
Allez, encore un coup, cachez-vous à ses yeux :
Mon cœur plus à loisir vous éclairera mieux.
De mille autres secrets j'aurai compte à vous rendre.

BRITANNICUS.

Ah ! n'en voilà que trop : c'est trop me faire entendre,
Madame, mon bonheur, mon crime, vos bontés.
Et savez-vous pour moi tout ce que vous quittez ?
(Se jetant aux pieds de Junie.)
Quand pourrai-je à vos pieds expier ce reproche ?

JUNIE.

Que faites-vous ? Hélas ! votre rival s'approche.

SCÈNE VIII.

NÉRON, BRITANNICUS, JUNIE.

NÉRON.

Prince, continuez des transports si charmants.

Je conçois vos bontés par ses remercîments,
Madame : à vos genoux je viens de le surprendre.
Mais il aurait aussi quelque grâce à me rendre :
Ce lieu le favorise et je vous y retiens,
Pour lui faciliter de si doux entretiens.

BRITANNICUS.

Je puis mettre à ses pieds ma douleur ou ma joie
Partout où sa bonté consent que je la voie ;
Et l'aspect de ces lieux où vous la retenez
N'a rien dont mes regards doivent être étonnés.

NÉRON.

Et que vous montrent-ils qui ne vous avertisse
Qu'il faut qu'on me respecte et que l'on m'obéisse ?

BRITANNICUS.

Ils ne nous ont pas vus l'un et l'autre élever,
Moi pour vous obéir, et vous pour me braver ;
Et ne s'attendaient pas, lorsqu'ils nous virent naître,
Qu'un jour Domitius me dût parler en maître.

NÉRON.

Ainsi par le destin nos vœux sont traversés ;
J'obéissais alors, et vous obéissez.
Si vous n'avez appris à vous laisser conduire,
Vous êtes jeune encore et l'on peut vous instruire.

BRITANNICUS.

Et qui m'en instruira ?

NÉRON.

     Tout l'empire à la fois,
Rome.

BRITANNICUS.

  Rome met-elle au nombre de vos droits
Tout ce qu'a de cruel l'injustice et la force,
Les emprisonnements, le rapt, et le divorce ?

NÉRON.

Rome ne porte point ses regards curieux
Jusque dans des secrets que je cache à ses yeux.

Imitez son respect.
BRITANNICUS.
On sait ce qu'elle en pense.
NÉRON.
Elle se tait du moins : imitez son silence.
BRITANNICUS.
Ainsi Néron commence à ne se plus forcer.
NÉRON.
Néron de vos discours commence à se lasser.
BRITANNICUS.
Chacun devait bénir le bonheur de son règne.
NÉRON.
Heureux ou malheureux, il suffit qu'on me craigne.
BRITANNICUS.
Je connais mal Junie, ou de tels sentiments
Ne mériteront pas ses applaudissements.
NÉRON.
Du moins, si je ne sais le secret de lui plaire,
Je sais l'art de punir un rival téméraire.
BRITANNICUS.
Pour moi, quelque péril qui me puisse accabler,
Sa seule inimitié peut me faire trembler.
NÉRON.
Souhaitez-la ; c'est tout ce que je puis vous dire.
BRITANNICUS.
Le bonheur de lui plaire est le seul où j'aspire.
NÉRON.
Elle vous l'a promis, vous lui plairez toujours.
BRITANNICUS.
Je ne sais pas du moins épier ses discours,
Je la laisse expliquer sur tout ce qui me touche,
Et ne me cache point pour lui fermer la bouche.
NÉRON.
Je vous entends. Eh bien, gardes !

ACTE III. SCÈNE IX.

JUNIE.

Que faites-vous?
C'est votre frère. Hélas ! c'est un amant jaloux.
Seigneur, mille malheurs persécutent sa vie :
Ah ! son bonheur peut-il exciter votre envie ?
Souffrez que, de vos cœurs rapprochant les liens,
Je me cache à vos yeux et me dérobe aux siens.
Ma fuite arrêtera vos discordes fatales;
Seigneur, j'irai remplir le nombre des vestales.
Ne lui disputez plus mes vœux infortunés ;
Souffrez que les dieux seuls en soient importunés.

NÉRON.

L'entreprise, madame, est étrange et soudaine.
Dans son appartement, gardes, qu'on la remène.
Gardez Britannicus dans celui de sa sœur.

BRITANNICUS.

C'est ainsi que Néron sait disputer un cœur !

JUNIE.

Prince, sans l'irriter, cédons à cet orage.

NÉRON.

Gardes, obéissez sans tarder davantage.

SCÈNE IX.

NÉRON, BURRHUS.

BURRHUS.

Que vois-je? O ciel !

NÉRON, sans voir Burrhus.

Ainsi leurs feux sont redoublés :
Je reconnais la main qui les a rassemblés.
Agrippine ne s'est présentée à ma vue,
Ne s'est dans ses discours si longtemps étendue,

Que pour faire jouer ce ressort odieux.
(Apercevant Burrhus.)
Qu'on sache si ma mère est encor en ces lieux.
Burrhus, dans ce palais, je veux qu'on la retienne,
Et qu'au lieu de sa garde on lui donne la mienne.

BURRHUS.

Quoi, seigneur, sans l'ouïr? Une mère !

NÉRON.

Arrêtez :
J'ignore quel projet, Burrhus, vous méditez ;
Mais, depuis quelques jours, tout ce que je désire
Trouve en vous un censeur prêt à me contredire.
Répondez-m'en, vous dis-je ; ou, sur votre refus,
D'autres me répondront et d'elle et de Burrhus.

FIN DU TROISIÈME ACTE.

ACTE QUATRIÈME.

SCÈNE I.

AGRIPPINE, BURRHUS.

BURRHUS.

Oui, madame, à loisir vous pourrez vous défendre :
César lui-même ici consent de vous entendre.
Si son ordre au palais vous a fait retenir,
C'est peut-être à dessein de vous entretenir.
Quoi qu'il en soit, si j'ose expliquer ma pensée,
Ne vous souvenez plus qu'il vous ait offensée ;
Préparez-vous plutôt à lui tendre les bras,
Défendez-vous, madame, et ne l'accusez pas.
Vous voyez, c'est lui seul que la cour envisage.
Quoiqu'il soit votre fils, et même votre ouvrage,
Il est votre empereur. Vous êtes, comme nous,
Sujette à ce pouvoir qu'il a reçu de vous.
Selon qu'il vous menace, ou bien qu'il vous caresse,
La cour autour de vous ou s'écarte ou s'empresse.
C'est son appui qu'on cherche en cherchant votre appui.
Mais voici l'empereur.

AGRIPPINE.

Qu'on me laisse avec lui.

SCÈNE II.

NÉRON, AGRIPPINE.

AGRIPPINE, *s'asseyant.*

Approchez-vous, Néron, et prenez votre place.
On veut sur vos soupçons que je vous satisfasse.
J'ignore de quel crime on a pu me noircir :
De tous ceux que j'ai faits je vais vous éclaircir.
Vous régnez : vous savez combien votre naissance
Entre l'empire et vous avait mis de distance.
Les droits de mes aïeux, que Rome a consacrés,
Étaient même sans moi d'inutiles degrés.
Quand de Britannicus la mère condamnée
Laissa de Claudius disputer l'hyménée,
Parmi tant de beautés qui briguèrent son choix,
Qui de ses affranchis mendièrent les voix,
Je souhaitai son lit, dans la seule pensée
De vous laisser au trône où je serais placée.
Je fléchis mon orgueil; j'allai prier Pallas.
Son maître, chaque jour caressé dans mes bras,
Prit insensiblement dans les yeux de sa nièce
L'amour où je voulais amener sa tendresse.
Mais ce lien du sang qui nous joignait tous deux
Écartait Claudius d'un lit incestueux :
Il n'osait épouser la fille de son frère.
Le sénat fut séduit : une loi moins sévère
Mit Claude dans mon lit, et Rome à mes genoux.
C'était beaucoup pour moi, ce n'était rien pour vous.
Je vous fis sur mes pas entrer dans sa famille;
Je vous nommai son gendre, et vous donnai sa fille :
Silanus, qui l'aimait, s'en vit abandonné,
Et marqua de son sang ce jour infortuné.
Ce n'était rien encore. Eussiez-vous pu prétendre

Qu'un jour Claude à son fils pût préférer son gendre?
De ce même Pallas j'implorai le secours :
Claude vous adopta, vaincu par ses discours,
Vous appela Néron ; et du pouvoir suprême
Voulut, avant le temps, vous faire part lui-même.
C'est alors que chacun, rappelant le passé,
Découvrit mon dessein déjà trop avancé ;
Que de Britannicus la disgrâce future
Des amis de son père excita le murmure.
Mes promesses aux uns éblouirent les yeux ;
L'exil me délivra des plus séditieux ;
Claude même, lassé de ma plainte éternelle,
Éloigna de son fils tous ceux de qui le zèle
Engagé dès longtemps à suivre son destin,
Pouvait du trône encor lui rouvrir le chemin.
Je fis plus : je choisis moi-même dans ma suite
Ceux à qui je voulais qu'on livrât sa conduite ;
J'eus soin de vous nommer, par un contraire choix,
Des gouverneurs que Rome honorait de sa voix ;
Je fus sourde à la brigue, et crus la renommée ;
J'appelai de l'exil, je tirai de l'armée,
Et ce même Sénèque, et ce même Burrhus,
Qui depuis... Rome alors estimait leurs vertus.
De Claude en même temps épuisant les richesses,
Ma main, sous votre nom, répandait ses largesses.
Les spectacles, les dons, invincibles appas,
Vous attiraient les cœurs du peuple et des soldats,
Qui d'ailleurs, réveillant leur tendresse première,
Favorisaient en vous Germanicus mon père.
Cependant Claudius penchait vers son déclin.
Ses yeux, longtemps fermés, s'ouvrirent à la fin :
Il connut son erreur. Occupé de sa crainte,
Il laissa pour son fils échapper quelque plainte,
Et voulut, mais trop tard, assembler ses amis.
Ses gardes, son palais, son lit, m'étaient soumis.

Je lui laissai sans fruit consumer sa tendresse;
De ses derniers soupirs je me rendis maîtresse :
Mes soins, en apparence, épargnant ses douleurs,
De son fils en mourant lui cachèrent les pleurs.
Il mourut. Mille bruits en courent à ma honte.
J'arrêtai de sa mort la nouvelle trop prompte;
Et tandis que Burrhus allait secrètement
De l'armée en vos mains exiger le serment,
Que vous marchiez au camp, conduit sous mes auspices,
Dans Rome les autels fumaient de sacrifices;
Par mes ordres trompeurs tout le peuple excité
Du prince déjà mort demandait la santé.
Enfin, des légions l'entière obéissance
Ayant de votre empire affermi la puissance,
On vit Claude; et le peuple, étonné de son sort,
Apprit en même temps votre règne et sa mort.
C'est le sincère aveu que je voulais vous faire :
Voilà tous mes forfaits. En voici le salaire.
Du fruit de tant de soins à peine jouissant,
En avez-vous six mois paru reconnaissant,
Que, lassé d'un respect qui vous gênait peut-être,
Vous avez affecté de ne me plus connaître.
J'ai vu Burrhus, Sénèque, aigrissant vos soupçons,
De l'infidélité vous tracer des leçons,
Ravis d'être vaincus dans leur propre science.
J'ai vu, favorisés de votre confiance,
Othon, Sénécion, jeunes voluptueux,
Et de tous vos plaisirs flatteurs respectueux;
Et lorsque, vos mépris excitant mes murmures,
Je vous ai demandé raison de tant d'injures
(Seul recours d'un ingrat qui se voit confondu),
Par de nouveaux affronts vous m'avez répondu.
Aujourd'hui je promets Junie à votre frère;
Ils se flattent tous deux du choix de votre mère :
Que faites-vous? Junie enlevée à la cour,

Devient en une nuit l'objet de votre amour;
Je vois de votre cœur Octavie effacée,
Prête à sortir du lit où je l'avais placée;
Je vois Pallas banni, votre frère arrêté;
Vous attentez enfin jusqu'à ma liberté :
Burrhus ose sur moi porter ses mains hardies.
Et lorsque, convaincu de tant de perfidies,
Vous deviez ne me voir que pour les expier,
C'est vous qui m'ordonnez de me justifier.

NÉRON.

Je me souviens toujours que je vous dois l'empire;
Et, sans vous fatiguer du soin de le redire,
Votre bonté, madame, avec tranquillité
Pouvait se reposer sur ma fidélité.
Aussi bien ces soupçons, ces plaintes assidues,
Ont fait croire à tous ceux qui les ont entendues
Que jadis, j'ose ici vous le dire entre nous,
Vous n'aviez, sous mon nom, travaillé que pour vous.
« Tant d'honneurs, disaient-ils, et tant de déférences,
» Sont-ce de ses bienfaits de faibles récompenses?
» Quel crime a donc commis ce fils tant condamné?
» Est-ce pour obéir qu'elle l'a couronné?
» N'est-il de son pouvoir que le dépositaire? »
Non que, si jusque-là j'avais pu vous complaire,
Je n'eusse pris plaisir, madame, à vous céder
Ce pouvoir que vos cris semblaient redemander;
Mais Rome veut un maître, et non une maîtresse.
Vous entendiez les bruits qu'excitait ma faiblesse :
Le sénat chaque jour et le peuple, irrités
De s'ouïr par ma voix dicter vos volontés,
Publiaient qu'en mourant Claude avec sa puissance
M'avait encore laissé sa simple obéissance.
Vous avez vu cent fois nos soldats en courroux
Porter en murmurant leurs aigles devant vous;
Honteux de rabaisser par cet indigne usage

Les héros dont encore elles portent l'image.
Toute autre se serait rendue à leurs discours;
Mais, si vous ne régnez, vous vous plaignez toujours.
Avec Britannicus contre moi réunie,
Vous le fortifiez du parti de Junie;
Et la main de Pallas trame tous ces complots.
Et, lorsque malgré moi j'assure mon repos,
On vous voit de colère et de haine animée :
Vous voulez présenter mon rival à l'armée;
Déjà jusques au camp le bruit en a couru.

AGRIPPINE.

Moi, le faire empereur? Ingrat! l'avez-vous cru?
Quel serait mon dessein? qu'aurais-je pu prétendre?
Quels honneurs dans sa cour, quel rang pourrais-je attendre?
Ah! si sous votre empire on ne m'épargne pas,
Si mes accusateurs observent tous mes pas,
Si de leur empereur ils poursuivent la mère,
Que ferais-je au milieu d'une cour étrangère?
Ils me reprocheraient, non des cris impuissants,
Des desseins étouffés aussitôt que naissants,
Mais des crimes pour vous commis à votre vue,
Et dont je ne serais que trop tôt convaincue.
Vous ne me trompez point, je vois tous vos détours;
Vous êtes un ingrat, vous le fûtes toujours :
Dès vos plus jeunes ans, mes soins et mes tendresses
N'ont arraché de vous que de feintes caresses.
Rien ne vous a pu vaincre; et votre dureté
Aurait dû dans son cours arrêter ma bonté.
Que je suis malheureuse! et par quelle infortune
Faut-il que tous mes soins me rendent importune!
Je n'ai qu'un fils. O ciel! qui m'entends aujourd'hui,
T'ai-je fait quelques vœux qui ne fussent pour lui?
Remords, craintes, périls, rien ne m'a retenue;
J'ai vaincu ses mépris, j'ai détourné ma vue
Des malheurs qui dès lors me furent annoncés;

J'ai fait ce que j'ai pu : vous régnez, c'est assez.
Avec ma liberté que vous m'avez ravie,
Si vous le souhaitez prenez encor ma vie,
Pourvu que par ma mort tout le peuple irrité
Ne vous ravisse pas ce qui m'a tant coûté.

NÉRON.

Hé bien donc, prononcez. Que voulez-vous qu'on fasse?

AGRIPPINE.

De mes accusateurs qu'on punisse l'audace ;
Que de Britannicus on calme le courroux ;
Que Junie à son choix puisse prendre un époux ;
Qu'ils soient libres tous deux, et que Pallas demeure ;
Que vous me permettiez de vous voir à toute heure ;
(Apercevant Burrhus dans le fond du théâtre.)
Que ce même Burrhus, qui nous vient écouter,
A votre porte enfin n'ose plus m'arrêter.

NÉRON.

Oui, madame, je veux que ma reconnaissance
Désormais dans les cœurs grave votre puissance ;
Et je bénis déjà cette heureuse froideur,
Qui de notre amitié va rallumer l'ardeur.
Quoi que Pallas ait fait, il suffit, je l'oublie ;
Avec Britannicus je me réconcilie ;
Et, quant à cet amour qui nous a séparés,
Je vous fais notre arbitre, et vous nous jugerez.
Allez donc, et portez cette joie à mon frère.
Gardes, qu'on obéisse aux ordres de ma mère.

SCÈNE III.

NÉRON BURRHUS

BURRHUS.

Que cette paix, seigneur, et ces embrassements
Vont offrir à mes yeux des spectacles charmants !

Vous savez si jamais ma voix lui fut contraire,
Si de son amitié j'ai voulu vous distraire,
Et si j'ai mérité cet injuste courroux.

NÉRON.

Je ne vous flatte point, je me plaignais de vous,
Burrhus : je vous ai crus tous deux d'intelligence ;
Mais son inimitié vous rend ma confiance.
Elle se hâte trop, Burrhus, de triompher,
J'embrasse mon rival, mais c'est pour l'étouffer.

BURRHUS.

Quoi, seigneur !

NÉRON.

C'en est trop ; il faut que sa ruine
Me délivre à jamais des fureurs d'Agrippine.
Tant qu'il respirera, je ne vis qu'à demi.
Elle m'a fatigué de ce nom ennemi ;
Et je ne prétends pas que sa coupable audace
Une seconde fois lui promette ma place.

BURRHUS.

Elle va donc bientôt pleurer Britannicus.

NÉRON.

Avant la fin du jour je ne le craindrai plus.

BURRHUS.

Et qui de ce dessein vous inspire l'envie ?

NÉRON.

Ma gloire, mon amour, ma sûreté, ma vie.

BURRHUS.

Non, quoi que vous disiez, cet horrible dessein
Ne fut jamais, seigneur, conçu dans votre sein.

NÉRON.

Burrhus !

BURRHUS.

De votre bouche, ô ciel ! puis-je l'apprendre ?
Vous-même, sans frémir, avez-vous pu l'entendre ?
Songez-vous dans quel sang vous allez vous baigner ?

ACTE IV. SCÈNE III.

Néron dans tous les cœurs est-il las de régner ?
Que dira-t-on de vous ? Quelle est votre pensée ?
NÉRON.
Quoi ! toujours enchaîné de ma gloire passée,
J'aurai devant les yeux je ne sais quel amour
Que le hasard nous donne et nous ôte en un jour ?
Soumis à tous leurs vœux, à mes désirs contraire,
Suis-je leur empereur seulement pour leur plaire ?
BURRHUS.
Et ne suffit-il pas, seigneur, à vos souhaits
Que le bonheur public soit un de vos bienfaits ?
C'est à vous à choisir, vous êtes encor maître.
Vertueux jusqu'ici, vous pouvez toujours l'être :
Le chemin est tracé, rien ne vous retient plus ;
Vous n'avez qu'à marcher de vertus en vertus.
Mais, si de vos flatteurs vous suivez la maxime,
Il vous faudra, seigneur, courir de crime en crime,
Soutenir vos rigueurs par d'autres cruautés,
Et laver dans le sang vos bras ensanglantés.
Britannicus mourant excitera le zèle
De ses amis, tout prêts à prendre sa querelle.
Ces vengeurs trouveront de nouveaux défenseurs,
Qui même après leur mort auront des successeurs :
Vous allumez un feu qui ne pourra s'éteindre.
Craint de tout l'univers, il vous faudra tout craindre,
Toujours punir, toujours trembler dans vos projets,
Et pour vos ennemis compter tous vos sujets.
Ah ! de vos premiers ans l'heureuse expérience
Vous fait-elle, seigneur, haïr votre innocence ?
Songez-vous au bonheur qui les a signalés ?
Dans quel repos, ô ciel, les avez-vous coulés !
Quel plaisir de penser et de dire en vous-même :
« Partout, en ce moment, on me bénit, on m'aime ;
» On ne voit point le peuple à mon nom s'alarmer ;
» Le ciel dans tous leurs pleurs ne m'entend point nommer,

» Leur sombre inimitié ne fuit point mon visage ;
» Je vois voler partout les cœurs à mon passage ! »
Tels étaient vos plaisirs. Quel changement, ô dieux !
Le sang le plus abject vous était précieux :
Un jour, il m'en souvient, le sénat équitable
Vous pressait de souscrire à la mort d'un coupable ;
Vous résistiez, seigneur, à leur sévérité ;
Votre cœur s'accusait de trop de cruauté ;
Et plaignant les malheurs attachés à l'empire,
« Je voudrais, disiez-vous, ne savoir pas écrire. »
Non, ou vous me croirez, ou bien de ce malheur
Ma mort m'épargnera la vue et la douleur :
On ne me verra point survivre à votre gloire.
Si vous allez commettre une action si noire,
    (se jetant aux pieds de Néron.)
Me voilà prêt, seigneur : avant que de partir,
Faites percer ce cœur qui n'y peut consentir ;
Appelez les cruels qui vous l'ont inspirée ;
Qu'ils viennent essayer leur main mal assurée...
Mais je vois que mes pleurs touchent mon empereur ;
Je vois que sa vertu frémit de leur fureur.
Ne perdez point de temps, nommez-moi les perfides
Qui vous osent donner ces conseils parricides ;
Appelez votre frère, oubliez dans ses bras...

NÉRON.

Ah ! que demandez-vous ?

BURRHUS.

Non, il ne vous hait pas,
Seigneur ; on le trahit : je sais son innocence ;
Je vous réponds pour lui de son obéissance.
J'y cours. Je vais presser un entretien si doux.

NÉRON.

Dans mon appartement qu'il m'attende avec vous.

SCÈNE IV.

NÉRON, NARCISSE.

NARCISSE.

Seigneur, j'ai tout prévu pour une mort si juste :
Le poison est tout prêt. La fameuse Locuste
A redoublé pour moi ses soins officieux :
Elle a fait expirer un esclave à mes yeux ;
Et le fer est moins prompt, pour trancher une vie,
Que le nouveau poison que sa main me confie.

NÉRON.

Narcisse, c'est assez ; je reconnais ce soin,
Et ne souhaite pas que vous alliez plus loin.

NARCISSE.

Quoi ! pour Britannicus votre haine affaiblie
Me défend...

NÉRON.

Oui, Narcisse : on nous réconcilie.

NARCISSE.

Je me garderai bien de vous en détourner,
Seigneur. Mais il s'est vu tantôt emprisonner :
Cette offense en son cœur sera longtemps nouvelle.
Il n'est point de secrets que le temps ne révèle :
Il saura que ma main lui devait présenter
Un poison que votre ordre avait fait apprêter.
Les dieux de ce dessein puissent-ils le distraire !
Mais peut-être il fera ce que vous n'osez faire.

NÉRON.

On répond de son cœur ; et je vaincrai le mien.

NARCISSE.

Et l'hymen de Junie en est-il le lien ?
Seigneur, lui faites-vous encor ce sacrifice ?

NÉRON.

C'est prendre trop de soin. Quoi qu'il en soit, Narcisse,
Je ne le compte plus parmi mes ennemis.

NARCISSE.

Agrippine, seigneur, se l'était bien promis :
Elle a repris sur vous son souverain empire.

NÉRON.

Quoi donc? Qu'a-t-elle dit? et que voulez-vous dire?

NARCISSE.

Elle s'en est vantée assez publiquement.

NÉRON.

De quoi?

NARCISSE.

Qu'elle n'avait qu'à vous voir un moment;
Qu'à tout ce grand éclat, à ce courroux funeste,
On verrait succéder un silence modeste;
Que vous-même à la paix souscririez le premier :
Heureux que sa bonté daignât tout oublier!

NÉRON.

Mais, Narcisse, dis-moi, que veux-tu que je fasse?
Je n'ai que trop de pente à punir son audace;
Et, si je m'en croyais, ce triomphe indiscret
Serait bientôt suivi d'un éternel regret.
Mais de tout l'univers quel sera le langage?
Sur les pas des tyrans veux-tu que je m'engage,
Et que Rome effaçant tant de titres d'honneur,
Me laisse pour tout nom celui d'empoisonneur?
Ils mettront ma vengeance au rang des parricides.

NARCISSE.

Et prenez-vous, seigneur, leurs caprices pour guides?
Avez-vous prétendu qu'ils se tairaient toujours?
Est-ce à vous de prêter l'oreille à leurs discours?
De vos propres désirs perdrez-vous la mémoire?
Et serez-vous le seul que vous n'oserez croire?
Mais, seigneur, les Romains ne vous sont pas connus :

Non, non, dans leurs discours ils sont plus retenus.
Tant de précaution affaiblit votre règne :
Ils croiront, en effet, mériter qu'on les craigne.
Au joug, depuis longtemps, ils se sont façonnés;
Ils adorent la main qui les tient enchaînés.
Vous les verrez toujours ardents à vous complaire :
Leur prompte servitude a fatigué Tibère.
Moi-même, revêtu d'un pouvoir emprunté,
Que je reçus de Claude avec la liberté,
J'ai cent fois, dans le cours de ma gloire passée,
Tenté leur patience, et ne l'ai point lassée.
D'un empoisonnement vous craignez la noirceur?
Faites périr le frère, abandonnez la sœur;
Rome, sur les autels prodiguant les victimes,
Fussent-ils innocents, leur trouvera des crimes :
Vous verrez mettre au rang des jours infortunés
Ceux où jadis la sœur et le frère sont nés.

NÉRON.

Narcisse, encore un coup, je ne puis l'entreprendre.
J'ai promis à Burrhus, il a fallu me rendre.
Je ne veux point encore, en lui manquant de foi,
Donner à sa vertu des armes contre moi.
J'oppose à ses raisons un courage inutile :
Je ne l'écoute point avec un cœur tranquille.

NARCISSE.

Burrhus ne pense pas, seigneur, tout ce qu'il dit :
Son adroite vertu ménage son crédit;
Ou plutôt ils n'ont tous qu'une même pensée.
Ils verraient par ce coup leur puissance abaissée;
Vous seriez libre alors, seigneur, et devant vous
Ces maîtres orgueilleux fléchiraient comme nous.
Quoi donc! ignorez-vous tout ce qu'ils osent dire?
« Néron, s'ils en sont crus, n'est point né pour l'empire;
» Il ne dit, il ne fait que ce qu'on lui prescrit :
» Burrhus conduit son cœur, Sénèque son esprit.

» Pour toute ambition, pour vertu singulière,
» Il excelle à conduire un char dans la carrière,
» A disputer des prix indignes de ses mains,
» A se donner lui-même en spectacle aux Romains,
» A venir prodiguer sa voix sur un théâtre,
» A réciter des chants qu'il veut qu'on idolâtre,
» Tandis que des soldats, de moments en moments,
» Vont arracher pour lui les applaudissements. »
Ah! ne voulez-vous pas les forcer à se taire?

NÉRON.

Viens, Narcisse : allons voir ce que nous devons faire.

FIN DU QUATRIÈME ACTE.

ACTE CINQUIÈME.

SCÈNE I.

BRITANNICUS, JUNIE.

BRITANNICUS.
Oui, madame, Néron, qui l'aurait pu penser?
Dans son appartement m'attend pour m'embrasser.
Il y fait de sa cour inviter la jeunesse;
Il veut que d'un festin la pompe et l'allégresse
Confirment à leurs yeux la foi de nos serments,
Et réchauffent l'ardeur de nos embrassements:
Il éteint cet amour, source de tant de haine;
Il vous fait de mon sort arbitre souveraine.
Pour moi, quoique banni du rang de mes aïeux,
Quoique de leur dépouille il se pare à mes yeux;
Depuis qu'à mon amour cessant d'être contraire
Il semble me céder la gloire de vous plaire,
Mon cœur, je l'avouerai, lui pardonne en secret,
Et lui laisse le reste avec moins de regret.
Quoi! je ne serai plus séparé de vos charmes!
Quoi! même en ce moment, je puis voir sans alarmes
Ces yeux que n'ont émus ni soupirs ni terreur,
Qui m'ont sacrifié l'empire et l'empereur!
Ah! madame!... Mais quoi! Quelle nouvelle crainte
Tient parmi mes transports votre joie en contrainte?
D'où vient qu'en m'écoutant vos yeux, vos tristes yeux
Avec de longs regards se tournent vers les cieux?
Qu'est-ce que vous craignez?

JUNIE.

Je l'ignore moi-même ;
Mais je crains.

BRITANNICUS.

Vous m'aimez?

JUNIE.

Hélas! si je vous aime!

BRITANNICUS.

Néron ne trouble plus notre félicité.

JUNIE.

Mais me répondez-vous de sa sincérité?

BRITANNICUS.

Quoi! vous le soupçonnez d'une haine couverte?

JUNIE.

Néron m'aimait tantôt, il jurait votre perte ;
Il me fuit, il vous cherche ; un si grand changement
Peut-il être, seigneur, l'ouvrage d'un moment?

BRITANNICUS.

Cet ouvrage, madame, est un coup d'Agrippine :
Elle a cru que ma perte entraînait sa ruine.
Grâce aux préventions de son esprit jaloux,
Nos plus grands ennemis ont combattu pour nous.
Je m'en fie aux transports qu'elle m'a fait paraître ;
Je m'en fie à Burrhus ; j'en crois même son maître :
Je crois qu'à mon exemple, impuissant à trahir,
Il hait à cœur ouvert, ou cesse de haïr.

JUNIE.

Seigneur, ne jugez pas de son cœur par le vôtre :
Sur des pas différents vous marchez l'un et l'autre.
Je ne connais Néron et la cour que d'un jour ;
Mais, si j'ose le dire, hélas! dans cette cour
Combien tout ce qu'on dit est loin de ce qu'on pense!
Que la bouche et le cœur sont peu d'intelligence!
Avec combien de joie on y trahit sa foi!
Quel séjour étranger et pour vous et pour moi!

BRITANNICUS.

Mais que son amitié soit véritable ou feinte,
Si vous craignez Néron, lui-même est-il sans crainte?
Non, non, il n'ira point, par un lâche attentat,
Soulever contre lui le peuple et le sénat.
Que dis-je? Il reconnaît sa dernière injustice;
Ses remords ont paru, même aux yeux de Narcisse.
Ah! s'il vous avait dit, ma princesse, à quel point...

JUNIE.

Mais Narcisse, seigneur, ne vous trahit-il point?

BRITANNICUS.

Et pourquoi voulez-vous que mon cœur s'en défie[1]?

JUNIE.

Et que sais-je? Il y va, seigneur, de votre vie :
Tout m'est suspect : je crains que tout ne soit séduit;
Je crains Néron; je crains le malheur qui me suit.
D'un noir pressentiment malgré moi prévenue,
Je vous laisse à regret éloigner de ma vue.
Hélas! si cette paix dont vous vous repaissez
Couvrait contre vos jours quelques piéges dressés;
Si Néron, irrité de notre intelligence,
Avait choisi la nuit pour cacher sa vengeance;
S'il préparait ses coups tandis que je vous vois;

---

[1] Dans l'édition princeps, Britannicus prononce les huit vers suivants qui ont été supprimés dans toutes les autres éditions :

> Lui, me trahir! Eh quoi! vous voulez donc, madame,
> Qu'à d'éternels soupçons j'abandonne mon âme!
> Seul de tous mes amis, Narcisse m'est resté.
> L'a-t-on vu de mon père oublier la bonté?
> S'est-il rendu, madame, indigne de la mienne?
> Néron de temps en temps souffre qu'il l'entretienne :
> Je le sais. Mais il peut, sans violer sa foi,
> Tenir lieu d'interprète entre Néron et moi.
> Et pourquoi voulez-vous que mon cœur s'en défie?
> JUNIE.
> Et que sais-je? etc.

Et si je vous parlais pour la dernière fois!
Ah! prince!

BRITANNICUS.

Vous pleurez! Ah! ma chère princesse!
Et pour moi jusque-là votre cœur s'intéresse!
Quoi, madame! en un jour où, plein de sa grandeur,
Néron croit éblouir vos yeux de sa splendeur,
Dans des lieux où chacun me fuit et le révère,
Aux pompes de sa cour préférer ma misère!
Quoi! dans ce même jour et dans ces mêmes lieux,
Refuser un empire, et pleurer à mes yeux!
Mais, madame, arrêtez ces précieuses larmes :
Mon retour va bientôt dissiper vos alarmes.
Je me rendrais suspect par un plus long séjour :
Adieu. Je vais, le cœur tout plein de mon amour,
Au milieu des transports d'une aveugle jeunesse,
Ne voir, n'entretenir que ma belle princesse.
Adieu.

JUNIE.

Prince...

BRITANNICUS.

On m'attend, madame, il faut partir.

JUNIE.

Mais du moins attendez qu'on vous vienne avertir.

SCÈNE II.

BRITANNICUS, AGRIPPINE, JUNIE.

AGRIPPINE.

Prince, que tardez-vous? Partez en diligence.
Néron impatient se plaint de votre absence.
La joie et le plaisir de tous les conviés
Attend, pour éclater, que vous vous embrassiez.

Ne faites point languir une si juste envie;
Allez. Et nous, madame, allons chez Octavie.

BRITANNICUS.

Allez, belle Junie; et, d'un esprit content,
Hâtez-vous d'embrasser ma sœur qui vous attend.
Dès que je le pourrai, je reviens sur vos traces,
Madame; et de vos soins j'irai vous rendre grâces.

SCÈNE III.

AGRIPPINE, JUNIE.

AGRIPPINE.

Madame, ou je me trompe, ou, durant vos adieux,
Quelques pleurs répandus ont obscurci vos yeux.
Puis-je savoir quel trouble a formé ce nuage?
Doutez-vous d'une paix dont je fais mon ouvrage?

JUNIE.

Après tous les ennuis que ce jour m'a coûtés,
Ai-je pu rassurer mes esprits agités?
Hélas! à peine encor je conçois ce miracle.
Quand même à vos bontés je craindrais quelque obstacle,
Le changement, madame, est commun à la cour;
Et toujours quelque crainte accompagne l'amour.

AGRIPPINE.

Il suffit, j'ai parlé, tout a changé de face:
Mes soins à vos soupçons ne laissent point de place.
Je réponds d'une paix jurée entre mes mains;
Néron m'en a donné des gages trop certains.
Ah! si vous aviez vu par combien de caresses
Il m'a renouvelé la foi de ses promesses;
Par quels embrassements il vient de m'arrêter!
Ses bras, dans nos adieux, ne pouvaient me quitter.
Sa facile bonté, sur son front répandue,
Jusqu'aux moindres secrets est d'abord descendue:

Il s'épanchait en fils qui vient en liberté
Dans le sein de sa mère oublier sa fierté.
Mais bientôt reprenant un visage sévère,
Tel que d'un empereur qui consulte sa mère,
Sa confidence auguste a mis entre mes mains
Des secrets d'où dépend le destin des humains.
Non, il le faut ici confesser à sa gloire,
Son cœur n'enferme point une malice noire;
Et nos seuls ennemis, altérant sa bonté,
Abusaient contre nous de sa facilité :
Mais enfin, à son tour, leur puissance décline;
Rome encore une fois va connaître Agrippine;
Déjà de ma faveur on adore le bruit,
Cependant en ces lieux n'attendons pas la nuit :
Passons chez Octavie, et donnons-lui le reste
D'un jour autant heureux que je l'ai cru funeste.
Mais qu'est-ce que j'entends? Quel tumulte confus!
Que peut-on faire?

JUNIE.

O ciel, sauvez Britannicus!

SCÈNE IV.

AGRIPPINE, JUNIE, BURRHUS.

AGRIPPINE.

Burrhus, où courez-vous? Arrêtez. Que veut dire?...

BURRHUS.

Madame, c'en est fait, Britannicus expire.

JUNIE.

Ah! mon prince!

AGRIPPINE.

Il expire?

BURRHUS.

Ou plutôt il est mort,
Madame.

JUNIE.

Pardonnez, madame, à ce transport.
Je vais le secourir, si je puis, ou le suivre.

SCÈNE V.

AGRIPPINE, BURRHUS.

AGRIPPINE.

Quel attentat, Burrhus!

BURRHUS.

Je n'y pourrai survivre,
Madame; il faut quitter la cour et l'empereur.

AGRIPPINE.

Quoi! du sang de son frère il n'a point eu d'horreur!

BURRHUS.

Ce dessein s'est conduit avec plus de mystère.
A peine l'empereur a vu venir son frère,
Il se lève, il l'embrasse, on se tait; et soudain
César prend le premier une coupe à la main :
« Pour achever ce jour sous de meilleurs auspices,
» Ma main de cette coupe épanche les prémices,
» Dit-il. Dieux, que j'appelle à cette effusion,
» Venez favoriser notre réunion. »
Par les mêmes serments Britannicus se lie.
La coupe dans ses mains par Narcisse est remplie;
Mais ses lèvres à peine en ont touché les bords,
Le fer ne produit point de si puissants efforts,
Madame : la lumière à ses yeux est ravie;
Il tombe sur son lit sans chaleur et sans vie.
Jugez combien ce coup frappe tous les esprits :
La moitié s'épouvante et sort avec des cris;
Mais ceux qui de la cour ont un plus long usage,
Sur les yeux de César composent leur visage.
Cependant sur son lit il demeure penché;

D'aucun étonnement il ne paraît touché :
« Ce mal dont vous craignez, dit-il, la violence,
» A souvent sans péril attaqué son enfance. »
Narcisse veut en vain affecter quelque ennui,
Et sa perfide joie éclate malgré lui.
Pour moi, dût l'empereur punir ma hardiesse,
D'une odieuse cour j'ai traversé la presse ;
Et j'allais, accablé de cet assassinat,
Pleurer Britannicus, César et tout l'État.

AGRIPPINE.

Le voici. Vous verrez si c'est moi qui l'inspire.

SCÈNE VI.

NÉRON, AGRIPPINE, BURRHUS, NARCISSE.

NÉRON, voyant Agrippine.

Dieux !

AGRIPPINE.

Arrêtez, Néron : j'ai deux mots à vous dire.
Britannicus est mort : je reconnais les coups ;
Je connais l'assassin.

NÉRON.

Et qui madame ?

AGRIPPINE.

Vous.

NÉRON.

Moi ? Voilà les soupçons dont vous êtes capable.
Il n'est point de malheur dont je ne sois coupable.
Et si l'on veut, madame, écouter vos discours,
Ma main de Claude même aura tranché les jours.
Son fils vous était cher, sa mort peut vous confondre ;
Mais des coups du destin je ne puis pas répondre.

AGRIPPINE.

Non, non, Britannicus est mort empoisonné ;

Narcisse a fait le coup, vous l'avez ordonné.
NÉRON.
Madame!... Mais qui peut vous tenir ce langage?
NARCISSE.
Hé, seigneur, ce soupçon vous fait-il tant d'outrage?
Britannicus, madame, eut des desseins secrets
Qui vous auraient coûté de plus justes regrets :
Il aspirait plus loin qu'à l'hymen de Junie;
De vos propres bontés il vous aurait punie.
Il vous trompait vous-même; et son cœur offensé
Prétendait tôt ou tard rappeler le passé.
Soit donc que malgré vous le sort vous ait servie,
Soit qu'instruit des complots qui menaçaient sa vie,
Sur ma fidélité César s'en soit remis,
Laissez les pleurs, madame, à vos seuls ennemis :
Qu'ils mettent ce malheur au rang des plus sinistres :
Mais vous...
AGRIPPINE.
  Poursuis, Néron : avec de tels ministres,
Par des faits glorieux tu te vas signaler;
Poursuis. Tu n'as pas fait ce pas pour reculer :
Ta main a commencé par le sang de ton frère;
Je prévois que tes coups viendront jusqu'à ta mère.
Dans le fond de ton cœur je sais que tu me hais;
Tu voudras t'affranchir du joug de mes bienfaits.
Mais je veux que ma mort te soit même inutile :
Ne crois pas qu'en mourant je te laisse tranquille;
Rome, ce ciel, ce jour que tu reçus de moi,
Partout, à tout moment, m'offriront devant toi.
Tes remords te suivront comme autant de furies;
Tu croiras les calmer par d'autres barbaries;
Ta fureur, s'irritant soi-même dans son cours,
D'un sang toujours nouveau marquera tous tes jours.
Mais j'espère qu'enfin le ciel, las de tes crimes,
Ajoutera ta perte à tant d'autres victimes;

Qu'après t'être couvert de leur sang et du mien,
Tu te verras forcé de répandre le tien ;
Et ton nom paraîtra, dans la race future,
Aux plus cruels tyrans une cruelle injure.
Voilà ce que mon cœur se présage de toi.
Adieu : tu peux sortir.

NÉRON.

Narcisse, suivez-moi.

SCÈNE VII.

AGRIPPINE, BURRHUS.

AGRIPPINE.

Ah ! ciel ! de mes soupçons quelle était l'injustice !
Je condamnais Burrhus pour écouter Narcisse !
Burrhus, avez-vous vu quels regards furieux
Néron en me quittant m'a laissés pour adieux ?
C'en est fait, le cruel n'a plus rien qui l'arrête ;
Le coup qu'on m'a prédit va tomber sur ma tête.
Il vous accablera vous-même à votre tour.

BURRHUS.

Ah ! madame ! pour moi, j'ai vécu trop d'un jour.
Plût au ciel que sa main, heureusement cruelle,
Eût fait sur moi l'essai de sa fureur nouvelle !
Qu'il ne m'eût pas donné, par ce triste attentat,
Un gage trop certain des malheurs de l'État !
Son crime seul n'est pas ce qui me désespère ;
Sa jalousie a pu l'armer contre son frère :
Mais s'il vous faut, madame, expliquer ma douleur,
Néron l'a vu mourir sans changer de couleur.
Ses yeux indifférents ont déjà la constance
D'un tyran dans le crime endurci dès l'enfance.
Qu'il achève, madame, et qu'il fasse périr
Un ministre importun qui ne le peut souffrir.

Hélas! loin de vouloir éviter sa colère,
La plus soudaine mort me sera la plus chère.

SCÈNE VIII.

AGRIPPINE, BURRHUS, ALBINE.

ALBINE.

Ah! madame! ah! seigneur! courez vers l'empereur;
Venez sauver César de sa propre fureur;
Il se voit pour jamais séparé de Junie.

AGRIPPINE.

Quoi! Junie elle-même a terminé sa vie?

ALBINE.

Pour accabler César d'un éternel ennui,
Madame, sans mourir elle est morte pour lui.
Vous savez de ces lieux comme elle s'est ravie :
Elle a feint de passer chez la triste Octavie;
Mais bientôt elle a pris des chemins écartés,
Où mes yeux ont suivi ses pas précipités.
Des portes du palais elle sort éperdue.
D'abord elle a d'Auguste aperçu la statue;
Et mouillant de ses pleurs le marbre de ses pieds,
Que de ses bras pressants elle tenait liés :
« Prince, par ces genoux, dit-elle, que j'embrasse,
» Protége en ce moment le reste de ta race;
» Rome, dans ton palais, vient de voir immoler
» Le seul de tes neveux qui te pût ressembler.
» On veut après sa mort que je lui sois parjure;
» Mais pour lui conserver une foi toujours pure,
» Prince, je me dévoue à ces dieux immortels
» Dont ta vertu t'a fait partager les autels. »
Le peuple cependant, que ce spectacle étonne,
Vole de toutes parts, se presse, l'environne,
S'attendrit à ses pleurs, et, plaignant son ennui,

D'une commune voix la prend sous son appui ;
Ils la mènent au temple, où depuis tant d'années
Au culte des autels nos vierges destinées
Gardent fidèlement le dépôt précieux
Du feu toujours ardent qui brûle pour nos dieux.
César les voit partir sans oser les distraire.
Narcisse, plus hardi, s'empresse pour lui plaire ;
Il vole vers Junie, et, sans s'épouvanter,
D'une profane main commence à l'arrêter.
De mille coups mortels son audace est punie ;
Son infidèle sang rejaillit sur Junie.
César, de tant d'objets en même temps frappé,
Le laisse entre les mains qui l'ont enveloppé.
Il rentre. Chacun fuit son silence farouche ;
Le seul nom de Junie échappe de sa bouche.
Il marche sans dessein ; ses yeux mal assurés
N'osent lever au ciel leurs regards égarés ;
Et l'on craint, si la nuit jointe à la solitude
Vient de son désespoir aigrir l'inquiétude,
Si vous l'abandonnez plus longtemps sans secours,
Que sa douleur bientôt n'attente sur ses jours.
Le temps presse : courez. Il ne faut qu'un caprice ;
Il se perdrait, madame.

AGRIPPINE.

Il se ferait justice.
Mais, Burrhus, allons voir jusqu'où vont ses transports :
Voyons quel changement produiront ses remords ;
S'il voudra désormais suivre d'autres maximes.

BURRHUS.

Plût aux dieux que ce fût le dernier de ses crimes !

FIN DE BRITANNICUS.

TABLE DES MATIÈRES.

Mémoires sur la Vie et les Ouvrages de Jean Racine	1
La Thébaïde ou les Frères ennemis, tragédie	127
Alexandre le Grand, tragédie	195
Andromaque, tragédie	269
Les Plaideurs, comédie	347
Britannicus, tragédie	413

LA BIBLIOTHÈQUE UNIVERSELLE DES FAMILLES

SE COMPOSE DE 500 BEAUX VOLUMES

DES MEILLEURS OUVRAGES ANCIENS ET MODERNES.

Prix, par série, 2 francs le volume. — Séparément, 2 fr. 50 c.

Voici les Ouvrages compris dans la première Série, classés par ordre de matière :

RELIGION.

LES ÉVANGILES	1
L'IMITATION DE JÉSUS-CHRIST	1
LA VIE DE JÉSUS-CHRIST	1
BOSSUET. — Traité de la Connaissance de Dieu et de soi-même. — Traité du libre arbitre. — Oraisons funèbres. — Élév. à Dieu sur les Myst. de la Relig.	3
BOURDALOUE. — Avent. — Carême	3
FÉNELON. — Traité de l'Existence de Dieu. — Lettres sur divers sujets de métaphysique et de religion	1
SAINT-FRANÇOIS DE SALES. — Introduction à la vie dévote	1
FLÉCHIER. — Oraisons funèbres. — Sermons. — Discours de piété	3
MASSILLON. — Avent. — Carême. — Petit Carême. — Oraisons funèbres	5

MORALE.

LA ROCHEFOUCAULD. — Maximes	1
LA BRUYÈRE. — Caractères	1
PASCAL. — Pensées	1
VAUVENARGUES. — Pensées	1

PHILOSOPHIE.

DESCARTES. — Discours sur la Méthode. — Les Méditations. — Les Objections. — Réponses aux Objections. — Passions de l'Ame	1
MALEBRANCHE. — Recherche de la vérité. — Entretiens métaphysiques. — Méditations. — Traité de l'amour de Dieu. Entretiens d'un philosophe chrétien et d'un philosophe chinois	2

HISTOIRE.

BOSSUET. — Discours sur l'Hist. univ.	1
FLÉCHIER. — Hist. de Théodose le Grand	1
MONTESQUIEU. — Considérations sur les Causes de la grandeur et de la décadence des Romains	1
RETZ (CARDINAL DE). — Mémoires	2
VOLTAIRE. — Siècle de Louis XIV. — Siècle de Louis XV. — Hist. de Charles XII	4

POÉSIE.

BOILEAU. — Œuvres complètes	3
CORNEILLE (PIERRE). — Œuvres complètes	7
CORNEILLE (THOMAS). — Œuvres	4

POÉSIE.

CHÉNIER (ANDRÉ). — Poésies	1
DELILLE. — L'Imagination. — Les Géorgiques. — Malheur et Piété. — Les Jardins. — L'Homme des champs. — Pièces diverses	4
MALHERBE. — Œuvres	5
MOLIÈRE. — Œuvres complètes	5
RACINE (JEAN). — Œuvres complètes	4
RACINE (LOUIS). — Poème de la Religion. — Poème de la Grâce. — Odes sacrées. — Pièces diverses	1
REGNARD. — Œuvres choisies	1
VOLTAIRE. — Théâtre choisi. — La Henriade. — Choix de poésies	1

LITTÉRATURE.

BERNARDIN DE SAINT-PIERRE. — Études de la nature	2
FÉNELON. — Éducation des Filles. — Dialogues sur l'Éloquence. — Opuscules littéraires. — Poésies	1
FONTENELLE. — Entretiens sur la pluralité des mondes	1
Mme DE SÉVIGNÉ. — Œuvres complètes	8
Mme DE STAEL. — L'Allemagne. — De la Littérature	3
VOLTAIRE. — Choix de Correspondance	2

ROMANS.

BERNARDIN DE SAINT-PIERRE. — Paul et Virginie. — La Chaumière indienne. — Le Café de Surate	1
FÉNELON. — Télémaque	1
Mme DE STAEL. — Corinne. — Delphine	3

FABLES.

LA FONTAINE. — Fables	1
FÉNELON. — Fables	1
FLORIAN. — Fables	1

VOYAGES.

BARTHÉLEMY. — Voyage d'Anacharsis	4
BERNARDIN DE SAINT-PIERRE. — Voyage à l'Ile de France	1

DROIT PUBLIC.

MONTESQUIEU. — Esprit des lois	2
D'AGUESSEAU. — Mercuriales	2

PARIS. — IMPRIMERIE ET LIBRAIRIE CENTRALES DE NAPOLÉON CHAIX ET Cie.

www.ingramcontent.com/pod-product-compliance
Lightning Source LLC
Chambersburg PA
CBHW071617230426
43669CB00012B/1962